农村金融创新团队系列丛书

中国农村金融前沿问题研究（1990—2014）

罗剑朝　著

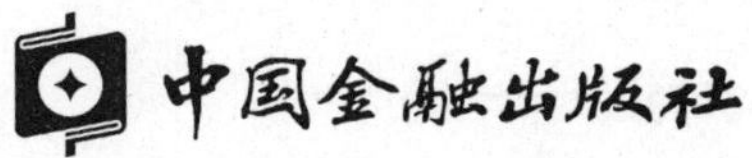

责任编辑：张怡姮
责任校对：刘　明
责任印制：丁淮宾

图书在版编目（CIP）数据

中国农村金融前沿问题研究（Zhongguo Nongcun Jinrong Qianyan Wenti Yanjiu）（1990—2014）/罗剑朝著．—北京：中国金融出版社，2015.6

（农村金融创新团队系列丛书）
ISBN 978－7－5049－7912－4

Ⅰ．①中…　Ⅱ．①罗…　Ⅲ．①农村金融—中国—文集　Ⅳ．①F832.35－53

中国版本图书馆 CIP 数据核字（2015）第 071713 号

出版发行 中国金融出版社
社址 北京市丰台区益泽路 2 号
市场开发部 （010）63266347，63805472，63439533（传真）
网上书店 http://www.chinafph.com
（010）63286832，63365686（传真）
读者服务部 （010）66070833，62568380
邮编 100071
经销 新华书店
印刷 北京市松源印刷有限公司
尺寸 169 毫米×239 毫米
印张 29.75
字数 472 千
版次 2015 年 6 月第 1 版
印次 2015 年 6 月第 1 次印刷
定价 60.00 元
ISBN 978－7－5049－7912－4/F.7472
如出现印装错误本社负责调换　联系电话（010）63263947

农村金融创新团队系列丛书
编委会

序言一

农村金融是农村经济发展的“润滑剂”，农村金融市场是农村市场体系的核心。党和国家历来重视农村金融发展，党的十八届三中全会明确提出了扩大金融业对内对外开放，在加强监管的前提下，允许具备条件的民间资本依法发起设立中小型银行等金融机构，进一步发展普惠金融，鼓励金融创新，丰富农村金融市场层次和产品，同时赋予农民对承包地占有、使用、收益、流转及承包经营权抵押、担保权能，为下一步农村金融改革指明了方向。2004—2014 年连续 11 个中央“一号文件”从不同角度提出了加快农村金融改革、完善农村金融服务、推动农村金融制度创新，这些农村金融改革创新的政策、决定对建立现代农村金融市场体系、完善农村金融服务、提升农村金融市场效率起到了积极的推动作用。但是，当前农村金融发展现状距离发展现代农业、建设社会主义新农村和全面建成小康社会的目标要求仍有较大差距，突出表现在：农村金融有效供给不足且资金外流严重、农村金融需求抑制、市场竞争不充分、市场效率低下、担保抵押物缺乏等，农村金融无法有效满足当前农村发展、农业增产和农民增收的现实需要。进一步推动农村金融改革、缓解农村金融抑制、加快农村金融深化、鼓励农村金融创新以及提升农村金融服务效率，任重道远。

根据世界各国经济发展的经验，在城市化进程中，伴随着各类生产要素不断向城市和非农产业的流动，农村和农业必然会发生深刻的变化。改革开放以来，中国经济取得了举世瞩目的成就，农村经济体制改革极大地调动了亿万农民的积极性，经济活力显著增强。经济快速发展的同时，城乡发展不平衡、城乡收入差距扩大、农村经济落后等问题也日渐凸显，“三农”问题则是对这些突出矛盾的集中概括。“三农”问题事关国家的发展、安全、稳定和综合国力的提升，历来是党和政府工作的重中之重。金融是现代经济的核心，农村金融发展对农村经济发展至关重要，解决“三农”问题离不开农村金融支持。由于中国农村金融不合理的制度安排，农村金融抑制现象严重，农村金融与农村经济并未形成互动共生、协调发展的局面，农村金融资源配置功能并未真正得到发挥，滞后的农村金融在一定程度上抑制了农村经济的发展。

1978 年改革开放至今，农村金融改革的步伐不断加快，经历了农村金融市场组织的多元化和竞争状态的初步形成、分工协作的农村金融体系框架构建、农村信用社主体地位的形成，以及探索试点开放农村金融市场的增量改革四个阶段。农村金融改革取得初步成效，多层次、多元化、广覆盖的农村金融体系基本形成，农村金融供求矛盾逐步缓解，农村金融服务水平显著提高，农村金融机构的经营效率明显提升，农村信用环境得到有效改善。然而，农村金融仍然是农村经济体系中最为薄弱的环节，资金约束仍然是制约现代农业发展和新农村建设的主要的“瓶颈”。在统筹城乡发展、加快建设社会主义新农村以及推进现代农业发展的大背景下，农村金融如何适应农村及农业环境的快速变化、如何形成“多层次、广覆盖、可持续”的农村金融体系、如何破解农村“抵押难、担保难、贷款难”的困境，推动农村金融更好地为农村经济发展服务，让改革的红利惠及 6.5 亿农民，依然是需要研究和解决的重大课题。

可喜的是，在西北农林科技大学，以罗剑朝教授为带头人的科研创新团队，2011 年 12 月以“西部地区农村金融市场配置效率、供求均衡与产权抵押融资模式研究”为主攻方向，申报并获批教育部“长江学者和创新团队发展计划”创新团队项目（项目编号：IRT 1176）。近 3 年来，该团队紧紧围绕农村金融这一主题，对农村金融领域的相关问题进行长期、深入调查和分析，先后奔赴陕西、宁夏等地开展实地调研 10 余次，实地调查农户 5 000 余户、涉农企业 500 余家，走访各类农村金融机构 50 余家，获得了大量的实地调研数据和第一手材料。同时，还与中国人民银行西安分行、中国人民银行宁夏分行、陕西农村信用社联合社、杨凌示范区金融工作办公室、杨凌示范区农村商业银行、高陵县农村产权交易中心等机构签订了合作协议，目前已拥有杨凌、高陵和宁夏同心、平罗 4 个农村金融研究固定观察点。针对调查数据和资料，该团队对西部地区农村金融问题展开了系统深入的研究，通过对西部地区农村金融市场开放度与配置效率评价、金融市场供求均衡、农村产权抵押融资试验模式等的研究，提出以农村产权抵押融资、产业链融资为突破口的农村金融工具与金融模式的创新方案，进而形成“可复制、易推广、广覆盖”的现代农村金融体系，能够为提高农村金融市场配置效率及农村金融改革政策的制定和实施提供依据。本项目调查研究取得了比较丰硕的科研成果，其中一部分纳入本套系列丛书以专著的形式出版。虽然其中的部分观点可能还有待探讨和商榷，但作者敏锐的观察视角、务实的研究作风、扎实的逻辑推导、可靠的数据基础，使得研究成果极具原创性和启发性，这些成果的出版，必然会对深刻认识农村金融现实、把握农村金融的运作规律提供有益的依据参考和借鉴。

实现全面建成小康社会的宏伟目标，最繁重、最艰巨的任务在农村。要解决农村发展问题，需要一大批学者投入到农村问题的研究当中，以“忧劳兴国”的精神深入农村，深刻观察和认识农村，以创新的思维发现和分析农村经济发展中的问题，把握农村经济发展的规律，揭示农业、农村、农民问题的真谛，以扎实的研究结论为决策部门提供参考，积极推动农村经济又好又快发展，以不辱时代赋予的历史使命。

我相信，此套农村金融创新团队系列丛书的出版，对于完善西部地区农村金融体系、提高西部地区农村金融市场配置效率、推动西部地区农村经济社会发展具有重要意义。同时我也期待此套丛书的出版，能够引起相关政策的制定者、研究者和实践者对西部地区农村金融及农村金融改革问题的关注、积极参与和探索，共同推进西部地区农村金融改革的创新和金融市场配置效率的提高。

是为序。

中央财经领导小组办公室副主任、研究员 韩俊

二〇一五年三月二十六日

序言二

金融是现代经济的核心，农村金融是现代金融体系的重要组成部分，是中国农业现代化的关键。当前，我国人均国民生产总值（GDP）已超过4 000美元，总量超过日本，成为世界第二大经济体。如何在新的发展阶段特别是在工业化、信息化、城镇化深入发展中同步推进农业现代化，构建起由市场配置各种要素、公共资源均衡覆盖、经济社会协调发展的新型工农关系、城乡关系，破解推进农业现代化的金融难题和资金“瓶颈”，是实现“中国梦”绕不过去的难题。

改革开放以来，党中央、国务院先后制定并出台了一系列促进农业和农村发展的政策与文件，在农村金融领域进行了深入的探索，特别是党的十八大、十八届三中全会提出“完善金融市场体系”、“发展普惠金融”、“赋予农民对承包地占有、使用、收益、流转及承包经营权抵押、担保权能”，农村金融产品与服务方式创新变化，农户和农村中小企业金融满足度逐步提高，农村金融引领和推动农村经济社会发展的新格局正在形成。但是，客观地说，农村信贷约束，资金外流，农村金融供给与需求不相适应、不匹配等问题依然存在，高效率的农村资本形成机制还没有形成，农村金融与农村经济良性互动发展的新机制尚待建立，农村金融依然是我国经济社会发展的一块短板，主要表现在以下几个方面：

1. 金融需求不满足与资金外流并存。据调查，农户从正规金融机构获得的信贷服务占30%左右，农村中小企业贷款满足度不到10%。同时，在中西部地区，县域金融机构存贷差较大，资金外流估计在15%～20%。农村资金并未得到有效利用，农村金融促进储蓄有效转化为投资的内生机制并没有形成。

2. 农村金融需求具有层次性、差异性与动态性，不同类型农户和中小企业金融需求存在不同，多层次的农村金融机构与农村金融需求主体供求对接的有效机制尚待形成。农户资金需求具有生产性、生活性并重且以生活性为主的特点，农村中小企业多属小规模民营企业，对小额信贷需求强烈，加之都没有符合金融机构要求的抵（质）押品，正规金融服务“断层”现象依然存在。

3. 农村金融市场供求结构性矛盾突出，市场垄断、过度竞争与供给不足同时并存。从供给角度看，农村金融的供给主体以农业银行、农村信用社、邮储银行等正规金融为主，其基本特征是资金的机会成本较高、管理规范，要求的担保条件比较严格；从需求的角度看，农村金融需求主体的收入、资产水平较低，借贷所能产生的利润水平不高，且其金融交易的信息不足。尽管存在着借款意愿和贷款供给，但供求双方的交易却很难达成，金融交易水平较低。因此，要消除这种结构性供求失衡，就要充分考虑不同供给与需求主体的特点及它们之间达成交易可能性，采取更加积极的宏观政策与规范，建立多层次、全方位、高效率、供求均衡的现代农村金融体系。

必须改变用城市金融推动农村金融的理念和做法，以及单方面强调金融机构的调整、重组和监管的政策，从全方位满足“三农”金融需求和充分发挥农村金融功能的视角，建立农村金融供求均衡的、竞争与合作有效耦合的现代农村金融体系。按照农村金融供求均衡理念，对农村金融机构服务“三农”和农村中小企业做适当市场细分，实现四个“有效对接”，推进农村金融均衡发展。

第一，实现正规金融供给与农业产业化龙头企业金融需求的有效对接。由于农村正规金融机构的商业信贷供给与农业产业化龙头企业的金融需求相适应，正规金融机构的商业信贷交易费用较高，交易规模较大，客户不能过于分散，担保条件要求严格，而龙头企业在很大程度上已参与到了城市经济的市场分工中，在利润水平及担保资格都能够符合正规金融机构要求的情况下，有些企业甚至能够得到政府的隐性担保，加之建立有相对完善的会计信息系统，能够提供其经营状况的财务信息，信贷信息不对称现象也能有所缓解，因此，二者具有相互对接的可行性。尽管农村正规金融发展存在诸多问题，但从其本身特点以及龙头企业发展角度看，实现正规金融供给与龙头企业金融需求对接具有必然性。所以，中国农业银行应定位为农村高端商业银行，在坚持商业化经营的前提下，加大对农业产业化龙头企业的支持力度，主要满足大规模的资金需求。通过政策引导，把农业银行在农村吸收的存款拿出一定比例用于农业信贷，把农业银行办成全面支持农业和农村经济发展的综合性银行。

第二，实现正规中小金融机构的信贷供给与市场型农户、乡镇企业、中小型民营企业金融需求的有效对接。由于正规中小型金融机构的小额信贷与市场型农户、乡镇企业、中小型民营企业的金融需求相应，市场型农户、乡镇企业、中小型民营企业的金融需求主要用于扩大再生产，所需要的资金数额相对较大，借贷风险较大，不易从非正规金融机构获得贷款；由于其自身在资产水平存在的有限性，它们不能像龙头企业那样，从正规金融机构获得商业贷款。而正规中小型金融机构，尤其是农村商业银行、农村合作银行、村镇银行等，相对于大银行，在成本控制上存在较大优势，而且较易了解市场型农户、乡镇企业、中小型民营企业的生产经营状况，可根据其还款的信誉状况来控制贷款额度，降低金融风险；中小型金融机构倾向于通过市场交易过程，发放面向中小企业的贷款，按市场利率取得更高收益，市场型农户、乡镇企业、中小型民营企业是以市场为导向的，接受市场利率，也倾向于通过市场交易过程获得贷款，二者之间交易易于达成。另外，正规中小金融机构具有一定优势：其资金“取之当地、用之当地”；员工是融入到社区生活的成员，熟悉本地客户；组织架构灵活简单，能有效解决信息不对称问题；贷款方式以“零售”为主，成本低廉、创新速度快；决策灵活，能更好地提供金融服务，二者之间实现金融交易对接具有必然性。目前，农村正规中小型金融机构发展较为迅速，应继续鼓励和引导农村商业银行、农村合作银行、村镇银行发展，构建起民营的、独资的、合伙的、外资的正规中小型金融机构，大力开展涉农金融业务。

第三，实现正规金融、非正规金融机构的小额信贷供给与温饱型农户金融需求的有效对接。农村小额信贷，主要指农村信用合作社等正规金融机构、非正规金融机构提供的农户小额信贷，是以农户的信誉状况为依据，在核定的期限内向农户发放的无抵押或少抵押担保的贷款。正规金融机构、非正规金融机构的小额信贷供给与温饱型农户金融需求相应，它们之间的交易对接具有充分的可行性。目前，温饱型农户占整个农户的40%～50%，他们的借贷需求并不高，还贷能力较强，二者之间的信贷交易易于达成。农信社和其他非正规金融机构的比较优势决定其生存空间在农村，从国外银行业的发展情况看，即使服务于弱势群体，也有盈利和发展空间。农信社应牢固树立服务“三农”的宗旨，通过建立良好的公司治理机制、科学的内部激励机制，切实发挥农村金融主力军作用；适应农村温饱型农户金融需求的特点，建立和完善以信用为基础的信贷交易机制，提高农户贷款覆盖面；通过农户小额信贷、联户贷款等方式，不断增加对温饱型农户的信贷支持力度。当前，农户小额信贷存在的问题主要有：资金缺口大、贷款使用方向单一、贷款期限无法适应农业生产周期的需要、小额信贷额度低等。针对这些问题，应采取措施逐步扩大无抵押贷款和联保贷款业务；尝试打破农户小额信贷期限管理的限制，合理确定贷款期限；尝试分等级确定农户的授信额度，适当提高贷款额；拓展农信社小额信贷的领域，由单纯的农业生产扩大到农户的生产、生活、消费、养殖、加工、运输、助学等方面，扩大到农村工业、建筑业、餐饮业、娱乐业等领域。

第四，实现非正规金融机构的小额信贷与温饱型、贫困型农户金融需求的有效对接。民间自由借贷的机会成本相对较低，加上共有的社区信息、共同的价值观、生产交易等社会关系，且可接受的担保物品种类灵活，甚至担保品市场价值不高也能够较好地制约违约，与温饱型、贫困型农户信贷交易易于达成，实现二者之间的有效对接具有必然性。发达地区的非正规金融，其交易规模较大、参与者组织化程度较高，以专业放贷组织和广大民营企业为主，交易方式规范，具备良好的契约信用，对这类非正规金融可予以合法化，使其交易、信用关系及产权形式等非正式制度得到法律的认可和保护，并使其成为农村金融市场的重要参与者和竞争者；欠发达地区的非正规金融，其规模较小、参与者大多是分散的温饱型、贫困型农户，资金主要用于农户生产和生活需要，对此类非正规金融应给予鼓励和合理引导，防止其转化成“高利贷”。同时，积极发展小规模的资金互助组织，通过社员入股方式把资金集中起来实行互助，可以有效解决农民短期融资困难。应鼓励和允许条件成熟的地方通过吸引民间资本、社会资本、外资发展民间借贷，使其在法律框架内开展小额信贷金融服务。

总之，由于商业金融在很大程度上不能完全适应农村发展的实际需求，上述市场细分和四个“有效对接”在不同地区可实现不同形式组合，不同对接之间也可实现适当组合，哪种对接多一点、哪种对接少一点，可根据情况区别对待，其判断标准是以金融资本效率为先，有效率的“有效对接”就优先发展。

为了实现以上四个“有效对接”，还必须采取以下配套政策：一是建立新型农村贷款抵押担保机制，分担农业信贷风险。在全面总结农户联保、小组担保、担保公司代为担保等成功经验的基础上，积极探索农村土地使用权抵押担保、农业生物资产（包括农作物收获权、动物活体等）、农业知识产权和专利、大型农业设施、设备抵押担保等新型农村贷款抵押担保方式，降低农贷抵押担保限制性门槛，鼓励引导商业担保机构开展农村抵押担保业务。二是深化政策性金融改革，引导农业发展银行将更多资金投向农村基础设施领域。通过发行农业金融债券、建立农业发展基金、进行境外融资等途径，拓展农业发展银行资金来源，统一国家支农资金的管理，增加农业政策性贷款种类，把农业政策性金融机构办成真正的服务农村基础设施等公共物品、准公共物品投融资的银行。三是建立政府主导的政策性农业保险制度。运用政府和市场相结合的方式，制定统一的农业保险制度框架，允许各种符合资格的保险机构在总框架中经营农业保险和再保险业务，并给予适当财政补贴和税收优惠。四是加强农村金融立法，完善农村金融法律和监管制度。目前，农村金融发展法律体系滞后，亟须加以完善。建议在《中华人民共和国公司法》、《中华人民共和国商业银行法》中增加农村金融准入条款，制定《民间借贷法》，将暗流涌动的农村民间金融纳入法制化轨道。适当修改《中华人民共和国银行业监督管理法》，鼓励农村金融机构充分竞争，防范农村金融风险；以法律形式明晰农业银行支农责任，督促其履行法定义务，确认其正当要求权；明确农业发展银行开展商业性金融业务范围，拓展农村基础设施业务，以法律形式分别规制其商业性、政策性业务，对政策性业务进行补贴；限制邮储银行高昂的利率浮动，加强对其利率执行情况的监督、检查力度。制定《金融机构破产法》，建立农村金融市场退出机制，形成公平、公正的农村金融市场竞争环境。制定《农村合作金融法》，规范农村合作金融机构性质、治理结构、监管办法，促进农村信用社等农村合作金融机构规范运行。

教育部2011年度“长江学者和创新团队发展计划”
创新团队（IRT 1176）带头人
西北农林科技大学经管学院教授、博士生导师
西北农林科技大学农村金融研究所所长

二〇一五年三月二十八日

前　言

经济与金融发展的理论和实践证明，金融是现代经济的核心，经济的发展需要金融的强力支持，金融发展对于经济发展发挥着引导作用。解决“三农”问题，离不开金融的强力支持。农村金融是为农业和农村经济发展服务的金融部门，是农业和农村经济发展的推动器，它伴随着农村经济的发展而逐步壮大，在农村经济发展中起关键性作用。

1978 年改革开放至今，我国农村金融状况不断改善，农村金融改革步伐不断加快，推动了农业与农村的发展，支农绩效明显。但是，受长期以来农村与城市相分离的二元经济结构等历史因素影响，农村金融服务体系远未达到完善和健全，农村资金的供求矛盾突出，已成为制约农业农村经济发展和农民收入增长的突出问题。农村金融发展滞后、农村金融供给总量不足、供求错位与结构不合理、服务效率低下，是导致农村落后、农业不发达、农民收入低的重要原因，农村金融依然是整个金融体系和农村发展的“短板”。如何破解农村金融难题，完善农村金融服务，推动农村金融制度创新，建立现代农村金融市场体系，提升农村金融市场效率，推动农村金融更好地为农村经济发展服务，依然是需要研究和解决的重大课题。

《中国农村金融前沿问题研究（1990—2014 年）》一书，汇集了 1990—2014 年我以第一作者或通讯作者发表的 35 篇学术论文，这些论文是从过去 25 年间我发表的近 300 余篇论文中精心筛选并按照农业投资与农业发展、政府财政对农业投资、农地金融制度、农村金融市场配置效率、农村产权抵押融资模式、农村金融学科建设 6 个板块布局谋篇而成，各板块按照逻辑关系、论文主题进行编排，体现了内容的相近性和相关性，全书可自成一体，基本上可以反映当时农村金融前沿热点问题。为尊重当时情况，所选论文基本上保持了发表时的论文原貌，未作大的修改，数据基本上也未作更新。本书既是我从事科研工作经历的全面回顾，也是对农村金融研究工作的阶段性总结。同时，也反映了我及我所带领的教育部创新团队对农村金融研究工作的深厚感情、执著探索和不倦思考的足迹。

长期以来，为了解决农村金融难题，促进农业发展，围绕金融理论与农村金融政策、金融工程与农村金融管理、农业保险与农村社会保障等研究方向，紧密结合中国农业与农村发展实际，瞄准国家重大战略需求与热点、难点、重点问题，我及我所带领的教育部创新团队沿着“农业投资宏观理论与政策—政府财政对农业投资效率评估与监督—农地金融制度构建与风险分担理论和应用—农村金融市场配置效率评价—农村产权抵押融资模式研究—农村金融学科建设”的研究轨迹，不断拓宽研究领域，对中国农村金融问题进行了多层面、多视角、系统性研究，提出了破解农村金融难题的思路、总体方案与政策建议，在着力破解“穷人金融问题”方面取得了一定收获和成果。收入本书的系列研究论文，就是这些收获和成果的集中展示，也是我们从事农村金融研究工作的心得，结集出版可供农村金融专家、学者、政府决策与农村金融监管部门、农村金融机构经营管理者以及对农村金融有兴趣者阅读、参考。

我相信，本书的出版，对于广大读者深刻认识农村金融现实，把握农村金融运行规律，推动农村金融创新发展，能够提供科学参考，对于建立现代农村金融体系，完善农村金融支持政策具有一定借鉴意义。同时，我也希望，能有更多的人关注和研究农村金融问题，为农村金融改革发展建言献策，共同为建立现代农村金融制度而不懈奋斗。

对本书存在的不足和纰漏，希望农村金融专家、学者及同行提出批评意见和建议。

目 录

农业投资与农业发展篇

政府财政对农业投资篇

农村金融市场配置效率篇

农业投资与农业发展篇

1 经济发展过程中农业投资变动的国际趋势和经验

增加农业投入和投资，改善农业生产基本条件，是当前我国农业发展的一个关键问题。在制定农业投资政策时，一方面要对我国农业投资运行的现状进行深入调查和分析，另一方面就是要借鉴发达市场经济国家农业投资政策的经验。本章通过国际比较，主要分析经济发展过程中农业投资变动的国际趋势和经验，为我国农业投资政策的设计和改革提供科学的依据和指导。

1.1 经济发展过程中农业投资变动的历史轨迹

1.1.1 发达国家农业投资变动

20 世纪 40 年代以来，在“劳少地多”的资源约束诱导下，欧、美等国和日本、澳大利亚先后实现了大范围的农业机械化，以机械设备代替劳动力，并在农业中大量使用化肥、农药、除草剂等化学产品。机械和化学工业提供的这些物质产品及其随之而来的农业投资的迅速增长，极大地提高了农业的劳动生产率和农产品产量，并促使农业向大量消耗石油的方向发展。1973 年后，石油价格猛涨，致使农用工业品价格上升，农业生产成本加大。这种情况，不仅推动着发达国家农产品价格的上涨，而且使农业生产越来越依靠政府财政补贴。依赖石油能源的农业（又称石油农业）技术的运用，改变了土壤的理化性质，引起水土流失和环境恶化，并最终危及农业发展。在这种背景下，有机农业或生态农业的呼声高涨，并且出现了超工业农业、生物农业等农业学说，但实践发展并不像预期的那样快。这主要是因为有机农业所需要的劳动力多以及垄断资本的阻碍所致。农业劳动力的短缺和劳动力价格昂贵使有机农产品价格超出消费者购买能力；一些工商垄断组织则从垄断资本利益出发，继续推销新的化学肥料和农药，并宣传和研究与之相适应的耕作栽培技术。建立一个稳定的、能持续增进地力的农业制度，促使现代农业趋于合理化，是发达国家农业发展和投资变动的必然趋势。

1.1.2 发展中国家农业投资变动

在发展中国家，农业占国民经济总值和国民收入的比重很大，农村人口占全国人口的比重也很大。20 世纪 50 年代，一半以上的发展中国家农业产值占国内生产总值的比重不低于 50%，农业人口占总人口的比重不低于 60%。农村人口占总人口的比重以及农业人口占农村人口的比重都在 70% 以上，而农业投资占全社会固定资产投资的比重却是很低的。这与早期各国普遍热衷于推进工业化与城市化，忽视农业与农村的综合开发，采用工业偏斜的发展战略是密切关联的。60 年代后期，许多国家遇到了工业和城市高速发展，农业和农村停滞不前甚至衰退的尖锐矛盾。一些国家农产品由出口变成进口、食品短缺、贫困人口增加、失业率上升，加剧了原来就不平衡的社会经济。针对这种情况，部分国家先后调整了发展战略，在发展工业的同时，注重增加农业投资，采取了引进高产良种和农业技术、增施化肥、扩大耕地面积和灌溉面积、推广先进管理方法、推行“绿色革命”等一系列措施。不少国家，特别是印度、菲律宾、泰国、巴西、墨西哥和尼日利亚等国，在努力发展高等教育和农业科研的同时，实行多层次、多形式、多规格的农业科技普及教育，大力发展中等农业技术学校，以提高农民素质，同时重视农业科技推广，成立农业技术推广站等，加快传统农业向现代农业转变的步伐。

1.2 经济发展过程中农业投资变动的国际趋势和经验

在经济发展的历史过程中，农业投资的变动具有共同的趋势和规律。这些规律是农业发展对资本需求变动的客观反映。

1.2.1 农业投资总量增长

以持续增长的农业投资推动农业生产力的发展和技术进步，是世界各国农业发展的共同趋势。在工业化和现代化的过程中，农业对机械、动力、化肥、农药等工业产品的需要量逐步扩大，农业生产的基本条件趋于改善，这些都促使农业直接投资不断增长，农业呈现出从“粗放型”向

“集约型”过渡的趋势。

农业直接投资总量是伴随着农业生产规模的扩大而增长的，特别是以机械的采用和现代生产要素的引入为标志的农业改造过程需要大量的农业投资。以日本为例，1925—1985 年，日本每一农户平均的农业经营费用呈直线增长趋势，从 0.66 千日元增长为 183.13 万日元，增长了 2 773.7 倍，年平均增长速度高达 14.1%。农业固定资本投资总量的增长在世界各国也具有普遍性。

有关资料计算表明，英国、原联邦德国、日本、加拿大、前苏联、南斯拉夫、波兰农业固定资本投资呈长期递增趋势。1955—1980 年，英国、加拿大农业固定资本投资平均增长速度（用累计法计算，下同）分别为 8.4%、8.3%；1970—1979 年，原联邦德国农业固定资本投资年平均增长速度是 6.3%；1955—1976 年日本同一指标年平均增长速度高达 11.8%；1960—1980 年前苏联农业固定资本投资平均每年增长为 7.6%；同期南斯拉夫该指标年平均增长 17.4%；1956—1980 年波兰农业固定资本投资平均每年增长速度为 13.4%。

伴随着农业直接投资总量的增长，农业间接投资也呈增长态势。1880—1938 年，日本用于农业教育的投资从 2 360 万日元增长为 18 500 万日元，增长了 6.84 倍，平均递增速度为 3.6%；同期农业研究和推广投资由 30 万日元上升到 2 150 万日元，增长了 70.7 倍，年平均增长速度高达 7.6%。农业间接投资的增长，为广泛运用现代科学技术成果，改进农业经营管理，实现农业“工业化”和“现代化”开辟了道路。

1.2.2 农业投资份额下降

伴随着工业化和现代化的推进，资源（包括劳动力、资本等）逐渐从农业向非农产业转移，农业的地位相对下降，工业等非农产业的地位相对上升。农业投资总量增长，极大地提高了农业劳动生产率，加上农产品的低需求收入弹性，造成农业部门在总资本中所占的比重明显下降。

农业固定资本投资份额的下降具有世界性。1954—1980 年，英国农业固定资本投资份额为 3.21 %，在整个 20 世纪 60 年代，同一指标是 3.17% 至 70 年代下降为 2.97% ，下降了 0.2 个百分点；1955—1976 年，日本农业固定资本投资份额为 5.52%，60 年代同一指标为 5.44% ，到 70 年代相应下降到5.06%，下降了0.38个百分点；1951—1980年，加拿大农业固定资本投资份额平均为6.93%，60年代同一指标为7.54 %，70年代下降至6.28% ，降低1.26个百分点；1960—1980年，南斯拉夫农业固定资本投资份额平均为8.9%，60年代高达9.8% ，到了70年代便下降为8.2%，下降幅度为1.6个百分点。

1.2.3 农业比较投资率上升并超过工业

随着工业化的发展，农业产值份额即农业总产值占国民生产总值的比重逐步下降，并且农业固定资本投资占全社会国有资本总投资的比重即农业固定资本投资份额呈下降趋势。但是二者下降的幅度并不一致，农业总产值份额下降的程度一般快于农业固定资本投资份额下降程度，从而保持了份额下降过程中农业的进步与发展。具体来说，在工业化初中期或开始农业现代化时期，农业固定资本投资比重小于农业总产值比重；工业化后期或农业现代化进行期，农业固定资本投资比重与农业总产值比重趋于接近和均衡；后工业化时期或农业现代化进一步发展期，农业固定资本投资比重大于农业总产值比重，并且两者的差距逐渐扩大。

农业固定资本投资份额与农业产值份额变动趋势，使工业化和现代化过程中农业比较投资率即农业投资比重与农业产值比重之比呈上升趋势，农业固定资本投资在国民经济总投资中所占的比重越来越大于农业总产值在国民生产总值中所占的比重。而工业产值份额与投资份额则呈现与此相反的变动态势，工业的比较投资率呈下降趋势，工业投资份额下降快于总产值份额下降的幅度。计算表明，1950—1980年，原联邦德国农业比较投资率从0.44增长为1.40，而1950—1975年工业比较投资率则由0.65降为0.58。50年代初，工业比较投资率大于农业，50年代中期，已与农业基本持平以后农业比较投资率大于工业，农业比较投资率呈上升趋势，工业比较投资率呈下降趋势。

1.2.4 农业投资来源从内源增长向外源增长转变

在工业化的早期，社会分工尚不发达，农业占社会总产值的较大份额，此时农业投资主要来源于农产品价值补偿其生产费用后的余额部分，外部追加的投资还不占主要部分。随着农业商品化程度的提高和农业改造进程的深入，农业投入与产出活动对信贷组织的依赖性趋于增强，农业投资经历了由生产单位自筹为主的内源增长向以信贷资金投入的外源增长转变，农业经营呈现出高负债化趋势。资料表明，美国每年40%的农业投资、60%的农场需要通过信贷途径来筹措经营农业的资金。1950年，美国农场的资本总额为1 323亿美元，1975年同一指标上升为5 160亿美元，25年内增加了3 837亿美元，增长了2.9倍，年平均递增速度为5.6%，而同期农场纯收入总额为943.68亿美元。即使同期内农场纯收入全部用于追加农业投资，尚差缺口为2 893.32亿美元，占农业新增资本总量的75.4%，由此可见，美国农业中信贷投入的重要程度。在原联邦德国，1949—1977年，农业债务总额从31亿马克上升到388亿马克，增长了9.9倍，平均每年递增8.9%。1974—1984年，借入资本在农业资产总额中的比重由13.5%上升为20.4%，农户的借入资本积欠额从1951年的40亿马克增加到1984年的478亿马克，增长了10.95倍，年平均递增速度达7.8%。就借入资本在农业投资中的比重来看，70年代平均每年为20%，即平均每年借入13亿多马克的农业资本；80年代平均每年为30%左右，即每年平均借入资本上升为30多亿马克。1960—1976年，日本农业固定资本投资中，长期低利贷款从8.1%直线上升为19.4%，同期农民自有资金投资由68.2%下降为50.7%，1976年，约有一半的固定资本投资是依靠政府无偿援助和低息贷款的外源增长来实现的。1955—1985年各种金融机构对农业贷款从2 983亿日元直线上升为180 027亿日元，增长了59.4倍，平均每年递增速度高达14.6%。

1.2.5　农业投资结构趋同化

在农业投资总量增长和份额下降的同时，农业投资结构也发生了明显的变化。农业投资结构的变动，往往是与不同国家的资源禀赋、工业化状况相联系的。农业资源禀赋不同，农业投资结构的变动是互不相同的。农业投资结构的变动有着共同的趋势：（1）农业投资由生产资料的单纯追加向同时改善农业生产条件转变；（2）农业投资由物质投资等硬件投资向教育、科研、推广等软件投资转换，从对外延型传统投入增长的依赖向依靠农业技术进步、提高生产率的内涵式发展途径转变；（3）由单纯追求农产品产出的增长向追求投资效益和加强农业生态环境治理方向转化。

1.2.6 农业投资效益逐步提高

在发展初期，农业的增长主要依赖于化肥、农药、农业机械及水利灌溉设施等投入的积累，农业投资的数量相应迅速增长。随着工业化现代化进程的深入，技术进步、农业经营管理、劳动力素质等对农业发展的驱动效应日趋明显，农业资源投入的利用效率大大提高。1950—1960 年，日本土地、劳动、资本等传统农业投入几乎没有增长，水稻面积仅增长 2%，而同期水稻产量增长了 20%；墨西哥 1915—1960 年实物资产增加了 22%，而农业总产量增长 1 倍以上；同一时期以色列农业传统投入（主要是灌溉）增加 10%，农业产出增长了 60%。从世界范围来看，农业资本对产出增长的贡献及农业资本弹性都发生了明显的变化。

1.2.7 政府对农业投资运行的调控作用加强

政府对农业投资活动的调控，首先表现在政府通过财政渠道对农业进行直接投资上。例如，英国政府对农业的投资主要用于与农业有关的工程设施和公用设施，如水利工程、供电网络及交通网络等。日本政府财政对农业的投资主要用于土地改良、农业技术的开发普及、农用设施的恢复及构建农业基础结构等方面。其中 1960—1976 年，用于农田水利建设的投资占农田水利投资总额的比重由 67.5% 上升为 79.4%，上升幅度达 11.9%。

政府对农业的投资一般是与特定阶段的农业政策相互配合来实施的，体现了政府对农业发展的引导和干预。例如，原联邦德国政府曾规定，凡土地面积在 10 公顷以上的农场，可以得到年利息率 3% ~5% 的低息贷款，而 10 公顷以下的小农场能获得年利率高达 8% ~12% 的短期贷款，其目标是加速土地集中，提高农业生产要素的利用效率，推进农业结构改革。

政府对农业的投资活动的调控还表现在以立法手段加强对农业投资运行的有效管理上。为了保障农业长期发展的资金投入，规范投资主体的投资行为，防止农业投资的盲目性和随意性，美国、日本、英国、法国、原联邦德国等都先后制定并颁布了农业投资法。1952 年，日本政府颁布了《农林渔业金融公库法》和《自耕农维持资金融通法》，并在 1961 年又颁布《农业现代化资金助成法》，以保证农业结构变革所需要的资金来源。同时，还在财政、金融、价格等方面相应制定并采取了一系列政策法令予以支持。

2 中国农业投资供求变动的趋势

2.1 农业投资需求加速增长

首先，是由于工业化进程的深化所引致的。从现在起至20世纪末，中国经济进入一个持续稳定发展的新阶段。在此阶段，既要加速工业化的发展进程，又要加快对传统农业改造的步伐。工业化的深入发展，对农业提出的挑战，既包括农产品产出的增长以满足社会对农产品的需求，又包括农业发展条件的改善即逐步形成较为发达的农业基础结构。因此，在投资政策上，必须从以工业投资为主向同时重视农业投资的增长转变，以适应农业投资需求加速增长的趋势。

其次，人口压力及消费水平形成了农业投资需求加速增长的推动因素。人口的大量增加，要求满足这种增加的基本生活必需品即农产品相应增加，农业产出必须不断增长；随着人口的分化，一部分农业劳动力转移到非农产业，在带动农业产出增加的同时促进了农业商品化的发育，但另外又要求为工业等非农产业提供原料的农产品增长，以实现工业发展对剩余劳动力的吸纳。大量农产品从农业系统的输出，在物质能量循环上必须进行等同的补偿，以维持农业系统的正常运转。这种循环和补偿就推动着农业投资的加速增长。

最后，耕地资源的稀缺促进了农业投资需求加速增长。中国的人均耕地资源拥有量较低，并且在工业化的过程中，一部分耕地逐步被工厂、道路等基本设施所占用。为了弥补土地非农业化损失，一方面要大规模开发边缘地区，以扩大耕地面积；另一方面还要在现有耕地上进行内涵式的集约经营。这两个方面都要通过农业投资加速增长来实现。

为了从数量方面进一步说明农业投资需求加速增长的客观性，运用中国1964—1990年农业总产值、农业劳动力与农业固定资产存量统计资料，分1964—1978年、1979—1990年两个时期对农业要素投入与农业产出进行了回归分析（具体运算结果见表2－1）。从表2－1可以看出，固定资本存量与劳动力投入对农业总产值的贡献，1979 年后较 1978 年前均不同程度地上升了。其中，1964—1978 年，农业劳动力每增长 1%，农业总产值增长 0.56%；1979 年后这一贡献扩大为 0.88%，增长了 57%。1964—1978 年，固定资本存量每增长 1%，农业总产值增长 0.46%；1979—1990 年，同一指标上升为 1.25%，增长幅度高达 12.7 倍。回归结果还表明，改革以来，农业要素投放的规模报酬呈递增趋势，规模报酬系数为 2.13，远远大于 1，说明增加农业投入以及通过追加投资形成资本存量可以获得规模效益。这同时意味着，在近期内中国农业的发展还可以继续动用大量投入活劳动为特征的农业增长方式，但是，农业要进一步发展，必须逐步建立起追加投资以促进农业资本形成为特征的现代农业增长方式，提高农业产出水平。在这个过程中，农业投资需求呈加速增长态势。

表 2-1　　中国农业总产值与劳动投入、资本投入回归分析表

		1964—1978 年	1979—1990 年
回归方程		$AGNP = 0.1256K^{0.46}L^{0.56}$	$AGNP = 1.68 \times 10^{-5} K^{1.25}L^{0.88}$
系数 T 检验	常数项	-1.29	-2.90
	劳动力系数	2.71	1.89
	资本系数	4.90	8.19
方程可决系数（R^2）		0.936	0.986
可决系数修正值（$\bar{R}^2$）		0.926	0.983
D. W 值		1.60	1.90

注：AGNP 代表农业总产值，K 代表农业固定资本存量，L 代表全社会第一产业劳动力。

2.2　农业投资供给回升乏力

与农业投资需求加速增长的态势相反，农业投资供给回升乏力。这一变动趋势，往往是与下列因素及其效应相关联的：

首先，在工业化的过程中，农业具有内在不稳定性的特征。由于工业等非农产业的发展，工业与农业之间存在着比较利益的差别，从而使农户的经营行为难以稳定，并且产生大量的农兼工、农兼商、工兼农、商兼农等兼业经营行为，伴随经营收入的提高，在后两类兼业农户中农业呈现副业化，农业的发展呈现出不利趋势，市场机制的作用还会诱导包括资金在内的生产要素从农业转移到非农产业，劳动力转移势必伴随着农业资源的非农化。如果转移过度或回流不及时，农业的发展就会受到影响。农业内在的不稳定性，隐含着资金非农化、趋利化流动，从而使农业投资供给呈减少的趋势。

其次，近年来农业投资份额全面递减的惯性效应对投资供给回升的制约。农业投资全方位、直线式削减的逆常规变动，显现了农业投资运行与调控中存在一系列难题。这些难题主要有三个方面：一是在宏观层次上，政府对农业投资的调控和管理失误，在投资分权与分工的过程中，未能形成明晰的产权制度和法律约束，推动农业投资主体的形成，并且对农业剩余抽吸过度、补偿不足；二是在中观层次上，农村社区组织投资与积累职能趋于丧失，使中观层面的农业投资运行处于断裂状态；三是在微观层次上，农户投资行为短期化、非农化、趋利化，资金大量进入非农产业乃至建房消费领域。这三个方面，对农业投资供给的回升形成了明显的制约，使农业投资供给失去了持续增长的主体基础。

再次，经济发展水平对农业投资供给回升的约束。国际比较表明，发达国家工业大规模支持农业、加速农业投资供给增长都是在工业化相当发达、国民经济结构发生显著变化的时期。如美国和日本，大体上都在20世纪20年代中期，当时美国的人均国民生产总值已超过1 000美元，人均钢铁产量达0.57吨，人均原油产量为1.3吨，橡胶和化学工业都具有相当的基础；日本的第一产业国民收入和劳动力比重分别下降至16.6%和46%。中国的现实状况是：经过几十年的建设和发展，工业已经初步形成了较为完整的体系，但就经济发展的水平而言，尚不具备大规模增加农业投资的经济实力，还不能像发达国家那样，用大量的资金来支持农业的发展。因此，农业投资供给的回升将是十分有限的。

最后，农业投资环境对投资供给回升的阻碍。农业投资是指影响资金投入及其运行外部条件的总和，它是自然、经济和社会三方面因素共同组成的动态系统。投资环境对农业投资的影响，主要表现在两个方面：一是投资环境决定投资主体的预期和行为；二是投资环境影响投资效益和投资方向的选择。现阶段乃至一个很长的时期内，农业投资环境对投资供给的回升具有一定的阻碍。一是由政府投资不足所诱使的农村社区组织、农户投资处于回升乏力的状况，使具有导向功能与乘数效应的财政投资的作用受到限制；二是投资效益的差别，强化了资金的趋利化流动，农业投资运行呈现出“重短轻长、重工轻农、重硬轻软”的倾向；三是土地产权制度的不健全，使投资主体尤其是农户缺乏增加农业投资的预期，给农业投资供给的增长以很大的削弱。

3 农业投资宏观调控的手段及运用

农业投资的宏观调控是以政府为主体，从农业及国民经济发展的总体高度，综合运用各种调控手段和方式，对农业投资运行过程进行有效的激励、调节与控制，以实现农业投资总量均衡的经济活动。

在市场经济条件下，对农业投资进行宏观调控的手段，是一个彼此相互联系又相互制约的完整的调控手段体系，它包括经济调控手段、行政调控手段、法律调控手段、文化调控手段等方面。由于各种调控手段发生作用的条件、程度及效果存在着明显的差别，如何合理地设置、选择并正确运用各种调控手段，就成为农业投资宏观调控研究中亟须解决的一个现实问题。

3.1 经济调控手段

经济调控，是在调控主体——政府的参与下，从投资运行的偏差出发而采取一系列经济办法，创造价值规律及平均利润规律发生作用的条件，以实现投资运行的合理化。经济调控手段包括价格调控、投资增量调控、税收调控等，这三种调控手段对农业投资运行都有积极或消极双重作用。

就价格调控而言，政府可以通过提高（或降低）农产品或农业投入品（如农用生产资料）的价格，从产出与投入两个方面影响资金流向的变动。使资金向有利于结构优化的产业或部门流动，从而实现农业投资运行调控的目的。在统购或合同定购体制下，政府提高农产品收购价格，可以增加农业收入。假定农产品成本总水平为常数，则农业收入增加额等于基期收购量与收购价格增量的乘积加上收购量增量与报告期收购价格的乘积。用公式可表示为

$$\begin{aligned}\Delta B &= B_2 - B_1\\ &= P_2 \cdot Q_2 - P_1 \cdot Q_1\\ &= P_2 \cdot (Q_1 + \Delta Q) - P_1 \cdot Q_1\end{aligned}$$

$$= P_2 \cdot Q_1 + P_2 \cdot \Delta Q - P_1 Q_1$$
$$= (P_2 - P_1) \cdot Q_1 + P_2 \cdot \Delta Q$$
$$= \Delta P \cdot Q_1 + P_2 \cdot \Delta Q$$

式中，ΔB 表示农业收入净增加量；B_1、B_2 分别代表基期、报告期农业收入总量；P_1、P_2 分别代表基期、报告期农产品收购价格；Q_1、Q_2 分别代表基期、报告期农产品收购量；ΔP 表示农产品收购价格增量，ΔQ 表示农产品收购量增量。

农业收入增量经过农产品交售活动形成了农业经营单位的销售收入。但是这部分收入能否转化为农业投资及其转化多少，主要取决于农业经营方式与农业投资环境。因为，通过价格调整增加的农业收入已经转化为经营单位的销售收入，增加农业投入也转化为经营单位的支出。在集体统一经营时期，新增农业收入中用于农业再投入的份额，取决于农村集体组织（生产队、生产大队）初次分配政策，而在传统体制下很大程度上依赖政府制定的分配规范，如规定公共积累的比例及运用方向等。通过提高农产品价格以增加农业生产单位经营收入及规定农业投资的份额等，可以使价格调整促进投资总量增长。在市场经济体制下，由于农户已经成为独立的核算单位，并且拥有独立的经济自主权，提高农产品价格所增加的收入是否用于农业，完全取决于农户经济行为。由于现阶段农户生产功能与消费功能的合一性，决定了农户收入的增加可以用于生产，也可用于消费；既可用于农业也可用于非农产业。其中最重要的因素是农户对投资的预期、现时消费与未来消费的比较，从事农业生产所获收入与从事其他非农产业所获收入的权衡，即投资机会成本的比较等。只有在农业投资特别是粮、棉、油生产投资的收入水平接近或不低于非农产业投资收益时，农户才有可能增加农业投资。

上述分析是以农产品成本稳定为前提的。通过降低农业投入品的价格，可以减少农业投入的总费用，并使农产品成本降低，在农产品收购价格总水平一定的条件下，可以间接地增加农业总收入，但这部分所增加的收入是否用于投资也取决于农户的经济行为。在农产品价格水平一定的条件下，农业收入增加额等于基期农业投入品销售量与农业投入品销售价格降低额的乘积减去报告期农业投入品价格与农业投入品销售量增量之积。如果农业投入品销售量不变，那么农业收入增加额等于农业投入品价格降低额与农业投入品销售量的乘积。

因此，运用价格杠杆调控农业投资运行只是一种可能性，要使农户把农业收入较多地投入农业，需要优化农业投资环境，包括农产品比价关系调整、工农产业收入的平衡以及农资供应的改善和控制等。提高农产品价格是调动农民积极性的有效手段。但是，现行的农产品价格体系对农业投资的调节起着不良的影响，尤其是粮、棉产品，保护价格不仅低于价值，而且也低于市场价格，使投资短缺，制约着国民经济的发展。逐步提高农产品尤其是粮、棉产品的保护价格，可以诱使农户从事粮、棉生产的积极性，为投资总量的增长创造条件。

投资增量调控是通过国民收入再分配增加对农业的净流入，这主要是通过增加农业财政支出渠道来实现的。投资增量调控如增加农业基建投资、支援农村生产支出和农业事业费，意味着农业基础结构投资的增长，它对投资结构优化的效应是比较直接的。农业基础结构投资近年来处于增长乏力局面，是财政支农支出降低所引发的。运用国民收入再分配的手段，直接提高财政支农支出的总量及份额。可以扭转农业投资结构中基础结构投资不足的局面，达到投资结构优化的目的。另外，财政对农业投资还具有导向功能和乘数效应，它能够为集体、农户增加农业投资创造条件，引导并带动农业投资的增长。

税收调控表现为财政对农业国民收入的净流出。从总量上看，税种的多少和税率的高低，直接影响着国民收入的流出量。在农业国民收入一定的情况下，税收流出量越多，则农业经营单位所获的收入就越小；反之，农业收入就越多。这种反向变动的关系，决定了税收对国民收入中用于扩大再生产的数量和份额有较大的影响，从而也影响农业投资的总量和份额。但是减少或稳定税收，可以增加农业经营单位的总收入，为增加对农业的再投入提供了可能，要使这种可能性变为现实，也有赖于农业投资环境的改善。

税收调控更重要的作用还在于通过设置税种、税率、调节农村各产业，不同类型经营单位的收入水平，为农业各种经营主体和组织增加农业投入创造有利条件。改革前，我国农村税收以农业税为主，税种单一。改革以来，随着经济结构的变化，农村已初步形成了以农业税、农林特产税、耕地占用税、农村工商税为主要内容的税收体系，税收对收入水平的调节效应在逐步扩大。充分发挥税收的调节作用，使从事农业的生产者获得与从事第二产业、第三产业的农村劳动者大体相当的收入，就可以调动农户增加农业投资的积极性，使更多的资金流向农业。

运用经济手段调控农业投资运行，价格调控、投资增量调控与税收调控要相互配套、综合运用，以产生协同效应。“对农业生产者的价格刺激，最好能有助于公共设施的建设。但是，政府同时提供这两类费用的能力，常常受到农业中和农业外资本配置不当的限制。因此，较高的农产品价格便直接转化到农业中重要公共设施的投资上。然而，宏观政策改革常常过分集中于价格刺激，而不是集中于制约农业发展的整个政府投资的方式与效益上。”（［美］G. 拉尼期等）其原因在于价格、财政支农支出、农村税收对投资运行调控所起作用的条件、程度的差别。如提高农产品价格（或降低农业投入品价格），增加财政支农支出与降低农业税率，扩大非农产业征税面，提高非农产业经营的税率，虽然都可以增加农业投资，但三者不可相互替代。提高农产品价格（或降低农业投入品价格），为农户增加农业投入提供了可能，即使这种可能性转变为农户或经营单位的投资行为，其投资也仅限于农户、农村集体组织层次上；增加财政对农业支出，可以直接用于社会性、开发性和全局性的农业基础设施方面，解决一家一户乃至一村一乡难以解决的问题；适当降低农产品税率，提高非农产品税率，可以调节工农收入的差别，为农户或农业经营组织从事农业生产创造收入均等的条件，提高农业比较利益。

近几年来，农业投资调控偏差的症结恰恰在于：在较大幅度放开农产品市场价格的同时，一方面没有对农用生产资料价格进行适当的控制，使农资产品价格上涨抵消了农产品价格提高的效应；另一方面，对农村非粮、棉、油生产尤其是非农产业相对过高的收入并未及时进行强制性调节，使粮、棉、油及农业生产比较效益呈下降趋势；与此同时，还违反了价格调控与投资调控的非替代性，执行了一条替代投资的财政分配路线，降低了财政、金融对农业的投资，导致农业投资全方位递减、农业投资结构失调的严重后果。因此，农业投资结构优化的经济调控对策应当是：逐步提高农产品保护价格，适当降低农业投入品价格；总体设计农村税收，完善税收体系，平衡农村各产业的收入；增加政府对农业的财政投资，强化投资增量调控职能，使农业投资结构趋于合理。

3.2 行政调控手段

行政调控就是通过颁布行政指令（命令、指示、规定等），借助于行政组织对投资运行方向、规模进行调控，以此来约束投资主体的投资行为，实现投资结构的优化。运用行政手段调控农业投资运行的必要性在于：(1) 由于现阶段二元经济结构、市场发育不健全以及体制转轨的渐进性，使经济手段对农业投资运行的调控往往难以实现农业投资有序运行的目标。在工农两大产业劳动生产率有较大差别的条件下，农业比较利益往往居于不利乃至恶化的境地，虽然经济调控可以扭转这种趋势，但要完全消除是不可能的。在这种宏观背景下，单纯依靠经济手段难以阻止资金流向的非农化、趋利化和农业投资总量的不足，必须依赖行政调控手段，强制资金向农业的回流，缓冲趋利机制对农业资金的抽吸和剥夺。(2) 适用于经济调节的农业投资活动，仅限于农业流动资本、固定资本投资和农业物质基础结构，这类投资均以独立的经济利益为导向，从而构成了经济调控的现实基础。而对于社会基础结构、生态基础结构投资，经济调控往往失效。对这类关系农业发展的全局性投资，必须通过行政调控来实现。(3) 在农业投资的运行中，无论是市场机制的自发调节，还是运用经济杠杆对投资运行的调节，其前提都是以充分的市场竞争和利益导向为条件的。现阶段由于农业的商品化程度不高，市场机制对资金流动的导向还不充分，因此，农业投资运行要求必要的行政手段的介入，以避免市场调节引致的对农业资金的大量抽取。尤其是在经济体制转型的过程中，行政调控具有特殊的作用。

值得指出的是，行政调控的必要性绝不意味着农业投资运行的优化，相反，过多或不当地运用行政调控，会给投资结构的形成带来不利影响，弱化农户的物质利益意识，使投资运行缺乏效率，同时易于导致“人治”和官僚主义，造成行政组织重叠，忽视投资的责任、权利和义务，从而不利于投资效益的提高。因此行政调控不应成为宏观调控的主要手段。

近期内，行政调控的重点主要有：(1) 集中动员资金，满足农业社会基础结构、生态基础结构投资增长的要求。(2) 建立农村集体组织的劳动积累制度，诱导农业劳动力从事农业基本工程建设。(3) 规定农户从事农业生产的相应指标，如农业积累率等。(4) 形成严格的农业项目投资审批、监督制度，大中型农业投资项目的可行性研究，农业投资运行的事后审计和监督制度。（5）推行农贷低利制度，开发性、社会性农业贷款的利率差额，由财政给予补偿，提高农贷需要量。

3.3 法律调控手段

法律调控是从投资主体投资行为优化出发，通过对投资主体行为的法律规范调整投资的来源结构，从而实现农业投资有序运行的目的。农业投资中基础结构投资的不足，在很大程度上是由政府对农业财政投资削减所引起的。政府行为的波动性、随意性，加剧了农业投资结构的偏差和扭曲，为了从根本上扭转农业投资的非规范化运行，制定一部《农业投资法》或《投资管理条例》，健全有关农业投资的法律及法规，以规范政府投资行为，是农业投资稳定增长和结构优化的必要条件。在《农业投资法》中，相应规定地方政府、农村集体组织、农户用于农业积累与投资的份额，可以保证农业投资的充足来源，从而使各级投资主体削减农业投资用于非农产业或消费领域的行为得以扭转。确保农业投资随经济的发展而相应增长，通过农业投资的立法（农业劳动积累法、农业固定资本投资法、农业基础结构组建法等），规范参与农业投资运行的各个层次的投资主体进行投资活动的基本方向、行为规范和基本程序，保证农业投资运行和结构调整有序进行，实现农业投资及相关政策的稳定性和连续性。

3.4 文化调控手段

文化调控是通过对参与农业投资活动的组织或农户进行宣传、教育，使其确立投资活动的行为动机，借此影响投资运行和投资结构的调整。文化调控的核心是提高农业投资组织或农户的投资意识、投资素质，解决投资运动中“人”的问题。投资活动是由有意识的社会群体劳动力来进行和操作完成的，因而提高劳动力的素质、技能，使其逐步发展成为具有追加投资与制度创新的投资主体，是农业投资结构调整的根本保证。

在当前，为了扭转农业投资运行严重失衡的态势，文化调控手段的主要内容有：（1）消除“逆向偏见”，重塑爱农从农的社会风尚。（2）矫正舆论导向偏差，在鼓励农民从事农村非农产业、多种经营的条件下，号召增加对农业的物质投入和劳动投入，大力宣传农业致富的事例，发挥舆论宣传工具的导向功能。(3) 提高农户素质，优化农户经济行为，引导农户处理好积累与消费、生产与生活、农业投资与非农产业投资的关系。(4) 进行观念变革，引导和促进农业剩余劳动力转移，积极稳妥地推进农业的适度规模经营，促进农业的商品化和现代化。

3.5 综合运用各种调控手段，提高宏观调控效果

从以上分析可以看出，农业投资宏观调控的经济手段、行政手段、法律手段、文化手段之间的作用、功能是互为补充、不可替代的。只有坚持总体选择、综合运用、相互配套并正确处理四种手段之间的关系，才能使农业投资活动顺利过渡到市场经济的轨道上来，实现全方位增加农业投资的宏观调控目标，进而促进投资资源的合理配置和提高农业投资的效益。因此，在运用四种调控手段对农业投资进行宏观调控时，必须注意下列问题。

3.5.1 运用调控手段，应以间接手段为主，辅之以必要的直接调控手段

根据影响农户投资决策的程度，可以把宏观调控手段划分为直接调控手段和间接调控手段两种类型。其中经济手段、法律手段、文化手段属于间接调控手段，而行政手段是直接调控手段。以经济手段、法律手段、文化手段为主，能够加强政府对农业投资活动进行间接控制的能力，相应减少政府对农业投资活动的直接控制，有利于加快投资运行中市场机制和市场体系的形成。而行政手段本身不是市场机制的内容，它仅仅是市场机制发生作用的外部条件，尽管在体制转换的特定阶段是宏观调控体系所不可缺少的，但只能起到辅助和补充的作用。

3.5.2 对农业投资管理的调控，应逐步减少行政手段的运用，不宜放松文化手段的运用

农业投资的宏观调控，并不意味着政府对投资控制得越多越好，而是要根据农业投资构成的异质性，采取分层次的、有效的投资调控。具体来说，对于具有直接经济效益、较多地符合市场调节的农业流动资本、固定资本投资，在完善市场机制和创造投资平均利润率发生作用的条件下，由

经济手段来调控；对于具有长期社会效益、生态效益的农业间接投资，尤其是农业教育、科研、推广以及生态保护、农业保险等投资，由于其具有非完全盈利性，必须由政府及其职能组织独立地承担投资责任，通过财政渠道，从国民收入的“社会扣除”中安排投资。政府及其职能组织要由过去对投资的直接参与向间接调控转变，从宏观上确立农业投资增长的计划及资金来源，并对资金的运用进行有效的引导和监督。由于这类投资的追加与投资效益缺乏固定联系，经济手段的调控归于失效，因此宜用行政、法律等手段来调控。随着农业投资体制市场化改革的深入，政府职能趋于科学化、民主化和制度化，应当削弱并减少行政手段运用的范围和程度。同时，还应当逐步运用好文化调控手段，提高人力资本对农业投资运行的推动作用。

3.5.3　对农业投资的宏观调控，应使各种调控手段协调配套

长期以来，我们习惯于用行政手段调控投资，往往把行政手段看成是唯一的调控工具，并且将经济手段、行政手段、法律手段、文化手段技能对立起来。市场经济对农业投资宏观调控的要求，一是要微观放开，充分发育要素市场和投资市场，并使农户成为微观层面的农业投资主体；二是要在宏观上把握农业投资运用方向，制定中长期农业投资政策和投资战略，并使四种调控手段协同配合，形成合力，把农户追求经济利益的微观冲动与农业发展的总体目标结合起来，使农业投资增长与农业发展相适应。因此，必须建立以政府为中心的投资调控体系，把经济手段、行政手段、法律手段、文化手段合理地结合在一个有机系统中，使它们在功能上互补，发挥调控工具各自的特点，弥补自身缺陷与不足。根据产业政策的要求，引导农户、农村社区组织农业投资的“走向运动”，克服农业投资的分散无序状态，保持投资投放的整体性、集中性。

4　市场经济与我国农业发展政策的调整

当前，我国的农业正在加快向市场经济转变的步伐。由于农业是一个弱质产业，无论是产业竞争还是资源竞争，在市场经济发展中都处于较为不利的地位。为了充分发挥市场机制对农业资源的有效配置作用，促进农产品有效供给和农民收入的较快增长，必须对农业内部、外部一系列的经济政策做出重新调整。调整的基本目标和思路是：从现阶段我国的产业政策和总体发展战略出发，充分调动广大农民从事农业特别是粮食生产的积极性，合理利用现有的生产要素和资源，提高资源总体配置效率，逐步形成以市场为中心的农业微观经营机制和以政府为中心的农业宏观调控体系，使农业的发展逐步达到经济发展与社会进步所要求的水平。具体来说，调整的内容主要包括以下几个方面。

4.1　改变传统工业化战略，实施工农业协调发展新战略，使重农政策作为一项根本国策长期坚持下去

在以工业增长为核心的传统发展战略中，资源利用和配置偏向于工业，农业的发展和农村的进步居于极其次要的地位，农产品有效供给增长缓慢，农民收入在较低水平上徘徊而很难有实质性突破。以联产承包责任制为中心的农村改革，打破了集体经营模式，实行了土地分户承包经营和“交够国家的，留够集体的，剩下都是个人的”分配制度，奠定了农村经济深化改革的基础，为农业向市场化经营转变提供了前提条件。但是，由于长期形成的“工业偏好”的政策并未从根本上消除，农业、农村和农民问题不可能很好地得以解决。

国际经验表明，在人均收入 140 ~ 560 美元（按 1970 年美元不变价格计算）阶段，制造业与农业两大产业增长速度之比为 2. 3∶1 左右。1988 年，我国人均国民生产总值为 300 美元左右，已经步入上述增长阶段，但是工农两大产业增长速度明显偏离国际趋势，工业高速增长，农业增长异常缓慢。1953—1988 年，我国工农业增长速度之比为 3. 2∶1，1988 年同一

指标高达6.7∶1，1989年和1990年工农业增长速度之比下降为2.5∶1和1.5∶1，1991年和1992年同一指标又变化为3.2∶1和3.5∶1，但是增长速度具有明显的不稳定性，工业高速增长（尤其是加工工业）的趋势还有一定的惯性。因此，要下决心改变“工业偏好”的传统工业化战略，有效抑制工业投资的盲目增长，提高农业投资的比例，制定合理的产业政策，协调工农业之间的资源配置，促进工农两大产业协调发展，使农业的基础地位真正得以落实。从工业方面来说，要以技术进步为中心，调整工业特别是农村工业的地区布局，促进其适当集中，逐步解除工业经济的内倾性和自我服务体系，使工业的发展转移到为农业服务上来；从农业方面来说，要扭转物耗上升过快、农产品价格指数相对下降的不利局面，降低单位农产品消耗，提高农业投入的经济效益，在此基础上，不断扩大农业自我积累和投资能力，为农业向市场化经营迈进创造物质条件。

4.2 增加政府财政对农业的投资，完善财政支持保护职能

财政对农业的投资包括财政支出中用于农业基本建设、技术开发投资以及流动资金等，这类投资大部分用于农业发展不可缺少的基础结构方面，是公共性、社会性和发展性的投资，属于“公共物品”投资范畴。这类投资必须从政府财政支出中列支。

目前，我国政府财政对农业的支出平均每年约100亿元，近年来虽有所增长，但占农业所得的比例不足10%；而美国农业国民收入占国民总收入的比例为4%，政府对农业的财政补贴达到9%；德国农业税收约占全部税收的1.7%，而农业投资占国家预算的比例高达7%，在现有的经济发展水平及财政收支状况下，不可能要求政府每年对农业的投资大于农业所得，但可以逐步缩小二者的差距。随着国民经济的发展和国家财力的增强，使二者逐步趋于相当，在条件具备时使政府对农业的投资大于农业所得。政府对农业的投资应由中央政府和地方政府直接投资，通过投资形成的固定资产及相关设施的所有权归全民所有，由国有资产管理局具体管理，部分可以租赁给农村社区组织经营。除了进行直接投资以外，还可以从财政支出中拨出部分资金作为政府对农业的中长期贷款，主要用于农业综合开发、技术改造和扶持企业化经营组织发展，实行有偿使用、连续周转的资金运用责任制。通过制定《农业投资法》或《农业投资管理条例》，

规范财政用于农业投资的比例和使用方向，从根本上杜绝财政支农投资的主观随意性和相机抉择行为，促进财政支农投资的稳定增长。同时，在财政对农业投资的时机选择上实施逆向调节策略，即在农业增长处于低谷时，使农业投资效应达到最大点；当农业增长处在波峰时，农业投资效应趋于最小，通过投资的超前追加减弱农业波动的幅度，保持农业持续增长。

4.3 改变无差别的利率政策，对农业贷款特别是经营规模较大的农户贷款实行利率优惠

长期以来，我国的农业贷款与工业、商业贷款的利率基本上没有差别，农业生产贷款与乡镇企业贷款之间的利率差别较小，农业内部不同规模农户的贷款利率完全一致，这样一方面造成了金融机构对农业贷款缺乏投入的积极性，引起了农业贷款总量的长期不足和比例偏小，在市场机制的引导下，农业资金大量进入非农产业，由农村流入城市，引发了农业资金投放尤其是中长期资金投入的下降；另一方面，不利于农户扩大规模，实行企业化经营以提高农业生产率，农业比较效益明显偏低。借鉴国际农业政策经验，从农业信贷的特点出发，应逐步推行低利率优惠政策，以体现农业信贷与工业、商业信贷、农业内部不同经营规模农户信贷的差别，从政府财政中划出一定比例用于农业政策性信贷的利息补贴，从而可以保证政策性金融机构以较低的价格（另加财政贴息）组织资金，农业贷款的使用者以较低的利率（另加财政贴息）使用信贷资金。这样就可以改变农业在要素竞争（尤其是资金要素）中的劣势地位，使农业具有与其他产业大体相当的竞争条件，促进农业经营组织的企业化创新。我国的农业政策性银行应当从一开始就要严格贯彻为农业服务、不以盈利为目的的经营宗旨，由政府及其相关职能组织确定政策性金融支持的项目和范围，任何个人或单位不得随意扩大业务范围，否则不仅不能起到优化资源配置、增加农业信贷投入的作用，反而会扭曲要素价格，形成新的不平等竞争和金融秩序的混乱等负向效果。

4.4 完善粮食保护价格，在条件具备时使其向支持价格过渡

在农业发展的过程中，世界各国对农产品的价格都进行了不同程度的

干预和保护。例如，在美国，由于农产品生产过剩，价格支持政策的出发点是控制产量、稳定价格，并在农产品价格较低时对农民进行补贴；而日本的农产品供给不足，政府价格政策的首位目标是促进农业生产、增加农产品供给，实行了农产品的管制价格，其具体做法是使国内农产品批发、零售价格保持在较高水平，甚至高于消费者所能接受的价格，二者的差额由政府财政予以补贴。我国的农产品供给从总体上看处于相对短缺的状况，因此农产品保护价格的制定应以促进农业生产、提高农业产量为基本目标，在逐步消除工农产品价格“剪刀差”的基础上，建立起工农产品平价制度，使农产品的价格真正反映农业生产成本与资源稀缺状况的变化，在条件具备时使保护价格向支持价格过渡。

农产品支持价格的作用机理如图 4 -1 所示。所谓支持价格就是政府为了扶持某一行业的发展而规定的该行业的最低价格，它一般总是高于市场均衡价格。

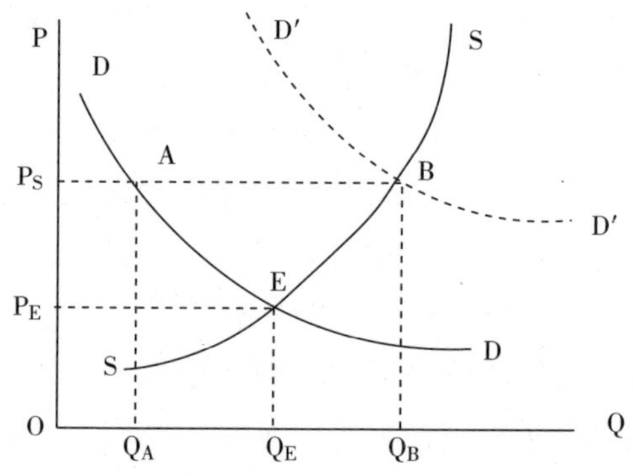

图 4 -1　农产品支持价格的作用机理

在图 4 -1 中，供给曲线（SS）和需求曲线（DD）的交点 E 所对应的价格 P_E 为均衡价格，此时总供给等于总需求，市场全部出清。由于政府实行支持价格，规定农产品的最低价格为 P_S，$P_S > P_E$，P_S 与 DD 交于 A 点，需求量为 Q_A，P_S 与 SS 交于 B 点，供给量是 Q_B，由于 $Q_B > Q_A$，市场上便会出现供给剩余 $Q_B - Q_A$。为了不使卖者之间的竞争造成农产品价格下跌，政府作为买者，就要收购这部分剩余，这实际上形成了一种特殊需求，相当于把 DD 曲线向右上方移动，使市场在 B 点达到均衡。支持价格的实施使均衡点向右上方移动，一旦取消支持价格，均衡点会回到 E 点，市场价格又会复归于 P_E。

为了调动农民从事农业生产的积极性，改变长期以来粮食低价政策，促进粮食生产稳定增长，1993 年 2 月我国制定了全国 9 种主要粮食品种收购保护价格的基准价。各地根据当地具体情况按不低于但高于中央下达的基准价水平确定本地区粮食收购保护价格，同时建立了专项粮食储备制度和粮食市场风险基金制度。由于粮食收购保护价是在粮食秋播前提前向农民公布的，基本上起到了应有的调节作用。但从各地实施的实际情况看，主要存在两个方面的问题：一是粮食保护价格偏低，有些地区甚至低于当时的市场价格，并未完全体现保护价格“补偿生产成本并有适当利润”的原则；二是保护价执行的范围缩小，仅仅局限于粮食收购，棉花、油料等主要农产品尚未包括在内，与农民的期望相差过大等。应当随着国家财力的增强，适当提高粮食保护价格，扩大保护价格作用的范围，同时要提高政府对粮食市场的宏观调控能力，坚持打击执行中的垄断性特权和不法行为，使这一政策真正得到贯彻和落实，保护农民的经济利益，为农业向市场化经济转变创造良好的外部环境。

4.5 明晰土地产权制度，稳定农户，增加投资，扩大经营规模的合理预期

现行的农村土地制度，存在着所有权不明确、使用权不稳定、管理权混乱等弊端和不利方面，制约着土地投入尤其是中长期投入的增加，妨碍着土地经营规模的扩大。土地使用的无偿或近乎无偿，使本来十分稀缺的土地资源浪费严重。由于土地产权不明晰，以及土地使用权随人口变动的频繁调整，促进了农户投资行为的短期化，部分地区特别是大城市郊区出现了土地闲置、荒芜和掠夺性经营行为。因此，应当对现行土地制度进行深入改革。

4.5.1 明确土地集体所有权

我国宪法明文规定，“农村和城市郊区的土地，除由法律规定属于国家所有的以外，属于集体所有。”（《中华人民共和国宪法》，1982）从当前农业生产力的状况及我国的国情、农情出发，农村土地的所有权由村民小组或村民委员会行使，条件尚不具备的地区可由村民自治组织代行，比较

符合农村大部分地区的社会经济条件和管理能力。[①] 在两权分离的土地经营格局中，村民小组是农村社区组织的最低层次，作为土地所有权的主体，按照承包合同的有关规定，提取必要的公积金、公益金，并确保公积金的大部分用于农业，建立农村社区组织的资金积累和劳动积累制度。

4.5.2 强化农户对土地的经营使用权

美国经济学家查尔斯·P. 金德尔伯格指出“不论大农场或小农场，扩大生产的主要抑制因素可能是租地使用权缺乏保障。……他们缺乏改良土地从而得到更多产出的投资愿望是因为，租地在小农尚未从其劳动中取得好处之前就有被回收的可能性。……从整个社会的观点来看，租地使用权没有保障使大农场和小农场同样投资不足。……‘保障一个人对一块不毛之地的所有权，他会把它变成花园；与他订立租用花园九年的合同，他会把它变为不毛之地。’为期一年的租约使他没有时间把它完全变成不毛之地，但他将竭力耗尽地力。”[②] 因此，保证农户对土地经营期限足够长，就可以增强农户对预期收入进行投资的动力。在按人口平均分配土地使用权的基础上，只要地块相对集中，经村民代表大会讨论，农户经营权可以长期不变，并允许继承。

4.5.3 建立土地产权流转市场，健全土地流转机制

土地产权流转市场的运行，可以保证土地投资价值的补偿，促进土地连片集中，扩大农业经营规模和对投资的吸纳能力。在建立土地产权市场的过程中，应当确认土地经营权是具有交换价值的独立产权，占有它能够获得相应利益，转让它要求取得投入劳动的等价补偿，使土地资本的折旧费进入农产品成本。这样才能够保证土地资源的优化配置和永续利用，激励农户增加对土地的投入。近期内，应把土地产权市场建设的重点放在非耕地上，尤其是荒山、荒坡、滩涂的开发上，随着工农关系的调整和二元

---

① 1988 年农业部经济政策研究中心对全国 1 200 个村的调查表明，土地归组（原生产队）所有的，东部地区占49%，中部地区为58%，西部地区占89%，全国平均为65%。即现阶段大约有 2/3 的地区是由村民小组来行使土地所有权的。因此，明确土地所有权归属村民小组，在全国大部分地区是可行的。

② ［美］查尔斯·P. 金德尔伯格著，张欣译：《经济发展》，上海译文出版社，1986，246 页。

结构的弱化，启动包括耕地在内的土地产权的市场化和合理流转，实现农业资金的持续投入和生产要素的优化组合。

4.6 推动农业技术进步，加快科技成果的应用步伐

依赖技术进步和高新技术成果，替代稀缺资源对农业发展的制约，对传统农业进行改造，是世界农业发展的一个基本趋势。根据生产要素之间的替代关系，农业技术可以分为替代土地型、替代劳动型、中性技术三个基本类型，这三类农业技术综合反映着土地、劳动力、资本之间的相互替代关系。对于土地资源稀缺、劳动力剩余的国家，农业技术以生物化学型为主，集中运用资本与劳动替代稀缺的土地资源，基本上走了一条以品种改良、增施肥料、病虫害防治等为主体的土地节约型技术路线，如日本、荷兰等国；而对于劳动力资源稀缺、土地丰富的国家，农业技术的重心是运用资本替代劳动力，走了一条以机械技术（即替代劳动力技术）为主的技术路线，如美国、加拿大、原苏联等；对于处在二者之间的国家，如英国、法国等，农业技术则偏重于中性技术，即生物化学技术与机械技术相结合的技术路线。我国的土地资源严重不足，劳动力资源大量过剩，因此现阶段农业技术的选择应走以生物化学技术为主体的技术路线，通过改良农作物品种、增施化肥、提高灌溉率等措施，实现对土地资源的替代，提高土地生产率。适应市场经济和农业产业化发展的要求，必须把农业科技的研究和推广放在重要位置，提高科技兴业的整体效能。

1. 深化农业科研体制改革，增加政府对农业科研特别是基础性研究的投资，扶持和鼓励民办科研机构的发展，把农业科研的重点从粮、棉、油等主要农产品转向主要农产品与具有较大比较优势的次级农产品并重，特别是各种名、优、新、特农产品的开发，从过去集中在品种选育向育种、推广、生产、加工等产前、产中、产后环节相结合转变，增加农业科研成果储备。

2. 加强农业技术推广与技术开发投资，大力发展和推广生物化学型技术，包括良种技术、配方施肥技术、农田灌溉技术、病虫害综合防治技术、土地等农业资源开发、利用与保护技术等，建立强大的农业技术推广体系和服务网络。

3. 通过技术开发、技术承包、技术服务和承办各类经济实体等形式促

进科学技术与农业生产过程的结合，加快科技成果转化为现实生产力的速度。

4. 强化农村职业技术教育，增加农村人力资本投资，提高农民的科技文化素质和市场经济能力，以适应不断变化的农业现代化技术的需要，形成能进行产品创新、技术创新、组织创新与制度创新的农业企业家群体，培养农民的企业家精神。

4.7 建设规范和完备的市场机制和农村市场体系

随着农村经济体制改革的不断深化，我国的农村市场体系发展取得了一定的成就，市场机制对农业的调节作用明显扩大，一个以农贸、农副产品批发市场以及农民长途贩运为主的市场体系正在形成。但是从总体上看，我国农村市场体系还很不完善，市场功能不完备，市场交易不规范，还远远满足不了农业和农村经济进一步发展的需要。因此，要把流通领域改革的重点从单纯追求农产品的放开程度逐步转向建立农村市场体系、完善市场机制和功能上来。

1. 加速发展全国一体化的农副产品批发市场和期货市场。农副产品批发市场是比农贸市场更高级的农产品集散市场，具有批量大、专业性强、辐射面广、交易手段先进等特点，能够在全国范围内或较大经济区内沟通产销渠道，调节供求关系并影响市场价格的形成，这类市场的价格信息一般比较真实，具有一定代表性，所以这种市场对农副产品生产和经营的调节作用比较明显。期货市场是比批发市场更高级的市场形式，它是由经纪人经营的从事期货买卖的专业化交易场所，其最大优点是可以为生产者和经营者分散市场风险，提供更为真实的供求信息，从而引导农业生产活动，减少生产和流通的盲目性。

2. 建立健全农村生产要素市场，包括资金市场、劳动力市场、技术市场、生产资料市场、信息市场等，这类市场是农业生产分工深化和向企业化迈进的基本条件，其建立和完善可以带动农业产业化、企业化进程。

3. 建立健全各种市场法规，规范生产经营者的交易行为，打破地区封锁，抑制欺行霸市，保证市场交易的公平进行。

4. 培育农户与市场之间的中介组织，诸如农村供销社、社区性集体经济组织、公司加农户、贸工农一体化的经济组织和专业化流通组织，促使分散的农户联合起来走向市场，提高农户进入市场的组织化程度，克服分散的农户经营和分散交易带来的重复行为与讨价还价力量的薄弱，降低交易成本。

4.8 加强政府对农业发展的宏观调控

为了促进农业向市场经济转变，必须加强和完善农业宏观调控体系，制定科学的宏观调控目标，确保工农业协调发展。首先，要从总体上保证农业有一个适当的增长速度，特别是粮食的稳定增长，这既是农业市场化和工农业协调发展的基础，又是保证实现农业基础地位的重要标志。其次，要控制城乡工业投资规模、结构和增长速度，使轻工业和重工业的发展与农业提供的商品农产品和吸收的工业品的承受能力大体相适应，在此基础上逐步促进农业剩余劳动力向工业等非农产业转移和全国工业化、城市化的进程。再次，改变政府宏观调控机制，促进地方政府行为合理化。现阶段，中央政府的经济行为已经发生了重大变化并逐步向纵深方向发展，农户的微观经济行为也发生着重大变化，但是各级地方政府的行为则表现出一定的滞后和非规范性，突出地反映在被动传递文件和调节区域经济的发展。应当通过深入改革，逐步理顺地方政府管理和调节经济的职能，强化市场透明度，在主要运用经济手段调节宏观经济的基础上，注重发挥行政、法律、文化等手段在体制转轨初期的独特作用，根据不同地区市场发育的程度，确定价格、利率、税率等经济参数的力度，保证政府行为的有效性。最后，合理划分中央政府和地方政府的事权范围和职责，加速机构改革与职能转变，提高政府部门工作人员的素质，重视发挥咨询机构和智囊机构的作用。

4.9 优化农业发展的社会环境

农业发展的社会环境包括农民的思想观念、文化水平、生活方式等方面。优化社会环境的核心是形成有利于农业企业家成长的舆论导向和社会风尚，以引导和教育农民确立经营农业的动机，提高农民经营素质，通过农业经营主体的培育，加速农业改造和经营组织的变迁。在当前和今后一段时期内，应做好以下工作：

1. 消除“逆向偏见”的歧视农业的经济政策，重塑爱农从农的社会风尚和文化氛围。

2. 矫正舆论导向偏差，大力宣传农业致富的典型事例和优秀农业企业家，在鼓励农民从事多种经营和非农产业的条件下，号召增加对农业的物质投入和劳动力投入。

3. 引导农民处理好生产与生活、积累与消费、农业投资与非农业投资的关系，提高农民投资素质。

4. 优化农民经济行为，克服自给自足、小富即安的传统观念，树立走向大市场、发展高产优质高效农业的新观念，促进农业劳动力转移，积极稳妥地推进农业的规模经营。

5 试论农业投资体制与经济体制改革的协同

协同，是指某一系统协调配套的意思。农业投资体制的改革是一项系统工程，它的成败将在很大程度上取决于工农关系的调整和二元结构同质化的进程。农业投资体制与经济体制改革的协同要在一定的政策约束下实现。这些政策措施同时也构成了农业投资体制改革的配套措施和主要内容，是系统改革的必要环节。

5.1 土地产权制度：明晰产权

以稳定农业投资主体（尤其是农户、农村社区组织）的投资预期现行的农村土地制度，存在着所有权不明确、使用权不稳定、管理权混乱以及限制土地投入、阻碍二元结构改造等弊端。通过对土地制度的完善和改革，可以克服制约土地投入尤其是中长期投入的制度障碍，为土地积累创造条件。具体包括下述三个方面：

1. 明确土地集体所有权。我国《宪法》总纲第十条明文规定，“农村和城市郊区的土地，除由法律规定属于国家所有的以外，属于集体所有。”从当前我国农业生产力的状况及国情出发，农村土地所有权宜由村民小组或村民委员会来行使，条件尚不具备的地区可由村民自治组织代行。这样比较符合我国农村大部分地区社会经济状况和管理能力，有利于农业投资运行的协调和管理。在两权分离的土地经营格局中，村民小组是农村社区组织的最低层次，作为土地所有权的主体，按照承包合同的有关规定，提取必要的公积金、公益金和管理费，并确保公积金的大部分用于农业。在此基础上，建立农村社区组织的资金积累和劳动积累制度。

2. 强化农户对土地的经营使用权。“不论大农场或小农场，扩大生产的主要抑制因素可能是租地使用权缺乏保障。……他们缺乏改良土壤从而得到更多产出的投资愿望是因为，租地在小农尚未从其劳动中取得好处之前就被回收的可能性。从整个社会的观点来看，租地使用权没有保障使大农场和小农场同样投资不足。……‘保障一个人对一块不毛之地的所有权，他会把它变成花园；与他订立租用花园九年的合同，他会把它变为不毛之地’。为期一年的租约使他没有时间把它完全变成不毛之地，但他将竭力耗尽地力。”因此，保证农户对土地经营期限足够长，可以增强农户对预期收入进行投资的动力。在按人口平均分配土地使用权的基础上，只要地块相对集中，经村民代表大会讨论，农户经营权可以长期不变，并允许继承。

3. 发展土地产权流转市场，健全土地流转机制。土地产权是指土地等基本生产要素及其积累的归属支配权。长期以来，我国土地基本无偿使用，使本来十分有限的土地资源造成极大的浪费，并且由于土地产权关系不明晰，以及土地经营权的频繁调整，农户不愿增加对土地的投资，因此，必须开辟土地产权流转市场，以保证土地投资价值的补偿，促进土地连片集中和产权流转，扩大对农业投资的吸纳能力。在发展土地产权市场过程中，应当确认土地经营权是具有交换价值的独立产权。占有它，能够取得相应利益；转让它，要求取得投入劳动的等价补偿。这样才可以保证土地资源的优化配置，激励农户增加对土地的投入，为提高土地生产率和劳动生产率进而提高投资效益创造有利的土地规模。在近期内，应把土地产权流转市场构造的重心放在非耕地上，尤其是荒山、荒坡、滩涂的开发上。随着工农关系的调整和二元结构的趋向，启动包括耕地在内的土地产权的合理流转，从而实现农业资金的稳定注入和生产要素的优化组合。

5.2 农产品价格体系：适当提高农产品价格，创造向农业投资的一般经济前提

长期以来，我国农产品价格不反映农产品价值和供求关系，使农业在不等价交换的条件下牺牲部门利益为工业化作贡献，以满足资金原始积累的要求。随着农产品统派购制度的取消和农业经营形式的变革，继续推行农产品的低价政策，已不利于农业投资的增长和农业技术的进步，并且直接影响着农民的投资行为及投资倾向。改革农产品价格政策，创造农业投资运行的动力机制就成为农业投资体制改革的基本要求。通过提高农产品价格，逐步使投入农业的劳动取得同其他部门劳动大致相当的报酬，为资金要素在产业部门之间的合理流动创造一般经济前提。具体措施有：

1. 逐步实现以农产品价值为基础的等价交换，创造平均利润率发生作

用的经济条件。在我国，土地作为农业最基本的生产要素十分有限，并且随着人口的增长，这种有限性异常突出，农业投资的严重不足将会加剧农产品长期存在的供不应求的矛盾。这一发展趋势，一方面可以充分利用较为稀缺的土地资源，增加农产品的供给；另一方面又可以引导农户追加农业投资，最大限度地提高土地生产率。顺应农产品生产价格的变动趋势，以价值为基础实现工农产品等价交换，使农产品价格逐步向价值靠拢。

2. 理顺工农产品比价关系，逐步缩小乃至最终取消工农产品价格“剪刀差”。以较差生产条件耗费的劳动量为标准确定农产品价格，并以此为基础实现工农产品的等价交换，可以增加农业生产的收入，并为理顺工农产品价格奠定基础。农业收益的增加，增强了农户追加农业投资与积累的预期，并产生对农用生产资料的需求，进而带动农业关联产业的发展；农用工业投资的增长，又为降低化肥、农药、农机等产品成本提供了可能。因此，在农产品价格提高的过程中，要加强政府对价格的宏观管理。

3. 逐步放开粮食购销价格，开放粮食市场。近期内，在完善市场规则和交易秩序的同时，扩大农产品的市场调节部分，并逐步放开粮食市场，以粮食价格为中心，调整工农产品内部比价，使农业内部部门之间尤其是粮、棉等种植业投资获得与产业投资大致均衡的平均利润，以调动农户投资的积极性。

5.3　财政政策：增加财政对农业的投资，完善财政投资支持职能

1. 改变替代投资的财政分配政策，增加财政对农业的投资。财政对农业的投资包括财政支出中用于农业基建投资、技术开发投资以及流动资金投资等。这类投资大部分用于农业发展必不可少的基础结构方面，是公共性、社会性和发展性的投资。为了推动农业投资的有序运行，必须改变替代投资的财政分配政策，保证财政支出中农业投资的必需份额不受财政收支状况的影响而随意削减，明确规定农业投资在国家财政支出中的份额、投资方向和投资结构，避免这部分农业投资的随意性和波动性。

政府对农业的投资宜由中央和各级政府办理，通过投资形成的固定资产及相关设施的所有权归全民所有，由国有资产管理局具体管理，部分可以租赁给农村社区组织经营。除进行直接投资外，还可以从财政资金中拨出部分资金作为政府农业的长期贷款，主要用于农业资源开发、技术改造

等方面，实行有偿使用、滚动周转的资金管理责任制，以解决农业资金的问题，其回收的期限可视项目的偿还能力和作用不同而定。通过建立农业生产资料、农业技术开发、推广等财政补贴制度，以较低价格向农业提供化肥、农药、灌溉用水、农业用电等产品和服务，改变农业效益比较低的状况，创造利用市场机制推动农业投资运行的常规条件。

2. 审慎选择适当的农业财政投资时机。财政对农业投资具有导向性，它能引导全社会农业投资的流向和流量。适当的财政投资时机选择是至关重要的。选择的要点是，使农业投资效应与农业生产力波动逆向调节，以削平农业的大幅度波动和振荡，即当农业处于低谷时，农业投资应尽力增加；当农业处于高峰时，农业投资可适当缩减，以保持农业的持续增长，减少波动。

5.4 农村金融政策：体现政策性投资功能，发挥金融对投资运行的调控作用

在农业投资效益低的条件下，信贷资金投入农业的成本加大。为此，要运用财政手段，以财政贴息方式鼓励信贷向农业倾斜，以减轻利息支出和投资成本，支持农业信贷投入的增长。对于利润率较低、回收周期长且社会效益较大的农业基本建设、农田水利设施、滩涂开发以及技术投资，通过实行财政贴息政策，以低息甚至无息的形式筹措资金，有效地发挥农业信贷的政策导向和宏观调控作用，调动农村金融组织增加信贷投入的积极性。调整农业贷款与非农业贷款的收益，适当降低农业银行存款准备金比例，使中央银行对农业银行的再贷款利率和再贴现利率低于城市，以调节由于农产品价格偏低和农业投资收益率低所引起的级差收益。

5.5 产业发展政策：变革传统工业化战略，实施工农业协调新战略

矫正以重工业为重心的传统工业化战略，实施以农业为重心的工农业协调发展新战略，已成为农业投资体制乃至整个经济体制改革的迫切要求。在当前工业已取代农业构成国民经济最大组成部分以及工业化的发展已成为非农产业相对扩散的宏观背景下，工农两大产业的发展政策必须做出相应调整。国际经验表明，在人均收入 140 ~ 3 360 美元（按 1970 年美

元不变价格计算）的增长阶段，制造业与农业的增长速度之比有逐步扩大的趋势（见表5－1）。

表5－1　收入增长和部门产出增长速度的国际比较　单位：美元，%

时期	人均收入	农业	制造业	总平均数	制造业与农业增速之比
0	100～140	2.98	5.36	3.81	1.8∶1
1	140～280	3.90	5.65	4.80	1.4∶1
2	280～560	3.92	6.79	5.67	1.7∶1
3	560～1 120	3.53	7.57	6.30	2.1∶1
4	1 120～2 100	2.68	7.84	6.58	2.9∶1
5	2 100～3 360	1.57	6.18	6.21	3.9∶1
6	3 360～5 040	2.06	4.95	5.60	2.4∶1

数据来源：［美］H. 钱纳里等著、吴奇等译：《工业化和经济增长的比较研究》，上海三联书店，1989，333－334页。

我国人均国民生产总值从1952年的96美元（按1980年美元不变价计算）增长到1988年的300美元左右，已经进入了110～560美元的增长阶段。参照钱纳里国际标准，在现有国民生产总值水平上，我国制造业与农业两大产业增长速度之比以不超过2.3∶1为宜，并争取做到年工业平均增长速度为8%～12%。农业年增长速度至少应达到4%左右。1953—1988年，我国工业增长速度之比为3.2∶1。1988年，工农业增长速度之比高达6.7∶1，工农两大产业的增长速度之比远远偏离产业增长速度的国际趋势。虽然1989年、1990年同一指标下降为2.5∶1、1.5∶1，但是增长速度呈现出明显的不稳定性，工业尤其是加工业高速度、低效益扩张的态势还具有强大的惯性。因此必须从经济运行和制度约束两个方面有效遏制工业畸高与农业畸低的增长势头，使工农两大产业增长速度逐步保持在2.3∶1的水平上。同时，制定合理的产业政策，协调工农业之间的资源配置，建立工农业间大致持衡的资金分配格局，促进工农两大产业协调发展。从农业方面来说，要改变农业物耗上升、农产品价格总指数相对下降的不良状况，提高农产品价格，降低单位产品的物质消耗，塑造农业投资增长的动力机制；从工业方面来说，应以技术进步为宗旨，调整工业资金存量结构和投资结构，提高工业生产效率，使工业的发展逐步转移到为农业服务的轨道上来，同时加强农用工业的发展。

从二元经济结构迈向现代化工农分离、城乡隔离的二元结构的存在，使农业在经济、政治、社会诸方面居于十分不利的地位，尤其是以工农产品价格“剪刀差”对农业剩余长期过度汲取为核心的经济政策，是造成我国农业落后、农业投资运行失衡的根本原因。在工业化的新成长阶段，以农业为主要来源进行资金原始积累的历史过程已基本完结，二元结构制度也就失去了存在的前提条件。只有彻底变革偏斜的二元经济社会制度，包括粮油副食供应制度、价格补贴制度、医疗保险制度、户籍制度、工资与就业制度、住房制度等，农业投资运行失衡才能取得实质性扭转。如果继续听任二元结构运行，国民经济和城乡社会就难以走向协调发展，经济失衡乃至社会失衡就不可避免，这样势必加大经济和社会发展的利益摩擦和内耗。因此，二元结构制度的改革对农业投资的运行与农业发展具有决定性的意义，不仅应当成为一项重要的经济政策，而且也应该是一个重要的政治目标。应当从资源配置、要素流动、价格形成以及宏观调控诸方面逐步弱化二元结构的差异，创造农业与工业同等的发展机会，在二元结构趋同的过程中，完成农业投资体制改革与重塑的任务。

6　试论人口与耕地剪刀差及农村“人地工程”对策

6.1　问题的提出

土地是农业的基本生产资料，它既是农业劳动力劳动投入的吸纳体，又是人类改造和利用动植物生理机能以获得一定要求的农产品的主要手段。一定数量的农产品产出，必须以一定数量和质量的土地投入为前提。也就是说，土地数量的多少和质量的好坏，往往决定着土地生产率及土地承载量的大小。作为土地主要组成部分的耕地资源，是农产品产出乃至农产品总供给的基础资源之一。在传统农业时期，由于农业投入的短缺和工业发展水平的限制，农业是一个为国家工业化提供原始积累的部门，因而，农业的发展处于一个被忽略的倾斜地位。在这个阶段，农业的扩大再生产主要依靠土地面积的扩大，通过大规模垦荒，使潜在的土地资源投入使用。因此，传统农业的商品农产品数量很低，农业的商品化还不很发达。随着社会分工的发展，工业、商业、交通运输业、建筑业、服务业等产业逐步发展起来，农业在整个经济中的地位发生了变化，农业成为非农产业发展的基础，它不仅为非农产业的发展提供不可缺少的农产品（诸如粮食、农副产品、工业加工原料等），还为非农产业的发展提供了劳动力和产品需求市场。在商品农业阶段，人口迅速增加，耕地资源的数量呈递减速度发展，形成了人口、耕地剪刀差。这一剪刀差模式对农业的发展有正负双向生态效应。一方面人口的增长在耕地资源可承载的极限值以内时，耕地资源将为了人口的增长和消费需求的满足被投入更集约、更合理的利用，从而人口增长与耕地开发相互协调，即所谓正向效应；另一方面，一旦人口的增长超过了耕地生产力的最大承载量，就会产生农产品供给短缺。这种短缺的积累就促使了劣质耕地与潜在耕地资源加入农业，毁林开荒、围湖造田，由此导致水土流失和农业资源生态体系的破坏，农业在日趋恶化的生态环境中维持着人口对农产品的需求，这就是人口、耕地剪刀差的负向效应。

我国以占世界1/7的耕地，养活着世界22%的人口，而且还要用日趋减少的耕地资源，支持非农产业及国民经济的发展，并继续为不断增加的人口提供农产品。从实际情况看，我国农业面临着尖锐的人口、耕地剪刀差，而且因为这一剪刀差产生的负向生态效应，将阻碍我国农业的发展。如何认识人口、耕地资源剪刀差模式？如何协调人口的增长与耕地资源的利用之间的关系，避免二者不协调所产生的负向效应，促进农业这个基础产业的稳定成长与发展？对这个问题的回答，就构成了本章的研究内容。

6.2 人口与耕地剪刀差模式的内容及规范分析

人口与耕地剪刀差模式，通俗地说就是：在农业的发展过程中，人口的发展速度越来越快，耕地的数量发展速度越来越慢，以至于出现了耕地的绝对数量迅速减少的现象。为了清楚起见，用一个坐标图来说明。用横坐标表示时间变量，通常以年为单位；用纵坐标表示人口、耕地的发展速度，则人口与耕地数量动态关系如图6－1所示。

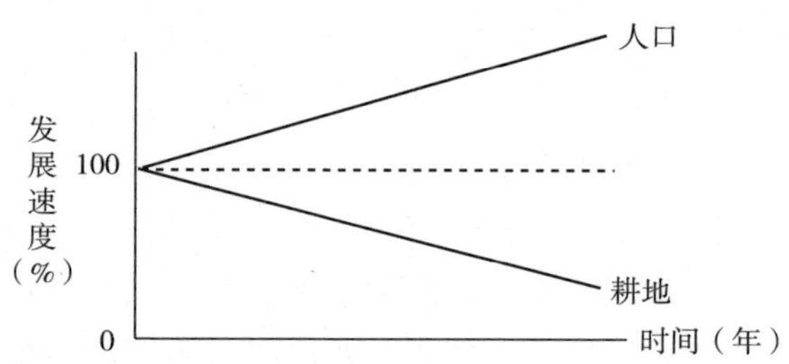

图6－1 人口与耕地剪刀差模式

图6－1中，人口、耕地资源发展速度恰似一剪刀形状，比照工农产品价格“剪刀差”我们称之为人口与耕地资源剪刀差模式。对这样一个人口与耕地剪刀差模式，需要进一步说明。

1. 在经济发展过程中，耕地资源一般呈递减变化趋势。首先，从一个国家或地区来说，土地总面积是一定的，人类开发与利用的耕地资源不可能超过土地总面积。换言之，就是在一定的技术、经济、社会条件下，耕地资源的数量是有限的。其次，随着非农产业和经济商品化的发展，耕地利用的竞争性加剧，耕地资源的多种用途之间发生了替代关系。城市、集镇、交通道路及农村居民住宅用地占用了一部分农业用地，并且随着生产力的发展和农民收入水平的提高，农业用地非农化趋向已十分明显，这已为大多数发达国家的经历所证实。农业用地非农化趋向，决定了土地尤其是耕地要投入其他非农用途，农业用地减少的趋势不可避免。最后，虽然人们可在一定时期内进行垦荒，利用潜在土地资源并把它变为耕地，但是这个垦荒行为本身受到技术进步程度、人力资源及投资状况的限制。因此，在一定的技术、经济和社会条件下，增加耕地资源的潜力不大，即使能够增加，一般而言，它远远跟不上耕地资源非农化使用所减少的耕地速度和规模。

2. 人口发展的趋势是在达到增长率最大的人口转折点之前，人口出生率与死亡率的差距不断扩大，人口呈加速增长，总人口数量不断增加，在这一转折点之后，人口出生率下降，死亡率基本保持不变。人口总量增长缓慢，甚至于绝对减少。

3. 人口、耕地剪刀差在不同的国家、地区和不同的历史发展阶段表现形式不一。也可能在某一时期内，呈现人口、耕地的反剪刀差模式，或者人口、耕地变化呈曲线波动，也可能在特定阶段，人口与耕地资源保持同步增长。但这绝不排斥或否定剪刀差模式的存在，相反，在大多数发展中国家，人口增长一般未达到转折点，人口、耕地剪刀差不仅客观地存在，而且成为这些国家农业发展的一大制约因素。

4. 通过研究，还可以发现人口与耕地剪刀差模式，也适应于人口与其他农业自然资源，甚至于某些经济资源。农业自然资源包括水资源、土地资源、生物资源、气候资源等，农业经济资源包括资金、物资、技术、管理、信息等，有人把人口与经济资源剪刀差称为短缺经济。

6.3 剪刀差模式的实证材料

1. 陕西省是全国不算发达的中部省份，1949—1978 年，人口、耕地数量变化如图 6 - 2 所示。

这个时期内，人口、耕地资源发展速度曲线如图 6 - 5 所示。人口与耕地剪刀差模式十分明显。虽然在 1949—1953 年，1959—1965 年由于大面积垦荒增加了耕地面积，但耕地发展速度低于同期人口发展速度。1949—1987 年，人口发展速度越来越大，而耕地发展速度呈锐减趋势。

2. 山东省是我国人口密度最大的省份之一。1949 年山东总人口为

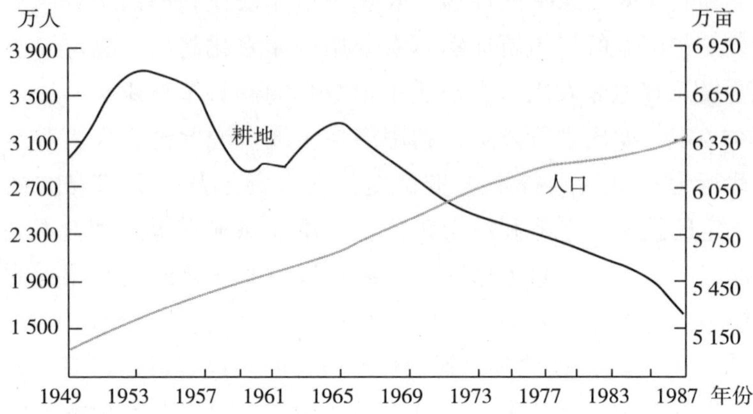

图 6－2　陕西省 1949—1987 年人口、耕地资源数量变化

4 549万人，1986 年达到 7 818 万人，净增加 3 269 万人，增长率 71. 9%，平均每年增加 88 万人，递增率为 1. 47%。而耕地面积 1949 年为 13 091. 9 万亩，1986 年减少到 10 446. 6 万亩，平均每年递减 71. 5 万亩，递减率为 0. 6%。

3. 我国耕地面积一年比一年减少，而人口却一年比一年大幅度增长。据统计资料，近 30 年间，我国耕地面积以年均 817 万亩的速度减少（见图 6－4、图 6－5），近几年耕地减少速度更大，1985 年减少 1 513 万亩，1986 年减少 960 万亩。而且，人口、耕地剪刀差使我国农业面临着更严峻的形势。解放初期，我国人口为 5. 4 亿人，人均耕地 3 亩。现在，人口已达 11 亿人，人均耕地约 1. 5 亩。这个人均占有耕地数不足世界人均耕地的

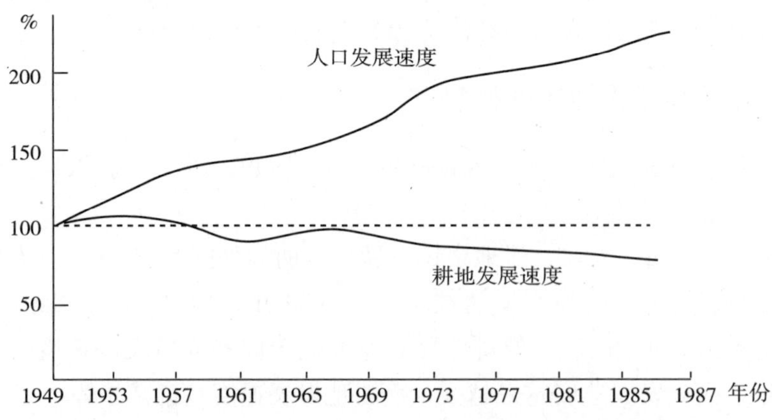

图 6－3　陕西省 1949—1987 年人口与耕地资源剪刀差模式

1/3，相当于澳大利亚的1/34.7，加拿大的1/21.3，苏联的1/8.9，美国的1/8.6，罗马尼亚的1/5.3，甚至不及印度的一半。

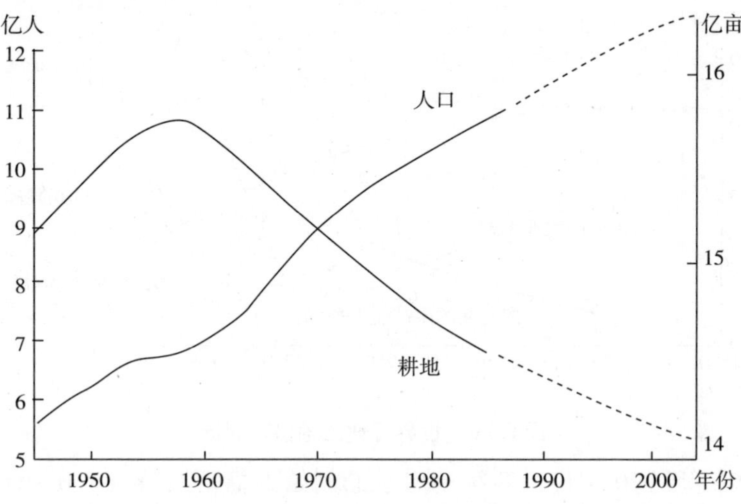

图6－4　中国1950—2000年耕地资源、人口变化

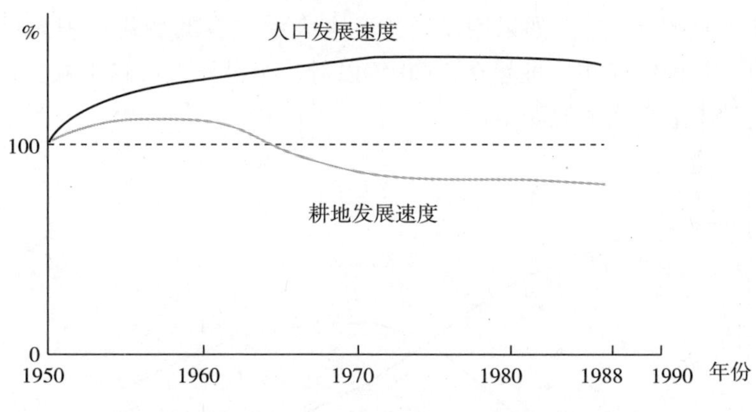

图6－5　中国1950—1988年人口与耕地剪刀差

4. 1972年，美国麦多斯在《增长的极限》一书中，分析了世界范围的耕地需求状况（图6－6）。他认为，如果继续保持当时的人口与经济发展速度，世界耕地就会绝对不足。世界提供的耕地总量大约为32亿公顷，对农业可用的耕地表示了耕地的总供给曲线，因为人口的增加，城市工业、交通、建筑等用地也随之增加，所以农业用地呈下降趋势。所需要的农业土地曲线，反映了人口增长对耕地总需求曲线。1970年以后的虚线表示假定世界人口按现在速度增加所需要的土地，另外两条线分别表示如果现在的生产能力加 1 倍或加 4 倍所需要的土地数量。

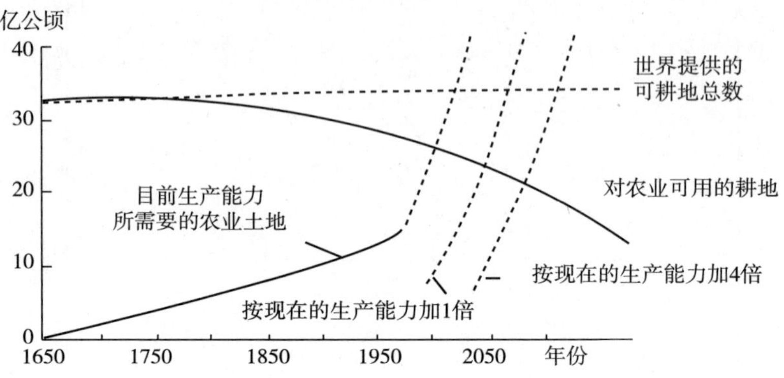

图 6 –6　世界可耕土地供求状况

5. 20 世纪 70 年代，系统动力学的创始人福雷斯特（Forrester）研究了世界范围的人口、自然资源、污染问题，并模拟了全世界 1900—2000 年各变量的发展变化。这个变化之一，就是自然资源的迅速减少和人口的急骤增长（见图 6 –7）。如果用发展速度来表示二者的变化，则人口与自然资源剪刀差依然存在。虽然在 2020 年以后，全世界人口趋于减少，但减少速度还赶不上自然资源减少的速度。

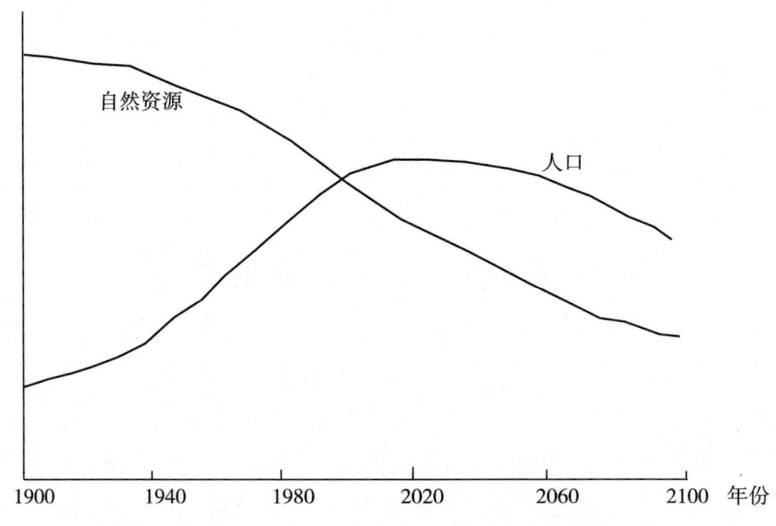

图 6 –7　1900—2100 年世界人口与自然资源数量动态模型

以上的实证分析，清楚地揭示了经济发展过程中人口、耕地剪刀差模式是客观存在的。这一模式，反映了人口增长对耕地资源的需求，而且人口与耕地数量的反向变化，将会产生耕地的供不应求，并使越来越多的人口拥有越来越少的耕地，人均耕地资源的数量不断减少。

6.4　人口与耕地剪刀差的生态效应

人口、耕地发展速度的反向变化，对农业的发展会产生一系列的影响，人口、耕地剪刀差对农业发展产生的生态方面的影响和后果，我们称之为人口、耕地剪刀差的生态效应。

资源经济学的理论认为，耕地属于可更新资源。只要开发适度，合理配置，用养结合，就可以永久使用；如果过度利用或开发不当，人为割断了资源之间的物质、能量和信息循环体系，就会造成耕地质量衰退，以至于枯竭。在几千年的农事活动实践中，人类通过劳作，培育和改良了土壤的物理结构和化学性能，提高了单位耕地的农产品产量，也正是在这一过程中，由于受到诸如良种的培育、推广、耕作技术的改进、物化劳动投入的强化等因素的制约，还有赖于人类对动植物遗传变异这样的高级生命运动形式的认识和突破。因而，单产变量是一个渐进的慢变量。

单位耕地产量提高的慢变与人口增长的快变，本身隐含了二者产生冲突与摩擦的可能性。一方面，人口增长与农产品产量提高相适应时，即人口增长不超过单位耕地面积负担的最大人口数量时，二者将会开辟自己的运动轨迹，彼此相安无事。人口的增长以农产品的提高为基础并支持农产品产量的稳定上升，此时，耕地生态系统对人类的需求还有一定的承受能力，而且，人口增加还作为耕地生态系统的一个有利因素，促使耕地的使用，并获得正常更新。人口增加对耕地的强化有效使用的效应，称为正向生态效应。另一方面，人口增长超过了农产品产量提高幅度，并且远大于土地适度承载容量时，人口增长的强烈惯性产生了对耕地的大量需求，并促使土地的其他非耕地部分投入农用。同时，为了缓解人口对土地的过量负荷，不顾具体条件限制，盲目增加复种指数，提高垦殖密度，改种高产农作物，取消了必要的轮作倒茬及地力休养措施，增施化肥、农药，加强灌溉，一定程度上造成了对耕地资源的掠夺经营，引致水土流失、土壤板结、土地沙化及土地污染和质量下降。人口增加对耕地资源的掠夺经营和产生的生态恶化的效应，称为负向生态效应。

新中国成立30多年来，我国农业的发展，一是靠开垦荒地，扩大耕地面积，进行粗放经营；二是靠在现有耕地上实行集约经营，耕地的农产品产出基本上维持了日益增加的人口温饱需求。但是，由于人口的迅速膨胀尤其是农村人口的盲目增加，以及耕地资源的减少，人口与耕地资源之间出现了严重的剪刀差，并且产生了日益严重的负向生态效应。

据统计，我国水土流失面积为150万平方千米，其中耕地为40万平方千米。在全部水土流失面积中，黄土高原占28%，江南丘陵山区占30%，北方土石山区占35%，东北黑土区占6.5%。长江流域已有20%的流域面积发生水土流失。尽管全国的化肥施用量以每年12.8%的速度递增，但每年水土流失土壤50亿吨中所含的氮、磷、钾相当于我国化肥的年产量，水土流失冲走了全部化肥投资，而且，由于复种指数提高，豆类作物种植面积下降，秸秆不能还田，土壤有机质急剧减少，土地质量严重下降。我国现有沙漠化土地17万平方千米，近15年来产生的就有2.7万平方千米，目前，沙漠化现象还在扩展。严重的人口、耕地剪刀差还产生了土地污染、土地盐碱化等负向生态效应。

6.5 对策选择——全面实施“农村人地工程”

对于农业发展中存在的人口、耕地剪刀差模式对策的思路是减少人口的盲目增长，把较高的人口出生率降下来，尤其是对农村人口实行有效控制，这是其一。其二，增加农产品供给，提高耕地资源质量和生产率，确保有限耕地资源的正常更新和永续利用。

控制人口的盲目增长，减少人口对耕地资源的沉重负荷，提高耕地的利用效率，在农村可以考虑全面实施类似星火计划的“人地工程”对策。“人地工程”对策的内涵是以农户联产承包责任制为基础，根据农户现有人口构成和数量，配置耕地资源，并规定一对夫妇只生一个孩子，用耕地这一农村的主要生产资料控制农村妇女的生育胎数，限制人口的盲目增长。

“人地工程”的实施分为两个部分：一是对正常的农村人口减少，如人口的死亡、迁出和转移等，农村集体经济组织应收回其承包的耕地，重新确定耕地承包权或留作集体机动地；二是对符合规定的新增人口，以8年为一承包期限（现在一般是3年一调整），按人均耕地数量调整耕地资源，对超生育人口，基层经济组织有权不给耕地资源，不保证农产品供给，借此限制人口的超生。

“人地工程”的实施必须强化农村集体经济组织的职能。这些职能包括：制定合理的人口发展规划，规定人均耕地资源的数量和质量，以一个或若干个耕作周期为区间，对耕地资源依据实际的人口增减进行调整。同时，又要对耕地肥力和产量进行测算和评估，依据各类土地的特点，确定经营规模，明确经营范围。对于在耕作期间，提高了耕地肥力与产量的农户，要给予必要的鼓励和投资补偿。对于在耕作期内，降低了耕地肥力与产量的农户，甚至于实行掠夺经营，造成耕地资源荒芜甚至破坏的农户，要处以必要的罚款和经济制裁。

因此，“人地工程”的实施本身包含了耕地质量的评估体系，农村基层经济组织（如行政村、乡）管理职能系统的组建和加强，耕地规模经营、耕地集中、积累及耕地产权流转机制等配套工程。为了全面实施农村“人地工程”，可先在一些基层经济组织职能健全、干部业务素质较高、土地管理系统较为完备的有条件的地区，先行试点，以摸索经验，然后逐步推开。

6.5.1 建立可靠的、准确的人口、耕地资源统计档案，加强农村基层的统计监督工作

现在，农村基层统计工作基本处于无人问津的涣散状态，农户与农户之间，村与村之间，地块界线不清，耕地利用纠纷时有发生，扰乱了农村正常的生产、生活秩序。另外，新生人口的统计很不准确，人口数字水分很大，流动人口的生育还处在无人管理的状态。为了保证农村“人地工程”的实施，必须重建基层组织（尤其是村级组织）的人口、耕地统计档案，有专人专职负责统计工作。分户统计耕地的位置、数量、质量及正常产量以及人口的年龄、数量、知识水平、人口的增减变化等，这些统计资料构成了“人地工程”实施的基础。同时，还要树立农村基层统计的权威性，保证人口、耕地资源信息的准确、有效和及时性，并据以指导农村人口的计划增长和耕地资源的合理利用。

6.5.2 加强村级经济组织的管理、服务、积累和协调职能，充实管理机构，并付之以必要的责任、权力和义务

农村联产承包责任制以后，农民潜在的生产热情得以释放，几十年积累的农业生产投资得到了最佳发挥，农产品产出大幅度增长。但是，作为村级的基层组织——村，其管理职能不仅没有得到应有的强化，反而在某些方面（如控制人口增长，组织剩余劳动力进行劳动积累、耕地资源的管理和监督等）还有所减弱，甚至丧失了。实施农村“人地工程”，必须借助于村级基层组织的教育、宣传、说服和引导工作，必须以强化村级基层组织的经济职能为保障。因而，要使村级基层组织具有人口增长和耕地资源利用的控制权、调整权和监督权，以保证“人地工程”的顺利实施。

6.5.3 建议起草计划生育法、耕地利用法，将农村人口、耕地利用的管理纳入法制轨道，实行正规管理

对于“人地工程”实施中出现的各类经济纠纷，应坚决依法处置。对违反法律规定，并造成重大损失和影响的当事人，要绳之以法，树立法律的平等性、规范性和严肃性。

6.5.4 破除中国农民传统的生育观

几千年来，“四世同堂”、“五世其昌”的生育观念备受农民推崇。解放后，我们也一度宣称“人多力量大”，已造成了越来越大的人口膨胀和对耕地资源的强大压力。在西北地区，“愈穷愈生，愈生愈穷”的恶性循环至今还困扰着西部农村经济的发展。计划生育是我国的一项基本国策，应该而且必须坚决贯彻下去。尤其在农村，首先是要营造一个社会风气和环境氛围，使农民真正认识到人口盲目增长的后果，从而能进行积极地、有意识地主动调节。现在，农村的计划生育已成为一项行政命令，致使干部与农民的关系很紧张，计划生育干部在农村是“不受欢迎的人”。看来，单一的行政方法并不奏效。其次是从根本上变革农民的传统生育观念。除了对农民大力宣传和进行思想教育以外，还要从社会保障、农村福利及人口养老制度方面进行突破和变革，使农村老龄人口“老有所养，老有所依”。变革农民传统的生育观念，树立与商品经济发展相适应的新生育观

和新的文化观念，是一个复杂的系统工程，需要做出艰巨的努力。

总之，“农村人地工程”的实施，可以克服人口、耕地剪刀差模式的负向生态效应和对农业发展的恶性制约，控制农村人口的盲目增长，节约并充分利用十分宝贵的耕地资源，促使农业在生态协调、环境优化的条件下支持非农产业及国民经济的发展。

政府财政对农业投资篇

7　论当前加强财政对农业支持与保护的必要性

亚洲金融危机之后，世界经济步伐放缓，美国经济结束了100多个月持续增长的“黄金时期”，进入低增速、高失业的调整期。相应地，各国中央决策者也纷纷调整了各自的经济增长预期。随着网络神话的破灭，美国遭受“9·11”恐怖主义袭击事件，世界经济更是雪上加霜，甚至有不少悲观的经济分析家认为世界经济将进入比1929年更严重的衰退期。在这样不利的国际经济大环境中，我国经济却一枝独秀，从1997年至今一直保持7%以上的增长速度，创造了令世人瞩目的奇迹，并且世界上大多数国家都对中国经济未来几年的走势持有较强的信心。但是，我国经济的快速发展主要得益于非农产业部门，农业部门的增长速度极为缓慢，形成了与国民经济发展不协调的局面。要保持我国国民经济的协调发展，实现我国制定的跨世纪宏伟发展蓝图，就必须重视农业的基础地位，加强对农业的支持与保护。

综观世界各国的农业政策，大凡经济发达的国家都对农业实行保护，采取财政政策、信贷支持、价格保护和农业保险等政策与措施来保护农业，促进农业的发展。我国对农业支持和保护的措施与发达国家基本一致，但农业保险在我国由于特殊的国情很难开展，保护农业的作用极为有限；农业信贷与价格保护只在一定范围、一定期限内发挥作用，实际上经常出现农业信贷资金挪用，以及价格的负保护现象（工农价格“剪刀差”）；财政对农业的支出是要改变我国农业的落后面貌，增强农业的基础地位，提高我国农产品在国际市场上的竞争力，增强农业的基础地位，提高我国农产品在国际市场上的竞争力，促进社会的可持续发展，当前必须加强财政对农业的支持与保护。这也是从农业的基础地位和特点、我国农业发展所面临的严峻形势、我国加入WTO融入全球经济以及借鉴国外农业发展的基本经验等方面考虑的。

7.1 农业是国民经济的基础，也是承受风险最大的产业，各国纷纷对农业实行保护

农业是国民经济的基础。在工业化过程中，农业对一国发展的贡献有食物贡献、要素贡献、市场贡献和外汇贡献四个方面。这不仅从衣食之源说明了农业的基础性，而且从经济发展的角度说明了农业的基础支撑作用。农业的现代化关系到国民经济的现代化，农村社会稳定与否更是关系整个社会的安危。

从农业经济的自然属性来看，农业是一种高风险、低收益的弱质产业。在市场经济下，农民不仅要承担各种自然风险，而且还要承担市场风险以及政策不确定性带来的风险。农业是人类利用动植物生长发育和成熟来获得产品的部门。由于生长性、周期性、季节性的特点，决定了农业生产要受到动植物生长发育规律和自然环境的风险，这就使得农业必然而且始终承担着自然风险。农业的自然风险还导致了大部分市场风险。农户根据当前的市场状况进行决策，当产品进入市场时市场状况却有可能反转。农产品的需求弹性小，可替代性低，当市场供过于求时，就会出现“谷贱伤农”的现象。同其他产业相比，农业的技术进步慢、投资收益率低。随着经济的发展，农业生产要素逐步外流，导致农业的萎缩。我国农业增加值占国民生产总值的比重由新中国成立初的60%下降到1999年17%的水平，就是很好的说明。农业的政策风险是指由于农业和农村社会政策的不稳定性、不连续性或政策上的某些失误对农业和农村经济发展造成不利影响。由于我国法制体系尚不健全，政府政策具有易变性，政策风险在我国表现得极为突出。鉴于农业的基础地位和农业所承受的风险，世界各国都对农业给予应有的支持与保护，财政支农是政府财政支出的重要组成部分。

一个国家从传统经济向现代经济过渡的经济成长时期是各国由负保护农业转向正保护农业的时期。日本在20世纪50年代末、60年代初完成转向对所有农产品提供正保护，并且使农业保护水平开始超过西欧老牌农业保护主义国家。韩国在60年代中期以前还从农业部门抽走工业化资源，自60年代末它开始转向农业保护，进入80年代，其农业保护水平赶上并超过了日本。我国台湾从忽视农业转向保护农业的时间，大致与发达国家

相似。

新中国成立后，我国实行了剥夺农业以加速工业发展的战略，从当初的基本国情以及世界各国工业化的一般规律来分析，这一战略有其正确性。但是，我国农业为工业化做出了太多、太大的牺牲，工农产品的不等价交换、农业内部优质资源（资金、人才）的流失使我国农业元气大伤，“造血功能”丧失殆尽，导致了我国农业的长期落后。我国工农业增长速度对比已经超过了4:1，大大高于一般认为的2.5:1的适度标准。2000年我国国民生产总值达到1万亿美元，人均国民生产总值超过800美元，而经济发达的上海、深圳等地超过了2 000美元，大致相当于韩国70年代的发展水平。借鉴国外经验，我国已经到了工业反哺农业、加强农业保护的时候了，而且改革开放以来我国综合国力的增强也为农业保护提供了有力的物质保障。

财政支农是农业保护的重要组成部分，主要包括援助农业生产支出、农业基础建设支出、农业科研支出、农业综合开发支出等。财政支农对于加快农业科技进步、提高农业综合生产能力、实现农业可持续发展有重大的现实意义和深远影响。因此，发达的资本主义国家都普遍注重财政对农业的支持与保护。

法国是欧洲和世界农业生产大国，农业和农业食品加工业是法国最重要的经济部门。1995年法国国内生产总值为76 750亿法郎。其中，除葡萄种植和渔业外的农业附加值为1 580亿法郎，占国内生产总值的2.06%；农业食品加工业的附加值为2 040亿法郎，占国内生产总值的2.66%。法国政府的农业政策包括农业投资政策、农业补贴政策、财政贴息政策和农业保险等。

法国政府投入政策主要通过欧盟预算和法国政府的财政预算实施。欧盟预算收入通过成员国上缴而取得，关税上缴占10%，一般性国家税收上缴占90%，预算支出主要为实施各种政策服务，农业支出占65%，主要用于实施共同农业政策的各种补贴。法国政府预算的农业支出77%用于扶持农产品市场，对农民实施直接和间接补贴，9%用于控制农业生产，6%用于建立新农庄和农庄的现代化改造，6%用于帮助落后地区、边远山区发展农业生产。1995年法国农业投资实际支出1 556亿法郎，比1994年增加了0.8%；1996年实际支出1 587亿法郎，比1995年增加2%。

法国农业补贴同样来自欧盟预算和法国的财政预算两个方面。1992 年欧洲的农业政策改革之后，主要集中在对农民收入的直接补贴和农业产量控制的补贴方面，补贴额由 1990 年的 507 亿法郎增至 1994 年的 721 亿法郎，增长近 50%。1995 年对农业收入的直接补贴达 560 多亿法郎。

财政贴息政策是财政政策与信贷政策协调配合的一种有效形式，也是法国政府支持农业生产的重要手段。法国贴息贷款的投向主要是帮助建立新的农庄或农业企业、农庄的现代化改造、合作社的设备购置、畜牧业发展，以及自然风险的防治等方面。这种政策在实施中有四个特点：一是贷款期限长。用于支持种植业和畜牧业生产方面的贷款期限为 18 年，贴息时间为 9 年。二是对不同地区和不同经营者在贷款利率、贴息比例和贴息期限上实行区别政策。三是引入竞争机制，以招标形式使银行间由于竞争而提供最优惠的贷款利率。四是引入担保机制，通过担保降低贷款的风险。

法国的农业保险和农业社会保障属互助性质，但国家财政在这些领域也发挥着一定的作用。一是对社会保障体系的监督；二是对农业保险制定了一些优惠政策，包括给予农业保险机构互助合作性质而免征公司税，给予一定的资金支持等；三是参与编制审定农业社会保障附加预算，弥补预算赤字。1995 年，法国财政支农支出的 50% 用于农业社会保障体系，总额达 750 多亿法郎。

从以上对法国政府的农业政策分析中，可以得出以下几点启示：（1）在经济发展过程中，必须始终加强对农业的支持保护，保证财政用于农业支出一定的增长速度，确保农业与国民经济的协调发展。（2）建立以政府投资有效带动私人投资的体制，充分发挥财政的杠杆作用和示范效应。财政每年可以拿出一部分投资资金建立一项专门的基金，以贴息、参股、补贴等方式引导民间投资，发挥农业信贷、农业保险对农业支持与保护的主体作用。

7.2 依据我国农业当前所面临的严峻形势，必须加大财政对农业支持与保护的力度

新中国成立以来，特别是改革开放的 20 年，我国农业发生了翻天覆地的变化。一个无可争辩的事实是：我们用占世界 7% 的耕地面积养活了占世界 21% 的人口，创造了发展中国家发展农业的伟大奇迹。但是也不可否

认，我国农业所面临的严峻形势：农业发展中所隐含的深层次矛盾正日益显现，农业发展与国民经济发展的不协调性严重地阻碍着我国现代化的进程。

7.2.1 二元经济结构的特征不是消除了而是增强了，二元经济结构被认为是发展中国家经济的一个显著特征

所谓二元经济结构，就是说一个社会的经济存在两个不同的部门：以制造业为中心的现代化部门和以农业、手工业为中心的传统部门。衡量一个社会二元程度的指标有二元对比系数和二元反差指数[①]。中国是世界上最大的发展中国家，具有发展中国家普遍具有的二元经济结构特征，而且表现更为强烈。1978 年，我国的二元对比系数为 20.2，远远低于发展中国家的平均值 38；二元反差指数为 37.5，远高于发展中国家。20 世纪 80 年代，我国农业经济保持了较稳定的增长，以两个指标衡量的二元程度有所减小。自 1988 年之后中国二元经济结构出现了加强的趋势。具体表现为二元对比系数从 1988 年的 34 降至 1996 年的 24.9，二元反差指数相应地从 26.05 升至 30.26[②]。二元程度加剧的根本原因在于农业体制改革的动力释放殆尽，农业投资尤其是政府对农业支出增长乏力造成的。新中国成立初期农村人口占全国人口的比重为 90% 左右，创造 50% 的国内生产总值，而到了 1999 年占全国人口 70% 左右的农民创造的产值下降到了 17.7% 的水平。进入“九五”期间之后，从城乡居民收入差距、国民生产总值与农业增长速度对比等指标来衡量我国农业发展同国民经济发展的不协调性正日益增强。

“九五”期间的后三年，城市居民的人均纯收入的增长速度为农民的 3 倍，1999 年更是高达 4 倍。我国城乡居民的实际收入比率从 1996 年的 2.51:1 扩大到 2000 年的 2.79:1，如果加上城市居民所享有的实物性福利，

---

① 二元对比系数和二元反差指数是反映一国二元程度的常用指标。二元对比系数是二元经济中农业与非农业比较劳动生产率的比率，取值在 0～100，二元对比系数取值越小，表明两部门的判别越大，反之则相反。二元反差指数是农业与非农业部门收入比重和劳动力比重之差的绝对值的平均值。反差指数理论上的最小值为 0，指数越大，表明二元反差程度越大。具体可参见陈宗胜著：《经济发展中的收入分配》，上海三联出版社，1994，326－328 页。

② 资料来源，陈宗胜：《发展经济学——从贫困走向富裕》，复旦大学出版社，2000，96－99 页。

实际差距会更大（具体见表7－1）。

2000年城镇居民存款余额约为5.3万亿元，农户储蓄额只有1.1亿元。农民收入增长缓慢以及城乡收入差距扩大，影响到农村社会的稳定和我国社会的可持续发展。

表7－1　“九五”期间城乡居民人均纯收入及增长情况　单位：元,%

年份	城市居民人均纯收入	比上年增长	农民人均纯收入	比上年增长	二者收入之比
1996	4 838.9	3.3	1 926.1	9.1	2.51:1
1997	5 160.3	6.2	2 090.1	7.8	2.47:1
1998	5 458.3	5.5	2 163.9	3.3	2.52:1
1999	5 878.0	7.1	2 205.4	1.8	2.67:1

从表7－2可以看出，除了1996年农业与国民生产总值保持了同步增长外，其他年份农业的增长速度都远低于国民生产总值的增长速度，其中1999年按可比价格计算的农业增长速度出现负值，导致国民生产总值的增长速度降至近年来4.5%的最低点，农业增长的低迷影响到我国国民经济的持续快速发展。

表7－2　国民生产总值（GDP）与农业增长速度及对比（按可比价格计算）　单位:%

年份	1996	1997	1998	1999	2000
GDP增长速度	16.3	9.4	5.2	4.5	8.0
农业增长速度	15.4	2.7	2.4	－0.6	2.4
二者之比	1.06:1	3.48:1	2.18:1	—	3.33:1

7.2.2　农业基础薄弱，可持续发展能力不强

长期以来，我国农业基础薄弱，不适应人口增加、生活改善和经济发展的需要。我国农业科技总体水平与国外相差10～20年。科技在农业增长中的贡献份额仅为42%，而欧洲一些国家都在70%以上，美国高达80%；发达国家的农业科技成果转化率在60%左右，而我国仅为30%～40%。发达国家已将信息技术、生物技术、高效低毒农药等高新技术广泛应用于农业，而我国在这些领域还处于试验阶段。我国现有的水利设施大部分是80

年代以前修建的，经过几十年的运转已严重老化失修，抗御自然灾害的能力明显减弱。我国森林覆盖率仅为13.92%，远远低于31.3%的世界平均水平。不少地方由于植被减少，水土流失严重，土壤沙化、碱化、盐渍化加剧，土壤侵蚀面积占国土总面积的38%，沙化面积每年以2 100平方千米的速度推进。1995年，粮食平均单产4 222.5千克/平方千米，比英国1979年的水平还低5.5%。小麦、玉米等大宗农作物的单位面积产量不足世界粮食高产国家的一半。近年来，由于农业生产资料价格急剧上升，大宗农产品的生产成本和国内价格已超过国际市场价格，农产品的国际竞争力急剧下降。

7.2.3 粮食产量徘徊不前，粮食安全受到威胁

粮食价格的下跌影响了农民种粮的积极性，我国粮食总产量达到5亿吨之后一直徘徊不前，灾年总产量出现了较大幅度的下降。我国粮食总产量1996年为5.05亿吨，以后各年均在5亿吨左右徘徊，2000年降为4.63亿吨。我国人均占有粮食不足400千克，处在刚刚越过温饱线的水平。随着我国国民经济的发展和人均收入水平的上升，居民对肉、禽、蛋、奶的需求会增加，对粮食的需求也会相应地大幅度增加。我国2030年人口将达到16亿的峰值，在可耕地面积不断减少的情况下，要比目前增加2亿吨粮食，困难很大。可能的趋势是，2030年我国需进口粮食5 000万吨。这一趋势说明，未来中国粮食问题对中国自身的发展以及世界粮食贸易格局起着举足轻重的作用。中国可以利用国际市场，补足自己的缺口，但作为一个具有独立意识形态的人口大国，必须考虑避免对海外供应基本必需品的依赖，保持政治上和经济上可接受的粮食自给程度，确保我国粮食安全，这是我国农业面临的严峻形势和艰巨任务之一。

7.2.4 农业投入低

我国产业结构比例关系严重失调，工农产品比价不合理，农业比较效益低下，农业投入低已成为农村和农业发展的主要矛盾。在中央安排的基本建设总投资中，农业基本建设投资比重低。“八五”期间，中央安排农业基本建设投资497.1亿元，占中央安排基建总投资的4.8%。农业基本建设投资比重连年下降，从“五五”时期的10.5%下降到“七五”时期

的3.36%，从1984年的6.21%下降到1995年的1.8%。1996年、1997年农业基本建设投资只保持了较低幅度的增加，1998年农业基本建设支出460亿元，但其中包括增发的270亿元用于水利建设的国债，1999年中央安排农业基本建设投资299亿元，仅占基建总投资的2.4%，农业基本建设投资比重偏低的状况仍未改变。由于农业的投资收益率低、风险大，农业部门利用银行贷款、外资的难度比重小。据统计，1998年底，全国金融机构农业贷款余额约占各项贷款总额的5%。1997年我国农业（包括林业、水利）利用外资协议资金额达到20.8亿美元，比1996年减少了1.7%，农业利用外资协议金额仅占同期全国利用外资协议金额的2.1%，同其他行业相比，所占份额很小，与农业的基础地位和农村经济发展需要很不适应。农业投入不足，致使我国农业发展的综合能力低，基础薄弱，后劲不足。这些问题不仅制约着农业经济的进一步发展，而且严重影响国民经济的快速增长。

7.3 我国必须加快建立以财政支出为主导的农业保护体系

WTO与世界银行、国际货币基金组织并称为世界经济的“三大支柱”，它在削减关税、消除贸易壁垒、促进世界贸易发展等方面发挥了难以替代的作用。2001年11月10日，中国成功加入WTO，既可享受WTO成员应有的权利，又要履行相应的义务，责任和权利是不可分的，因而会给中国农业带来多方面的影响。但由于我国农业市场化程度低，生产力水平低下，农户经营规模小，加入WTO给中国农业带来的负面影响会远远大于第二产业、第三产业。长期以来，我国主要采取进口许可证、配额等非关税措施以及国有贸易公司的垄断经营来限制农产品的进口，失去这些保护手段后，中国市场的进入壁垒将大大降低。WTO《农产品协议》规定，发展中国家在10年的时间内必须平均削减以1986—1988年为基期24%的关税。但由于削减期内，中国大部分农产品价格低于国际市场价格，中国原有的非关税措施量化为关税措施的幅度不大，对农业保护的作用有限。20世纪90年代以来，中国农产品的低价优势正随着生产成本的提高而逐渐消失。目前，小麦、玉米、大豆、棉花等农产品的国内价格已高于国际市场价格的二至五成，无优势可言。加入WTO之后，失去保护的中国农业将无法同优质低价的外国农产品同场竞争，短期内必将受到较大影响。这些作物主产区农户的收入将下降，并有可能增加社会的不稳定因素。

加入 WTO 之后，我国农业面临的挑战要求我们加强对农业的支持与保护。建立以财政支出为主导的农业保护体系也符合 WTO“绿箱”政策。WTO《农产品协议》附件的第一条中规定：“被要求免予削减承诺的国内支持措施，必须符合的基本条件是：他们没有或者只有很小的贸易扭曲作用，或者对生产的影响很小。”因此被要求免予削减承诺的措施，必须符合以下基本特征：（1）该支持是由政府计划中的公共基金（包括政府财政）资助，不包括从消费者转来的。（2）该支持不具有给生产者价格支持的作用。具体政策包括一般性服务支出，如研究、培训、推广、咨询、基础设施等；政府在财政上参加的收入保险和收入保障计划，结构调整援助；环境保护计划支付和地区援助救济支付。从以上可以看出，财政支出可以在一个较宽广的范围内对农业进行支持与保护。但是，我国仍然是一个发展中国家，政府财力毕竟十分有限，对农业的支持与保护必须坚持量力而行、适度保护的原则。在增加预算内财政直接用于农业的支出外，必须发挥财政支出的宏观调控功能，通过财政贴息、弥补亏损、减税等多种有效措施，引导农业信贷和农业保险的健康发展，改变近几年来农业信贷、农业保险逐渐萎缩的不利局面，使之成为我国农业支持与保护的主体。价格保护是发达国家农业保护的主要措施，但是根据我国财力状况和 WTO《农产品协议》中关于逐步削减黄色补贴的规定，价格补贴不应该也不能成为我国农业支持与保护的主要手段。今后，我们的目标就在于建立一个财政支出为主导，以农业信贷、农业保险为主体，适当辅之以价格支持的农业保护体系。

8　农业财政投资效率评估指标体系的构建

8.1　指标体系的构建目标与原则

建立农业财政投资效率评估体系要达到三个基本目标：一是能够较为科学地评价农业财政投资的效率；二是能够较为完整地评价农业财政投资效率；三是具有较强的可操作性。基于以上三个基本目标，评估指标体系的设计应该遵循以下基本原则。

8.1.1　准确性原则

每个指标都需要有准确的内涵和外延明确无歧义，也就是说各个指标之间相互独立，不存在包含、交叉现象。准确性原则是为了防止指标的“多”设置。这个“多”设置有两方面含义：一是不设置不必要的指标；二是指标之间不重复或重叠。

8.1.2　全面性原则

财政投资产生的效益包括经济效益、社会效益和生态效益三个方面，这就要求指标的设计要涵盖这三个方面，全面反映财政对农业投资的本质内容和主要特点，不能遗漏任何一个方面。如果说准确性原则是为了防止指标的“多”设置，那么全面性原则是防止指标的“少”设置。

8.1.3　定性与定量相结合原则

定量指标是通过选择一系列的数量指标，按照统一的计算方法和标准，评估财政投资效率。定性指标是评估者运用自身知识，参照有关标准，对评估对象做出的主观评判。对于经济效益的评估通常直接用定量指标进行衡量，但由于财政投资的经济外部性，其所产生的社会效益和生态效益还较难用定量的指标来衡量。比如公众满意，就需要设计成定性指标来进行衡量。所以，需要用定性指标和定量指标结合来保证评估结果的全面、客观。从这个意义上讲，这个原则是全面性原则的延伸。

8.1.4　动态原则

这实质上也是全面性原则的一个延伸。随着社会主义市场经济体制以及公共财政框架下政府对农业投资体制的不断完善，指标体系也要相应地进行调整、补充和完善。也就是说，指标体系要保持动态变化。这一原则是为了保持指标体系的全面性考虑的。

8.1.5　简洁适用原则

一是保证指标全面完整的前提下，指标体系尽可能简化，这体现重要性的原则，也就是说重要指标单独设置，非重要的比重小的指标合并设置。重要性的标准是对效率评估是否有重大影响来说的。二是所设置的指标要易于采集，尽量采用现有的统计数据作指标数据来源。三是各指标的计算方法、数据都实行标准化、规范化。

8.1.6　通用可比原则

这个原则直接体现效率评估体系的作用。效率评估体系的最终目的是对财政投资效率进行考核。如果无法进行对比，就无法实现对不同财政投资项目的评价，进而进行奖惩。这一原则包含三层含义：一是农业财政是在财政大框架下，农业财政投资效率评估指标要兼顾其他财政评估指标，尽可能通用可比；二是不同地区（不同省、县、市等之间）可比；三是符合 WTO 的规则，考虑 WTO 对农业财政投资的要求来设置指标体系，形成与国际通用可比的指标。

以上原则是从不同的角度来对指标的设计提出基本要求，不同的原则相辅相成，不可偏废。其最终的目标是要建立一个科学完整、可操作的评估体系。因此在设计每一个指标时都要考虑是否实现了这些目标。

8.2　评估体系的指标选择

对财政投资效率的评估最终要通过评估指标来体现。这一部分主要是涉及指标的具体选择，在指标的选择过程中力求达到科学性、完整性和可操作性三个基本目标。

根据财政效率理论，农业财政投资可以分为三个层次：总投资、类别投资和项目投资，这三个层次的投资从规模、结构、耗用三个方面决定财政投资效率。所以相应地，可以把效率评估指标体系分成规模、结构（配置）、项目（耗用）三个子指标体系。

8.2.1 规模效率指标体系

该体系以特定层级的财政投资总规模作为指标，可以用以下三个指标衡量：

（1）农业财政投资对 GDP 贡献率 = 当期 GDP 增量/当期农业财政投资 ×100%；

（2）农业财政投资对农业产值贡献率 = 当期农业产值增量/当期农业财政投资 ×100%；

（3）农业财政投资公共产品产出率 = 当期公共产品总额/当期农业财政投资 ×100%。

以上三个指标分别从项目、农业领域、国民经济三个层次衡量农业财政投资的规模效率。在评价过程中，可以对不同时期的比率进行纵向比较，也可以对不同地区的比率进行横向比较。评价中可以根据需要选定标准值，然后，就可以根据比率计算规模效率的得分。

8.2.2 结构效率指标体系

结构效率也称配置效率，是指各类别财政投资比例结构的合理程度，属于在既定财政总规模的前提下，对财政投资在各个类别之间进行分配，使之达到最优化的效果。该体系以特定层级的财政投资结构作为指标，即把各类别支出之间及项目之间比例关系作为指标，可以用以下三个指标衡量：

（1）农业财政投资占财政总投资的比重 $=\dfrac{\text{当期农业财政投资}}{\text{当期财政总投资}}\times 100\%$；

（2）各类农业财政投资占农业财政总投资比重 $=\dfrac{\text{当期某类农业财政投资总额}}{\text{当期农业财政投资总额}}\times 100\%$；

（3）各项目投资类别的比重 $=\dfrac{\text{当期某项目投资额}}{\text{当期类别投资总额}}\times 100\%$。

以上三个指标也是按总投资、类别投资和项目投资三个层次设计的。在评价过程中，关键是对理想财政投资结构的选择，即各类投资比重的最优值（标准值）的建立。一般地，标准值应在综合各有关因素的基础上，进行历史的横向比较分析设定。评价中可以根据需要选定标准值，然后，就可以根据比率计算结构效率的得分。

8.2.3　项目效率指标体系

项目效率也称耗用效率。该体系以特定层级的财政投资结构作为指标，可以用以下几个指标衡量：

财政投资项目的效率评估是整个投资评估的重点。由于各项目投资类别复杂，相互之间不可比，因而只能根据不同类别分别设计评估指标。但每一个项目又应该包括经济效益、社会效益和生态效益三个方面。这样，就需要设置定量指标和定性指标进行综合衡量。而且，每一个评价指标下又设若干个细化指标。细化指标包括定量指标和定性指标，如农村自然环境改善指标就属于定性指标。

（1）项目投资经济效益综合指数 = ∑各指标评估值 × 各指标权重；

（2）项目投资社会效益综合指数 = ∑各指标评估值 × 各指标权重；

（3）项目投资生态效益综合指数 = ∑各指标评估值 × 各指标权重。

表 8－1　　　　　农业财政投资效益评估指标体系

经济效益指标	社会效益指标	生态效益指标
财政对农业投资增加生产能力指标	农村剩余劳动力转移率	林草覆盖率指标
财政对农业投资增加农产品产量指标	农村贫困人口变化率	农地保护程度指标
财政对农业投资提高劳动生产率指标	农村居民恩格尔系数	水资源利用率变化指标
财政对农业投资引起农民收入水平变化指标	农村科技贡献率	水质改善指标
财政对农业投资效果系数	农村居民平均寿命增长指标	土壤有机质含量变化指标
财政对农业投资固定资产形成率	农村居民平均寿命增长指标	农田林网率变化指标
财政对农业投资回收期	农村居民人均文化设施指标	水土流失治理程度指标
财政对农业投资财务净现值	农村社会治安变化指标	农村自然环境改善指标
财政对农业投资财务净现值率		
财政对农业投资财务内部收益率		

评估时，首先分别对经济效益、社会效益与生态效益各指标进行评估，并与标准值比较，取得分值，然后乘以相应的权重并求和，得出综合指数；其次用三个综合指数值乘以相应的权重并求和，最后得出项目效率指标。在实际评价过程中，可以根据不同项目的需要选择部分或全部指标计算。其中项目投资的经济效益、社会效益与生态效益的权重及各评估指标的权重可以通过德尔菲法或其他方法得到。

按照财政投资的基本分类和不同的评估对象，可以把评估指标初步设计为基本指标、专用指标和评议指标。基本指标适用于同一财政层次上具有共同特点财政投资的衡量和比较。由于这些指标具有共同性，因此适用于各类别投资的评估。专用指标是根据各类财政投资多样性的特点而设定的，主要适用于按财政投资的功能分类的各类指标的衡量和比较。评议指标是针对无法进行量化评估而只能定性评估的财政投资而设置的，评议指标属于定性指标。在实际操作过程中，首先运用基本指标产生初步评价结论，运用专用指标产生基本评价结论，运用评议指标产生定性评价结论，最后运用三个评价结果产生综合评价结论。这一结果是项目评价结果。根据这一评价结果可以对项目进行分类，以评价得分为依据，按设定的分数线作为评判界限，将评价结果分为不同的等级。根据湖北省的实践经验，按 85、70、50 分数线把评价结果分成优（A）、良（B）、中（C）、差（D）四等，而且这种评价结果都能为被评价部门和单位接受。这种评价结果处理方法在实践上的意义主要有两个方面，一方面是较为客观地评价了财政投资的效率，另一方面促使财政资金使用部门产生竞争压力。

8.3 农业财政投资效率评估方法

由于财政投资项目的多样性及复杂性，对于同一项目选择不同的评估方法往往产生不同的结果，因此，方法选择的适配性很重要。国际上比较通行的评价方法有成本效益分析法、最低成本法、综合指数法、因素分析法、历史动态比较法、公众评判法、费用职能法及目标评价法等。因为不同的方法有不同的适应性，所以，在实际的评价过程中，需要根据不同的评价对象选择使用不同的方法，而且对于一项评估可能需要综合使用多种方法。

8.3.1 成本效益法

成本效益法是将一定时期内项目的总成本与总效益进行对比分析的一种方法，这种方法广泛运用于成本和效益都能准确计量的项目评价。在评价项目的经济效益的时候多采用此法，而评价项目的社会效益时则不太适用。

8.3.2 历史动态比较法

历史动态比较法是将某一类支出或项目的历史数据进行对比分析，了解其历史上的变化及效益波动情况，既可以看出发展趋势，也可以了解变化的原因和存在的问题。在设定标准值的时候，往往用历史数据作为参考依据。

8.3.3 目标评价法

目标评价法是将当期的经济效益、社会效益及生态效益的水平与预先设定的目标值进行比较分析。此法可用于部门和单位的评价，也适用于规模和结构效益方面的评价。对于部门和单位，目标值往往是计划指标；对于规模和结构效益，目标值往往是理想投资规模和投资结构值。

8.3.4 公众评判法

公众评判法是通过选择有关专家进行评估并对社会公众进行问卷或抽样调查来评判项目的效益。此法适用于定性指标的评价。比如对农村社会治安变化指标及农村自然环境改善指标的确定则可以通过对公众问卷调查来获得。

8.3.5 综合指数法

综合指数法是在确定各个指标值的基础上，根据各自的权重计算出综合指数。此法评价比较全面，而且评价结果只有单一值，易于比较。

对于农业财政投资效率评估的方法选择上，依据以下方法：（1）项目效率指标：可以用历史动态比较法或目标评价法来确定其中的定量指标，用公众评判法来确定其中的定性指标，涉及经济效益的评价则采用成本效益法。（2）结构效率指标：用目标评价法或历史动态比较法来确定，用理想结构值、横向比较值或历史值作参考确定标准值。（3）规模效率指标：用目标评价法来确定，以理想规模值、横向比较值或历史值作为标准值，对经济效益的评价采用成本效益法。（4）综合指数值：对规模效率、结构效率和项目效率的分别评估及最终综合指数的评估均用综合指数法。

9　论中国政府财政对农业投资效益评估指标体系与评价方法

9.1　中国政府财政对农业投资效益评估指标体系的构建

9.1.1　构建原则

构建中国政府财政对农业投资效益评估指标体系时，主要遵循以下四个原则。

第一，完备逻辑性原则。作为一个有机结合的整体，指标体系不但要能够从经济效益、生态效益和社会效益三个不同角度全面反映中国政府财政对农业投资的本质内容和主要特点，对投资效益的状况进行客观地评价，而且还要能够反映其动态变化趋势。另外，各个指标或标注之间要具有严密的逻辑性，所有指标构成一个完备的指标体系，不存在包含、交叉现象。

第二，准确科学性原则。指标体系中各个具体指标的选择应建立在充分认识、系统研究的科学基础上，各指标应概念明确无歧义，并且具有一定的独立内涵，能够用于评价中国政府财政对农业投资效益的状况。

第三，可操作适用性原则。指标体系的设置必须从实用的角度出发，充分考虑其在实际评价工作中的运用效果。指标要具有可测性并易于量化，要尽可能利用现有统计指标，以尽量减少评价工作中不必要的重复计算，从而真正提高指标的实际运用效果。另外，考虑到指标的量化和获取数据的难易程度及可靠性，应力求简洁，尽量选择有代表性的综合指标和主要指标。

第四，动态性和稳定性相结合的原则。为了便于比较和评价，指标体系一旦建立起来，其内容不宜变动过频，在一定时期内应保持相对稳定。当然，随着市场经济体制以及公共财政框架下财政对农业投资体制的不断完善，指标体系也应进行调整、补充和完善，也就是说指标体系要具有一定的动态性。另外，在指标体系内部，既要有静态指标，也要有动态指标，两者要有机地结合起来。

9.1.2 构建方法

笔者在构建中国政府财政对农业投资效益评估指标体系时采用的方法是德尔菲法（Delphi Method）。德尔菲法，又称专家调查法，是在 20 世纪 40 年代由 O. 赫尔姆和 N. 达尔克首创，经过 T. J. 戈尔登和美国兰德公司进一步发展而成的。德尔菲法依据系统的程序，采用匿名发表意见的方式，各专家主要依靠自己的经验和综合能力来回答问卷，专家之间不互相讨论，不发生横向联系，只与调查人员发生关系。通过多轮次调查专家对问卷所提问题的看法，经过反复征询、归纳和修改，最后汇总成专家基本一致的看法，作为预测结果。几十年来，德尔菲法在实践中不断得到改进与完善，现已普遍地被政府和民间在相当多的领域里使用，已成为一种广泛使用的预测方法，并逐渐成为一种重要的规划决策工具。作为一种主观、定性的方法，德尔菲法不仅可以用于预测领域，而且还可以用于各种评价指标体系的建立和具体指标的确定过程。

9.1.3 构建过程及结果

运用德尔菲法构建中国政府财政对农业投资效益评估指标体系的流程及结果见图 9－1 和图 9－2。

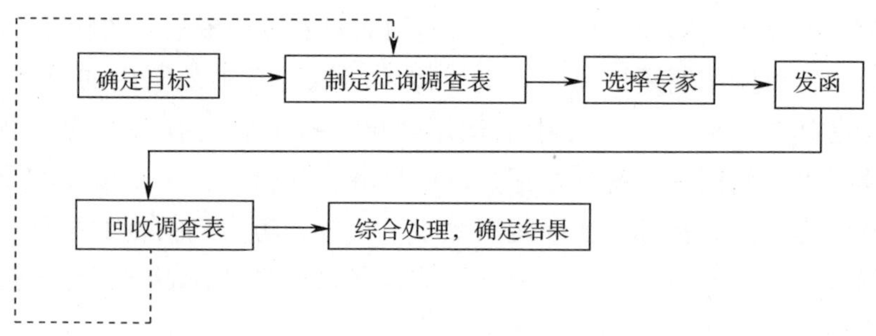

图 9－1 构建流程图

中国政府财政对农业投资效益评估指标体系
- 经济效益评价指标（权重为0.38）
  - 财政对农业投资增加生产能力指标
  - 财政对农业投资增加农产品产量指标
  - 财政对农业投资提高劳动生产率指标
  - 财政对农业投资引起农民收入水平变化指标
  - 财政对农业投资的投资效果系数
  - 财政对农业投资的投资回收期
  - 财政对农业投资的财务净现值
  - 财政对农业投资的财务净现值率
  - 财政对农业投资的投资回收期
  - 财政对农业投资的财务内部收益率
- 生态效益评价指标（权重为0.34）
  - 林草覆盖率变化指标
  - 农地保护程度指标
  - 水资源利用率变化指标
  - 水质改善指标
  - 农村自然环境改善指标
  - 土壤有机质含量变化指标
  - 农田林网率变化指标
  - 水土流失治理程度指标
- 社会效益评价指标（权重为0.28）
  - 农村剩余劳动力转移率
  - 农村贫困人口变化率
  - 农村居民恩格尔系数
  - 农业科技贡献率
  - 农村居民平均寿命增长指标
  - 农村居民受教育程度指标
  - 农村居民人均文化设施指标
  - 农村社会治安变化指标

图9-2 中国政府财政对农业投资效益评估指标体系

9.2 中国政府财政对农业投资效益评估指标体系的含义

9.2.1 经济效益评价指标的含义

9.2.1.1 财政对农业投资增加生产能力指标

该指标中的“增加生产能力”是指财政对农业投资后较投资前的产值（或利润）变化量。计算公式为

$$单位投资新增生产能力=\frac{某时期增加生产能力}{某时期财政对农业投资额}\times 100\%$$

9.2.1.2 财政对农业投资增加农产品产量指标

该指标中的“增加农产品产量”是指财政对农业投资后较投资前的农产品产量变化量。计算公式为

$$单位投资增加农产品产量=\frac{投资后农产品产量-投资前农产品产量}{财政对农业投资}$$

9.2.1.3 财政对农业投资提高劳动生产率指标

该指标用财政对农业投资后与投资前的劳动生产率之差与后者之比表示。计算公式为

$$劳动生产率变化系数=\frac{投资后的劳动生产率-投资前的劳动生产率}{投资前的劳动生产率}$$

9.2.1.4 财政对农业投资引起农民收入水平变化指标

该指标用财政对农业投资后与投资前的农民年人均收入之差与后者之比表示。计算公式为

$$农民收入水平变化系数=\frac{投资后的农民年人均收入-投资前的农民年人均收入}{投资前的农民年人均收入}$$

9.2.1.5 财政对农业投资的投资效果系数

“投资效果系数”是指“年平均利润与税金总额”与“年财政对农业投资额”的百分比。计算公式为

$$投资效果系数=\frac{年平均利润与税金总额}{年财政对农业投资额}$$

9.2.1.6 财政对农业投资的固定资产形成率

“固定资产形成率”是指“新增固定资产总额”与“年财政对农业投资额”的百分比。计算公式为

$$固定资产形成率=\frac{投资后固定资产总额-投资前固定资产总额}{年财政对农业投资额}\times 100\%$$

9.2.1.7 财政对农业投资的投资回收期

“投资回收期”以工程建成投产作为回收期的开始时间。计算公式为

$$投资回收期=\frac{项目全部投资额}{项目年利润+税金总额}$$

9.2.1.8 财政对农业投资的财务净现值

财务净现值（FNPV）是指项目寿命期内各年的净现金流量，按照要求达到的收益率，算到建设期的现值之和，根据这个净现值的正负、大小

可判断项目经济效益的好坏。计算公式为

$$FNPV = \sum_{t-1}^{n} (CI - CO)_t (1 + i)^{-t}$$

式中：FNPV $(i)_j$——j 项目或方案的财务净现值；

CI——现金流入；

CO——现金流出；

$(CI - CO)_t$——第 t 年的净现金流量；

i——折现率；

n——建设和生产服务年限数。

上述公式中的 i = ic，ic——财务基准收益率。通常它的确定要考虑银行特点和银行长期贷款利率，一般按 10% ~12% 来确定。

财政净现值也可通过现金流量表的现值计算求得，其结果不外乎大于、等于或小于零 3 种情况。一般地说，判断项目经济效益好坏的原则是只要财务净现值大于或等于零的项目都是好的。因此，财务净现值越大，项目的经济效益越好。

9.2.1.9 财政对农业投资的财务净现值率

财务净现值率（FNPVR）是指项目财务净现值与全部投资现值的比率，也称其为动态投资的收益率，它反映了项目单位投资现值所能获得的净收益现值的大小。计算公式为

$$FNPVR = \frac{FNPV}{PVI} \times 100\%$$

式中：FNPVR——财务净现值率；

FNPV——财务净现值；

PVI——总投资现值。

9.2.1.10 财政对农业投资的财务内部收益率

财务内部收益率（FIRR）就是在项目整个寿命期内，能使项目逐年现金流入的现值总额等于现金流出的现值总额的折现率。具体地说，就是在用某一折现率计算项目的净现值，其计算结果为零，此时所采用的这一折现率就是该项目的财务内部收益率。这个折现率的含义在于它是一个项目所能接受的临界折现率，如果再提高折现率，项目的净现值将会是负值，这个项目就不能被接受。同时也可看出，这个折现率其实就是所能得到的最高收益率。可用下面方程式求解项目财务内部收益率：

$$FIRR = \sum_{t-1}^{n} (CI - CO)_t (1 + i)^{-t} = 0$$

式中：　CI——项目现金流入；

CO——项目现金流出；

$(CI - CO)_t$——第 t 年的净现金流量；

n——建设和生产服务年限数。

9.2.2　生态效益评价指标的含义

9.2.2.1　林草覆盖率变化指标

该指标用财政对农业投资后与投资前的林草覆盖率之差来表示。计算公式为

$$林草覆盖率 = \frac{林地面积 + 草地面积}{土地总面积} \times 100\%$$

$$林草覆盖率变化量 = 投资后的林草覆盖率 - 投资前的林草覆盖率$$

9.2.2.2　农地保护程度指标

该指标用财政对农业投资后与投资前的基本农田保护区的面积之差与后者的百分比表示。计算公式为

$$农地保护程度 = \frac{投资后基本农田保护面积 - 投资前基本农田保护面积}{投资前基本农田保护面积} \times 100\%$$

9.2.2.3　水资源利用率变化指标

该指标用财政对农业投资后与投资前的水资源利用率之差来表示。计算公式为

$$水资源利用率 = \frac{已利用的水资源量}{可利用水资源总量} \times 100\%$$

$$水资源利用率变化量 = 投资后水资源利用率 - 投资前水资源利用率$$

9.2.2.4　水质改善指标

该指标用财政对农业投资后与投资前的水质改善区域面积之差与财政对农业投资总额的百分比表示。计算公式为

$$水质改善 = \frac{投资后水质改善区域面积 - 投资前水质改善区域面积}{财政对农业投资总额} \times 100\%$$

9.2.2.5　农村自然环境改善指标

该指标用财政对农业投资后与投资前的农村空气、土壤等自然环境污染治理程度来反映。这是一个定性指标，无法给出一个简洁明了的计算公

式，可通过发放调查问卷的方法来获得农村居民对农村自然环境改善的直观反映，可考虑将农村自然环境改善分为五个等级：严重恶化、有所恶化、持平、有所改善、明显改善。

9.2.2.6　土壤有机质含量变化指标

该指标用财政对农业投资后与投资前的农地土壤有机质含量之差表示。计算公式为

$$\text{农地土壤有机质含量变化量} = \text{投资后农地土壤有机质含量} - \text{投资前农地土壤有机质含量}$$

9.2.2.7　农田林网率变化指标

该指标用财政对农业投资后与投资前的农田林网率之差表示。计算公式为

$$\text{农田林网率} = \frac{\text{实现林网化的农田面积}}{\text{农田总面积}} \times 100\%$$

$$\text{农田林网率变化量} = \text{投资后的农田林网率} - \text{投资前的农田林网率}$$

9.2.2.8　水土流失治理程度指标

该指标用财政对农业投资前与投资后的水土流失面积之差与土地总面积的百分比表示。计算公式为

$$\text{水土流失治理程度} = \frac{\text{投资前水土流失面积} - \text{投资后水土流失面积}}{\text{土地总面积}} \times 100\%$$

9.2.3　社会效益评价指标的含义

9.2.3.1　农村剩余劳动力转移率

该指标用财政对农业投资前与投资后的农村剩余劳动力之差与前者的百分比表示。计算公式为

$$\text{农村剩余劳动力转移率} = \frac{\text{投资前农村剩余劳动力} - \text{投资后农村剩余劳动力}}{\text{投资前农村剩余劳动力}} \times 100\%$$

9.2.3.2　农村贫困人口变化率

该指标用财政对农业投资前与投资后的农村贫困人口数量之差与前者的百分比表示。计算公式为

$$\text{农村贫困人口变化率} = \frac{\text{投资前农村贫困人口数量} - \text{投资后农村贫困人口数量}}{\text{投资前农村贫困人口数量}} \times 100\%$$

9.2.3.3　农村居民恩格尔系数

19世纪德国统计学家恩格尔根据资料发现：一个家庭收入越少，家庭

收入（或支出）中用来购买食物支出所占的比例就越大；随着家庭收入的增加，家庭收入（或支出）中用来购买食物支出的比例将会下降。这就是恩格尔定律。恩格尔系数是根据恩格尔定律得出的比例数，用食品支出与总支出金额的百分比表示。计算公式为

$$\text{恩格尔系数}=\frac{\text{食品支出}}{\text{总支出金额}}\times 100\%$$

国际上通常用恩格尔系数反映国民生活阶段。通常恩格尔系数在60%以上表示贫困；50%～60%表示温饱；40%～50%表示小康；20%～40%表示富裕；20%以下表示最富裕。在使用恩格尔系数时应注意：一是恩格尔系数是一种长期趋势，时间越长，趋势越明显；二是在进行国际比较时应注意调整可比口径，使其一致；三是地区间消费习惯不同，恩格尔系数略有不同。

9.2.3.4 农业科技贡献率指标

这一指标的具体数值可直接从国家权威部门公布的统计数据中获得，若不直接获得，可用生产函数法分地区测算。

9.2.3.5 农村居民平均寿命增长指标

该指标用财政对农业投资前与投资后的农村居民平均寿命之差与后者的百分比表示。计算公式为

$$\begin{matrix}\text{农村居民平均}\\\text{寿命增长率}\end{matrix}=\frac{\begin{matrix}\text{投资后农村}\\\text{居民平均寿命}\end{matrix}-\begin{matrix}\text{投资前农村}\\\text{居民平均寿命}\end{matrix}}{\begin{matrix}\text{投资前农村}\\\text{居民平均寿命}\end{matrix}}\times 100\%$$

9.2.3.6 农村居民受教育程度指标

该指标用财政对农业投资前与投资后的每万名农村居民中文盲数量之差与前者的百分比表示。计算公式为

$$\begin{matrix}\text{农村居民}\\\text{受教育程度}\end{matrix}=\frac{\begin{matrix}\text{投资前每万名}\\\text{农村居民中文盲数}\end{matrix}-\begin{matrix}\text{投资后每万名}\\\text{农村居民中文盲数}\end{matrix}}{\begin{matrix}\text{投资前每万名}\\\text{农村居民中文盲数}\end{matrix}}\times 100\%$$

9.2.3.7 农村居民人均文化设施指标

该指标用财政对农业投资前与投资后的农村居民人均文化设施量之差与后者的百分比表示。计算公式为

$$\text{农村居民人均文化设施变化率}=\frac{\text{投资后农村居民人均文化设施量}-\text{投资前农村居民人均文化设施量}}{\text{投资前农村居民人均文化设施量}}\times 100\%$$

9.2.3.8　农村社会治安变化指标

该指标具体用农村刑事、民事案件发案率来反映。这一指标的具体数据可直接到各地公安等司法部门调查获得。

9.3　运用中国政府财政对农业投资效益评估指标体系的关键环节与评价方法

9.3.1　运用中国政府财政对农业投资效益评估指标体系的关键环节

运用中国政府财政对农业投资效益评估指标体系时，应注意以下三个关键环节。

第一，切实做好基础工作。首先，应积极培训各级统计人员，尤其是县乡基层统计人员。要让统计人员能够认真负责、按时准确地记录、反映与指标体系相关的基础数据。其次，各级统计部门或财政部门应设立专门的机构，有专人负责基础数据的汇总、分析，并监督、指导基层统计人员的工作，以获得全面、准确、真实的数据资料。并且每年都要形成各地（省、市）和全国以及分项目的财政对农业投资效益基础数据汇编，以供各方评价效益时使用。

第二，灵活运用该指标体系。该指标体系中的各指标只是从某一角度或某一侧面说明问题、反映情况的，在评估财政对农业投资效益时，要将各类指标结合运用，如果单纯采用某个或某几个指标，很容易导致片面性，对效益的评价就会缺乏客观性，甚至造成决策失误。因此，一定要将各指标结合使用，以全面反映问题的真实情况。当然，对于不同的投资领域（项目），三种效益产生的先后顺序及各效益在总效益中所占的比重不同。有的投资，在前期（甚至在较长的时间内）主要以生态效益和社会效益为主，如退耕还林（草），从长远来看，也会带来十分明显的经济效益。因此，在运用该指标体系对某一具体的财政对农业投资项目进行评估时，对于评价指标的选择和三种效益权重的确定，一定要从实际出发，灵活运用，不可拘泥于该体系的框架。

第三，在实践中予以发展完善。该指标体系是运用德尔菲法制定出来的，不可避免地要受所选专家的数量和地域分布、专家的职业与经历以及专家个人偏好等主观因素的影响。因此，还需要在实践中进一步加以完善。“实践是检验真理的唯一标准”，这套指标体系的运用效果如何，也只能通过实践，即运用它评价不同地区、不同项目的财政对农业投资效益来加以检验。通过在不同地区、不同项目中的应用，我们还可以发现指标体系的不足，补充一些新的指标。我国农业和农村经济是不断发展的，公共财政体制也处于不断发展完善中。因此，我们应保持中国政府财政对农业投资效益评估指标体系的发展特征，使其适应时代和形势的要求。

9.3.2 运用中国政府财政对农业投资效益评估指标体系的评价方法

中国政府财政对农业投资效益评估指标体系的设置，为考核财政对农业投资的管理工具和使用效益提供了比较完善的工具。运用该指标体系考核财政对农业投资效益时，必须有相应的方法。就目前而言，可考虑采用测分评价法和指标比较法。

9.3.2.1 测分评价法

测分评价法是用评分法进行综合。首先，在试点评价及广泛征求相关专家意见的基础上，制定中国政府财政对农业投资效益评估指标体系中各个指标的评价标准，并规定等级标准和每个等级标准的分值以及最高分、最低分和评价分的综合处理办法；其次，根据需要评价区域或项目的有关资料、数据，参照评价标准进行打分；再次，将各项所得分数按综合处理办法进行处理，得出总评价分数；最后，根据总评价分数，判断该区域财政对农业投资的状况。测分评价法的优点是简便、易行、成本低，能将一些定性因素相对定量化，还能把定量评价和定性评价结合成一个总分，为了解财政对农业投资效益提供了根据。但是，评分法分值的研究和确定是一项很复杂的工作，同时综合分数的实际意义不能直接表达出来。而且，如果对评价的权重掌握不好，就会自觉或不自觉地把评价者的主观意见渗入到评价的结果中。

9.3.2.2 指标比较法

指标比较法是运用一组或几组具有可比性的指标之间的对比，来说明指标之间的成绩或差距的方法。运用指标比较法考核财政对农业投资效益，可以从数量关系上对财政对农业投资效益进行纵向和横向的对比分析，从而客观、明了地反映财政对农业投资效益和资金的使用情况，发现存在的问题和差距。指标比较法在实际应用过程中，可以采取三种对比分析形式：第一，实际指标与计划指标相比较。通过对比分析，可以了解财政对农业投资的计划完成情况，找出实际与计划之间的差距，从而检查计划指标制定得是否科学、合理，为促进计划指标的完成和修订计划指标提供依据。第二，本期实际指标同上期、历史同期及历史最高水平指标相比较。通过对比分析，计算出指标间的增减百分比，可以反映不同时期同一指标或总体的变化情况，从而揭示其发展趋势，为提高财政对农业投资效益以及改进财政对农业投资的管理工作及进行决策提供依据。第三，同一地区不同行业或不同地区同一行业的实际指标相比较。一方面可以分析财政对农业投资在同一地区不同产业的投入产出情况和资金使用效益情况，发现和寻找本地区财政对农业投资效益优劣的原因，为财政资金的正确投放提供依据；另一方面可以分析本地区、本部门、本单位财政资金的使用效益和管理水平在同行业不同地区间的水平和地位，找出差距，为进一步改进财政对农业投资工作，提高财政资金的使用效益寻找有效的途径。

9.4 中国政府财政对农业投资效益评估指标体系的实例分析

现选择吾江小流域综合治理工程和圪塔涧小流域综合治理工程作为中国政府财政对农业投资效益评估的案例，运用指标比较法来评估政府财政对两个小流域综合治理所投入的资金取得效益的情况。在对两个小流域的综合治理工程进行效益评估时，受资料的限制，只选择了部分评价指标，作为效益分析的依据。

9.4.1 吾江小流域综合治理工程和圪塔涧小流域综合治理

9.4.1.1 吾江小流域

吾江小流域位于福建省永春县石鼓镇北部，是晋江东溪上游——桃溪流域的主要支流，流域总面积 760.5 公顷，包括吾江、半岭、社山 3 个行政村。治理前（1994 年）水土流失面积达 333.7 公顷，占土地总面积的 43.9%；土壤侵蚀模数达 4 235 吨/（平方公里·年），林草覆盖率为

30%，土地利用率为64%；粮食平均亩产为295千克，总产为1 354 000千克，人均粮食298千克；农业总收入为1 825万元，人均纯收入842元。

该小流域于1995—1998年实行综合治理，4年来，政府财政共投入资金60万元。治理后（1998年）水土流失面积为14.9公顷，占土地总面积的1.95%；土壤侵蚀模数为436吨/（平方公里·年），林草覆盖率达到85%，土地利用率高达91%；粮食平均亩产达494千克，总产达2 267 600千克，人均粮食416千克；农业总收入为2 265万元，人均纯收入达3 325元。

9.4.1.2 圪塔涧小流域

圪塔涧小流域地处山西省平陆县西部，系黄河一级支流，属三门峡水库库区范围。流域总面积2 928公顷，包括常乐、留史两个乡镇的15个行政村。治理前（1987年）水土流失总面积达2 825公顷，占土地总面积的96.5%；土壤侵蚀模数为5 750吨/（平方公里·年），林草覆盖率为6.3%，土地利用率为56.8%；粮食平均为1.5吨/公顷，总产为2 346 000千克，人均粮食352千克；农业总收入151.7万元，人均纯收入106.47元。

该小流域于1988—1991年实行综合治理，4年来，政府财政共投入资金50万元。治理后（1991年）水土流失面积为1 487公顷，占土地总面积的50.8%；土壤侵蚀模数为2 700吨/（平方公里·年），林草覆盖率达到37.4%，土地利用率达到77.1%；粮食平均达2.5吨/公顷；总产达2 821 000千克，人均粮食417千克；农业总收入为377.2万元，人均纯收入达637.5元。

9.4.2 吾江小流域综合治理工程和圪塔涧小流域综合治理效益分析

根据已有的数据资料，从中国政府财政对农业投资的效益评估指标体系中选取部分指标并根据实际情况增加部分指标进行测算，详见表9－1吾江小流域与圪塔涧小流域综合治理效益分析，从而对比分析两个小流域的综合治理效益。

从表9－1可以看出，在评价经济效益时，增加了“粮食单产变化率”指标，其计算公式为

$$粮食单产变化率=\frac{投资后粮食单产-投资前粮食单产}{投资前粮食单产}\times 100\%$$

在评价生态效益时，增加了“土壤侵蚀模数变化量”指标，其计算公式为

$$土壤侵蚀模数变化量=投资前土壤侵蚀模数-投资后土壤侵蚀模数$$

表 9-1　　吾江小流域与圪塔涧小流域综合治理效益分析

效益类别	评价指标	吾江小流域	圪塔涧小流域
经济效益	单位投资新增生产能力	7.3 元	4.51 元
	单位投资增加农产品（粮食）产量	1.52 千克	0.95 千克
	农民收入水平变化系数	2.94	4.98
	粮食单产变化率	67.45%	68.30%
生态效益	林草覆盖率变化量	55%	31.1%
	土地利用率变化量	27%	20.3%
	土壤有机质含量变化量	27.5%	—
	水土流失治理程度	41.95%	45.7%
	土壤侵蚀模数变化量	3 799 吨/（平方公里·年）	3 050 吨/（平方公里·年）
社会效益	人均粮食变化量	118 千克	65 千克
	农村居民恩格尔系数	53% 的农户住进了新房；90% 的农户添置了家用电器	41.7% 的农户共新修住房 2 273 间；53% 的农户添置了新式家具
	农村居民受教育程度	3 所小学校舍全部翻建一新；学龄儿童全部入学	新建和修缮校舍 142 间；学龄儿童全部入学

土壤侵蚀模数，即每年每平方公里土壤流失量，用 $t/(km^2 \cdot a)$ 来表示，是反映土壤流失程度的一个指标。

从表 9-1 可以看出，各自经过 10 年的综合治理，在取得的经济效益和生态效益方面，吾江小流域大于圪塔涧小流域；在社会效益方面，只利用现有资料计算出“人均粮食变化量”指标的具体数值，吾江小流域（118 千克）大于圪塔涧小流域（65 千克），将其他一些原始数据列在表中，通过原始数据也可以看出，吾江小流域综合治理所取得的社会效益大于圪塔涧小流域综合治理的社会效益。

10 我国政府财政对农业投资的实证分析

世界农业发展的实践表明，政府财政对农业的投资及其对农业的支持与保护是各国宏观经济政策中极其重要的组成部分。我国政府财政对农业的投资，对保障农民生产和生活、促进农业发展、提高农业效率与竞争力发挥了十分重要的作用。但财政对农业投资在运行过程中表现出的一些特征和问题却不利于财政对农业投资的长期增长。世界经济全球化趋势的加强，使中国农业不可避免地进入国际分工与竞争体系中，扩大与优化财政对农业投资的规模与结构，就显得十分重要和迫切。

10.1 政府财政对农业投资规模的实证分析

我国政府财政对农业投资的资金包括支援农村生产支出和农村水利气象部门的事业费、农业基本建设支出和农业科技三项费用、农村救济及其他。长期以来，我们在衡量财政农业投资规模或国家对农业的支持程度时，习惯使用以下几个指标：（1）农业支出占财政总支出的比例。（2）财政农业投资支出占农业 GDP 的份额。（3）1993 年我国颁布的《农业法》中规定：“国家逐步提高农业投入的总体水平。国家财政每年对农业总投入的增长幅度应当高于国家经常性收入的增长幅度。”这个指标使国家对财政农业投资的增长以法律形式确定下来，它是一个动态衡量指标。下面我们分别用以上三种指标，对改革开放以来我国财政农业投资规模的变化特征进行描述和分析。

10.1.1 财政对农业投资支出占财政总支出的比重呈波段性下降趋势

从绝对量来看，1978—1984 年，财政对农业投资基本呈下降趋势，从 1985 年起呈上升趋势，特别是 20 世纪 90 年代以来，国家财政用于农业的支出增长较快，2003 年是 1990 年的 5.70 倍，年均增长 36.15%（见图 10－1）。从相对量来看，农业支出占国家财政支出的比重在 1978—2003

年，一直呈波动性下降趋势，最高时的1979年这一比重为13.60%，最低时的2003年这一比重为7.12%，下降了6.48个百分点。20世纪90年代以来的最高年份1998年的这一比重也只有10.69%，相对于1979年的13.60%，也下降了2.91个百分点（见图10-2）。这说明国家财政对农业的支持力度不够且不稳定。

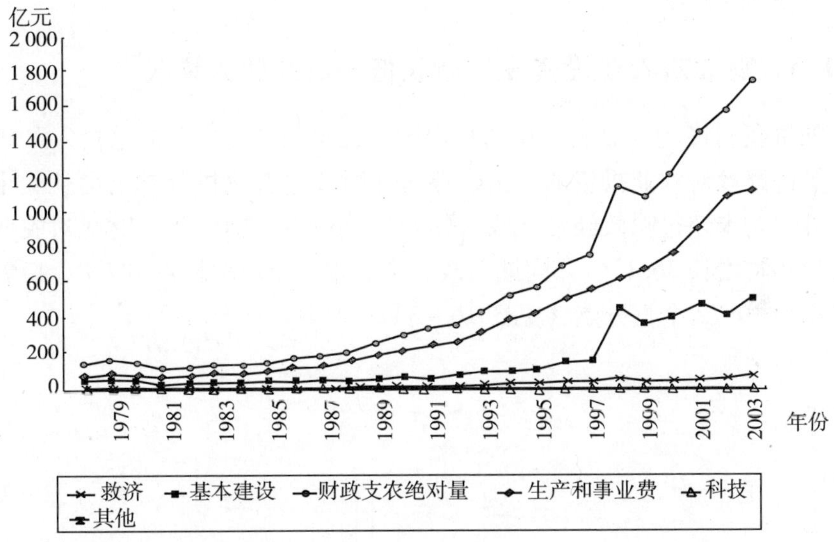

数据来源：《中国统计年鉴》（1980—2004年）。

图10-1　国家财政用于农业的支出情况（1978—2003年）

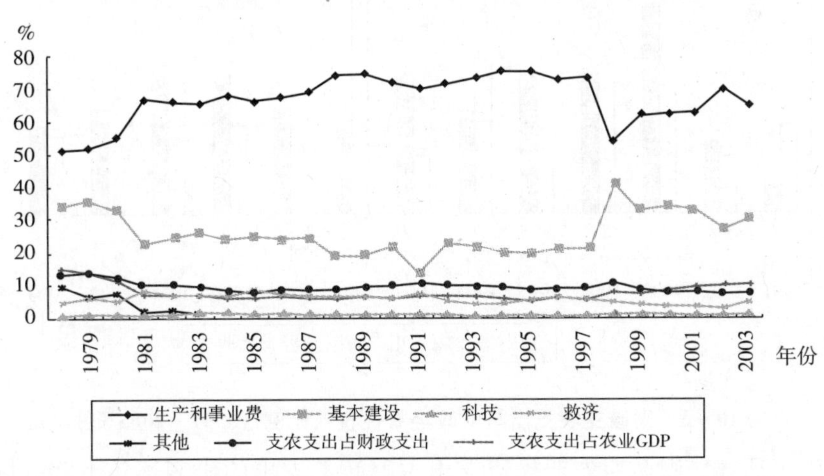

数据来源：《中国统计年鉴》（1978—2003年）。

图10-2　国家财政支农结构（1978—2003年）

10.1.2　财政对农业投资支出占农业 GDP 的比重呈下降趋势

1978—2003 年财政农业投资支出占农业 GDP 的比重由 14.79% 下降到 10.26%。同时，由于农业 GDP 比例变化的不均衡，年际间变化较大，但总体上是呈下降趋势，且下降幅度大大超过财政农业投资支出比例的下降幅度（见图 10－2）。

10.1.3　财政对农业投资支出增长低于财政收入增长

如果我们将《农业法》中所指出的“国家财政对农业的总投入”理解为预算内财政对农业投资的支出，那么，财政对农业投资支出增长除个别年份外，均未超过财政经常性收入的增长。1990—2003 年，财政对农业投资支出年均增长 36.15%，同期财政经常性收入年均增长 46.87%，后者较前者高出 10.72 个百分点（见图 10－3）。

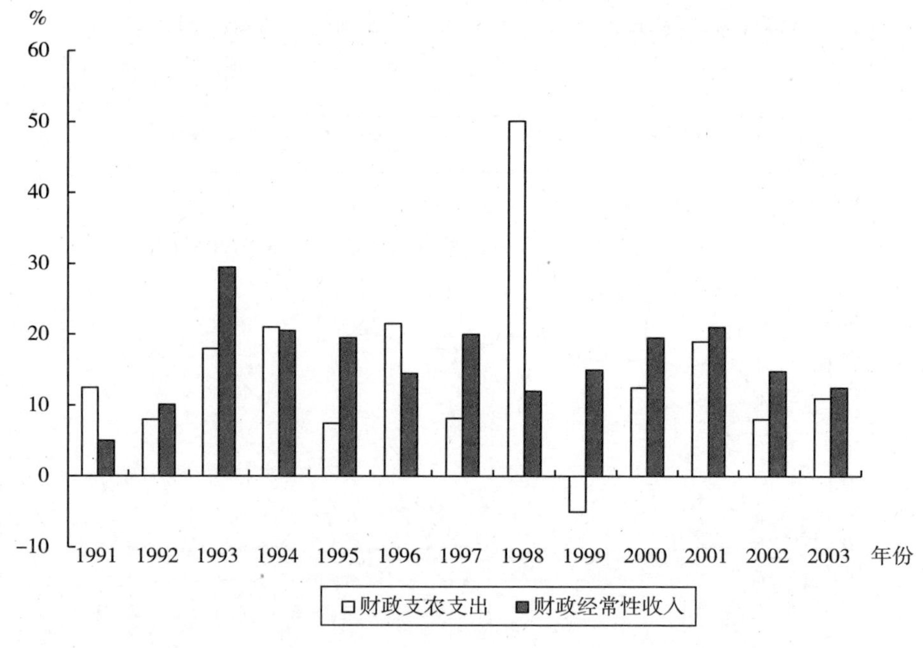

图 10－3　财政支农支出与财政经常性收入比例（1991—2003 年）

综上所述，财政对农业投资支出占财政总支出的份额逐年下降，同时财政对农业投资占 GDP 的份额也在逐年下降，并且两个份额的比值也在逐年下降。财政对农业投资支出增长低于财政收入增长，这表明政府财政对农业投资支出规模的下降快于农业 GDP 份额的下降，因而财政对农业投资支出的相对规模在减小。

10.2 我国政府财政对农业投资支出结构的实证分析

从广义上讲，我国财政支农政策可分为两大块，即间接性财政支农与直接性财政支农。但实际上，农业科技和救济两大块非常关键，在支持“三农”问题上从来都十分重要，且随着经济的发展，愈来愈显示出突出地位，因此绝不可忽略。

10.2.1 关于间接性财政农业投资

间接性财政支农即运用财政价格补贴办法，在极短时间内大幅度地提高农副产品收购价格。我国自经济体制改革以来，一个重要的政策特征是“放权让利”。在财政支农上，则表现为越来越多地倾向于采用间接性财政支农措施。1979 年，国家开始对农副产品收购价格进行了大幅度调价，并以此投入了大量的财政补贴。18 种主要农副产品收购价格平均提高 18%，其中粮食提价 20%，棉花提价 15%，油料提价 23%。1980 年，农副产品收购价格继续提升，18 种主要农副产品收购价格总指数上升 7.1%。以后，国家又多次调整农副产品价格，而且还通过改革价格管理形式，以缩小统购比重、扩大议购范围等方式提高农产品收购价格总水平。1986 年与 1978 年相比，我国农产品收购价格总指数提高了 77.5%，平均每年递增 7.4%，其平均增幅为 1950—1978 年的 2.6 倍，1991—1996 年，中央财政和地方财政用于粮棉油在流通环节的补贴达到 1 866 亿元，占整个财政补贴总额的 50%。其中绝大部分用于城镇居民的消费补贴，农民从中间接获得补贴利益。严格地讲，这种补贴不属于财政对农业直接的补贴，而是对城镇居民的生活补贴。

10.2.2 关于直接性财政农业投资

直接性财政投资是人们平常所确认的那种财政农业投资行为，主要包括两大部分，即两类资金投入和农业基建投入。1979—1997 年，我国财政对农业投资中，两类资金支出所占的比重呈上升趋势。1998 年出现下降，转而又上升（从 1998 年开始，“农业基本建设支出”包括了增发国债安排的支出）。2003 年比 1979 年上升了约 12.99 个百分点。而农业基建支出所占比重则呈下降变动趋势，2003 年比 1979 年下降了近 8.44 个百分点（见图 10－2）。从两者的内部结构看，农业基建支出内容相对单一，结构变动甚微，而两类资金的内部结构则变动很大。两类资金中，支援农村生产方面的支出范围越来越广，而这类资金却没有明显增长，从而形成了“僧多粥少”、“撒胡椒面”的现象，影响了这部分支农资金的实际使用效果。财政对农业投资中各项事业费数额略有增长，事业费中人员开支所占比例上升较为迅速。由此可以看出两个问题：（1）在两类投资结构变动过程中，农业基本建设投资比重呈下降趋势，且年际间表现出剧烈的波动，并通过内部传导机制，影响到农业生产的稳定发展。（2）两类资金中支援农村生产支出的范围越来越广，但数量并没有明显增长；事业费却有明显增长，且事业费中人员开支所占比例上升较为迅速，使得“钱没花在刀刃上”。

10.2.3 农业科技投资严重不足，直接导致了农业生产力的低下

我国财政对农业投资中的“科技三项费用”包括新产品试制费、中间试验费和重要科学研究补助费。早在“三年”调整时期的 1963 年我国就设立了新产品试制费，20 世纪 80 年代末增设了后两项。“三年”调整时期，我国财政用于农业科技费用的支出达 2.86 亿元，占当年国家财政用于农业支出比重的 1.62%，这是历史最高水平。“文革”初期（1968—1970 年）停顿了 3 年。“四五”时期恢复到 0.43 亿元，但比重仅为 0.11%。“五五”、“六五”期间有所回升，分别为 0.81% 和 1.25%。改革开放以来则一直呈“伏行”状（见图 10－2），只在 20 世纪 80 年代的 10 年间比例超过 1%，年均占到 1.18%，但最高年份的 1984 年也仅为 2.18 亿元，比重 1.54%。此后则从未突破 1%，整体呈下降趋势，20 世纪 90 年代中期降幅最大，2003 年降到 1978 年的水平，仅占 0.70%。据黄季焜等研究，1996 年，我国政府对农业科研投资强度不及发达国家平均数（2.37%）的 1/10，也不到 30 个最低收入国家简单平均数（0.65%）的 1/3，大大低于印度、墨西哥等发展中国家。世界农业发达国家科学技术对农业增长的贡献率已达 70%～80%，而我国仅为 42%。

10.2.4 农村救济及其他不仅没有大幅增长甚至处于萎缩

从新中国成立初期到1978年这段时间，国家财政用于农村救济的资金数额较大。1950—1978年，年均救济额达4.64亿元，占财政支农支出的10.50%。其中1950年、1954年、1964年、1976年救济额占比最高，1950年达27.37%，为历史之最；绝对数1964年最高，达13.55亿元。国家通过发放救济粮、款和发动群众互助对贫苦农民、孤寡老弱和无劳动力的困难户进行救助。农村困难户的救济标准，略低于城镇。农业合作化以后，由农业生产合作社对孤老残幼实行保吃、保住、保穿、保医、保葬（孤儿保教）的“五保”供给，穷社穷队的贫困户，国家仍给予必要的救济和扶持。人民公社化后，生产队给困难户在分工分业上照顾，以工分补贴、救济款、福利等形式安排贫困户的生产和生活。改革开放以来，农村救济下滑。1978—2003年，农村救济额年均为25.41亿元，但比重仅占5.56%，整体处于下降趋势（见图10-2）。此外，我国财政支农还有一部分用于“其他”项目的流动资金，1983年停止。

10.3 进一步加强财政对农业投资加速农业和农村发展的政策建议

10.3.1 继续加大对农业的投资力度，提高农业综合生产力

在总量上增加投入，从结构上调整和完善农业支持体系。在我国政府财政支农资源极为有限的条件下，大幅度增加农业科技投入，适度增加农业基础设施投入，压缩农业事业费支出，提高财政支农资源的配置效率，应成为今后调整财政支农支出结构的方向和目标。此外，在病虫害防治和动物疫病防治、食品卫生检疫、农业信息体系等方面，也亟须加大投入力度。加强这些方面的投入，不仅是出于同WTO规则相一致的需要，也是从我国实际出发，促进我国农业长期健康发展的需要。实际上，政府在上述各种公益性事业方面的投入，是在市场经济条件下发挥好政府职能的体现。农业产业化经营、农业结构的战略性调整等，都会由于政府充分发挥上述职能而获得有效的促进、推动和保障。

10.3.2 采取积极措施调整农业生产结构，支持农业现代化发展

充分发挥我国的比较优势，对农业、农村经济结构进行战略性调整，加强农业支持措施，从根本上提高我国农业竞争能力。（1）设立结构调整基金，专门用于扶植农民种植业结构调整、发展畜牧业和农产品加工业。（2）加大对农民现代化投入的“绿色补贴”。在现代农业生产中，机械化、规模化、知识化、信息化对农民的要求越来越高，农民需要投资的已经不仅仅是传统的小型资本品，更多是日益迫切的对现代高科技农业生产知识和技术的学习与应用等的投入。但在现实生产中，特别是广大的中西部贫困地区，农民还没有力量，没有更多的资本投向超过传统生产要素的较高层次的欲望，心有余而力不足。在这种情况下，国家就要适当地分担时代给农民增加的成本，并对农民进行直接收入补贴。但对农民购买小型农机具、化肥、农膜、农药、良种这类普通要素进行补贴不符合 WTO 的规范。因此，只有通过加大对一般农业服务，特别是加大对农民的农业知识培训、技术推广和咨询、农产品市场促销、农业科研等和传统生产要素以上或以外（诸如对农业产业化、农产品流通设施、大中型农机具购买、农业资源储备、农业保险等）的投入等，多种渠道进行补贴或补充，才能降低或平衡生产成本，减轻农民负担，调动农民积极性。（3）利用 WTO《农业协议》中“发展箱”提供的特殊与差别待遇和“微量允许标准”，加大对农业的支持力度，保持我国农业的健康稳定发展。比如，以优惠利率提供农业生产信贷，对农业机械设备等农业投资提供信贷支持，对低收入和贫困地区农民提供必要的生产资料支持等，加速农业市场化和现代化发展。

10.3.3 实施区域援助计划，对受灾和贫困地区农业进行大力扶持

我国地域辽阔，历来自然灾害十分严重。从 1950 年到 2003 年，我国农村年均受灾面积达 3 636.64 万公顷，成灾面积 1 679.02 万公顷，成灾面积占受灾面积的 43.15%。其中水灾、旱灾在全国相当普遍和严重。1960 年受灾面积达 6 546 万公顷，为历史之最；1991 年水灾面积 2 460 万公顷，为水灾之最；2000 年旱灾面积 4 054 万公顷，为旱灾之最。我国农村面积

大，贫困人口多。1978 年贫困人口有 2.5 亿人，到 2003 年底，绝对贫困人口 2 900 万人，相对贫困人口 5 600 万人，加起来近 9 000 万人，相当于一个中等偏上国家人口。国际惯例认为，当一个国家贫困人口的比例降低在 10% 以下时，再往下降难度很大，我国目前贫困人口比例占 3%，因此再往下降难度更大。2003 年我国未解决温饱（人均年收入 637 元以下）的贫困人口增加了 80 万人，主要是当年自然灾害引发的返贫。因此，农业救济任重道远，十分艰巨。另外，农村贫困地区经常是一些生态脆弱的地区，根据“绿箱政策”，对这些地区的援助可不计入国内支持总量中，实施援助计划包括基础设施建设、技术援助、农作物意外灾害保险、对农业生产者收入规定下限等，保证农民收入不因灾害的发生出现大幅度下降。

10.3.4　结合国家开发战略，实施环保农业，改善农业生态环境

环境条件与农业生产之间的关系是相互促进的。良好的生态环境有利于促进农业经济的持续快速发展，反之，将严重阻碍农业经济的增长，这是长期以来被实践所证明了的。因此，制定对农业环境的保护政策十分必要。同时，由于这种保护政策属于“绿箱政策”，所以世界各国目前对此都非常重视。例如，欧盟在改革过去农业政策时，加强了保护和开发环境的农业保护政策，对生态脆弱地区提供补贴，减少有害肥料和农药的施用，并为植树造林进行补贴。我国目前提出的“可持续发展”战略与其不谋而合。在推进农业现代化的进程中注重对农业生产环境的保护将是一项长远战略。要利用“绿箱政策”结构调整援助条款，鼓励农民在休耕、资源休闲时发展生态农业并加以补贴，并对为改善农业生产环境的基础设施给予补贴，鼓励在耕地附近植树造林，改善生产条件，保证农业的可持续发展。

11 优化财政对农业投资行为的路径选择

11.1 财政对农业投资的内涵

11.1.1 财政对农业投资的基本概念

简单地讲，财政对农业投资是指政府财政用于发展农业的一种资金投放方式，是公共财政支出的一个组成部分，是政府通过财政杠杆实施的、以支持农业发展为目的的各种直接与间接的经济行为的总和。

从财政对农业投资的基本概念可以看出，财政对农业投资不同于我们平时所说的财政支农。两者的区别主要表现在：财政对农业投资是限定在公共财政框架和世界贸易组织（WTO）《农业协议》中“绿箱政策”所允许的领域，而财政支农则是与生产建设型财政相匹配的一种说法，其支持农业的领域较财政对农业投资的领域要宽。

从统计口径上讲，财政支农通常有大、中、小口径之分。其中小口径的财政支农只计算支援农村生产支出和农林水利气象等部门的事业费，即通常所说的“两类资金”；在小口径的基础上加上农业基本建设支出、农业科技三项费用以及农村救济费，就构成了按中口径计算的财政支农；在中口径的基础上加上财政通过其他间接渠道对农业实施的种种支援与补助，如提高农副产品收购价格、采用财政补贴办法优惠供应农用生产资料和大型农业机械、减免农业税、对种粮农民进行补贴等，就构成了按大口径计算的财政支农。通常所说的财政支农就是指这一种，因此从统计口径上讲，财政支农涵盖了财政对农业投资。借鉴财政支农的统计方法，财政对农业投资相当于按中口径计算的国家财政用于农业的支出，但要从后者所包括的农业事业费中除去水利和气象部门的事业费（因为水利和气象是为全社会服务的），还要从农村救济费中除去不符合“绿箱政策”所允许的自然灾害救济补贴之外的一切费用。

11.1.2 财政对农业投资的要素构成

财政对农业投资体系运行过程涉及的要素主要有三种：一是财政投资主体及资金管理者，主要是各级政府及其相关部门，以各级财政部门为代表；二是财政投资受益主体，主要是农户（农场）及其相关产业组织（农产品加工、包装、运销、贸易等企业）；三是财政投资中的中介组织，主要是政府涉农部门（农业主管部门、农技推广部门和农业科研部门）以及商业银行、保险公司、农村合作经济组织等市场中介组织。

11.1.3 财政对农业投资的功能特征

从农业领域资金来源的实际情况看，目前我国农业投资形成了以国家投入为导向，以农户和集体投入为基础，以信贷、外资和横向资金流动为补充的多层次、多渠道、全方位的投资局面。财政对农业投资除了具有增加农业产出、增加农民收入的经济效果外，相对于其他投资主体而言，还具有以下功能特征。

11.1.3.1 政策性与间接性

国家财政担负着从财力分配上支持国家经济建设中基础产业（包括农业）和先导产业的重要职责。财政对农业投资的出发点主要是贯彻国家产业政策、调整农业产业结构，努力为农业再生产的顺利进行以及农业生产的持续稳定发展创造良好的外部环境条件。因此，与农户、集体、信贷、外资等不同，财政对农业投资更注重从国民经济全局出发去探求支农支出总量、结构与政策实施等一系列问题。相应地，政策支农的具体制定与实施，常常以政策文件的形式层层下达，它是国家财政政策的重要组成部分，具有政策的权威性。另外，财政对农业投资又具有一定的间接性。财政对农业投资在其流转过程中，由于采用自上而下、层层落实的方式，常会因资金管理的多环节和资金投放的多重去向而产生种种“渗漏效应”，包括财政对农业投资方向的偏离、效果的弱化、行为的失效，甚至更为严重的是导致财政对农业投资的非农化。

11.1.3.2 导向性

财政对农业投资的投向和数额，犹如一张晴雨表，反映着政府部门对农业的重视程度。一般来说，财政对农业投资的变化对其他农业投资主体的投资行为能产生同方向的影响。因此，财政对农业投资时应充分发挥其导向作用，对那些能代表农业发展方向、促进农民增收、协调城乡发展、确保国家粮食安全的领域进行重点扶持，从而在农业产业结构调整的方向上给农民及其他农业投资主体以明确的引导，使农业结构不断优化，农民收入不断增加。

11.1.3.3　职能不可替代性

财政对农业投资的职能主要通过不以盈利为目的资金的巨额投入和集中使用来体现，这是其他农业投资主体所不能替代的。信贷支农，金融部门必须核算经营成果与盈亏状况，贷出的资金不仅有偿使用，而且必须按期收回，这是由金融部门的企业性质决定的；农户对农业的投入除了具有明显的趋利性外，还由于地域分布的分散性和农户间存在的财力不平衡性等原因，一般难以集中农户财力去承担大型农业基本建设；集体经济组织虽掌握一定的财力能搞些单个农户无力承担的中小型农业投资项目，履行组织协调乡村经济活动的职能，但对于所需资金庞大、建设周期长的大型农业基本建设项目，就显得无能为力了。同时，集体经济组织也难以超越地域界限去协调大范围的农业发展格局，而只能从所在地区的集体利益出发，安排本地区的农业投资计划。由此可见，金融部门、农户和集体经济组织等农业投资主体的投资行为都具有一定的局限性，难以替代财政对农业投资的固有职能。

11.2　传统经济体制下财政对农业投资行为的分析

从新中国成立至今，我国经济体制先后经历了集中计划经济，计划经济为主、市场调节为辅，有计划的商品经济和社会主义市场经济四个不同阶段。此处所讲的传统经济体制是对社会主义市场经济体制之前几种经济体制模式的统称，即从1949年中华人民共和国的成立到1992年党的十四大的召开。

从新中国成立初期到70年代末期，为了加快工业化进程，我国选择了工业化直接从全力建设重工业起步的经济发展战略。在这种发展战略的指导下，国家将大部分农业剩余集中到政府手中，投入工业化，这一时期，国家通过“剪刀差”的形式使农业为工业化提供了6 000多亿元的无偿资金。在农业资金大量外流的同时，国家为了使农业能够持续稳定地增加对工业的积累及保障农产品的供给，一方面通过财政信贷等硬调控手段，将国民收入有限的一部分返还给农业，给农业一定的扶持；另一方面，则通过人民公社等行政组织大规模组织活劳动投入，以活劳动的大量投入弥补农业资金的过度流失和国家投资的不足。由于实行的是计划经济体制，财政对农业投入的资金虽然有限，但却几乎包揽了所有的农业项目。这一时期，不管从理论上还是从实践上，财政对农业投资主要考虑的是经济效益，而不是生态效益和社会效益，着重考虑的是农业如何为工业发展提供积累，而不是自身如何加快发展。由于我国长期实行重工业倾斜战略，大量农业资金无偿流出及财政对农业投资的不足，使国民经济的运行严重失衡。到20世纪70年代末，社会总产值中农业的份额已降为1/4，但农业劳动者占全社会劳动者的比重却与几十年前一样，超过3/4。这不仅表明，不重视农业的基础地位及社会效益，而依靠从农业中抽取大量资金来扶持工业的状况，已难以促进整个国民经济的协调发展，而且还表明不重视增加财政对农业投资，而主要依靠农业内部自我积累和活劳动的投入来弥补农业投资不足的状况已难以维持下去。

在此背景下，为了切实解决农业问题，并进一步促进工业及整个国民经济的发展，我国从1978年起率先从农村起步开始了全面的经济体制改革。改革使地方政府、企业、集体经济组织、农民从大一统的利益格局中分离出来，具有了自主选择投资机会的权利，增强了积累动机和投资欲望。同时，农村非农产业的崛起和投资领域拓宽，为具有独立利益的投资主体选择机会提供了可能。为追求投资的直接效益，各投资主体的着眼点往往放在比较利益高的非农产业。在此状况下，虽然农业的基础地位及农业投资效益的社会性在理论上已经确立，但国家在培育独立主体利益的同时，对农业投入所应有的硬调控措施却被先期软化，使得农业投入在一些重要方面失去了政策性保护，改革的良好初衷在改革因素的作用下使农业投资处于更为不利的地位，集中体现在地方政府财政对农业的投资持续下降。中央财政收入在其占国家财政收入的比重持续下降的情况下，用于农业的支出从1980年的20.69亿元增加到1988年的35.54亿元，年均增长7%，高于同期中央财政总支出年均增长6.2%的水平，中央财政用于农业的支出占中央财政总支出的比例从3.14%上升到3.15%，8年时间仅增长了0.01个百分点。地方财政在其收入占国家财政收入的比重持续上升的情况下，用于农业的支出从 1980 年的 129.26 亿元增加到 1988 年的 178.26 亿元，年均增长率只有 4%，比同期地方财政总支出年均 14.8% 的增长率低 10 个百分点，地方财政用于农业的支出占地方财政总支出的比例从 23.4% 持续下降到 10.6%，8 年时间下降了 12.8 个百分点。

由以上分析可以看出，传统经济体制下政府在许多方面对于改变农业的落后地位，促进农业及农村经济的全面发展起到了一定的积极作用。但受体制的影响，财政对农业投资行为存在许多不规范的地方，主要表现在以下方面。

11.2.1 政府投资的目标范围和权限没有划清

政府投资在追求社会、政治效益的同时，着重于追求农业的直接经济效益，财政资金不仅投向农田基建、农田水利等非竞争性项目，而且投向乡镇企业等竞争性项目。这不仅与财政体制改革（中央与地方财政“分灶”）后，国家财政收入减少，财政用于农业支出减少的状况不相适应，使有限的财政对农业投资撒了“胡椒面”，而且在很大程度上把农户、企业和银行投资引向了竞争性项目，削弱了其向农业中非竞争性项目投资的积极性。

11.2.2 政府投资目标的短期化

改革前，持续稳定地为工业提供积累及解决粮食供应问题，国家一度曾集中人力、财力进行农业非竞争性项目的建设，如“二五”期间国家用于农业基本建设的支出占全国基建总支出的比重曾达到 11.3%。改革后，由于财政包干制的实行及农业投资主体的多元化，政府尤其是地方政府和农业信贷部门对农业投资的目标日趋短期化。如地方财政对农业的拨款“五五”时期为 192.82 亿元，“六五”期间减少到 91.83 亿元，下降了 52.4%，占地方财政支出的比例从 7.10% 下降到 2.55%；农业信贷投入中 80% 用于当年生产费用等短期贷款，用于农田基建、水利建设、农业机械、农业科技开发等的中长期贷款很少。同时，农村信贷投入中用于盈利性的非农产业的多，而真正用于农业的少。

11.2.3 投资增加的被动性和非经济性

传统经济体制下，财政对农业投资在许多情况下并不是为发展农业生产而增加的。如 1959 年支援公社投资的设立，主要是郑州会议以后根据毛泽东同志的讲话精神而增加的，是为缩小队与队之间的贫富差距，从而实现公社一级的所有制而向穷队增加投资的。20 世纪 70 年代末期对农业投资的增加则是在普及大寨乡，尽快实现农业机械化等不切实际的高指标推动下增加的。1986 年以后，更是在农业出现徘徊、严重制约国民经济发展的情况下增加的。这种不是着眼于加强农业的基础地位、保证农业生产持续稳定发展而自觉增加的财政对农业投资，是造成农业投资效益不高的重要原因，而且这种“被动式”的增加，往往由于投资效益的滞后，人为地增加了农业生产的波动幅度，影响整个国民经济的持续稳定发展。

11.3　优化财政对农业投资行为的基本路径

随着计划经济体制向市场经济体制的逐步过渡，客观上要求财政模式必须从计划经济体制下的生产建设型财政（或经营型财政）向市场经济体制下的公共财政转变。与此相适应，财政必须从一般的生产经营领域退出，转向为社会提供公共物品和公共服务，以满足社会的公共需要。因此，传统体制下的财政对农业投资行为，已不能适应形势的需要，必须对其进行优化。

11.3.1　优化财政对农业投资行为，必须遵循合理的原则

优化财政对农业投资行为，在投资领域（或项目）的选择、投资数量的确定、投资过程的执行、投资结果的考核及监督等一系列关键环节，必须遵循一定的原则。在市场经济体制和公共财政框架下，财政对农业投资所应遵循的原则具体可概括为以下四点。

11.3.1.1　公共性原则

市场经济要求财政退出竞争性领域，由微观管理转向宏观调控，财政对农业投资同样要遵循这个原则。因此，政府财政要考虑退出一些竞争性领域，以为社会提供公共物品和公共服务为主来安排对农业的投资，不断提高财政资金的使用效益。

11.3.1.2　产业导向原则

农业内部结构的合理优化对农业的发展乃至整个国民经济的发展至关重要。财政对农业投资所选择的农业发展项目必须符合农业产业结构调整

的方向，对代表农业产业发展前景的重点产业进行先期性财政扶持，从而促进农业产业结构的不断优化。

11.3.1.3　效益优先原则

财政对农业投资，必须讲求效益。政府财政对农业领域的任何一项投资活动，都应追求取得最大的综合效益（经济效益、生态效益和社会效益的最大化）。坚持这一原则，既有助于提高资金的使用效率，又有助于弥补我国财力有限的现状。

11.3.1.4　科技领先原则

对先进的农业科技发展项目，先进的农业生产模式、管理方式实行财政扶持，使其得到优先发展，从而带动农业产业结构的调整。另外，政府财政还应加大对农业科研和农村教育以及农技推广的投资力度，不断提高科技对农业发展的贡献率。

11.3.2　优化财政对农业投资，必须确定正确的投资重点领域

中国加入 WTO 后，财政对农业投资应遵循世界贸易组织《农业协议》第二部分“国内支持条款”的要求。财政对农业投资应当尽可能地在“绿箱政策”所涉及的领域做文章。考虑到财政对农业投资的基本原则和《农业协议》的要求以及我国的实际情况，财政对农业投资的重点领域主要应该集中在以下五个方面。

11.3.2.1　农业基础设施建设和生态环境治理

加强农业基础设施建设，改善农业生态环境，是稳定和提高农业生产能力的根本途径。当前，在一些地方，农业基础设施老化、农业生态环境恶化是导致农业生产抵御自然灾害能力差的根本原因，已严重制约着农业的发展。因此政府财政应加大投入，着重解决乡村道路、水利设施、农网改造、水土流失等问题，为夯实农业基础发挥作用。

11.3.2.2　农业科研与农村教育

科技对农业发展的促进作用是巨大的，农业要进步，农村经济要发展，离不开科技和人才。公共财政体制下政府的主要职责之一就是推动农业科技成果转化为生产力。目前我国科技对农业的贡献率仍很低，这与我国现有的农业科技水平低是紧密相关的，而农业科技水平低，与政府财政投入少不无关系。统计资料显示，“八五”期间，财政用于农业科技开发

的费用不及财政用于农业支出总额的1%，无法满足农业发展的需要。要扭转这一局面，政府必须承担起农业科研投资主体的责任，对社会效益高、投资大、风险高、周期长的农业科研项目，财政应予以重点支持和扶植。政府财政应当保证以下方面的资金供应：农业优良种子（苗）、生物技术等基础研究，科研成果的应用和推广，科技知识的普及和宣传，农村义务教育，农民科技教育等。

11.3.2.3　农业社会化服务体系建设

目前农业社会化服务体系建设滞后已严重制约了我国农业的发展。为此，财政对农业投资应加快农业社会化服务体系建设，切实解决农产品产销脱节问题。一是健全农业信息服务体系。我国农业信息的不准确、不及时、不全面以及信息横向交流障碍重重，是导致农业生产结构性过剩的主要原因之一。财政要帮助解决一部分启动资金，购置信息设备，加快农业信息传播网络建设，既将农业市场信息及时传输给农民，又将当地农产品产销存信息及时向外发布。另外，财政部门还要利用信息来源多，联系面广，辐射面广的优势，直接开展信息支农。二是加强市场体系建设。为尽快形成联结千家万户的“小生产”与千变万化的“大市场”的纽带，政府财政应当增加投入，重点支持产地农产品市场建设，促进农业生产的区域化、专业化，扶持具有比较优势的特色产品的生产，培育具有当地优势的主导产业。三是加大为农业服务的中介组织的扶持力度，建立健全为农业生产提供产前、产中、产后服务的各种农业中介组织或专业合作社。

11.3.2.4　改变贫困地区落后面貌

这是从我国国情出发，政府财政要做的事。我国是农业大国，农村贫困地区的存在必然要拖整个农业发展和国民经济发展的后腿。因此，通过转移支付等方式加大对贫困地区的扶持力度，是各级政府财政责无旁贷的事。农村教育水平的提高，对改变农村贫困面貌是至关重要的，而且对于贫困地区来讲，教育是纯公共产品。因此，政府财政对贫困地区的支持，应把贫困地区九年制义务教育的普及和农民文化素质的提高放在首位。另外，要加大对农村贫困地区基础设施的投资力度，改善农村贫困地区居民的生产和生活条件，降低农村贫困地区与外界进行物资和信息交流的成本。

11.3.2.5　农业自然灾害救济

农业是一个弱质产业，是三个产业中受自然条件影响最大的产业。农业抗击自然灾害的能力弱，当受到自然灾害袭击时，受损害程度很大。因此，当农业生产或农村居民遇到自然灾害时，政府应当及时安排救灾支出，对灾民进行救济以抗灾复产，保障农民的生活权利，这是政府的职责，但政府财政在安排这部分支出时，应遵循世界贸易组织《农业协议》的要求，即必须是实际发生的灾害，必须基于实际损失，救济量不能超过实际损失量。

11.3.3 优化财政对农业投资行为，必须切实转变财政职能

在市场经济体制和公共财政框架下，优化财政对农业投资行为，不光要遵循合理的原则，确定正确的投资重点领域，还必须切实转变财政对农业投资的职能。

11.3.3.1 由微观管理向宏观管理转变

财政对农业投资要逐步从琐碎巨细的事务中解脱出来，从农业的一般生产和经营领域退出，减少生产经营性投资和一般技改投资，逐步减少事业单位的经费支出，突出重点，有保有压，集中财力提供农业发展所需要的公共环境和公共基本条件，如大江大河的治理、农业生态环境的保护与改善、基础设施建设以及农业科研、农技推广等。在市场经济条件下，政府财政对农业的管理和调控主要运用间接方式，面向宏观领域，重点是建立农业生产的保护机制和调控机制，如抵御市场风险机制、抗灾、救灾、扶贫和农村社会保障机制、促进农业科技进步和农业产业结构调整的机制等，从而保持农业的稳定发展和农民收入的持续稳定增长。

11.3.3.2 由分散投入向集中投入转变

由注重生产性投入转向公共性投入是公共财政支出结构的重大调整，与此相适应，财政对农业投资的重点也要发生变化。因此，在制定实施财政对农业投资政策时，必须将资金用到农业和农村发展的重要方面和环节上，保证农业与农村经济中重点项目、环节和方面的优先发展。农业涉及领域的广泛性和农业投入的有限性决定了必须集中力量保重点而不能四面出击，面面俱到。财政对农业投资应该保证重点项目，压缩一般项目，取消无效项目，集中财力办大事，充分发挥财政资金的合力，彻底改变过去那种“撒胡椒面”、“抹万金油”的做法。

11.3.3.3 由单一的所有制形式向多种所有制形式转变

农业产业结构的单一和农村经济所有制形式的单一不利于农业和农村

经济的活跃发展。按照“三个有利于”和财政对农业投资必须有利于促进不同所有制经济共同发展的原则，只要对农村整体经济发展有重大影响的经济形式，政府财政都要进行扶持与调控。对投资回报率高、经济效益显著的产业项目，不管是哪种所有制形式，政府财政都应予以大力支持。由单一的所有制形式向多种所有制形式转变，既是坚持效率与效益原则和“三个有利于”原则的客观要求，也是市场经济体制和公共财政框架下，财政对农业投资的必然选择。

11.3.3.4 由注重产品项目向注重农业生产环境与结构优化转变

公共财政框架下，财政对农业投资应着重于为农业发展提供优质的公共物品（完善的基础设施、优美的生态环境、先进的农业科研等），着重于在农业和农村经济的产权经营制度和流通体制改革、财政投资和农业财务活动监管、农业生态环境和农民利益保护以及农业资源管理配置等方面发挥政府财政的管理调控职能，从而改善农业的整体环境。另外，财政对农业投资还要注重农业与农村整体经济结构的调控与优化，要善于调整广义的农、林、牧、副、渔之间的结构比例以及狭义农业中的粮食作物与经济作物的结构比例，同时还要调整整个农村经济的结构比例，活跃整个农村经济。

11.3.3.5 由单纯重视数量的增长向既重视数量又重视质量转变

政府财政应增加对农业的投资，这一点毋庸置疑。长期以来，讲政府财政对农业投资问题，只注重投资的数量，而不重视质量（即财政对农业投资所取得的效益）或重视不够。在市场经济体制和公共财政框架下，财政对农业投资必须改变这一状况，应以效益（经济效益、生态效益和社会效益）为中心，靠财政对农业投资效益的提高来弥补我国财力不足的现实。

11.3.4 优化财政对农业投资，必须重视财政对农业投资效益的评估

长期以来，中国政府财政对农业投资十分注重数量的增长，而对质的方面即财政对农业投资所取得的效益重视不够。迄今为止，还没有建立起一套科学有效、操作性强的评估指标体系和考核评估制度来评价财政对农业投资的效益，往往凭借主观或某一单一的评判标准来判断财政资金的使

用效益，这种做法随意性大，不能量化，容易受到方方面面的影响，不利于客观、准确地评价问题。

11.3.4.1 进行效益评估，有利于提高财政对农业投资的效益

我国人口众多，政府财力有限，对农业提供的财政支持不可能像发达国家那样多。事实上，近几年来，虽然国家财政用于农业的支出在绝对量上逐年增大，每年都保持了一定的增幅，但其相对规模却不断下降。1991—2003 年，国家财政用于农业的支出由 347.57 亿元增加到 1 754.45 亿元，增长 3 倍多，但其占财政总支出的比重却由 10.26% 下降到 7.12%，达到 1978 年以来的最低点。由此可以看出，农业和农村的发展不能依靠财政投资数量的增加，而应着重于提高资金的使用效益（包括经济效益、生态效益和社会效益），使有限的财政资金能创造出最大的综合效益。而目前我国尚没有建立有效的考核办法，没有量化的考核指标，因此对财政资金使用和获得的效益缺乏有效的考核评估和监督，导致财政对农业投资整体效益不高。长期以来财政支农偏重于产品数量的增加，忽略产品质量的提高和综合效益的增长，走的是一条低质、低效的数量扩张型路子，财政各种补贴负担沉重，造成了国家资源的无为浪费。同时，农民增产不增收，生态环境恶劣，农村社会福利差等问题的产生极大地挫伤了农民的生产积极性，遏制了农村经济的良性持续发展。因此，通过建立财政对农业投资的效益评估指标体系和考核评估制度，使财政对农业投资能够贯彻经济效益、生态效益和社会效益相结合的原则，稳步提高财政对农业投资的决策水平和投资效益。

11.3.4.2 进行效益评估，有利于优化财政对农业投资结构，促进农村经济全面协调发展

财政对农业投资应主要集中于农业基础设施、农业科研与农村教育、农业社会化服务体系和生态环境等方面。从效益评估的角度看，在这些方面投资能产生巨大的、长久的经济、生态和社会效益，是应该重点投资的方面，而我国财政恰恰在这些方面的支出明显不足。统计资料显示，财政用于农业基本建设和农业科研的支出只占财政用于农业支出的很小比重，有的年份国家对农业科研的财政拨款甚至为负增长。如 1979—1982 年财政用于农业科研的支出连年减少，由 1.52 亿元减到 1.13 亿元，减幅达 25.66%；1985 年较 1984 年，1987 年较 1986 年又分别减少了 0.23 亿元和

0.42 亿元，减幅分别达 10.55% 和 15.56%；1991—1995 年是零增长。财政在农业基础设施和科研推广等方面投入的“缺位”，严重影响了我国农业生产的生态环境和其他生产条件的优化，造成农田水利基础设施越来越差，抵御自然灾害的能力下降；土壤质量下降，水土流失面积加大；农业技术研究力量不足，农业技术推广速度慢等一系列影响农业发展的严重问题，致使财政对农业投资难以有效发挥效益。通过建立财政对农业投资的效益评估指标体系和考核评估制度，可以对事后效益进行有效的评估考核，达到规范和约束财政投资主体事前投资行为的目的，从而使财政对农业投资能够以效益为中心，不断优化资源配置和生产结构布局，促进农村经济全面协调发展。

11.3.4.3　进行效益评估，有利于提高财政对农业投资的管理水平，完善财政对农业投资体系

由于缺乏对财政资金使用效益的统一考核评估，导致目前财政对农业投资的管理普遍滞后。鉴于部门职能的划分和各级政府事权的划分，国家用于农业的资金在来源渠道上日益多样化，从而使财政对农业投资呈现出纵横交错的投入与宽严不一的投向相结合的状态，面对这一复杂情况，财政对农业投资的管理并未做出及时的调整，仍沿用具有分部门管理特征的分散化管理模式，致使有限的资金或者形成重复投放或者形成非系统性投放，降低了资金的使用效益。通过建立财政对农业投资的效益评估指标体系和考核评估制度，可以对财政对农业投资效益进行有效的考核评估，从体制上对投资行为做出约束，避免投资过程中人为的主观随意性和具体操作中的弹性，提高财政支农资金的管理水平，逐步完善财政对农业投资体系，切实发挥财政对农业的宏观管理和调控职能。

12 WTO框架下如何加强政府财政对农业的投资

2001年12月11日中国正式成为世界贸易组织成员，成为当代“经济联合国”的重要一员。WTO给我国农业带来多方面的影响，有正面的，也有负面的。WTO框架下，如何利用WTO的规则，加强政府财政对农业投资，增强农业的综合实力，尽量消除WTO给我国农业带来的负面影响，是我们加入WTO亟待解决的问题。

12.1 加入WTO对我国农业的影响分析

按照我国与其他各国达成的多边协议的规定，我国基本上是以发展中国家身份加入WTO的，在农产品市场开放上坚持稳步推进、逐步减让的原则。具体开放情况见表12-1。加入WTO，对我国农业生产将产生积极影响。总体看来，加入WTO对我国农业的有利影响有以下几个方面：其一，享受WTO现有成员已经享受的好处，改善出口环境。如享受无条件的最惠国待遇、减少歧视性待遇、利用有关机制解决贸易争端等。这样可以降低谈判成本，并获得解决国际贸易问题的规范“渠道”。其二，有利于调整国内农业产业结构和进出口结构，加入WTO有利于我国进口资源特别是土地密集型的产品，出口劳动密集型产品，如水产品、畜产品、水果、蔬菜等具有比较优势的农产品，借助进出口加快农业产业结构的调整。其三，有利于技术引进和提高农产品品质。加入WTO之后，外资直接进入我国将更加容易，这些投资往往能带来较先进的技术，提高我国农产品质量。其四，可利用WTO《农业协议》“绿箱政策”等条款加强对农业的支持与保护。按照WTO《农业协议》的规定，我国今后对农业支持总量可达每年480亿元人民币，虽然与其他发展中国家相比处于较低水平，但就我国目前仅每年270亿元的国内支持总量而言，仍有较大的发展空间。加入WTO后，按照规定，我国要逐步开放国内农产品市场，削减关税及非关税壁垒，因而加入WTO也会给我国农业带来较强的负面影响，具体表现在以下几个方面。

表12－1　　　　农业开放时间表

年份	内容	开放后
2004	关税减让	农产品平均税率要降到14.5%～15%，其中豆油、小麦、玉米、棉花等关税要降到14%，牛肉、水果从30%～40%降到3%～13%，葡萄酒从65%降至20%。
2005	进口配额	小麦配额由730万吨增加到2001年的930万吨，玉米由450万吨增加到720万吨，豆油配额从2002年的170万吨上升到2006年的350万吨，棉花要达到89.4万吨。
2006	配额支配	出口配额要逐步交给私营部门使用。国有部门退出豆油贸易，玉米的进口配额到2004年由国有和私营部门平分，但对小麦的进口配额使用，国有部门将占90%。

12.1.1　对主要农产品的生产会产生较大冲击

我国小麦、玉米、大豆等大宗农产品在国际市场上几乎无任何优势可言。蔬菜、畜产品、水产品等农产品在国际市场上则具有比较优势，但因受技术壁垒的限制，出口也相当困难。我国长期以来主要采取进口许可证、配额等非关税措施以及国有粮食贸易公司的垄断经营来限制农产品的进口。《农业协议》要求各成员国必须取消全部非关税措施，并将这些非关税措施以1986—1998年为基期，按一定的公式转化为“等量关税”，并加上受非关税措施影响的产品的正常税率关税，构成混合关税。但由于在基期内，我国大部分农产品价格高于国际市场价格，原有的非关税措施量化为关税后，对农业的保护作用有限。

12.1.2　政府对农业特别是粮食进行宏观调控的难度加大

按美方提出的要求，每年农产品配额的一部分必须分配给非国有贸易公司，从而起到防止国有贸易企业不履行进口配额的作用。在这种条件下，只要国际市场价格低于国内市场价格，非国有贸易公司就会将配额通通变为净进口。这样，政府已不能再利用国有外贸部门的垄断地位进行控制，从而增加了对粮食进行宏观调控的不确定因素。

12.1.3 增加了解决农村经济社会矛盾的难度

目前，我国农村产品的卖难、农民收入增长缓慢、农村劳动力转移受阻等问题，随着我国市场的进一步开放会在一些地区特别是粮食主产区表现得更加突出，有可能增加社会不稳定因素。尽管我国加入 WTO 的时间不长，农业开放还处于初始阶段，市场进入门槛仍比较高，但加入 WTO 对我国农业带来的不利影响已开始显现。从 2002 年 1 ~ 8 月数据来看，我国棉花进口 9.6 万吨，同比增长 55%，玉米进口 617.2 万吨，同比增长 54.7%。同国外棉花相比，国产棉生产规模小、质量较差、流通环节多、价格居高不下、竞争力弱。这是造成“入世”后我国棉花进口大量增加的根本原因。就是一般认为我国具有国际比较优势的劳动密集型产品。如水果、水产品、肉类产品、蔬菜、花卉等产品的出口额虽有一定增长，但并没有达到人们的预期，并且出口价格持续下降，如畜产品下降了 2.8%，水海产品累计出口 77 万吨，同比增长 27.5%，但出口额只增长了 7.3%。之所以造成这种情况，主要在于一些发达国家凭借在科技、管理、环保等方面的优势，设置了技术法规、标准、合格评定程序等为主要内容的技术壁垒，对我国农产品设置了新的“门槛”，造成的直接或间接损失在百亿美元以上，抵消了我国该类农产品的比较优势。2002 年 2 月欧盟对我国出口的虾仁及动物源性食品实行全面禁令，禁止了我国 6.2 亿欧元的出口。紧接着，挪威、匈牙利、俄罗斯也跟着欧盟对我国实施全面禁令，导致我国 10 亿美元的动物源性食品全面遭禁，对我国养殖业造成了重大打击。我国农业生产专业化、现代化和标准化程度较低，许多环节都没有和国际接轨。落后的生产力水平和生产经营的方式决定了我国农产品在近期很难满足国际市场需求。与其他国家相比，我国农业基础仍然相当薄弱，必须充分利用“入世”之初的过渡期和“入世”谈判争得的农业补贴空间，增加政府财政对农业的投入，加快我国农业结构调整和技术进步，努力提高农产品的国际竞争力，消除“入世”带来的不利影响。

12.2 增加政府财政对农业投资的总量

我国政府财政对农业投资目前还存在总量严重不足、结构不合理、效益不足等问题，而且从根本上讲，是总量问题导致了结构问题。要提高我国农业的综合生产能力，保持农业与国民经济的可持续发展，首先要增加财政对农业投入的总量。

12.2.1 我国政府财政对农业投资规模的预测

我国政府财政对农业投资的相对规模变动频繁，既有长期的波动，又有短期波动，波动较少具有规律性，很难用较长期限的历史资料对未来的趋势进行预测。但是进入 20 世纪 90 年代后，政府财政对农业投资却表现了较强的稳定性和趋势性。根据 1991—2001 年历史资料，我国政府财政对农业投资的相对支出规模为

$$Y = -0.8812\ln(X) + 10.371$$

$$(R^2 = 0.83379, X = 1,2,3\cdots \text{其中 1991 年取值 1})$$

根据上式计算的未来若干年的支出规模为

$Y_{2005} = 8.359$；$Y_{2010} = 8.099$；$Y_{2015} = 7.909$；$Y_{2020} = 7.73$。

从计算上可以看出，我国政府财政对农业投资在未来一段时间内仍表现为下降的趋势。这也符合我国政府财政对农业投资的长期变动规律，符合我国农业增加值占 GNP 的变动规律。但政府财政对农业投资支出规模下降不符合我国加入 WTO 的要求，也不符合对农业予以支持与保护的要求。政府要扭转对农业投入下降的趋势，就必须采取多种有效的措施和途径增加政府财政对农业投资。

12.2.2 增加政府财政对农业投资规模的途径

我国财力有限，政府财政对农业投资总量严重不足，供给—需求缺口较大。以下从供给的角度来探讨增加我国政府财政对农业投资规模的途径。首先，要改变歧视农业的产业政策，重视农业的基础地位，调整国民收入分配格局，提高农业在分配中的比重，确保今后一段时期农业投入稳定增长。其次，要增加财政收入，为政府财政对农业投资准备较充足的财源。这一方面依赖于国民经济的发展，另一方面也受税收体制的影响。尽管我国多次进行税收体制改革，但我国税收设置仍不尽合理，税制体系不健全。要考虑设置遗产税等一些适宜税种，增加税源。应加强税收的稽查和监管，建立个人收入申报制度，防止偷税、漏税行为大面积频繁发生，减少税收流失。最后，要改革财政体制，按照公共财政体制合理确定我国

财政的支出范围，千方百计节流，最大限度地裁减政府和事业机构的冗员，减少国家财政负担，以利于增加政府财政对农业投资的数量。

12.3 优化投资结构，合理确定投资重点

政府财政要满足每个部门对资金的需求，在短期内几乎不可能。在这种情况下，政府财政对农业投资只能坚持“有所为，有所不为”的原则，合理确定投资重点，优化投资结构，确保稀缺资源流向最需要的部门，提高使用效率。

12.3.1 加强和巩固农业基础设施建设

作为农业发展基础条件的农业基础设施，必须得到政府的财力保证。这主要有大江大河的整治和各种大型水利灌溉设施、中低产田改造、农村交通能源设施、贫困农村的公共设施、农村通信、电网设施建设等，这些设施建设主要是为了提高农业综合生产能力，增强农业防灾、抗灾能力，提高农村综合实力，改善农村生产、生活和市场条件。

12.3.2 保证农业科研和农村教育的资金供应

我国科技对农业的贡献率很低，这与我国现有的农业科技水平较低和推广普及的程度不高是密切相关的。而究其原因，政府财政投入不足，是一个重要因素。“八五”期间，财政用于农业科技的开发费用不足财政支出的1%，无法满足农业发展的需要。因此，政府应承担起农业科研投资主体的作用，尤其对社会效益高、投资大、风险大、周期长的农业科研项目，国家财政应予以重点扶持。政府财政应保证以下方面的资金供应：农业优良种子生物技术基础研究，科研成果的应用和推广，科技推广体系和队伍建设，农村义务教育，农户的科技培训等。从而推动农业科技发展和成果转化为生产力，为促进整个农业升级提供有效的服务。

12.3.3 治理和保护生态环境

应强化以造林绿化为主要内容的生态环境建设，加快速生丰产林基地和山区林业综合开发建设，搞好水土流失的综合治理和防护林体系建设，提高森林覆盖率，为农业发展提供良好的生态屏障。要把生态农业工程建

设同国土整治、产业开发和区域经济发展结合起来。在这方面，财政资金要发挥导向作用，鼓励和吸引各行各业投入资金，共同把事情办好。

12.3.4 坚持扶贫开发，支持不发达地区经济发展

在支农扶贫过程中，既要体现增加财政拨款的政府行为，又要以市场为导向，坚持科技扶贫和“造血”扶贫的思路，把重点的支持转到贫困地区的资源开发、农产品转化增值、公路和电网改造等基础设施建设的改善以及科技教育上来。要帮助贫困地区的农民参与农业基础设施工程建设，增加实际收入。在财政资金的使用上实行定项扶持、目标管理，并尽可能把各项扶贫资金捆绑使用，以取得最佳效益。此外，财政资金还应在以下几个方面发挥作用：(1) 支持农业社会化服务体系和市场体系建设。(2) 优化农业产业结构，提高农产品品质。(3) 自然灾害的救济。

12.4 改革政府财政对农业投资的管理体制

应按照社会主义市场经济发展要求和农业投资的特点，深化政府财政对农业投资体制的改革，建立健全充满生机和活力、满足农业发展需要的新体制，即形成一个投资供给充足、投资主体多元、投资决策科学、投资调控灵敏、投资监督有力的农业投资体制。

12.4.1 按照农业投资特点和投资主体性质明确职责

国家财政作为财力分配的职能部门，担负着从财力上支持国家基础产业（包括农业）和先导产业的重要职能。政府财政对农业投资的关键在于支持那些风险大、见效慢，对农业发展起着保护性和示范性作用的项目，如大型农业基础设施、农业区域综合开发、农产品商品基地、农业技术推广、生态环境保护等方面的投资。农村集体和分散农户的经济能力比较小，其投资范围主要是规模较小的一般竞争性项目，收益范围比较狭窄，主要局限于本区域或本农户的中小微型农田水利等基础性项目，以及集体或个人的大中型农机具购置等固定资产投资。国家应当鼓励农业企业和非农业企业积极向农业基础性项目和公益性项目投资，鼓励跨地区、跨行业联合投资，鼓励中央企业和地方企业以及不同所有制企业之间的联合投资。

12.4.2 调整财政职能，强化地方对农业的投入

应按照财权事权相对称的原则，合理划分、正确界定市场经济条件下中央与地方政府间财政农业投入的职责，应根据政府承担的农业生产建设与事业发展项目的受益范围大小、外部效果的有无，来划分各级财政支农支出范围，充分体现“谁受益谁负担”的原则。解决地方农业投入问题，关键在于增强地方经济实力和财政基础。应适应分税制的要求，有计划地扶持发展能够更多地提供地方财政收入的产业、行业和企业，完善中央对地方的农业专项补助资金制度，在财力许可的情况下尽量增加专项补助资金额，同时研究改进和实行新的支出方式和投向，更好地引导地方增加农业投入。

12.4.3 改善投资环境，形成农村集体组织和农户增加农业投入的动力机制

农村集体组织和农户投入已成为农业投入的主要来源，但仍存在影响集体和农民投入的种种不利因素。应通过政府增加公共基础设施投入，提高农业公共基础设施水平，建立健全农业社会化服务体系，改善农业投资硬环境。同时，要理顺农业生产资料和农产品价格关系，提高农民对农业经营收入的预期和吸引力，还要明晰保障农民投资者利益的产权关系，完善农户和农村集体进行长期投资的激励机制，充分调动其长期投资热情。

12.4.4 完善财政投融资体制

完善财政投融资体制，就是要使财政资金与金融资本和个人资本结合，形成农业投资的合力。在这方面，日本的“制度金融”经验值得借鉴。日本政府通过“制度金融”，不仅起到了调动私人资本投向农业的作用，而且还能够藉此影响投资全局、引导投资方向，为贯彻产业政策、促进结构优化升级提供金融保证。我国财政投融资业务，尤其是农业财政投融资业务还处于起步阶段。今后应做好三方面的工作。首先要尽快建立健全农业财政投融资组织体系和运行机制，增强服务功能。直接、方便、高效、快捷地为农业生产一线和广大农村提供农业基本建设的政策性投资和各种服务。其次，要拓宽财政农业投融资资金来源，改变目前财政投融资

资金来源比较单一、资金量有限的状况，在不断扩大财政性资金注入并积极吸收存款的同时，通过适当方式将各种社会富余资金，如社会保险基金，以及农村中的闲散资金、商业资本、外资等引入农业领域，扩大财政投融资资金来源，为农业基本建设提供长期稳定、优惠的资金支持。最后，要积极调整政策性金融投资结构，提高农业基本建设投资在政策性金融投资中的比重。

12.4.5 健全政府财政对农业投资的宏观调控体系

要逐步建立符合社会主义市场经济运行规律要求，符合目前和未来一段时间内农业发展需要，有利于充分发挥市场机制作用，直接调控与间接调控有机结合，行政、经济、法律手段综合运用的投资调控和管理体系。

12.4.5.1 理顺关系，统一调控政策

应理顺综合部门与专业部门以及各专业部门之间的关系，健全以国家产业政策为基础的宏观调控政策体系。要根据农业发展的新阶段和国民经济发展的新情况，制定近期和中长期农业发展的国家产业政策、技术政策和支持政策，并根据产业政策制定具体的农业发展规划，把发展规划同预算规划和投资规划紧密结合，增强可操作性。

12.4.5.2 完善农业投入宏观调控经济手段

应进一步健全以市场机制为基础的经济杠杆体系，逐步引入招投标等竞争机制，积极探索新的投融资形式，扩大财政投资参股入股的比重，全面推行农业基础设施以及农业资源的有偿使用办法，形成资产、资源再生能力和再投入机制。国家除了以独资方式直接投资兴建一部分农业基础设施外，大量的农业基本建设项目要靠合资、参股等投融资方式进行筹资。

12.4.5.3 强化农业投入的法律保障体系，把农业投入活动纳入法制化的轨道

应抓紧制定和完善有关的法律法规，以便有效调整和规范各类投资主体的行为及其相互关系，明确各类投资主体的权、责、利关系及其职能分工，确保农业投资的稳定增长、结构日趋合理和投资效益的不断提高。

12.5 转换政府财政对农业投资微观运行机制

应按照市场经济体制要求，以制度建设为核心，制定和完善财政支农

项目资金使用管理制度，规范投入资金的目标管理，使各项资金的管理有章可循。应加强政府财政对农业投资资金使用的监督检查，杜绝资金在使用环节上的挤占、挪用等违纪违规和违法行为，努力提高政府财政对农业投资的效果。这是政府财政对农业投资微观运行机制转换的基本思路，也是完善整个政府财政对农业投资机制的基础性工作。

12.5.1　适当集中投入管理权限，加强政府财政对农业投资的科学化管理

应当逐步改变政府财政对农业投资管理中条块分割、多头决策、投资计划与生产计划脱节的状况，使政府财政对农业投资尽快过渡到由行业归口部门统一计划，分行业、分层次进行管理。政府财政对农业投资计划应与国家农业中长期发展规划相衔接，以提高农业综合生产能力为核心，对投资实行统筹安排、科学决策。要编制好政府财政对农业投资的中长期计划，加强投资计划的综合平衡，规范计划项目的申报、立项、审批程序。

12.5.2　建立科学的投入决策体制

应建立健全重大项目评议制度，提高项目决策的科学化、民主化水平，简化规划、建设等部门对项目建设实施的各种审查、审批手续，提高政府投资项目的建设效率。同时，要完善项目信息反馈系统，加强投资决策引导，减少投资失误风险，建立投资风险约束机制，按照“谁决策、谁负责”原则，严格明确各类投资主体的投资决策责任。对各级财政投资因决策不当而造成严重失误和重大损失的，应依法追究有关决策者的行政责任。

12.5.3　建立并完善项目质量管理制度

12.5.3.1　实行项目招投标制度

由政府财政对农业投资的重大项目的设计、施工、监理以及设备采购等，都要按规定程序实行招投标，由法人通过招投标自主择优确定，对一般性建设项目，也要提倡公开招投标或邀请招投标，体现公开、公平、公正、竞争原则，择优选择设计、施工、监理单位和供货商，以降低工程造价，提高工程质量和投资效益。禁止暗箱操作、内幕交易、徇私舞弊。

12.5.3.2　建立项目质量责任制

应实行工程质量行政领导人责任制。改变过去那种只注重审批项目、不关心投资项目质量和效益的纯程序性的审批制度。建立参建单位工程质量领导人责任制。勘察设计、施工、监理等单位的法定代表人，要按各自的职责对所承担的工程质量承担责任。建立工程质量终身负责制。项目工程质量的行政领导责任人，项目法定代表人，勘察设计、施工、监理等单位的法定代表人，都要按各自的职责对其经手的项目质量负终身责任。

12.5.3.3　建立项目法人责任制

要解决政府财政对农业投资中产权虚置问题。农业基础设施项目，应当按政企分开的原则明确项目法人。实行建设项目法人责任制，由项目法定代表人对工程质量负总责。

12.5.3.4　健全监督制约机制

应强化对政府财政的农业投资的监督检查，由各级人民代表大会及其常务委员会对同级政府的农业投入实行监督检查。要完善政府内部的自我监督检查制度，包括计划、财政部门对农业、林业、水利、气象部门农业资金使用情况的监督，中央银行和中国银行业监督管理委员会对商业银行、政策性银行等金融机构发放农业贷款和使用情况的监督，以及各级审计部门对各级计划、财政和农业等部门的监督。要健全工程质量管理的法律法规，把工程质量管理纳入法制化轨道，各级检察机关和监察部门应当加大对农业投资领域腐败行为的查处力度，对玩忽职守、贪污受贿、挤占挪用、克扣项目资金的单位和个人，依法给予严厉处罚。

12.6　建立健全政府财政对农业投资的有效评估体系和良好外部环境

应建立健全政府财政对农业投资的评估和监督体系，加强对投资项目的管理，提高政府财政对农业投资的使用效果，有效保证政府财政对农业投资集约主导型增长方式的实现，具体措施如下：（1）建立相对集中的资金管理模式。为实现多渠道筹集的农业投资资金具有较高的使用效率，必须实行相对集中的管理模式。目前，鉴于大部分农业投资项目是由县级组织实施，农业投资资金也都汇集到县级，因此在制定有相应资金使用管理办法的基础上，应由县级实行财政的集中管理，在具体安排资金使用时，财政部门应会同其他主管部门根据县级农业发展规划，按照同种资金合并使用、不同资金统筹使用的原则，对多种用途的投资，进行统筹安排、集中管理。（2）建立科学的投资决策制度。决策正确与否，直接影响并决定着投资的效率和效益，强化投资的科学决策是取得良好效益的前提。首先，要严格进行项目的可行性分析研究，杜绝违背科学决策、由领导个人决定投资项目的“可批性研究”；其次，要严格遵循先上后下、上下结合、逐级上报审批的原则，确立规范的政府财政对农业投资项目决策程序；最后，要按照项目法人制度的要求，形成“谁投资、谁决策、谁受益、谁承担风险”的激励和风险约束机制，使各类投资主体的投资行为规范化、内在化、法制化。（3）建立财政投资项目评估指标体系。在确定了财政资金的具体投向后，要建立项目评估指标体系，对财政投资资金使用进行科学完善的管理。应按照农业发展的趋势，遵循经济效益、生态效益、社会效益相结合的原则，对项目进行事前论证、事中检查、事后验收，并建立一套科学规范的项目评估指标体系来确保财政对农业投资资金的使用效率。市场机制作用的结果，必然使资源由利润较低的农业部门向利润较高的非农业部门流动，政府作为宏观调控的主体，应该通过宏观调控来弥补市场机制的不足，实现农业资源配置的经济效益、社会效益和生态效益的统一。因此，政府一方面要通过对农业的扶持和保护以提高农业的比较效益，并通过适度规模经营提高农民的收入水平；另一方面应从农业和农村经济的整体出发，摒弃经济行为中短期的趋利化行为，创造一个良好的投资环境。

农地金融制度篇

13 国外农地金融制度的比较及启示

13.1 各国农地金融制度设立的背景及作用

13.1.1 美国农地金融制度设立的背景及作用

以联邦土地银行为主体的美国农地金融体系建立于20世纪初期。当时，美国农业发展面临巨大障碍——以农产品过剩为特征的农业危机频繁爆发且持续时间长，对农业生产破坏巨大。特别是1920年爆发的第一次全国性农业危机持续20多年，其间又受到30年代大危机的猛烈冲击，使得美国农业生产倒退了20多年。说明利用市场机制应付农业危机、调整农业生产，不仅不能缓解农业危机，反而加剧危机危害的程度。因此，单纯依赖市场机制不利于农业的发展，必须将政府干预引入农业领域。而由政府扶持建立完整的政府农业信贷体系是政府干预农业的重要措施之一，1916年成立的联邦土地银行（Federal Land Banks. FLB）正是政府农业信贷体系的主要组成部分。联邦土地银行是由政府财政通过购买土地银行股票的形式扶持建立的，目的是利用农户拥有的土地融通资金，为农业生产和与农业生产有关的活动提供长期信贷资金和服务，并且通过信贷活动，调节农业生产规模和发展方向，贯彻实施政府农业政策，对农业实施有效控制，促进农业持续、健康发展。美国农地金融制度的设立有效解决了农村长期资金来源问题，对于正确贯彻政府农业政策起到了积极作用，推动了美国农业生产的大发展。

13.1.2 德国农地金融制度设立的背景及作用

德国的农地金融制度建立于18世纪下半叶。当时，德国遭受战乱，农民多数逃亡，原来富有的大地主也负债累累，高利贷活动的猖獗，使农村经济雪上加霜。为解除高利贷的盘剥，使资金流入农村，振兴农业，普鲁士国王下令组织抵押信用合作社，于1770年在普鲁士的西里西亚省成立德国第一个土地抵押信用合作社。土地抵押信用合作社由想借款的大地主组成，由政府授权发行公债，以社员的土地为担保发行土地债券，在证券市场上出售，获得长期低利资金借给社员。这种合作社对于抑制高利贷、复兴农业发挥了重要作用，但当时的土地金融制度是专为贵族地主的长期信用需要服务的。

19 世纪初期，随着德国开始土地改革运动，即允许农民用赎金购买份地和村社公有土地，扶植自耕农，逐步消灭大地主，土地抵押信用合作社的成员和宗旨都发生了变化。普通农民成为土地抵押信用合作社的主体，土地抵押贷款成为农民可利用的主要长期信用工具，土地抵押信用合作社成为服务于土地改革运动的长期金融机构。现在，以土地抵押信用合作社为主体的德国农地金融体系以贷款协助农民购买土地、开垦土地、兴建水利、道路、耕地平整和造林为宗旨。由此可见，德国的农地金融制度从早期以抑制农村高利贷为主要目的，到近期成为促进土地改革与农业发展的重要措施。

13.1.3 中国台湾农地金融制度设立的背景及作用

成立于 1946 年的台湾土地银行是台湾真正发挥农地金融功能的金融机构，它的发展经历了四个阶段：第一阶段为 20 世纪 40 年代末至 50 年代初，台湾土地银行的经营目标是帮助农民摆脱高利贷的盘剥，重点发放农业短期贷款和水利建设贷款，这两项贷款占当时农业贷款总额的 90% 以上。这源于旧台币贬值的经济衰退大环境导致的缺乏长期资金来源，台币改制后，又未能发行土地债券。第二阶段为 1953—1963 年，土地银行的经营目标转变为服务于土地所有权改革，主要接受政府的委托办理补贴地价和征收地价业务。这一时期，由于解决了长期资金来源问题，土地银行给农民发放了大量长期购地贷款，保证了“公地放领”、“私有耕地放领与征收”等土地产权改革的顺利进行。第三阶段为 1963—1973 年，土地银行的经营目标转向城市土地开发和在农村资助工业区、示范农场建设。第四阶段在 1973 年以后，台湾土地银行的主要经营目标转变为商业性的土地金融机构，当然，提供协助农户扩大农场规模购地、土地改良、农渔民置产及周转性贷款等各类土地及农业开发资金仍是其非主导业务，因此，台湾土地银行是一家办理土地金融和农业金融业务的专业银行。近年来，台湾土地银行除履行专业银行的使命外，朝向多元化、效率化、大众化、国际化的金融领域迈进。

由此可见，台湾土地银行在建立初期，为协助政府推行土地政策、恢复和发展农业生产，以办理农地金融业务为主。随着土地产权改革的完成和经济的飞速发展，其业务重点转向不动产信贷，并向综合化发展，成为提供长期信用的专业银行。

13.1.4 发展中国家农地金融建立的背景

多数发展中国家的农业发展缓慢，农业资金特别是长期资金缺乏，政府对农业的干预和补贴很少，因此，为了解决长期农业资金来源，扶持农业，许多国家的政府都建立了具有政策性金融机构性质的农地金融机构。如成立于1920年的印度土地开发银行，资金来源于中央银行和发行债券，以土地抵押的方式为农民提供5~10年或更长期限的长期贷款，以购买价值高的农业设备、改良土壤、偿还1日贷款及赎回地主扣押的土地等。同样，成立于1966年的菲律宾土地银行，政府持有86%的股份，为农户提供中长期信贷。

但应看到，农地金融制度不仅是贯彻政府调控、扶持农业的手段，更是解决农村长期资金来源的重要途径，这一点可从农地金融制度在发展中国家的萌芽得以证明。如在越南南部，有比较发达的农田交易市场，相应地，商业银行愿意以农田作为抵押来贷款。在北部，土地市场发育不完全，当地银行只愿意以农民的房屋作为抵押贷款。同样，在泰国北部，当地耕地资源匮乏，存在对耕地交易的需求，盛行土地典当业，即农民将土地使用权交给某一贷款人，获得贷款，该贷款人可以耕种这块土地直至贷款人偿还贷款，贷款人耕种土地的净收入即为贷款利息。这些现象表明，在经济发达的农村，由于存在发达的农地交易市场，使得当地的正规和非正规金融机构愿意将农地作为长期贷款的抵押品。因此，农地金融制度的发展、壮大必须以农地制度改革创造的资金、土地需求为基础，没有土地的流动，农地金融机构就无法生存。

综上所述，各国农地金融制度建立的背景和直接目的不同。美国着眼于解决农业经济危机，加强政府对农业的干预；德国农地金融制度的兴起是为了抑制农村高利贷，为农业吸引资金，后来转变为服务于土地制度改革；中国台湾农地金融制度的发展则经历了为农业提供短期资金、服务于土地改革，到成为服务于城乡的不动产金融专业银行；而发展中国家农地金融制度的兴起，一方面反映了政府试图引导资金流入农村，另一方面反映了土地交易促成了以土地作抵押品发放长期贷款。随着时间的推移和社会经济的发展，各国农地金融制度建立的最初环境已改变，目前各国农地金融制度主要承担对农业发展所需长期、低利资金的供给以及实现政府对农业的调控两项主要职能。

13.2 各国农地金融制度的比较

农地金融制度是解决农业和农村发展所需资金的重要渠道，也是农村土地制度改革不可缺少的部分。由于国情不同，各国农地金融制度各具特色。

13.2.1 农地金融制度的组织结构

各国农地金融制度的组织结构可以归纳为以下三种类型。

第一类为单一结构，即只有一个金融机构，没有或只有很少的分支机构。这种结构的农地金融机构组织形式简单、灵活，但因为没有延伸到广大城乡地区的众多分支机构，难以从事农地金融的零售业务，只从事农地金融的批发业务。这类农地金融机构通常委托在广大农村地区设有分支机构的其他金融机构发放农地贷款。英国的农业抵押公司通过其股东银行的分支机构开展业务，属于此种类型。

第二类为发散结构，即该类农地金融机构有许多遍布全国的分支机构，可以直接从事全部的农地金融业务。如德国的土地抵押信用合作社、美国的联邦土地银行则完全依靠自己的分支机构开展业务。这种类型下的农地金融机构又分为纯合作形式和银行、合作社混合形式。如德国的土地抵押信用合作社是民间合作性质的组织，合作社由社员共同拥有，借款人获得贷款，缴纳少量入社费、合作社办公费后即成为正式社员，并与其他社员一起共同承担还本付息的责任，贷款清偿后，自动退社与合作社脱离关系。美国的联邦土地银行则为混合形式，上层采用银行体制——联邦土地银行，基层采用合作社体制——按合作社原则组织起来的联邦土地银行合作社。联邦土地银行的股东为各地的联邦土地银行合作社，联邦土地银行合作社的股东为贷款者，贷款只发放给会员，所以借款人既是各联邦土地银行合作社的会员，也是联邦土地银行的股东。银行体制与合作社体制的结合，有利于资金的筹集和业务的开展。

第三类为复合结构，即该类农地金融机构有分支机构，可以直接从事一部分或全部农地金融业务。由于农地金融的贷款对象为普通农户，他们居住分散，在全国普遍设立分支机构成本太高，所以农地金融机构除直接贷款外，把很大一部分业务委托其他金融机构办理。日本的农林渔业金融公库属于复合结构类型。

13.2.2 农地金融制度中政府的作用

各国农地金融制度建立的背景表明，政府在农地金融机构的建立及发展中都发挥了主导作用，表现在从法律到实际运作的全程，给予多样化支持。

（1）政府通过制定农地金融法规，直接或间接地促成农地金融机构的建立。

为了使农地金融的设立和运作建立在法律的基础上，各国在设立农地金融机构之前都制定了完备的法律。如美国根据《联邦农业信贷法》自上而下建立了联邦土地银行，英国依据《农业信用法》设立的农业抵押公司，法国依据《土地银行法》设立了土地银行，日本依据《农林渔业金融公库法》建立了农林渔业金融公库。这种法律先行的农地金融制度构建方式，最大限度地降低了农地金融机构运作的风险，为其开展业务创造了良好的法律环境。

（2）各国政府对农地金融机构资金的扶持。

一是政府通过购买股份或直接投资解决了农地金融机构的资本金。多数国家的农地金融机构由政府主导成立，因此其资本金的筹集必然依赖政府。如美国联邦土地银行的创立资本，由联邦政府通过财政部购买该行股票方式来提供，但随着土地银行实力的增强，会员股份逐步替代了全部政府股本。日本的农林渔业金融公库所需资本金全部由日本政府从各方借拨而来，劝业银行的多数股本也由政府认购，政府还专门拨款支持其支付股息。意大利的不动产信用银行则由政府拨款形成其资本金。

二是政府通过多种方式扶持农地金融机构筹集信贷资金。由于农地金融机构以发放长期、低利资金为主要业务，又缺乏遍布城乡的分支机构，因此其信贷资金来源匮乏，政府则采用多种方式给予资金扶持。首先，多数国家的政府都给予农地金融机构提供了大量低利资金。如法国农地金融享受政府从农业预算中拨付的大量贴息资金；中国台湾的行政院农业发展委员会、台湾省粮食局等政府机构都借款给土地银行，台湾“中央银行”也给予特种贷款支持；日本大藏省的“财政投融资特别会计窗口”负责把邮政等政府金融机关筹措的资金集中起来，再转借给农地金融机构使用，进一步，如果贷款损失，还可获得政府“农林渔业振兴基金会”的利息补偿。其次，政府还为农地金融机构发行的债权提供担保，为其在国内外资本市场上发行债券筹集资金提供便利，并降低其筹资成本。如美国政府对土地抵押贷款提供二级担保；德国政府授予土地抵押信用合作社发行债券的权力，并担保还本付息；印度联邦政府保证土地银行发行的特别农村债券的还本付息。

此外，多数国家政府都给予农地金融机构以税收优惠。如美国允许联邦土地银行债券、票据的持有者免交州所得税和地方所得税，联邦土地银行和协会除自身所有的不动产仍需缴纳税收外，免征其他一切税收。

13. 2. 3　农地金融机构经营的业务

许多国家农地金融体制建立的目的是为农业、农村发展提供长期、低利资金或服务于土地制度改革，因此，这些国家的农地金融机构在设立之初就只从事农地贷款业务，并不从事诸如吸收储蓄存款、结算等银行业务，形成只从事农地贷款业务的专业性金融机构。德国的土地信用合作社、美国的联邦土地银行都属此类。但由于存在对结算、债券兑付等银行业务的需求，为降低成本，这些银行业务均委托附设、联合的银行或其他银行办理，甚至贷款业务也委托有广泛分支机构的银行代为发放。如日本的农林渔业金融公库的大部分贷款委托各级信用合作社代为发放。

但是在一些国家，农地金融机构从事的业务有多元化趋势。在中国台湾，随着农村土地制度改革的完成，农地金融机构的业务量萎缩，迫使台湾的土地银行从事一些相关的银行业务，以求得生存和发展，目前它已经成为从事不动产金融的国际性银行，它目前的农地金融业务只占很小比重。而菲律宾的土地银行则为了补贴农地金融业务的亏损，开展商业性贷款业务。

13.2.4　农地金融机构的资金来源

农地金融机构只提供农地贷款的专业化属性，以及农地贷款的长期、低利、风险大的特性，使得农地金融机构不可能像商业性金融机构通过吸收存款解决资金来源。因此，发行土地债券、借入政府资金和吸收社员存款是其三大资金来源。不同国家、不同时期、不同农地金融机构的资金来源有所差异。美国和德国的农地金融机构的资金主要来源于发行土地债券，日本农林渔业金融公库资金主要来源于邮政储蓄和邮政简易保险等政府资金，中国台湾土地银行则以吸收存款和借入金融市场资金为主要资金来源。

13.3　借鉴国外农地金融制度的经验，建立我国的农地金融制度

13.3.1　近期选择经济发达地区的农村信用社作为试点，开展农地金融业务

从国外农地金融制度发展的历史看，农地金融制度的建立必须有明确的目的，才能在政府主导下，建立起高效的农地金融制度。各国农地金融制度建立的目的主要有两个：配合农村土地制度改革和给农业、农村发展提供长期、低利资金。从我国农村的现状看，将为农业、农村发展提供长期、低利资金作为农地金融机构设立的目标，不仅可行，而且紧迫。这是因为，首先对全国农村实行土地改革近期尚不具有可操作性。其次，我国农村金融体系的主力——农村信用社，由于规模、资金来源的限制只提供中、短期的信贷，服务于农业的政策性金融机构——农业发展银行，它的贷款领域也只涉及粮、棉、油收购这样的短期贷款，但随着经济的发展和农民城市化进程的加快，对长期资金的需求增加，以致形成巨大的资金缺口，导致农村高利贷的盛行。因此，农地金融制度的建立应以形成对长期资金的供给为目的，也就是说，当前对农地金融业务的需求量较小，不需要建立专门的机构，只需要对现有农村金融机构进行改造，使之能够开展农地金融业务的试点工作。再次，从各国农地金融的产生背景看，相对发达的农地交易市场的形成是建立农地金融制度的前提。由于劳动力市场的

发达与土地租赁市场的发展成正比，在经济发达地区，劳动力市场发达，劳动力的非农化程度较高，形成了全国最“发达”的农地交易市场。农业部的资料显示：2000年底，全国农地流转率5%～6%，20世纪90年代初期，这一比例为1%左右，其中发达地区农用地流转和集中的比例相对较高，如浙江省土地流转面积占承包土地面积的13%，而内地不发达地区则不到1%。因此，选择发达地区作为农地金融机构的试点地区具有可行性。最后，在农地金融制度的信用主体的选择上，农村信用社作为现有农村金融体系的主力，与农业、农村联系密切，有从事农村金融业务的实践经验，且网络分布广泛，能确保资金在农业、农村体系内循环，如果能贯彻合作原则，则更有利于农地金融业务的顺利开展。对农村信用社而言，在政府扶持下开展长期农地抵押贷款业务，拓展了业务范围，发挥了业务优势，更好地利用现有资源，获得收益、稳定客户，对于其长期发展非常有利。所以，将发达地区的农村信用社作为农地金融业务的试点机构是最佳选择。

13.3.2 中长期，应在政府扶持下成立土地银行

将发达地区的农村信用社作为农地金融业务的试点机构近期看是可行的，但应看到仅利用农村信用社作为从事农地金融业务的唯一信用主体，不利于农地金融制度的发展。这是因为：一方面由于农村信用社自身的管理水平和人员素质都较低，特别是作为小型的农村金融机构在资金来源上严重不足，而农地金融业务又需要大量的、长期的低利资金，所以，随着农地金融业务规模的扩大，缺乏资金来源和专业化水平低将成为农村信用社扩大农地金融业务的主要障碍。另一方面，从国外的经验看，发行土地债券将是农地金融机构筹集资金的主要渠道，债券的顺利发行，必须以较高信用等级的金融组织为依托，农地金融业务的高风险、低收益的特性也使农地金融组织应与政府关系密切，以利于获得合理的补偿和扶持，因此要求农地金融组织应具有较高的层次。所以从中长期看，借鉴国外经验，在政府扶持下建立全国性的土地银行符合农地金融业务发展的趋势。最终形成上层为全国性土地银行，负责资金的筹集和与政府的关系，下层为农村信用合作社的分支机构负责贷款的发放及回收业务，这种复合型组织体系可以最大限度地降低运营成本，提高效率。

在成立土地银行的过程中应注意发挥政府的作用。政府一方面通过制定完备的农地金融法律，为农地金融机构的运作创造良好的环境，另一方面通过出资资本金扶持农地金融机构成立。在土地银行的运行中，在财力许可的条件下，建立对农地金融机构有效的利益补偿机制。当然，农地金融制度的长期稳定发展要求农地金融机构必须具有可持续性，因而逐步减弱政府在农地金融制度中的作用至关重要。

14 博弈与均衡：农地金融制度绩效分析

——贵州省湄潭县农地金融制度个案研究与一般政策结论

14.1 研究背景与方法

在二元经济结构转变过程中，农业中长期信贷投入不足是一个十分突出的问题。土地金融制度就是为解决这一问题而进行的制度创新。土地金融是利用土地作为长期信用的担保品来获取资金融通的一种长久性金融流通措施，通常称为土地抵押信用（张德粹，1979）。完善的土地金融制度在聚集资金、分散风险与配置土地资源上具有突出的作用。在城市，由于城市土地多与房产相结合，因而城市土地已与机器、设备、厂房等长期抵押物一样取得了一般抵押物的特性。因此人们通常所称的土地金融多专指农地金融，或者说农地金融完全体现着土地金融的特征。

当今世界上，大多数发达的市场经济国家和地区都建立了较为完善的农地金融制度。严格地说，中国大陆历史上从未真正建立过农地金融制度①。20 世纪 80 年代后期以来，国内学术界对在中国大陆建立农地金融制度的现实条件及障碍因素进行了讨论，并取得了一些创建性的成果（袁绪亚等，1995；尹云松，1995；吴文杰，1997）。贵州省湄潭县还于 1988 年开始进行了农地金融改革试验，为了向县域非耕地资源开发项目提供资金支持，湄潭县在中央和地方的资金、政策支持下，成立了土地金融公司，向土地经营者发放农地使用权抵押信贷。1997 年经原土地金融公司改建的湄潭土地开发投资公司，因亏损严重被撤销。这一结果标志着农地金融制度试验的失败。湄潭试验虽然失败，但中国建立农地金融制度的探索并不能因此而中止。在中国加入 WTO、农业发展进入新阶段的大背景下，农业资金问题更加突出，中国农地金融制度建设更具紧迫性与必要性。为了总

① 20 世纪初，晚清时期天津曾出现过办理中长期抵押业务的殖业银行。20 世纪 30 年代在西北地区，民国政府官办的农民银行曾在其业务范围中规定过抵押信贷业务。但事实上，二者都未办理过土地金融业务。

结湄潭试验的经验教训，给中国农地金融制度构建提供借鉴，2001 年 3～4 月，课题组一行 4 人深入贵州省湄潭县，对农地金融制度构建、运行直至失败的过程进行了全面深入的实地调查。在调查中，我们获得了大量有关制度参与各方不同反映行为的翔实资料。这些资料为深入剖析湄潭县农地金融制度试验失败的原因及经验提供了实证支持。

20 世纪 70 年代后期以来兴起的现代博弈理论，为研究经济行为的内在机理提供了先进的分析工具。传统经济学的局部均衡分析与一般均衡分析方法，往往舍掉了经济现象的微观主体的相互影响与相互作用，从而难以对日益复杂的经济现象做出精确的解释。博弈论的产生则克服了这一缺陷，它从经济个体之间直接的相互作用出发，研究个体行为之间的交互作用及其均衡，分析由此表现出来的经济规律与经济现象，以及由此反映出来的经济关系与效率意义①。中国农地金融制度构建过程蕴含着复杂而深刻的经济行为机理，需要深入到个体经济行为的相互作用及互动过程中去分析。因此，本文运用博弈论方法，通过对湄潭农地金融制度试验过程及其失败成因的分析，试图得出中国农地金融制度构建的一般性建议，为新时期中国农地金融制度构建方案的形成提供理论依据。

14.2　机构组建中的博弈与均衡：制度安排失当

14.2.1　理论分析

农地金融制度构建的第一步，是要建立支撑制度运行的组织体系。组织体系构建实质上是金融资源及相关利益的重新分配和调整过程，这就必然会引发各参与方的博弈过程。

1. 农地金融制度构建模式分析。在当今世界上，以德国、美国与日本为代表的一些国家的农地金融制度比较成熟。德国早在 1770 年就率先发展了农地金融。德国农地金融制度的主要特点是抵押土地债券化。组建方式是先组织各地的土地抵押合作社，然后向上发展成为联合社及联合银行。美国于 20 世纪初建立了农地金融制度。在组建方式上，美国采取了自上而下的方式，即先由政府拨款充当联邦土地银行的股金，发行土地债券，同

① 在此意义上，博弈均衡分析与传统经济学的局部均衡分析与一般均衡分析有着本质的区别。参见谢识予：《纳什均衡论》，上海财经大学出版社，1999。

时分区辅助农民组织联邦土地银行合作社。在组织方式上，美国采取了银行及合作社双重体制。日本农地金融实践始于19世纪末期，它充分借鉴了欧洲经验，并结合本国实际大胆创新。日本特设了农林渔业金融公库——国家土地银行，向农、林、渔业的永久性建设提供长期低息贷款。同时，日本政府还曾向几家长期性金融机构——日本劝业银行、农工银行、北海道拓殖银行投入大量官股，授权这些机构办理土地抵押信贷业务。大藏省（即日本财政部）对这些金融机构的业务进行严密的督导与管理[①]。

由于组建农地金融制度的初衷不同，经济发展阶段、社会文化特征等方面也存在着差异，各国的农地金融构建模式形式各异。但是，各国的共同之处在于：农地金融制度是要形成一种以土地产权维系的借贷双方之间的社会化的风险分摊机制，以此引导社会资金流入农业部门。在政府资金和政策扶助下，农地金融制度不同的构建方式都是要通过各种制度安排使借贷双方的风险在外部得以最大限度地缓解，在内部得到合理的分摊。这些制度安排大致包括：（1）组织土地抵押合作社，以一个团体的形式，向外发行土地债券筹措资金，减少社会资本投资农业的风险。（2）土地抵押债券的流通进一步扩大信用风险的分摊范围。（3）筹办政策性金融机构，以国家信用及国家对业务的严格监督来消化信用风险。

2. 地方政府推动下的农地金融机构组建。改革开放以来，中国经济表现出较多的地方主导型特征。地方政府具有独立的利益目标，并拥有资源配置权。在制度创新过程中，特别是在从强制性制度变迁向诱致性制度变迁过程中，地方政府往往在制度供给与制度需求中间起重要作用。中国的经济改革是渐进式改革。任何改革措施往往都要经过局部试验、修正和完善、再逐步推广等阶段。农地金融制度是一种外生性的制度，缺乏内在的成长基础。因此农地金融制度构建必然由地方政府推动从地方的局部试验开始。地方政府推动下的农地金融制度构建有两个问题需要解决：一是要不要构建农地金融制度；二是采用何种方式构建制度。前一个问题可以具体为制度构建中的付费问题，即有人付费，则构建制度；无人付费或付费不足，则放弃制度。后一个问题具体为制度的付费方倾向于构建一种什么样的组织体系。

① 关于德国、美国、日本等国农地金融制度实践的详细描述，参见张德粹：《土地经济学》，国立编译馆，1979年。

农地金融制度产生、成长、完善于西方国家。自然而然地它会带上西方经济、文化以及历史的烙印。西方农地金融制度的有效运行不可避免地与这样一些因素息息相关：资源配置以市场为主导；有完善的土地产权市场体系；符合西方民主观念等。在中国，农地金融制度面临的制度环境大致包括：(1) 农地所有权归国家或集体。非经国家有关土地管理部门批准农地不得买卖。目前民间大量进行并被国家认可的只是农地使用权的转让，但一般农地使用权的抵押并未获得法律保护[①]。(2) 非经国家有关土地主管部门批准，农地严禁非农化使用。(3) 农业经营以家庭承包经营为主体，这种平均主义的土地承包方式导致农地细碎化特征十分明显。(4) 农民自主经营积极性较高，但是，土地经营权、收益权受到侵犯的现象时有发生。(5) 农民的社会保障水平极其低下，离土农民往往有后顾之忧。农地往往是农民难以割舍掉的安全性资产，具有很强的保障功能。(6) 中国农业至今仍处于负保护状态（徐逢贤，1999），农业投资逆常规变动，农村资金非农化特征十分显著（罗剑朝，1994）。

作为一项外生性的制度安排，在中国引入农地金融制度，它往往会与中国特有的制度环境之间产生摩擦。农地金融制度面临着两种摩擦成本：(1) 解放思想的摩擦成本，即由土地使用权可否抵押、转让、变现等思想束缚引起的成本。(2) 直接的利益冲突引发的摩擦成本即由地方政府、中央政府、农村金融机构、土地经营者、企业等各自收益与成本对比不均衡引起的成本[②]。

农地金融制度构建中的参与方不外乎中央政府、地方政府、中央银行、农村金融机构、地方企业及土地经营者。在这些参与方中，地方政府、农村金融机构、地方企业、土地经营者构成了农地金融这一地方性公共产品的潜在付费者。农地金融制度创新成本除地方政府之外，其他参与方不愿或没有能力去为之付费。其理由是：其一，中央政府、中央银行、

① 《中华人民共和国担保法》第三十七条第二项规定：“耕地、宅基地、自留地、自留山等集体所有的土地使用权”不得抵押。同时，作为除外规定还存在如下条例，第三十四条第五款规定：“抵押人依法承包并经发包方同意抵押的荒山、荒沟、荒滩等荒地使用权；”第三十六条第三款规定：“乡（镇）、村企业的土地使用权不得单独抵押。以乡（镇）、村企业的厂房等建筑物抵押的，其占用范围内的土地使用权同时抵押。”

② 关于制度变迁引发的摩擦成本及构成情况，可参见金雪军、章华：《制度兼容与经济绩效》，载《经济学家》，2001 (2)，31－35 页。

农村金融机构、地方企业及土地经营者在没有新制度的情况下，处境不会变得更坏；其二，费用之大也超出了其他主体的支付能力①。这样，其他参与方的最佳策略是等待，最后的“付费”主体只能是地方政府。地方政府作为独立的利益主体，也有积极性去推动制度创新。一方面，从经济的角度去考虑制度创新带来收益，促进地方经济繁荣，有利于政府财政收入增加。另一方面，出于政治上的考虑，地方领导人也倾向于推动农地金融制度构建。地方领导人的积极创新，抛开政绩不说，往往被评价为锐意进取，富有魄力，这会给个人升迁带来好处。地方政府与其他参与方的博弈行为及结果可以概括为博弈模型。模型的参与方为地方政府与其他参与人。双方的策略空间都是付费、不付费。最后双方形成的纳什均衡为：地方政府付费，其他参与方不付费②。

地方政府作为唯一的付费方，对农地金融组织体系的构建有绝对的影响力。由于现行农村正规金融存在着缺位（杜朝运，2000），地方政府有积极性去拓宽融资渠道。更是由于地方政府往往倾向于选择一个能施加更大影响力的机构，它必然会倾向于组建专门的土地金融机构。并且，土地金融机构会设定为一个以土地抵押贷款为主其他贷款为辅的机构。这样，由地方政府推动制度建设促进了农地金融制度的尽快形成，但地方政府并未将着眼点放在如何塑造一种风险分摊机制所需的组织体系上，结果难免会形成“制度移植”现象③，造成制度安排失当。

14. 2. 2　湄潭农地金融组织体系的构建过程④

1. 背景。湄潭县地处贵州省北部，是经中央 1987 年 5 号文件批准的中国首批改革试点县。县域总面积 279. 64 万亩，其中丘陵、山地面积

① 相对于中央对地方性公共物品的支持来说，中央政府的支付能力也是不足的。

② 纳什均衡是美国数理经济学家约翰·纳什在 1950 年和 1951 年所提出的非合作博弈中的均衡解，具体含义为：在完全信息静态博弈中，假设有 n 个行为主体参与博弈，在给定其他行为主体战略的条件下，每个行为主体选择自己的最优战略，所有参与主体选择的战略就构成一个战略组合。纳什均衡就是指由所有参与主体的最优战略所组成的战略组合。换言之，在给定别人战略的情况下，没有任何单个参与主体具有选择其他战略的积极性，从而没有任何人有积极性选择其他战略。参见张维迎（1996）。

③ 指不考虑本地的制度环境而将外来的制度照抄照搬的现象。

④ 文中有关湄潭农地金融制度建设的资料，均来自贵州省委农村政策研究室与中共湄潭县委员会编著的《土地制度建设配套试验》，153 – 258 页。

216.98 万亩，占总面积的 77.09%。

1987 年，湄潭县作为农村土地制度建设试点县，实行了在承包期内“增人不增地，减人不减地”的改革措施。这一措施切断了新增人口与现有耕地再分配的联系。同时，随着人口的不断增加，农户在挖掘现有耕地潜力的同时，还有积极性去开发耕地以外的非耕地资源（荒山、荒坡、荒丘等）。

为此，试验区领导小组于 1987 年提出了有计划开发非耕地资源的构想，并将其列入土地制度建设试验的重要配套项目。据湄潭县农业综合区划资料，1987 年全县非耕地资源面积为 75.6 万多亩，占县域总面积的 25.3%。非耕地资源中，可以直接开发利用的有 62.7 万多亩，占县域总面积的 20.9%。非耕地资源开发需要投入的资金数量极其庞大。据湄潭县 1989 年制定的非耕地资源开发实施计划中 1991—1997 年开发项目共需资金投入 1 亿元。这样大的资金需求对湄潭这样的西部贫困县来讲，仅靠当时政府的财力是难以承担的。地方政府已经意识到，必须积极动员各方力量，引导财政、信贷以及个人资金向农业投入。因此，成立一个专业性的土地金融机构以专门支持县域非耕地资源开发的改革试验思路便应运而生了。

2. 筹建湄潭县土地银行。湄潭县创建土地银行的想法，始于 1988 年 2 月。成立这样一种专门承担农业中长期信贷职能的金融机构，旨在为当时湄潭县推行的非耕地资源开发和中低产田改造融资。同时，土地银行的筹建也是推进农村金融体制改革促进土地流转与集中，建设土地信用制度所必需的。

建立土地银行需要许多条件。这些条件包括制度条件、资金条件和人员条件等，当时这些条件已基本具备。（1）制度条件主要包括：第一，以土地使用权作担保的农业中长期信贷投资，已在湄潭县实施过。该县联合乡核桃坝村以 90 亩优质茶园作抵押，通过县财政局作担保已从农业银行获得 20 万元中长期贷款，新开茶园 1 100 亩，果园 500 亩。永兴乡果树专业户陶鸿飞以现有的 15 亩柑橘园作抵押，从农行贷款 6 000 元，新开果园 46 亩，并保证 3 年还清贷款。第二，在不改变土地集体所有权的前提下，建立土地使用权抵押制度，促进土地合法流转与适度集中，国家政策是允许的。第三，根据中央允许试验区可以突破某些现行政策的规定，可以放宽对组建土地银行的限制。（2）注册资金来源：一是乡村收取的土地承包费、土地租赁费以及耕地占用费；二是中央和省下拨到县的农业中长期建设投资款；三是县财政周转金；四是中国农村信托投资开发公司的入股资金。各条渠道筹措的资金可达2 000万元以上。（3）人员配备：一是县人行和农行支援业务干部；二是县机关裁减的人员；三是面向社会公开招聘。试验区领导小组认为，土地银行属非营利性质的合作金融组织。土地银行的基本职能是：通过土地和其他资产的抵押发放农业中长期投资信贷，主要用于土地的整治、开发和流动集中，促进农业持续稳定发展。土地银行开展的主要业务范围是：通过集股方式扩大资金储备；通过土地使用权抵押发放土地整治与开发的中长期贷款，并受政府委托办理贴息贷款；对抵押后无力赎回的土地进行土地使用权的招标发包、出租或拍卖；协助政府与乡村连片整治开发土地资源。由于土地银行的非营利性质，开展的又是中长期投资信贷，国家应给予土地银行在利率、税收等方面的优惠政策。

湄潭县试验区的改革思路受到了当时的中央农村政策研究室、贵州省委农工部、遵义地区人民银行和农业银行、湄潭县财政局、湄潭县人民银行和农业银行等单位的赞同和支持。

由于土地银行是新生事物，没有成熟的经验可以借鉴，湄潭县于1988年8月6日举行了论证会。会议参加方包括金融界、土地管理局及学术界的代表。与会代表经磋商，一致赞成并支持创建湄潭县土地银行。但由于筹建土地银行所需注册资金过于庞大（约2亿元人民币），并要经中国人民银行批准。因此，会议提出了“两步走”方案，即先办“湄潭县土地金融公司”，尽快开业，然后再多渠道促进土地银行成立。会议认为，按“湄潭县土地金融公司”名义，自筹资金500万元，注册资本金1 500万元，即可开业。

在各方的推动下，1988年8月15日，湄潭县土地金融公司挂牌成立。公司注册资本金300万元，是实行自主经营、独立核算、自负盈亏、民主管理的股份制金融企业。它在基本职能、业务范围、人员选派等方面充分体现了原筹建土地银行的设想。土地金融公司总部设在县城，并在各区（镇）设立了办事处。

14.2.3　湄潭农地金融组织体系构建的启示

湄潭县土地金融公司成立的过程，从以下几个方面验证了本章的理论分析。

第一，从制度构建设想的提出直至土地金融公司的成立，地方政府始终给予了积极的支持和推动。地方政府事实上成为制度构建的付费者。尽管试验区领导小组设想的注册资金来源很多，但实际上自有资本金并未落实。原规划的资金来源中：（1）地方财政每年拨付的长期支农资金，在拨改贷以后，这部分出资没有得到。（2）土地使用费没有收齐，因此，这部分资金也未落实。（3）土地占用税本是财政收入，但是，由于多种原因没有足额收齐，这部分资金作为财政出资也未落实到位。（4）中国农村信托投资公司的投资或借款不属自有资本金。原设想的2 000万元注册资本金根本无法落实，甚至论证会重新规划的500万元资本金也没有达到，最终是省、地、县三级财政各出资100万元，形成了土地金融公司的注册资本金。资本金不足也直接促使土地金融公司由原规定的合作制变成了股份制，以准备吸纳社会资本。

第二，地方政府在农地金融组织体系构建中发挥了决定性作用。从设想的提出到组织体系框架的确立，都体现着政府的意志。尽管从形式上举行了多次协调论证会，但基本上是在地方政府设立的框架中调整。土地金融公司成为一个官办的金融机构。它的基本职能设定是为地方经济服务。在它的业务类型中，不仅包括土地抵押贷款也包括乡镇企业贷款等。

本章已指出，农地金融制度是要形成一种以土地产权维系的借贷双方之间的社会化的风险分摊机制。就此而言，湄潭县农地金融组织体系构建过程有如下几点值得肯定。

第一，以地方政府来推动制度建设。地方政府依照其威信及影响力，可以使制度构建成本得以降低。实际上，这等于以政府信用化解了一部分农地金融风险。

第二，向非耕地资源开发发放贷款。发展中国家农地往往是农户的一种安全性资产（Don kanel，1987），中国也不例外。家庭承包经营下的耕地有着十分重要的保障功能，农户与耕地的关系十分紧密。非耕地资源则游离于家庭承包经营制度之外，基本上不具备保障功能，而以发展功能为主，这就从外部削弱了土地流转带来的社会风险。

但是，把农地金融制度的构建仅仅看成是组建一个专门发放土地抵押信贷的土地银行，则显然是对农地金融制度的误解。因为，这并未从组织上保证形成一种社会化的风险分摊机制。实际上，利用土地银行开展农地金融业务与利用现有的农村金融机构开展农地金融业务基本没有什么区别，而县城现有农村金融机构凭借资金实力、业务经验以及多元化的经营战略，更易于控制农地金融风险。正因为如此笔者认为，湄潭县农地金融制度安排失当。因为这种制度安排使土地抵押信贷风险过度集中于土地金融公司。在土地市场以及证券市场发育并不完善的情况下，土地证券化实际上无法操作。土地金融公司既集中了较其他金融机构更大的风险，又无法通过社会化的风险分摊机制化解，经营失败是在所难免的。

14.3　资金运行中的博弈与均衡：制度运行低效

在完成农地金融组织体系构建后，制度构建的下一个环节就是要形成业务运行的良性机制。围绕资金贷放和回收中的利益调整，土地经营者、其他贷款人与土地金融机构展开博弈。

14.3.1　土地金融机构的贷款业务结构与策略选择

土地金融机构不以盈利为目的。它的目标是要在保本微利的基础上实现土地使用权抵押贷款规模的最大化。这样，土地金融机构发放土地使用权抵押贷款与其他贷款的比例，则取决于土地使用权抵押贷款规模最大化与保本微利两个目标之间的权衡。土地使用权抵押贷款不以盈利为目的，注重贷款的社会效益，其他贷款以盈利为目的，满足土地金融机构日常运作费用的需要。

根据以上分析，笔者把向土地金融机构提出贷款的申请者，从贷款类型与经营能力两个角度划分，形成了土地金融机构的四类贷款人：经营能力强的土地经营者；经营能力差的土地经营者；经营能力强的其他贷款人；经营能力差的其他贷款人。按照上述目标，土地金融机构针对贷款申请人的博弈策略有四个纳什均衡：（1）对经营能力强的土地经营者，优先审查，重点发放土地使用权抵押贷款。（2）对经营能力差的土地经营者，优先审查，不发放土地使用权抵押贷款。（3）对经营能力强的其他贷款人，推迟审查，限量发放其他贷款。(4) 对经营能力差的其他贷款人，推迟审查，不发放其他贷款。

14.3.2　信息不对称条件下土地经营者与其他贷款人的应对策略

1. 一般概况。上述土地金融机构的贷款业务结构与策略博弈的纳什均衡是在完全信息假定的基础上建立起来的。完全信息在这里指土地金融机构充分了解贷款人的经营能力。然而实际的土地金融机构的业务运行是在不对称信息的条件下进行的。特别是在缺乏权威中介机构和财务制度不健全的条件下，贷款人要让自己符合土地金融机构的贷款条件，可以创造出有利信息。这使不论是土地经营者还是其他贷款人都强化了“提出贷款申请”这一策略。

2. “土地使用权丧失威胁”条件下土地经营者的博弈与策略。农地金融制度设定，若土地经营者不能如期归还贷款，则收回其土地使用权，并用土地使用权拍卖、出租或转让之后获得的资金，抵补土地金融机构贷款本金与利息损失。从理论上讲，这种制度安排对打算申请土地使用权抵押贷款的土地经营者是有威慑力的，因为土地经营者不得不考虑土地使用权丧失问题。即使是这样，土地经营者申请贷款的积极性也没有任何削减。对此笔者的解释是土地经营者的理性预期。因为，土地经营者非常清楚：(1) 农地使用权是难以变现的。目前农村社会保障水平低下，农业项目比较收益低，再加上其他因素的影响，农村土地市场发育迟缓。(2) 土地金融机构不能自己经营土地。变不了现金的土地在土地金融机构手中不但不能实现收益，还会加大费用。这样土地使用权丧失的威胁就是不可置信的。因此“积极申请”就是土地经营者的占优策略。

土地经营者也有经营能力强的土地经营者与经营能力差的土地经营者。经营能力强的土地经营者积极申请贷款是制度良好运行的基础。但是，问题在于经营能力差的土地经营者在不完全信息条件下，通过各种措施，可以把自己伪装成为一个经营能力强的土地经营者。由于缺乏经营能力，经营能力差的土地经营者申请到贷款后，并不能产生利润。于是，他的最佳策略就是：积极申请贷款，然后赖债不还。笔者把经营能力差的贷款人设法申请贷款的行为叫做不完全信息条件下经营能力差的土地经营者的道德风险。这种道德风险加大了土地金融机构的信贷风险，迫使土地金融机构改变策略。

土地金融机构能做的无非是严格审查程序，将经营能力差的土地经营者剔除出去。但是，由于信息不对称问题的存在，原设定的审查手续不足以区分不同类型的土地经营者。同时，土地使用权丧失不可置信的威胁也为土地金融机构所掌握。土地金融机构会严格贷款条件，在土地使用权抵押条件上添加其他比较可靠的担保或抵押条件。贷款条件的严格化加大了土地经营者的贷款成本。

贷款成本的加大对不同经营能力的土地经营者的影响是不一样的。对经营能力强的土地经营者，他要权衡贷款成本与经营收益。只要贷款成本没有高过由此而带来的经营收益，经营能力强的土地经营者的策略是积极申请贷款，反之，则放弃申请。对经营能力差的土地经营者来说，他也会权衡成本与收益。与经营能力强的土地经营者不同，他的贷款成本包括造假所需成本加上谋求其他贷款条件的成本，他的贷款收益则是全部贷款金额①。一般来说经营能力差的土地经营者相对于经营能力强的土地经营者有更大的盈利空间。只要信用机制不健全的情况存在，贷款成本加大对经营能力强的土地经营者与经营能力差的土地经营者的影响是不一样的，它对前者的约束大于对后者的约束。这会使一部分经营能力强的土地经营者率先放弃贷款申请，从而使土地经营者贷款申请人整体经营能力下降。

针对这一情况，土地金融机构将会进一步严格贷款申请条件。这一措施对经营能力强的土地经营者的约束仍然会大于对经营能力差的土地经营者的约束。这又会促使一部分经营能力强的土地经营者退出贷款人队伍，从而促使土地经营者整体经营能力进一步下降。但是，存在较大盈利空间的经营能力差的土地经营者的策略仍是：提出贷款申请。这又会导致新一轮的博弈过程。

土地金融机构与土地经营者多轮的博弈的结果是，土地经营者整体经营能力不断下降，土地使用权抵押贷款成本不断攀升，贷款质量不断下降。最终，促使土地金融机构对土地使用权抵押贷款的策略变为：严格审查，限量发放土地使用权抵押贷款。这就构成土地金融机构与土地经营者之间唯一的纳什均衡。这实际上是使制度异化了。

---

① 这是基于他“积极申请，赖债不还”的策略来说的。

3. “政府干预”下其他贷款人的博弈与策略。土地金融机构的土地使用权抵押贷款属于其政策目标，而其他贷款则属于经营目标。这符合土地金融机构保本微利的性质规定。但是，其他贷款人掌握如下信息：地方政府出资“官办”的土地金融机构的经营目标是多重的，并且这种目标往往受地方政府左右。在信息不对称的情况下，其他贷款人可以使自己的任何经营活动贴上服务于政策目标的标签，并利用各种游说活动取得地方政府的支持。虽然土地金融机构的原有策略是推迟并严格审查其他贷款人的贷款申请，再对合格者限量发放其他贷款。但是，地方政府的支持往往使其他贷款人的贷款申请取得了优先审查的资格。土地金融机构只好大量发放该类贷款。

其他贷款人中也有经营能力强的贷款人与经营能力差的贷款人。经营能力强的其他贷款人取得贷款并如期还本付息，无可厚非。但是问题在于，经营能力差的其他贷款人是不具备偿本付息能力的。他们的最佳策略是：积极申请贷款，然后赖债不还。这会给土地金融机构带来经营上的损失。

但是，土地金融机构是无法克服这种不良贷款的。在地方政府干预下，土地金融机构的策略只能是：优先审查，大量发放其他贷款。这也构成了土地金融机构与其他贷款人之间的纳什均衡。

以上博弈过程最终使土地金融机构的经营策略均衡变为两重纳什均衡：（1）对土地使用权抵押贷款严格审查，限量发放。（2）对其他贷款，优先审查，大量发放。这一方面表明制度的异化，另一方面暗含着制度运行中存在着大量的道德风险。道德风险指经营能力差的土地经营者与其他贷款人创造出的貌似合格的贷款条件的行为。这使土地金融机构的经营风险加大了，并最终促使土地金融机构资不抵债，导致制度失败。

14.3.3　湄潭农地金融制度的资金运行状况

湄潭土地金融公司的资金运行过程与经营实践证明了笔者的上述分析。

第一，湄潭土地金融公司不但发放采用土地使用权抵押的农业开发贷款，而且还办理其他贷款。其他贷款包括：农田水利贷款，水电建设贷款，乡镇企业贷款，国营企业技术改造贷款，运销业贷款等。

第二，公司主营贷款业务在运行中困难重重。根据湄潭县土地金融公司章程中有关公司业务经营范围的规定，土地金融公司通过土地抵押方式，发放农村中长期投资信贷，参与支持耕地的整治以及非耕地资源的开发。然而，在实践中，湄潭县土地金融公司为非耕地资源开发贷款建立了一种贷款担保体系。公司建立了6种担保抵押办法，主要内容有：财政担保、事业单位担保、经济实体担保、个人财产担保、股金担保、承包土地及地面附着物担保。承包土地及地面附着物担保仅构成非耕地资源开发贷款的一种担保形式。

我们可以通过表14－1来分析主营贷款业务在公司中地位的变化。

表14－1　　湄潭县土地金融公司农业开发性贷款比重表　单位：万元,%

期间	农业开发性贷款	贷款总额	农业开发性贷款占贷款总额比重
1988. 8. 15～1989. 2. 28	55. 8	73. 8	71. 60①
1988. 8. 15～1989. 4. 30	51. 8	121. 8	42. 53②
1988. 8. 15～1990. 2. 28	68. 6	440. 2	15. 58③
1991. 1. 1～1991. 12. 31	121. 7	457. 2	26. 62
1988. 8. 15～1992. 9. 31	210. 6	1 354. 7	15. 55

数据来源：根据土地金融公司及土地开发投资公司（1991年由土地金融公司改建）有关汇报材料整理。

注：①②栏目数字不包括从中国农村信托公司借入的世行贷款执行的数字。③该栏目为从中国农村信托公司借入的世行贷款执行的数字。其他栏目为土地金融公司与土地开发投资公司自有资金放贷及世行贷款项目数字之和。

按照土地金融公司章程规定，公司可以发放采用土地使用权抵押的农业开发性贷款和其他贷款，但二者的比例应控制在3:2之内。但在实际运行中，土地金融机构的业务重心显然偏离了，并且这种偏离随时间推移而加重。如表14－1所示，农业开发性贷款占贷款金额的比重从71. 6%下降为15. 55%，这恰好说明了这一趋势。同时，贷款资金的安全性也很成问题。农业开发性贷款一部分无专人分管，即使有人分管也因责权利不落实而效果差。同时，因公司下面无网点，人少面广费用高。据公司1992年10月的报告，截至当年9月底，农村贷款大部分到期，本息均难收回，造成公司效益下降。

第三，地方政府的干预对公司业务造成很大影响。土地金融公司曾在地方政府干预下向湄潭茶厂、湄窖酒厂提供贷款264.9万元，对烤烟、茶叶两大产业也给予了相应支持。由于地方政府对一些项目的调查不够充分，且存在盲目乐观的现象，由此造成土地金融公司的劣质贷款的比例相当大。土地金融公司向乡镇企业的贷款，受乡镇企业破产倒闭的影响，也形成了大量资金沉淀。

第四，土地金融公司的最终经营状况也证明了笔者的分析结论。截至1997年，湄潭土地金融机构共形成550多万元的不良贷款，因而被勒令撤销。湄潭农地金融制度试验失败。

14.4 结论与政策建议

通过湄潭个案的博弈分析，笔者认为，湄潭试验失败的原因是：制度构建的着眼点没有放在如何塑造一个适合中国国情的农地抵押社会化的风险分摊机制上。在组织体系构建上，没有充分利用现有农村金融机构，因而缺乏良好的组织基础。在业务运营上，缺乏一整套规避与分散农地金融风险的有效的运行机制与制度安排。由于上述各方面原因，农地金融制度运行绩效很低，并最终导致试验失败。湄潭试验具有一般意义，它为中国农地金融制度的构建提供了十分宝贵的经验。

1. 由地方政府“付费”，启动农地金融制度建设。正如文中分析的那样，由政府投资启动农地金融制度建设是各方理性博弈的结果。而且，依靠政府的影响力，制度建设的成本可能会得以降低。地方政府投资的负面影响是过多的行政干预。因此在新的农地金融制度构建中，地方政府要转变政府职能，规范政府行为，减少行政干预提高行政水平，为农地金融制度顺利运行创造良好的外部条件。这主要包括：（1）从政策上鼓励土地经营者的融资活动，为土地经营者提供生产所需的技术、管理、信息等条件，提高农业项目效益。（2）推动农村小城镇建设，逐步转移农村剩余劳动力和人口，弱化土地的保障功能。（3）建立农地分等定级评估体系，以此带动地区性乃至全国性土地流转市场形成。（4）建立与完善农业保险制度，减少与分散农业自然风险。（5）加快农村社会保障体系建设，形成项目齐全、标准适当、形式多样、覆盖面广的农村最低生活保障制度、农村养老保险制度和农村医疗保险制度，解除农民对农地抵押与转让的后顾之忧。

2. 近期由农村信用社承担农地使用权抵押业务。用最少费用提供定量服务的制度安排才是合乎理性的制度安排（林毅夫，1990）。在农村财政资金不足的情况下，低成本的构建方式不仅是可行的，而且也是从外部减少经营风险的条件之一。针对当前中国农地金融业务量大、资金需要多的现实情况，在政府支持下，由现有农村金融机构来承担农地金融业务是制度建设的低成本方式。现阶段，国有商业银行逐步从农村淡出，农业发展银行、农村信用社与邮政储蓄成为目前农村三个基本的金融机构。从组织制度分散风险的角度考虑，农村信用社是近期最佳选择（聂强等，2002）：（1）农村信用社是信贷支农的主力军，它比其他金融机构更易于承担农地金融业务。（2）农村信用社靠近“三农”，网络健全，交易费用低。（3）农村信用社有信息优势，可以有效规避道德风险。随着农村小额信贷业务的实施，农村信用社已经建立了农户信用档案。农户信用档案的建立，可以在某种程度上规避道德风险。相比之下，邮政储蓄与农业发展银行根本无力规避这一风险。因此，笔者认为近期可在农村信用社内部设立“农地抵押信贷部”，专门承担农地金融业务。

3. 构建科学规范的农地金融业务运行机制和信用风险分担机制。由土地经营者以项目计划和土地使用权证向农地金融机构提出贷款申请，农地金融机构根据中介机构的土地评估意见，会同会计、土地等部门对贷款项目进行审查，决定贷款与否。若审查通过则借贷双方签订贷款合同，对贷款金额、利率、期限、违约责任等进行约定，并将合同附件在土地主管部门备案。土地经营者取得资金，按合同约定意向投入使用，并用经营收益逐期还本付息。农地金融机构有权监督项目资金运行情况，并对资金使用中的违规行为进行纠正。若土地经营者经营状况良好，并按规定还本付息，则借贷双方在终止合同关系后，或者续订贷款合同，或者形成稳定的业务关系。对于经营不力、亏损严重、不能按期还本付息者或者有意赖债不还者，农地金融机构可依法对土地使用权进行拍卖，拍卖收益用于弥补贷款本金和利息收入。这样做可形成“抵押—贷款—增值—变现”的良性农地金融链条。

4. 中央政府与中央银行对农地金融业务进行扶植与监督。针对目前农地使用权流转的现实状况，中央政府应在调查研究的基础上，有步骤、分阶段地放松农地使用权抵押的有关限制。现行《土地管理法》、《农业法》、

《担保法》、《森林法》等法律对农地抵押的有关限制，也应逐步予以解除。中央银行对农地使用权抵押业务应给予资金、利率上的优惠，同时，从业务上加强对这一政策性业务的监督。

15 台湾地区农地金融制度及其对大陆的借鉴作用

15.1 台湾地区农地金融制度的建立与发展

台湾的土地银行成立于1946年。其前身是日本劝业银行的台湾支行，于民国三十五年改为今名。原有的台北、新竹、台中、台南、高雄5个劝业银行支行，经政府接收后，乃改台北行为台湾土地银行总行，新竹、台中、嘉义、台南、高雄、基隆等市区设土地银行分行，又在本省各市镇增设支行或办事处，构成了遍布全省的金融网。土地银行的职能是调剂台湾农业信贷，发展台湾农、林、牧、渔事业，以及协助政府推行土地政策。据此，可以认定该行应是发行土地债券并贷放长期低利资金的银行，放款的抵押品为土地，放款的主要目的是协助农民购买耕地及进行水利、农、林、牧、渔各业的永久性建设。

台湾土地银行在其建立初期与以后发展的业务范围有很大的不同。概括而论，它的发展经历了四个阶段。（1）20世纪40年代末至50年代初，其经营目标是帮助农民摆脱高利贷盘剥，重点发放农业短期贷款和水利建设贷款，以上两项贷款占当时农业贷款总额的90%以上。这表明，台湾土地银行据其当时的业务而言，只能算是一个普通农业银行，而非真正的土地金融机构。因为这一时期，旧台币剧烈贬值，长期性贷款无法发放。而后，台币改制，经济情况比较安定，扶持自耕农贷款渐次恢复，又因该行未能发行土地债券以获得大量长期资金，亦未吸收大量长期储蓄存款，所放款项多依赖政府支持，或由台湾银行转借而来，这样因资金的来源有限，不能进行长期贷款。（2）1953—1963年，土地银行的主要业务是接受政府的委托承办补贴地价和征收地价的业务，为政府实行土地所有权改革服务。该时期台湾政府为调整农业生产关系，解决土地所有权问题，在推行“三七五减租”的基础上，又实施了“公地放领”和“私有耕地征收与放领”等“耕者有其田”政策措施。通过农地制度改革，台湾基本达到了“耕者有其田”的目标，实现了财富的重新分配，缩小了贫富差距。在此期间，台湾土地银行给农民提供长期购地贷款，保证了台湾土地产权改革的顺利进行。(3) 1963—1973 年，土地银行的业务重点是从事城市土地开发和在农村资助工业区和示范农场的建设。(4) 1973 年以来，台湾土地银行办成了全岛唯一的不动产银行，其业务重点为发展住房贷款，农业信贷只是其兼营的非主导业务。

由此可见，台湾土地银行在前后 50 多年的经营宗旨有着明显的差别。其前期是协助政府推行土地政策，融通地产资金，恢复和发展农业生产。而以后则转变为办理不动产信用，开发房地产业，为发展农业和整个国民经济服务。

15.2　台湾地区农地金融制度的机构及特点

15.2.1　台湾地区农地金融制度的机构

台湾的金融体制既不同于大陆的体制，也与发达国家的金融架构有差异，是一种比较独特的体制。具体说来，台湾的金融体制包括 14 类金融机构。即中央银行、一般银行、外国银行在台分行、中小企业银行、信用合作部、农渔会信用部、信托投资公司、邮政储金汇业局、人寿保险公司、产物保险公司、中央存款保险公司、票券金融公司、证券金融公司。中国农民银行（农业专业银行）、台湾土地银行（不动产信用银行）、合作金库和农渔会信用部等属于专业性农村金融机构，是台湾农村金融活动的核心。在台湾为农民提供中长期贷款的机构，不仅仅是土地银行，还包括了上述专业性农村金融机构。

1. “中国农民银行”创立于 1933 年 4 月，后停业。1967 年 5 月恢复营业至今。其在岛内的分支机构遍及台湾各地，营业宗旨是供给农业信用，促进农业生产，发展农村经济，扶助农业建设并促进农业产销。主要业务是：收受各种存款，办理岛内外币汇兑及货物押汇；办理农业生产贷款、农产品加工运销贷款、农业机械贷款、辅导农民购地贷款等短、中、长期农业贷款。

2. 台湾土地银行是办理土地金融和农业金融业务的专业银行，为省属官营银行，有分支机构 70 余家。其主要业务是：吸收存款，供给各类土地及农业开发资金，办理整建农渔民住宅、农业生产、土地改良、土地重划等贷款以及农渔会贷款、林业贷款、农渔民置产及周转性贷款等。

3. 台湾地区合作金库，是1946年10月由产业金库改组成立的。总库设在台北市，分支机构遍布于台湾城镇乡村，是台湾省合作金融中心，负责调剂全地区合作社、农渔会、合作农场等社团资金，以协助合作事业。其办理的农业贷款业务主要是：农渔业生产贷款、农产品加工、运销贷款、农业金融机构周转贷款、农业低利贷款等。同时也办理一般银行业务，并接受当局委托办理各项特种贷款，以推动台湾合作事业的发展。

4. 农渔会信用部，是台湾农会信用部与渔会信用部的总称，是台湾基层唯一的农业金融机构和合作金融机构。农会信用部的业务主要是：办理收受会员及家庭的各项存款和放款，承办农业贷款及土地金融贷款之转贷，代理乡镇公库收支等。渔会信用部的业务主要有：办理收受会员及家庭的各项存款和放款，承办渔业生产、运销贷款等。

在台湾除上述机构办理农业信贷业务外，还有行政院农业发展委员会农业信用处、省粮食局、省烟酒公卖局、蔗农公司以及其他兼办农贷的一般银行。台湾农地金融机构如图15－1所示。

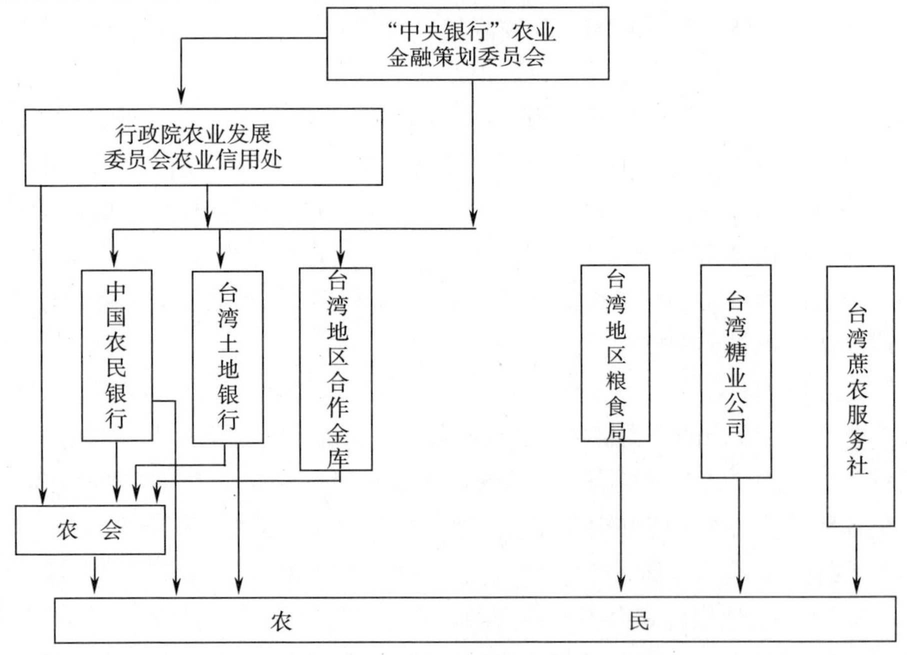

图15－1　农村金融网络

15.2.2 台湾地区农地金融制度的特点

1. 农村金融与合作金融一元化，有机组合成健全的专业金融系统。如上所述，台湾农村金融系统是由最高决策机构“中央银行”农业金融策划委员会及其最基层的农渔会信用部组成的，而台湾的合作金融系统，上层是台湾地区合作金库，基层是农渔会信用部。合作金库既是台湾合作金融系统的中枢，又是台湾农村金融系统的重要组成部分，农渔会信用部更是身兼农村金融和合作金融的基础单元。作为农村合作金融主体的农渔会信用部，行使合作组织资金融通职能，吸收农渔会会员剩余资金，并把绝大部分资金用于发放各项农贷，体现了农村金融机构的功能，同时又承接全省农村合作金融系统的金融和信贷业务。这种农村金融与合作金融一元化的有机组合，对活跃农村金融起了重要的作用。

2. 农村金融网络完善，覆盖地域广阔。台湾农村金融网点众多，遍及各地，形成严密的金融服务网络。台湾农渔会信用部以乡镇和渔区设立，作为台湾金融体系的基层组织，机构普遍。仅以农会信用部为例，2001 年就达 171 家，平均每千户农家拥有 1.4 个信用部，每千公顷耕地上拥有 1.3 家农会信用部，70% 左右的农民借贷往来依靠农会信用部办理。台湾地区合作金库作为台湾合作金融的领导，网点也比较发达，除了在台北市设有总库外，在全省各重要市镇都设有支库和办事处，并在各重要业务地区设立代理处。同时，台湾省合作金库和农会信用部以合同形式委托办理通汇业务，成立通汇处，结成了广泛的通汇网络，从而加强了合作金库、农会信用部之间的横向联系，促进了各成员社团业务的发展，大大提高了农村资金融通的效率。

3. 农地金融管理严格，经营范围具有内向性和区域性。台湾的农地金融管理制度较严格，以规范农贷资金的经营范围。具体表现为：一是农贷资金的使用范围，必须密切配合当局的财经及农渔业政策，以发放农业生产贷款及调节合作社团资金为主要内容，用来支持农会及合作社的发展，促进农业增产，繁荣农村经济。如台湾地区合作金库章程规定，85% 以上资金必须用于发放农业生产、农产品加工、运销、社团复兴等贷款。二是严格限制贷放对象。合作金库及农渔会信用部一般只对社员或本区域内会员实行放贷，并对贷款用途、额度和期限进行严格的审核，以满足农渔业生产、加工、运销等所需资金。如“渔会信用部业务管理办法”规定：渔会信用部的存贷业务等服务活动领域一般只对本会会员，对非会员存款的吸收必须符合一定的要求，经理事会决议通过并须经“财政部”核准，非会员存款的额度，不得超过渔会净值的10倍。台湾农贷制度的严格规定，在一定程度上保障了农贷的性质，减少了农贷资金的外移。

4. 农村资金来源多部门、多层次、多渠道，农贷规模较大。台湾农村资金相对丰富，这主要是由多元化的资金来源所决定的。主要有两方面：一是农村金融机构大多是采取股份制或股份合作制形式，广筹资金。以台湾地区合作金库为例，该库成立初期由台湾地区“政府”出60%股份，台湾的农会、合作社、合作农场、渔会等合作社团出40%股份，共筹集股金10亿元旧台币。二是除金融机构外，还有一些政府及企事业机构也从事农贷供给，而且既有现金贷款也有实物贷款，扩大了农贷的规模。诸如：台湾地区粮食局，为稳定粮价，掌握粮源而向农民提供贷款；台湾地区烟草公卖局，以稳定烟叶原料供应为主，提供一年期信用贷款，包括实物贷款、现金贷款及灾害救济贷款等；台湾地区物资局，提供农贷的目的是调节物资供应，稳定物价；台湾糖业公司，办理蔗农贷款，包括现金贷款和肥料等实物贷款，多为短期和中期贷款。这些非金融系统的农贷客观上为台湾农村经济发展提供了多渠道、多元化的资金来源，对农业发展起了支撑作用。

5. 台湾农业贷款利率不完全是实行优惠低利贷款，而是区分不同贷款性质和不同贷款期限，确定不同的贷款利率水平。一般来说，对专项性质农业贷款和风险较小、期限较短的贷款采用低利贷款，而对经营性农业贷款和风险较大、期限长的贷款采用适当较高的贷款利率。

15.3 台湾地区农地金融制度的主要借鉴作用

农地金融制度设立与土地制度改革要同时进行。台湾土地金融制度的建立是一个渐进的过程，经历了从狭义到广义的土地制度改革。狭义的土地制度改革即地权制度改革，是指对不良地权制度成分所引起的不良土地占有与利用关系的改革，是对已存机制的改建和重构，它以地权改革为主，包括对土地经营方式和利用技术的改革。而广义的土地制度改革，除地权制度改革外，还包括对土地金融制度、土地税收制度以及其他相关政策、制度的改革。纵观台湾农地金融的发展历程，总是把土地金融制度作为土地制度改革的重要内容。土地金融制度的建立和发展促进了地权制度改革，特别是农地制度改革的深入并取得了成功，使农业和农村经济得到了长足发展。党的十一届三中全会后，我国农村进行了地权制度改革，实现了土地所有权和使用权的分离。正是农民拥有了使用权，通过国土部门颁发的土地产权证，为土地抵押提供了可能。而随着土地改革的深入和市场经济体制的建立，实现稀缺土地资源的最大效益流转和配置，解决对农地大量的生产性和建设性投资，从而使我国农地金融制度建立成为必然。

明晰农地产权关系，推动农地流转市场发育是建立农地金融的基础。明晰的土地产权关系是土地金融制度建立的前提，也是农地制度改革的重要内容，二者的归宿是一致的。我国农村土地制度的基本特点是：在坚持土地集体所有的前提下，确立农户经营的主导地位。但是目前这种以所有权和经营权分离的农地产权关系的具体运作中界限和范围较为模糊，主要表现在：土地集体所有者主体究竟是乡、村，抑或村民组不明确，有利可图、收益丰厚时几家争做农地的所有主体；当需投资改造投入时，谁也不愿承认自己是农地的所有主体。农地产权关系的不明晰，抑制了土地有偿承包和有偿转让，导致了农地流转市场发育不良等问题。因此，我国农地在深化改革中，所有权归属集体中的乡、村或村民组的问题亟待解决，只有明确了所属、稳定了承包权，土地使用权流动才能在较大范围内实现，土地流转市场才能正常发育。而土地金融制度是建立在良好的土地流转市场之上的，否则土地金融制度难以健康创建和运作。

建立农地金融制度的目的，是解决农业发展资金的“瓶颈”约束。农业的持续发展，需要向土地进行大量的生产性和建设性投资。然而，受诸多因素影响，我国农业发展资金一直不足，尤其缺乏中长期投入，农业发展缺乏后劲，解决资金不足的问题，可以说是农地制度纵向深化改革的中心内容。建立土地金融制度可以减小资金不足的缺口，增加投入。通过建立土地金融的专门机构，如土地银行、土地信用合作社等，发行土地债券，可以广泛筹措农业以外的社会闲置资金，由政府提供低息、贴息等补贴贷款方式，以土地为信用抵押，向农业提供中长期资金，保证农业和农村经济发展。事实上，土地金融制度建立的主要目的就是解决农业长期信贷资金不足的问题。

农地金融制度建立应遵循政府支持、合作信用原则。由于农地金融业务具有很大的政策性，单纯依靠商业银行以农地为抵押向农民贷款是不够的。从台湾地区的情况看，政府直接或间接对农地金融都予以支持。一是政府或政府金融机构对土地金融机构直接提供大量贴息贷款，或由政府创办的土地金融机构开展土地金融业务；二是政府通过施行利息补贴、损失补偿、特殊准备金等优惠政策，对土地金融进行扶持和引导；三是引导农民以各种方式按合作的原则组成基层土地抵押组织或参加政府创办的土地抵押合作社，以便于管理，降低成本，提高效率。我国土地金融制度现在尚处于尝试阶段，这个新生事物的建立和发展，需要得到政府宏观政策的大力扶持。建立全国自上而下的土地银行等土地金融机构，或发挥基层农村信用合作社的职能，或低息、补贴资金的提供等，没有政府的干预就不可能实现。我国地域辽阔，农业生产地域差异明显，土地利用分散，对土地抵押品的考察、测量、估价及收放贷款等都相当复杂，只有采用合作原则，把农民联合起来成立基层的土地抵押组织，或可考虑利用农村的信用合作社，由它们完成土地抵押的大部分工作，这样就可减少制度成本。

为“三农”服务是商业银行机构的内生业务。城乡一体化、金融现代化，使农村金融与城市金融、农业金融与工商业金融逐渐融合，农业金融成为商业金融机构的主营业务之一，在台湾商业金融对农业信贷资金供给相当普遍。尽管台湾有农业银行、土地银行等农业专业银行和农村合作金融支持农业，但商业银行还是没有放弃农业金融市场，这一点特别值得我们借鉴。我国农业在国民经济中的地位如此重要，而国有商业银行的改革走向却是“撤离农村”，搞市场定位“城市化”。即使长期为农业服务的中国农业银行，在机构上也“收缩农村、拓展城市”，以“城市化”经营为主业，这不能不说是一种偏差。我国的农业政策性金融不够发达，合作金融力量尚嫌不足，支持和促进农业经济的发展，还需要商业银行，特别是国有商业银行多作贡献，尤其是农业银行，在改革方向上要重新定位，应该是“农村化”，而不是“城市化”。

发展农地金融业需要稳定的社会经济环境作支撑。农地金融要以土地作为抵押进行资金借贷，融通的资金主要用于土地的开发、利用和建设，资金数额大，占用时间长，因此需要具备一系列社会经济条件作支撑。首先是政局要稳定。如果战乱频仍，动荡不安，缺乏安定的政治局势，资金借贷双方均无安全感，人们既无进行长期投资发展经济的需要，金融机构也不愿意进行长期贷款，承担巨大风险，因而土地金融很难开展。其次，土地权属关系明确，且具有法律保障。土地金融既然以土地的所有权和使用权为抵押，因而土地权属关系必须明确，并且受到国家法律的确认和保护。否则，土地权属紊乱，土地权属纠纷过多，以土地为抵押的土地金融业务也就难以开展起来。最后，经济持续快速健康发展，币值稳定。农地金融资金借贷时间长，如果经济剧烈波动，币值不稳定，借贷双方都对未来缺乏理性的预期，就会产生恐惧感，借方担心货币贬值，投资无利；贷方担心资金不能保值。这样，以土地为抵押的长期资金融通就困难。

16　中国农地金融制度方案设计

农地金融是农业土地经营者（在土地上从事农业生产经营的主体，包括农场主、佃农等）以土地产权向金融机构融资的行为关系的总和。它是市场经济条件下农村金融体系的重要组成部分，当今世界上大多数发达的市场经济国家都建立了较为完善的农地金融制度。20 世纪 80 年代后期，国内学术界对在中国大陆建立农地金融制度的现实条件与约束因素展开了讨论，取得了一些创建性的成果，贵州省湄潭县还于 1988—1997 年对此进行了试点。但是，目前国内对农地金融制度问题的讨论和实践尚不够深入，完整地适应我国实际的模式构想尚未形成。结合对农村现行发展环境的认识，课题组分析了湄潭县农地金融制度构建与运行过程中的得失，并对近年农村土地制度改革实践予以关注，在此基础上着力于运行机制与管理体制创新，完成了农地金融制度可行性方案设计。

16.1　总体目标

通过土地使用权抵押，使土地经营者从金融机构取得中长期信贷资金投入，促进农业经营主体获得最大限度的级差地租，实现农业可持续性发展；使金融机构信贷资金收益有可靠保障，增强信贷支农的积极性；使土地所有者从土地合理流转与相对集中过程中权利得以明确。保持土地资源的可持续性开发与高效率运作；使地方政府从制度创新中求得地方经济快速发展，扩大税源；使中央政府支农目标得以实现；使中央银行能有效地控制金融风险。总之，要突破家庭承包经营下人、地、资金关系的低水平均衡状态。引导市场机制介入资源配置促进农业资源利用效率的提高，提高农业生产率，达到农民增收、农村发展、农业可持续经营。

从宏观意义上讲，通过土地金融业务开展，要促使中国农业实现集约化经营，更好地满足农业产业化、现代化、国际化要求；使农业资金投入通过土地产权介入向农业聚集，提高农业比较收益与国际竞争力；使土地制度改革在土地产权抵押、土地证券化等业务开展中，找到新的突破口。

16.2　运行机制

由土地经营者以项目计划与土地使用权证向金融机构提出贷款申请。金融机构根据中介机构的土地评估意见，会同会计、管理等部门对贷款项目进行审查，决定贷款与否。若通过，则借贷双方签订贷款合同，对贷款利率金额、期限、违约责任等予以明确，并对合同资金使用中的违约行为进行纠正。若土地经营者经营状况良好，并按规定还本付息，则借贷双方在中止合同关系后，或者续订贷款合同，或者形成稳定的业务关系。对于经营不力、亏损严重、不能如期还本付息者或有意赖债不还者，金融机构依法对土地使用权进行拍卖，处置收益用于弥补本金和利息收入。运行机制见图 16－1。

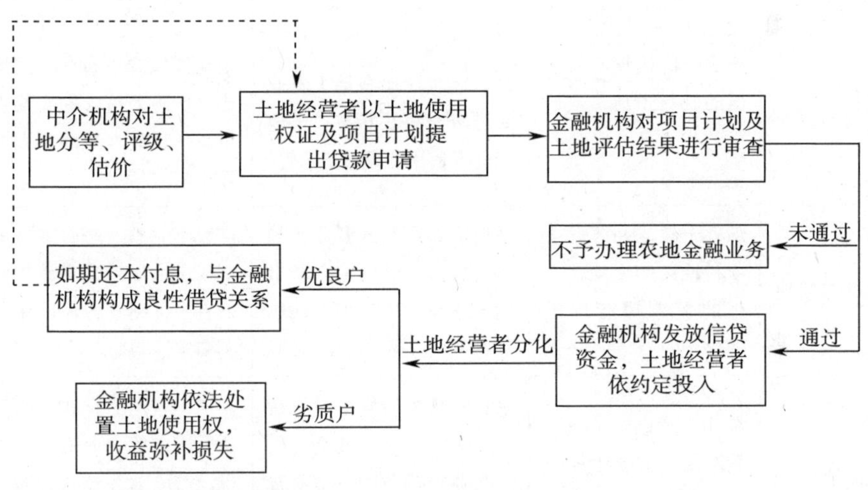

图 16－1　农地金融运行机制图

16.3　制度要素选择

在国外，农地金融制度是以市场经济和整个金融业的发展为基础，并以土地私有制为前提产生和发展起来的。严格地说，我国历史上并未真正建立过农地金融制度，因此，我国的农地金融制度构建应更多结合自身特点，进行制度创新。农地金融制度构建中必须考虑土地类型中介机构、土地经营者、金融机构等要素。它实质是要通过一种内在的激励与监督机制保证业务的有效开展。

16. 3. 1　土地

我国宪法规定，农村土地所有权采用国家所有和集体所有两种形式。我国的土地产权改革更多地着眼于土地的使用权，农地金融制度构建也应在此框架中展开。理论上，各种类型的农地都可以作为农地金融的切入点。这里选择家庭承包经营下的耕地与 20 世纪 90 年代“四荒”地开发中的“四荒”地两大类作为参照，根据耕地功能发育情况，将其区分为保障型耕地与发展型耕地，这种区分大体反映了中国农地的构成特征，也大致反映了我国农地使用权流转探索的思路。三种类型土地作为金融切入点，从制度建设交易费用与风险规避角度，其优缺点见表 16 - 1。

表 16 - 1　　不同农地金融制度切入点优劣比较

类别	构成及特点	优点	局限性
保障型耕地	非农经济比较落后地区的农村土地，土地上的收入是农民收入主要来源	最有针对性地满足了农业生产资金短缺状态；土地经营者信用状况易于了解	土地价值难以量化，规则难以实施，蕴含的交易费用高；利益方风险难以有效化解
发展型耕地	城郊土地或经济发达农村地区的土地，土地的保障功能严重弱化	适应了农业经营者分化趋势，有利于形成生产要素组合效率；交易费用较低，利益方风险得到一定控制	产权不完整，来自各方的产权侵蚀导致交易费用降低有限，利益方风险中的不确定性增加
“四荒”地	荒山、荒坡、荒丘、荒滩等，市场化经营机制得到比较彻底的贯彻	项目经营中的增值潜力最大，并使经济、社会、生态效益得到兼顾；交易费用最低，风险最大限度得到控制	出于国家生态保护、水土流失治理等方面的硬性约束，造成部分经营者收益实现受到影响，但已受到重视

从表 16 - 1 可以看出，在当前的农村经济环境下，“四荒”地作为制度切入点，成本最低，是最佳选择。发展型耕地也可逐步推行制度建设，形成了现实中的次优选择，而保障型耕地不具备制度构建的条件，不宜进入制度建设之中。

16. 3. 2　中介机构

土地评估机构、土地登记部门以及有关的法律咨询机构都是十分重要的。目前土地估价登记工作由各地的土地管理部门或工商部门进行管理，大多集中于城市土地及农村设施建设用地、商品化用地，农用地的分等、评级估价登记工作尚未真正开展。为便于农地统一规划，建议由土地管理部门承担此类中介业务，由专门科室专人负责该项工作，并积极推动制度推行。土地的评估要有公正性，可在主管部门初次评估的基础上吸收金融机构、乡村集体代表、土地经营者进入抵押流转中的二次评估。

16.3.3 土地经营者

个体承包户、联合承包户、经营性公司、县乡村行政事业部门都可作为土地经营者角色进入农地金融，各类经营者的构成优缺点比较见表 16－2。

表 16－2 不同农地金融制度的土地经营者优劣比较

类别	构成	优点	局限性
个体承包户	农村中的种田能手、养殖大户、运销大户、国有企事业单位停薪留职人员等	经营积极性最高	自有资金有限，技术、管理难以配套，项目风险系数大
联合承包户	因经济交往、发展意愿、私人关系等结合在一起的松散联合体，农户、国有企事业单位停薪留职人员等均可参与联合承包	自有资金较多，项目风险得到相应控制，经营积极性较高	内部管理问题多，自我激励能力差，监督成本高
经营性公司	地方龙头企业、一般乡镇企业、农村集体经济组织	经营积极性高并有较成熟的项目运营经验，资金、技术、管理问题少，项目收益有较大保证	社会关系难以协调，对项目资金使用往往不规范，项目收益受主营业务影响较多
县、乡、村行政部门	县、乡、村一些政府职能部门	资金、技术、市场等问题较易解决，项目收益有保证	经营积极性不高，存在内部人控制及寻租现象，金融部门监督成本最高

湄潭县实践证明，土地经营者多元化有利于制度构建与运行，是保持制度效率的一个重要因素。但第四类主体作为土地金融机构的客户往往带来大量不良资产，并且扰乱市场正常经营秩序，不宜作为贷款对象。

16.3.4　土地金融机构

现行农村金融体系中，农业发展银行、农业银行、农村信用社都有能力承担农地金融业务，开展业务创新，条件成熟的情况下，农地金融公司或土地银行这类新型专业金融机构也可筹建。表 16 – 3 对这五类金融机构承担该项业务的优缺点进行了比较分析。

表 16 – 3　　　不同农地金融制度的土地金融机构优劣比较

类别	优点	局限性
农业发展银行	有国家支持，资金、利率等方面优惠	机制不活，缺乏适应新制度运行带来变化的能力
农业银行	资金雄厚，技术、管理水平高，人员素质高	追求规模效益，商业化资金非农地倾向严重；不具备信息优势，监督成本高
农村信用社	网络遍布乡村，有信息优势，监督成本低；若合作性质得以贯彻，可以很好服务“三农”	资金实力差，技术、管理水平低，人员素质低；资金亏损面较大，包袱重
土地金融公司	专业化金融机构，容易形成专业化运作，提高经营水平；没有历史包袱	组建成本高，业务运营有一个适应期，竞争能力差，必须有较大业务规模
土地银行	专业化最强，容易在农地流转方面发挥主导作用	组建成本极高，必须有很大的业务规模

农地金融制度创建属于外生性制度变迁，必须考虑到构建中制度成本以及运行中交易费用以及风险等方面的约束。结合湄潭县实践，综合分析以上因素，比较可行的是选用农村信用社作为信用主体，若条件成熟的地区，可考虑建立土地金融公司。

16.4　框架性思路与约束条件

16.4.1　框架性思路

农地金融工作的开展，要在各级土地管理部门的积极引导下，以农村信用社为承贷主体（经济发展水平较高地区，条件成熟的情况下可筹建土地金融公司)，在保障农民基本生活的前提下，选择“四荒”地或发展型耕地作为切入点，向取得土地使用权的个体承包户、联合承包户、经营性公司发放贷款，农信社有权根据贷款合同监督项目资金运行，并逐期清缴资金款项。土地经营者到期有偿还困难的，农信社可依法对土地使用权及地面附作物进行拍卖。由于该方案是开创性工作，建议在东、中、西部先建立试点，待条件成熟时逐步推广。

16.4.2 约束条件

农地金融制度的运行，必须考虑到所处的社会经济背景。中国地域广阔，农业与农村经济发展很不平衡，区域经济千差万别，加上几千年农耕文化的特殊背景，形成了对农地金融运行的重重约束。方案设计必须考虑以下限制性条件。

第一，农业项目收益状况。任何土地使用权的抵押、流转与变现，都与土地上的农业项目密不可分。项目收益预期是将土地经营者、土地金融机构、土地所有者联系在一起的核心要素。能否有较高的资金回报率预期，是信贷资金介入的关键因素，而农业项目收益状况是其中重要的一环。

第二，土地增值潜力大小，土地地理位置、肥力、面积、配套基础设施状况不同，土地增值的潜力也不同。农地金融制度下，土地使用权的合理流转十分重要。土地的增值潜力是土地能否有后续经营者的一个决定性因素，是土地使用权流转的制约因素。实践中，土地使用权的处置变现是一个薄弱环节，是金融机构贷款风险的高发区，土地增值潜力应是方案重点考虑的因素。

第三，政府职能转换阶段。政府特别是地方政府在中国农村发展中起着举足轻重的作用，往往扮演着制度创新及推行者的角色。当前，政府运行中职能缺位与越位并存现象十分突出，农地金融制度的构建与运行，离不开政府的推动与介入，政府能否按照经济规律依法行政十分重要。各地已开展政府职能转换工作，但发展阶段很不相同，完善规范的政府职能是制度构建与运行必需的。

第四，农民生活保障水平。农地金融制度对土地家庭承包经营制度会造成一定冲击，家庭承包经营是现行农村基本的经营制度，是大多数农民生活保障的前提，是农村社会稳定的基石。必须考虑到制度变迁对农民生活水平的影响，保障农民生活水平不致下降。

第五，人地关系固化的程度。使用权抵押、变现、流转实际上是对农村人地关系的一次冲击。受经济发展水平、乡土观念、宗族观念等一系列背景决定的稳定的人地关系是农地使用权商品化的反作用力，是农地金融制度重要的制度成本。

17 积极稳妥推进农地金融制度创新的必要性、方案设计与配套条件

党的十七届三中全会通过的《中共中央关于推进农村改革发展若干重大问题的决定》（以下简称《决定》）指出，按照依法、自愿、有偿原则，允许农民以转包、出租、互换、转让、股份合作等形式流转土地承包经营权，发展多种形式的适度规模经营。对于家庭联产承包责任制，不仅现有土地承包关系要保持稳定并长久不变，还要赋予农民更加充分而有保障的土地承包经营权。随即，“土地流转”一词风靡全国。同时《决定》指出，要“建立现代农村金融制度”。这是对我国农村金融改革与发展方向的高度概括，也是30年来农村金融改革与发展探索的可喜成果。当前，针对是否允许农民对土地使用权抵押已经成为农村金融问题的专家学者、众多涉农金融机构和新闻媒体备受关注的热点问题之一。我们认为，应当积极稳妥推进农地流转与农地金融制度创新，构建现代农村金融体系。

农地金融制度是农业土地经营者以其拥有的土地产权向金融机构融资的行为关系的总和。它是市场经济条件下农村土地制度以及农村金融体系的重要组成部分。当今世界上，大多数发达的市场经济国家和地区都建立了较为完善的农地金融制度。虽然各国建立农地金融制度的历史背景不同，构建农地金融制度的时机、运作程序与相关配套政策各有侧重，组织方式也存在一定差异，但在加快农村金融体系发展、协助政府农业政策推行、集中资本进行农业基本建设、促进农村金融与城市金融的一元化等方面，发挥了十分重要的作用。

17.1 我国构建农地金融制度的必要性

目前，我国农业增加值占GDP的比重为15%左右，但农业在整个金融机构中占用的贷款余额还不到6%，农民和农村企业从正规渠道获得的信贷支持不足30%，农村金融依然是需要加强的弱势领域，农村金融与城市金融的“二元结构”并未根本改变。我国西部地区农村比较贫困，由于区域经济不发达，没有形成发展农村第二产业、第三产业的有效需求。而

自然条件不良和农村基础设施落后使得农业生产集中于粮食生产，且仅勉强维持温饱，基本上符合托尼（R. H. Tawny）70 年前的形象描述：农民就像一个人长久地站在齐脖深的水中，只要涌来一阵细浪，就会陷入灭顶之灾。因此，农民贷款难、农村融资难、农村金融发展滞后已经成为制约农业市场化、产业化、国际化和新农村建设的突出问题。农民从金融机构取得贷款即农业信贷资金投入占农业总投资的比例还相当低，其原因除了农业投资周期长、比较效益低、回收慢、农业产业特点与农村金融生态环境差等之外，还有一个重要原因就是农民缺乏较为理想的抵押品。农地使用权还不能作为抵押品获得融资，农村直接融资市场发展不足。

从农村现实状况来看，农民可以选择的抵押品主要有：房产、正在生长但尚未收获的农作物、家畜、家禽、订单农业中的订单、土地使用权等。其中，前 3 种价值不大且评估较为困难，订单农业还只是在农业产业化较为发达的东部省份出现，因此，从普惠金融的角度，在推进土地承包经营权流转的新背景下，完全可以探索农村土地使用权抵押。选择适当时机建立新型农地金融制度，从根本上解决农村金融的“短腿”问题，形成高效率、可持续、普惠性的现代农村金融体系。

以土地使用权作为抵押的资金融通，相对于其他形式的抵押贷款具有如下优点：债权可靠，较为安全，可以实行土地债券化；由专门机构执行与推行，在聚集资金与分散风险上有着独特而有效的功能；促进金融机构加大农业中长期信贷投入，在一定程度上缓解农业资金供求矛盾。农地金融制度的优势，还在于整个贷款过程都有一种促进农地流转、提高农业比较效益的机制。在贷款项目的审批中，土地规模、项目的盈利性、管理水平等是取得信贷的重要条件。能及时收回的良性贷款和优质农户会得到进一步的资金支持，而经营较差、信誉度低的落后农户则得不到需要的资金，有可能会加快农地流转，实现规模经营。总之，土地使用权抵押是土地流转的重要形式，通过抵押，农户可以在金融机构取得资金，缓解资金供求矛盾，提高农民通过信贷从金融机构融资的能力。

17.2　农地金融制度的组织体系与机构选择初步设计

17.2.1　组织体系设计

建立农地金融制度，首先要解决的问题是构建一种什么样的组织体系。从农地金融业比较发达的西方国家来看，其农地金融机构比较健全和比较完善，形式多样，自成体系。我国现行农村金融体系中的农业发展银行、农业银行、农信社等都有能力承担农地金融业务，开展业务创新。在条件成熟的情况下，可筹建或新建土地金融公司或土地银行等新型金融机构。这5类金融机构承担农地金融业务的优势、劣势比较如表17－1所示。

表17－1 不同金融机构开展农地金融业务的优势与劣势比较

金融机构类别	优势	劣势
农业发展银行	国家支持，资金利率优惠，业务有特定范围	职能定位不准；资金实力不足；组织机构简单；员工数量少
农业银行	资金优厚，技术、管理水平高，人员素质高；网络健全	农村发展空间收缩；竞争力弱；不具备信息优势，监督成本高
农村信用社	网点遍布乡村，有信息优势，监督成本低；若合作性质得以贯彻，可以很好服务“三农”	资本金实力差；技术、管理水平低；人员素质不高；资金亏损面较大，包袱重
土地金融公司	专业化金融机构，容易形成专业化运行，提高经营水平；没有历史包袱	组建成本高，业务运营有一个适应期，竞争能力差，必须有较大业务规模
土地银行	专业化最强，容易在农地流转方面发挥主导作用；符合国际惯例；资源配置效率高	组建成本极高；公共财政扶持，会加重财政负担压力

在笔者主持完成国家自然科学基金管理科学部主任基金应急项目“中国农地金融制度的构建方案与管理创新研究”（项目编号：70141024）和教育部人文社会科学研究项目“中国西部农地金融的组织体系构建与信用风险分担研究”中，课题组对中国农地金融制度构建进行了系统调查研究。以农业市场化、产业化和国际化为背景，以农业融资中抵押品的特征与要求为中心，在贵州省湄潭县（农地金融制度试点县）等地实地调查的基础上，分析了农地金融在农村金融体系中的基础地位，通过对农地金融一般特征与中国农地金融特殊性和国内外农地金融制度的比较研究，提出了市场经济条件下中国农地金融制度构建的总体思路、方案构想与管理创新建议。其过渡方案是：近期中国农地金融组织体系宜采用自上而下的方式和利用现有的农村信用社这一农村金融机构来构建，在县信用联社内部

设立“农地使用权抵押贷款部”，负责农地使用权贷款业务，在各级农村信用社内部设立“农地使用权抵押贷款办”，负责农地使用权贷款的发放与回收等具体业务，并应加强对农地金融业务的指导、管理、监督与服务。农地金融制度构建的目标模式是：“固定两头，转换职能”即中长期中国农地金融制度的构建应以国家政权为依托，利用现代信用制度这一人类文明成果，以银行为载体，在最上层构建适合农业特殊需要的宏观信用制度安排，在最下层逐步形成一个与农民具有亲和力的金融组织。成立国家农地抵押贷款委员会，负责国家农地抵押贷款系统的管理，其常设机构是设在财政部的国家农地抵押贷款局；设立国家土地银行、私人股份土地银行和农地金融中介组织，农民可以按每借款 100 元认购一股的比例认购国家土地银行的股票；在最基层设立农民贷款协会，由 10 户或 10 户以上农民组成。为了保证农地金融构建方案与管理创新模式的顺利实施，应把充分吸收国外经验和尊重中国国情密切结合起来，坚持农地集体所有、政府支持、合作原则与渐进式原则，分为试点阶段、推广阶段与完善阶段，由点到面，逐步推开，同时还必须培育农地流转市场、改革金融体制，制定农地抵押证券市场法规。建立农地金融人才培训与资格认证制度，推行农民个人所得税制度，起草并颁布《农地抵押贷款法案》，加强对农民信用观念与信用意识的培养。

总之，结合我们的实地调查和实践，近期比较可行的办法是选择农信社作为开展农地金融业务的信用机构。待条件成熟时，组建土地银行或土地金融公司。其组织体系宜采取自上而下的方式、由国家以法律或法规的形式对此确定并给予资金和政策支持来进行组建。在县级联社内部设立“农地使用权抵押贷款部”，负责农地使用权贷款业务。接受由基层农信社交来的土地抵押贷款业务的有关资料，确定农地使用权的抵押担保关系，发行土地债券并负责还本付息、贷款的发行与贷款期限的确定。把贷款发放给乡农信社，并根据贷款的类型来确定其期限、抵押物的处理。若贷款人到期不能如期偿还债务，则接受借款人的农地使用权来抵偿债务，然后再将农地使用权转售给其他农民。农地使用权抵押贷款的资金来源有四方面：国家拨给的资本金及专项基金，发行土地债券筹集的资金，净利润分配中的公积金，农信社原有资金及新筹集的资金等。

在农信社内部设立“农地使用权抵押贷款办”，负责农地使用权抵押贷款的发放与回收等具体业务。接受农民的农地使用权作为抵押标的物，受理贷款申请并登记在册；聘请农地评估中介机构或专家对抵押农地进行评估；向县信用联社汇总上报贷款申请，获准后负责贷款的发放事宜；对农地使用权贷款的用途进行跟踪，实施动态管理；负责农地使用权贷款的回收等。

17.2.2 农地使用权抵押的切入点

现行法律对于土地流转后的土地用途问题的规定和严格限制，已经从制度上解决了土地抵押后保持原有用途的问题。目前，我国农村第二产业、第三产业发展较快，农民收入呈现多元化趋势。土地已不再是农民生存发展的唯一依赖，而成为一种财产性质的资源。即便是以农业为主的经济欠发达农村地区，允许农民通过对土地设定抵押获得信贷资金，发展农业生产，只要精心安排，不但不会削弱其生活保障能力，还能够有效地提高其生活保障水平。建议在保障农民基本生活的前提下，选择“四荒”地、城镇一体化土地和开发成本低或增值潜力大的土地作为试点，向取得土地使用权的个体承包户、家庭农场和土地合作社等发放贷款。农信社有权根据贷款合同监督项目资金运行，到期偿还有困难的，可依法对土地使用权及地面的作物进行拍卖。

17.2.3 农地金融制度全面推开的时机

当土地能够大面积连片和集中，以及农村劳动力转移后，对资金需求更强烈时，农地金融制度可考虑全面推开。全面推开的时机主要有：

1. 比较发达的农村社会保障体系。此时，农地的社会保障功能趋于弱化。由于社会保障体系起到了“兜底”作用，即使参加农地使用权抵押而失去土地，农民无后顾之忧，也不会因此倾家荡产。

2. 宽松的户籍制度。人们自由选择居住地，农地使用权跨地域流转成为必然。金融机构拍卖土地使用权成交率可以提高，农地才可能向种植大户、规模种植户、养殖户、科技示范户、加盟农业产业化农户手中集中。

3. 完备有效的农业保险制度。包括巨灾在内的自然灾害对农地金融的正常运转带来很大危害，如果有完善有效的农业保险制度，农地金融也会具有更大安全边际。

17.3 农地金融制度创新需要的相关配套条件

当前不能将土地承包权、宅基地和农民房产作抵押，一个重要原因就在于中国社会保障体系尚不完善，必须避免农民“失地、失业、失住房”的情况发生。土地承包经营权如何抵押，以及拍卖等相关流程怎么操作等，需国家法律政策配套。为了促进农地金融制度有效运行并取得预期效果，应当加强相关配套体系建设。

17.3.1 加强对农地金融业务的指导、管理、监督、协调及服务

农信社尤其是县信用联社受自身经营管理能力等因素的限制，开展新业务的难度较大。加大人民银行对县信用联社的业务支持力度，做好农地使用权抵押的顶层设计，是农地金融顺利开展并推广普及的一个重要前提。

17.3.2 建立科学的土地评估体系

土地债券发行之前，必须进行土地价值的评估。为了科学合理地确定土地价格，必须建立科学、有效的土地评估系统。提高评估从业人员素质，通过严格的资格认证制度促使专业评估人员具有过硬的专业素质、完善的知识结构和良好的职业道德；促进评估机构之间开展公平竞争，为各类评估机构公平竞争营造公平、公正、公开的社会环境，同时鼓励民间评估机构的发展；允许国外土地评估机构进入中国评估市场，一则可以引入国外比较先进的土地评估办法；二则可以学习国外评估业的先进管理经验。

17.3.3 完善农地金融制度的法律配套条件

主要有：（1）改革农地经营方式。在完善土地集体所有制的基础上，调整和完善土地承包经营方式。明确农村土地所有权主体，稳定土地承包权，促进农地使用权流转与抵押。（2）防范农地金融风险。一是农信社要加强对农地抵押贷款的可行性研究，对贷款进行跟踪监控，动态管理，把贷前管理、贷中管理和贷后管理有机结合起来，把风险消灭在萌芽状态或控制在最低限度；二是要消除农民向非农产业转移的障碍，为其顺利转向

其他产业提供宽松环境；三是政府要对申请农地贷款的农户提供信息和技术支持。提升农产品的科技含量，增强竞争力。（3）建立农民贷款保险制度。农户以土地使用权作抵押获得贷款，其本身存在投资风险，而贷款保险具有分散风险、移转风险的功能。具体操作过程如下：获得农地金融贷款的农户按其贷款金额的一定比例交保险金给保险公司，从而获得贷款保险。当经营失败不能偿还贷款而失去土地时，保险公司给予一定的赔偿。农地金融制度的推行，使保险真正成为农民生产生活的必需品。当然，在这个过程中，要采取有效的机制来防止农户的道德风险和逆向选择行为。

17.3.4 建立农村社会保障体系

逐步建立失业农民社会保障制度或最低生活保障制度，解决失去土地农民的最基本的生活问题；建立覆盖全社会的农民医疗保障和养老保障制度，做到“病有所医，老有所养”，避免贷款资金违规使用和非农使用。

17.4 农地金融制度创新需要深入研究的几个问题与建议

17.4.1 对贵州省湄潭县的农地金融制度试验进行细化研究

从1987年开始，根据中共中央（1987）5号文件精神，经国务院批准，在全国20个省（直辖市、自治区）建立了30个农村改革试验区。贵州省湄潭县是30个农村改革试验区之一，农地金融制度是其试验的一个主要内容。该试验区1988—1997年对农地金融制度进行了先期探索，这是新中国成立以来我国对农地金融制度进行的最早探索。虽然由于顶层设计、经济金融环境、具体操作等多种原因最后夭折，但它在解决农业资金投入不足等问题上提供了一个全新的思路。总结此次试验在制度建设的切入点、组织构建、运行机制等方面的成败得失，可以为新阶段的农地金融制度构建提供难能可贵的经验。建议对贵州省湄潭县的农地金融制度试验进行细化研究，同时，还要对近年出现的山东枣庄全国首家注册土地合作社向农信社抵押贷款、成都农信社积极参与和支持综合改革试验区的农村产权制度改革、浙江嘉兴市主推的农屋新政等农地金融制度试验做深入观察、研究。

17.4.2 开展对农地金融制度的国际比较研究

发达国家对农地金融制度的实践起步较早，形成了一整套完善而成熟的做法，对这一问题的研究较多且较为深入，大多数发展中国家由于实践起步较晚，理论研究较为薄弱。德国早在1770年就率先发展了农地金融，其主要特点是抵押土地债券化，组织方式是先组织各地的土地抵押合作社，然后向上发展成为联合社及联合银行。美国于20世纪初建立了农地金融制度。在组建方式上，采取了自上而下的政策，即先由政府拨款充当联邦土地银行的股金，发行土地债券，同时分区辅助农民组织联邦土地银行合作社。在组织方式上，它采用了银行及合作社双重体制。日本农地金融实践开始于19世纪末期，它充分借鉴了欧洲经验，并结合本国实际大胆创新，特设立农林渔业金融公库——国家土地银行，向农、林、渔业的永久性建设提供长期低息贷款。在农地金融制度的研究中，发达国家主要是侧重于土地金融制度功能的深化与完善，并注重其运行方式和效率。大多数发展中国家还未建立像发达国家那样完善的农地金融制度，因此，理论研究比较薄弱，但随着经济的发展，越来越多的国家和地区开始准备试办农地金融业务。世界银行也采用小额贷款的方式支持发展中国家的农地金融制度建设，因此，应开展对农地金融制度的国际比较研究，系统总结国外农地金融制度的经验，为中国农地金融制度创新提供必要借鉴。

17.4.3 继续推进以农地使用权抵押为特征的中国农地金融制度必要性和可行性的理论研究与实践探索

重点围绕“三农”金融服务的可得性、便利度和财务可持续性，大力推进抵押担保、产品工具、服务方式等方面的创新探索，积极探索土地经营承包权、农户宅基地、集体用地和城乡结合部的集体用地抵押信贷产品，切实解决农村贷款“担保难”问题。从必要性上看，它是农村土地制度深层次改革的必要举措和内容：是实现土地流转的一种中介形式，有利于农村地产市场的形成和发展，能为农业发展提供资金保证，有利于完善农村信用机制和政府推行农业政策及土地政策。从可行性上讲，中国农地制度的进一步改革，为明晰土地产权关系与土地财产价值计量准备了条件，社会资金的迅速积累和农民投资意识的增强，证券市场规模的不断扩大，为土地证券化准备了物质基础，法律基础正在逐步建立，良好的外部社会经济条件正在形成，这些都使农地金融制度创新成为可能。当然，中国农地产权制度的残缺和农地市场发育迟缓，形成了制度构建及运行的障碍因素，应认真分析这种制度约束，及时采取有效措施，消除障碍，为农地金融制度的发育创造条件。

17.4.4 结合东、中、西三大经济地带的区域发展进行深化研究

农地抵押并非土地私有制的产物，农民拥有的土地使用权也可以进行抵押。坚持农地集体所有制的原则，抵押仅限于农地的土地使用权，并且不改变农地用途和性质。农地金融制度的构建方案与管理创新问题是一个系统性的复杂问题，需要结合东、中、西三大经济地带的区域发展进行深化研究，更深入探索土地资源配置、农村资金运动与农地金融机构演变的有关规律，推动农村金融创新。

17.4.5 建议国家恢复农地金融制度改革试验

农地金融制度的构建与管理创新，具有一定超前性。建议国家恢复农地金融制度改革试验，可考虑在杨凌农业高新技术产业示范区与贵州省湄潭县继续进行试点，以总结经验，选择适当时机在全国推广。

18 交易费用、风险规避与农地金融切入点选择

18.1 问题的提出

农地金融制度是农业土地经营者以其拥有的土地产权向金融机构融资的行为关系的总和。它是市场经济条件下农村土地制度的应有组成部分。当今世界上，大多数发达的市场经济国家和地区都建立了较为完善的农地金融制度。1980 年以后，国内学术界对在我国大陆建立农地金融制度的现实条件与约束因素展开了讨论，并取得了一些创建性的成果，贵州省湄潭县还于 1988—1997 年对此进行了试点。但是，国内目前对农地金融制度问题的讨论和实践尚不够深入，完整的、适应我国实际的模式构想尚未形成。

农地金融制度切入点选择是指从哪种类型的土地入手来构建制度，才能在较大范围内逐步推行。在农地金融制度下，土地经营者、金融机构与土地所有者形成了合约关系。合约安排的选择是为了在交易费用的约束下，使从风险的分散中所获取的收益最大化。本章将比较农地金融制度不同切入点所对应的合约安排，寻求制度建设的最佳切入点。

18.2 农地金融切入点下的合约安排

18.2.1 农地金融切入点的选择空间

理论上讲，各种类型的农地都可以作为农地金融的切入点。我们选择家庭承包经营下的耕地与 1990 年以来“四荒”地开发中的“四荒”地两大类作为参照，同时，根据耕地功能发育状况，将其区分为保障型耕地与发展型耕地。前者大体代表着非农经济比较落后地区的农村土地，土地上的收入是农民主要收入来源；后者主要指城郊土地或非农经济发达农村地区的土地，农民离土经营、兼业经营的现象比较严重，土地的保障功能严重弱化，这种区分大体反映了中国农地的构成特征。家庭承包经营下的耕地占全国耕地份额的 90% 以上。由于区域经济发展的不平衡，耕地功能分

化，最终分化为保障型和发展型两种类型。我国山地、丘陵遍布，占国土面积的 70% 以上，非耕地资源存量很大，加之近年来受生态环境恶化等因素影响，"四荒"地增量部分也不容忽视。同时，这种区分也大致反映着我国农地使用权流转探索的思路。针对家庭经营的弊端，各地推出了两田制、土地股份经营、返租倒包等形式，基本上反映了将耕地保障功能与发展功能相分离的思路。"四荒"地拍卖是 20 世纪 90 年代农地制度改革的重要探索。继"四荒"地拍卖之后，国内学术界又对新阶段"四荒"地使用权流转形式进行了探索，并提出了"四荒"地使用权抵押的设想。

18.2.2 农地金融切入点下的合约安排

农地金融制度下的资金融通关系遵循一般抵押贷款的程序。在该制度下，合约涉及三方资源所有人：土地经营者、土地所有者、金融机构。三方利益集中于土地经营项目潜在收益大小、实现的可能性、分配办法以及土地产权的流转难度大小。保障型耕地、发展型耕地与"四荒"地作为农地金融切入点，在资源所有人利益集中点上存在诸多不同，从而决定了即使遵循相同的业务操作程序，也在逻辑上构成三种类型的合约安排。据此，农地金融切入点下的合约安排有三个：保障型耕地合约、发展型耕地合约与"四荒"地合约。

18.3 农地金融合约安排的交易费用比较

农地金融制度下合约的形成包含了产权以一种或另一种形式的部分转让，如资金的借贷、土地使用权的抵押、土地收益权的分割。这些转让以及作为生产要素投入的相互协调都是有成本的，称为合约形成与执行中的交易费用。四个主要变量影响到交易费用：计量成本、市场规模、规则的实施与思想意识形态。

18.3.1 计量成本的因素

农地金融制度下，首先面临的是土地使用权的价值计量问题。这要根据地产效用来确定。在现阶段，地产对农民具有多重功效：生活保障、提供就业、直接收益、子孙可以继承、土地资产增值、免得重新获取时掏大价钱。对不同社会环境下的农民，上述六种功效的大小不尽一致。农民手中的耕地承载的功效越多，必然越难以进行价值计量。显然，保障型耕地对农民而言是不可缺少的，价值计量的难度最大，甚至是难以计量的。发展型耕地剥离了土地的保障、就业、继承等功能，功能显然比较单一，容易形成价值量化。“四荒”地则进一步使土地功能单一化。“四荒”地承包者主要是看重“四荒”地的收益功能，在拍卖中已形成一次价值量化，因而最容易实现价值计量。

18.3.2 市场规模的变换

市场规模的扩大，往往伴随交易费用的上升。保障型耕地下的社区，是一个比较稳定的区域。各资源所有者长期共处，形成了共同的文化、价值观念。它使得合约形成与执行中一致性的认识容易达成，有时甚至口头承诺也同样可行，从而，交易费用得到了最大化的节省。发展型耕地上，人口流动性较强，市场规模进一步扩大，交易费用增大。“四荒”地的拍卖是面向社会公开进行的，不同地区、职业、类型的土地经营者融入一个新的社区中。基于利益方相互之间品德、信誉、资金实力、经营能力等方面不甚了解，从而合约必须以更细的规定、更严格的条件来约束各方。在当前社会信用机制不健全的条件下，“四荒”地合约必然包含最大的交易费用。但是，即使是家庭经营框架下的保障型耕地与发展型耕地上，人口流动带来原有社区分化的趋势也是明显的，交易费用的上升是不可避免的。在实践中，“四荒”地跨地区拍卖的现象不甚普遍，交易费用的上升受到一定的限制。

18.3.3 规则的实施

一旦确立了农地金融下的合约关系，那么规则的实施就是要考虑的重要因素。它受到有关法律规范的影响。“四荒”地使用权抵押在法律上是认可的，取得了比耕地更为完整的产权形式。这样，“四荒”地合约的执行受到法律保护，合约执行中出现违约情况时，通过法律会使违约方受到惩罚，受害方取得相应补偿。而现时期，以耕地使用权作抵押品是被法律所禁止的，合约的执行中必然出现大量的机会主义行为，隐含着很高的交易费用。对于发展型耕地放松使用权流转限制的呼声已经出现，而且在实践中，耕地的私下流转也已大量出现。对于发展型用地流转中私人之间的口头、书面协议，国家采取了默许的态度。通过其他方式的变通，发展型耕地有可能在抵押方面取得法律的保护，从而交易费用得到控制。

18.3.4 思想意识形态

思想意识形态是一种行为方式，这种行为方式通过提供给人们一种"世界观"而使行为决定更为经济。在家庭承包经营下，地产的取得是基于农民的社员资格。它按人口均分土地，采取家庭经营方式，一定程度上体现着儒家传统的"安人"、"大同"思想。土地成为乡村社会稳定的中心，而稳定在现阶段无论是从政府还是民间的角度一直是首要的目标。但是，真正从农民手中收走土地使用权，并且得到官方的、法律的认可，基本上是不可能的。农民可以容忍土地的低效使用，但对于地产的公开、较长期的转让，必然采取一种抵制的态度。在一定意义上，土地成为农民社区成员资格的象征，是维持平等地位的工具。国家是通过配置产权来使收益最大化的机构，它除追求税收最大化外，社会稳定是一个重要的目标。一旦因产权流转损害到农民的利益，必然进行封杀。保障型耕地为主的社区，基本上是经济落后、资金匮乏的地区，金融机构没有放贷的积极性，而农户也往往将信贷资金视做扶贫资金，还款意识淡薄。发展型耕地居多的地区，市场经济比较发达，农民的市场经济意识增强，信用观念得到发展，从而以保障型耕地为切入点，相比发展型合约，客观存在的意识形态导致信念成本较高。

"四荒"地拍卖中，地产的获取是基于承包人资金、经营能力的考虑，是一种市场化经营的思路。土地经营者是根据利润最大化来决定产权的取得以及抵押转让的；土地所有者的拍卖行为是为了削减开支，同时提供给定量的公共物品；金融机构出于业务创新的考虑，也易于接受"四荒"地使用权抵押行为。围绕"四荒"地的思想意识形态对于合约形成与执行而言，显然优于耕地，特别是保障型耕地上的思想意识形态。

三种合约安排基于以上因素的交易费用的比较见表 18 - 1。

表 18 - 1　　农地金融合约安排的交易费用比较

合约类型	计量成本	市场规模	规则的实施	思想意识形态	交易费用
保障型耕地合约	最高	低	高	最高	高
发展型耕地合约	较高	较高	较高	较高	较高
"四荒"地合约	低	高	低	低	低

从表 18－1 可以看出，农地金融三种合约的交易费用以保障型耕地合约为最高，发展型耕地合约次之，“四荒”地合约最低。

18.4 风险规避与农地金融合约安排的选择

按照制度分类的有关研究，农地金融制度属“用于影响生产要素的所有者之间配置风险的制度”，耕地上两种合约安排与“四荒”地合约安排不仅预示着交易费用的不同，两者在要素所有者之间风险配置的效果也是不一致的。风险规避定义为一个人在相同的平均预期收入给定的，他宁愿选择一个较小的变化而不是较大的变化。

引入农地金融制度后，农业生产将发生重大的变化。通过土地产权功能的进一步发挥，金融机构被引入农业产前、产中、产后各环节。以往的农业生产中，虽然也出现过农户与金融机构之间的借贷关系，但是没有引入该制度后普遍，并且往往呈现出很大的非生产性，资金额度小，期限短。金融机构在农地金融合约中事实上成为中心，它必然考察资金安全性来选择合约安排。土地经营者与土地所有者也具有风险规避的愿望。

由于“四荒”地是现存农村土地的增量部分，并没有受家庭承包经营过多的影响，而是一开始就实行一种市场化的运作思路。“四荒”地的经营者本身具较强的资金实力与经营能力，是农村中不可多得的企业家资源。“四荒”地承包规模少则几十亩，多则上百亩，甚至几百亩，来自“四荒”地规模经营的收益是耕地现有经营规模难以匹敌的。由于生产条件的恶劣，“四荒”地经营往往难以实现劳动密集型开发，必须通过其他方式加以弥补，资金、科技因素受到了特别的重视。“四荒”地拍卖对经营者带来的激励也远高于耕地。自一开始，“四荒”地就投入了较大的成本，面对市场、寻求利润最大化的驱动力远高于耕地经营者，因此，附着于“四荒”地上的潜在收益远高于耕地，这种潜在收益的实现在以上条件下也有较多的保障。又由于完善的产权及市场化运作的思想意识形态，潜在收益的分割也容易达成一致，从而，金融机构的资金风险得到了有效化解。国家往往会对“四荒”地开发这一由私人提供的公共物品给予资金、政策上的扶持，从而金融机构的资金成本也得以降低，取得信贷资金，对“四荒”地经营者而言，面临的土地使用权的潜在转移风险远小于自己单独投资经营失败后潜在的亏损风险。这种土地产权的潜在变更，对土地所有者来说，也不会引起较多的变动。因此，利益各方易于达成合约，并且通过合约安排，各自的风险得到了有效控制与分散。

发展型耕地合约下，土地经营者、土地所有者、金融机构之间风险规避要求的满足具有与“四荒”地合约一定意义上的相似性。可以采用规模化经营，对资金、技术因素的重视，来自利润最大化的激励，以及市场化运作的思路等促成了合约风险得以分散。但是，土地产权的残缺，来自各方对土地产权的侵蚀，也对风险分散的要求造成一定约束。相应地，保障型耕地合约下各利益方均面临着极大的风险，并且风险难以有效化解。对耕地使用权抵押贷款，农户存在以下理性预期：土地流转市场难以形成；金融机构不能自己经营土地；强制性收回土地使用权，不但会加大金融机构管理成本，并且会遭到政府的干预。于是，农户可能大量申请贷款，而并不考虑能否偿还。在当前社会信用机制不健全的背景下，有关部门的干预，农户的虚假报告，会造成金融机构极大的资金风险。土地所有者在土地使用权变现环节，也会面临收益实现的困难。在现期，从农户手中取得保障型耕地的使用权对农户来说面临着很大的震动。由于利益方均面临很大的风险，并且缺乏一套有效的机制来化解，从而达成合约的成本很高，并且潜在利益的实现受到重重限制。

18.5　结论

由于在既定的与某一产出相连的风险状态下，高交易费用会导致生产性资产的收益降低。另外，交易费用给定时，风险规避则意味着资产的价值与收益的变化负相关。以“四荒”地为切入点的合约安排下，低交易费用意味着较高的资产价值，风险的有效分散导致了参与合约资源的价值提高。从而，以“四荒”地为切入点的合约安排实现了参与合约的资源价值最大化，成为最佳的合约安排选择。按照同样的逻辑，发展型耕地成为次优的制度切入点。而保障型耕地在现期，不宜作为农地金融制度的切入点，强制性列入切入点，必然造成资源的浪费，并带来社会稳定方面的隐患。

以“四荒”地作为切入点，或者以发展型耕地作为切入点，一方面创新改变了潜在的利润；另一方面，创新成本降低，从而使制度变迁变得合算了。这两者是新的制度安排突破原有均衡状态的重要原因，在现阶段成为我国农地金融制度创新的低成本切入点。

19　中国农地金融制度体系的基础制度构建

19.1　农地金融制度概述

在世界农业发展的历史进程中，农地金融制度作为农村金融体系不可分割的一个部分，在促进农地资源合理配置、增加农业信贷投入、提高农业效率与竞争力等方面发挥了十分重要的作用。随着世界经济全球化趋势的加强，中国农业不可避免地要卷入到国际农业发展的合作与竞争当中。因此，借鉴国外农地金融制度的成功经验，构建适合中国国情和农情的农地金融制度，对推动中国农村的制度创新和管理创新，具有现实和深远的意义。

农地金融是一种以土地为抵押的旨在为农业发展提供长期贷款的资金融通形式。通过资金融通，可获得发展农业生产所需的资金，从而解决土地经营者的资金缺口，实现农业投入的持续增长。农地金融制度的功能在于：聚集资金、分散风险与配置土地资源。

经过深入研究，我们认为：通过成立专门的土地银行来构建农地金融制度，不符合效率原则；由农业银行来承担农地金融业务有悖于商业化改革方向，加之农业银行发展空间较小、竞争力弱，缺乏可行性；从发展定位、资金实力、组织机构及经营管理水平等方面来看，农业发展银行无法承担农地金融业务。因此，中国农地金融制度组织体系宜以农村信用社为基础来进行构建，这是因为：合作金融的特征为农村信用社承担农地金融提供了制度保障，基层组织的广泛性和扁平式为农村信用社承担农地金融业务提供了组织保障。

从几年前贵州省湄潭县开展农地金融的实践来看，当前由农村信用社来开展农地金融具有可行性。中国农地金融制度的组织体系宜采用自上而下的方式来构建，国家应以法律或法规的形式确定由农村信用社来开展农地金融业务，并给予资金和政策上的支持。

为了使农地金融制度顺利实施，充分发挥制度创新效应，促进农村、农业和农民三者的协调发展，必须采取相应的配套措施，也就是说，要建立农地金融制度体系的基础制度，这些基础制度包括：（1）改革农地经营方式，明确农村土地所有权，稳定土地承包权，促进农地使用权合理流转，健全土地产权法规。（2）采用避免风险、控制损失与转嫁风险等措施，防范农地金融风险。（3）建立科学的农地评估体系，提高评估从业人员素质，正确处理政府、评估师协会、评估机构和评估师的关系，促进评估机构开展公平竞争，允许国外土地评估机构进入中国评估市场。

19.2 改革农地经营方式

毋庸置疑，农村土地家庭承包制对农村经济的发展作出过巨大贡献。但是，随着改革的深入和时间的推移，其固有的矛盾逐渐凸显出来，并转化为发展农业生产的阻碍因素，具体表现在以下几方面：（1）土地产权关系界定混乱。（2）家庭承包制下的土地分包表现出平均性和福利性，使土地呈细碎化趋势，不利于农业生产的规模化经营。（3）土地经营中的只用不养的短期行为，造成地力下降，农业基础设施遭到破坏。（4）土地分包上的平均主义，不能做到人尽其能、地尽其力，不利于发挥“能人效应”。目前，农村经济发展中出现的矛盾，呈复杂性和多样性态势，根本原因不是土地所有权自身矛盾引发出来的，而是土地经营权固有矛盾的产物，因此，实行农村土地经营方式的改革与创新是当务之急。总体思想应该是：在完善土地集体所有制的基础上，调整和完善土地承包经营方式，以解决农村经济中存在的各种矛盾；明确农村土地所有权主体，稳定土地承包权，促进农地使用权流转，健全土地产权的有关法规。

19.2.1 明确农村土地所有权主体

当前中国农村土地所有权到底属于谁，不仅在法律上模糊不清，而且在实践上混乱不明。按照《宪法》和《土地管理法》规定，集体土地可以归村级组织，也可归乡和村民小组所有。但在对农村土地的使用和监督过程中，因为乡的范围太大，监督、管理费用太高，且与村民小组之间又隔着村民委员会，不便于实施管理，而基本上被排斥在农村土地产权主体之外，村民小组则在“家庭联产承包”体制下已逐步失去一级组织的作用，故只有将村级集体经济组织作为农村土地产权的代表较为合适。但问题在于，以村为单位的社区性集体组织，没有确定的统一名称和明确的法人代表，没有一个健全的组织机构，实际上由村党支部或村民委员会行使了集体经济组织的职能，这就严重混淆了党组织、群众自治组织和经济组织的界限。为此，必须统一村级经济组织的名称，健全组织机构，明确法人代表。

同时，土地产权作为一种排他性的物权，其所有权、使用权、收益权及处置权四种权能在产权主体之间的分配和定位也应予以明晰。

19.2.2 稳定土地承包权

稳定土地承包权的根本目的是鼓励农民投资培养地力，实行集约化经营，提升农民经营的主动性和积极性，克服经营中的短期行为，促进农业的可持续发展。基本思路是：延长土地承包期，并以法律加以保护。2003年3月1日生效的《中华人民共和国农村土地承包法》第二章第三节第二十条规定："耕地的承包期为30年，草地的承包期为30年至50年，林地的承包期为30年至70年，特殊林木的林地承包期，经国务院林业行政主管部门批准可以延长。"可见农村土地承包权的长期稳定性已得到法律保护，现在的问题是如何加大执法力度，制定相关的法规和实施细则来确保农户的承包经营权，以确保农户在承包期内合法权益不受侵害。

19.2.3 促进农地使用权合理流转

促进农地使用权合理流转，其前提条件是确定农村土地使用权主体。新的产权理论对财产赋予四种权利：所有权、使用权、收益权和处置权，并认为使用权和所有权是财产权利的主要权能，收益权和处置权是财产的次要权能，是一种连带产权权能。新的产权理论树立了两个经济和民事法律主体：所有权主体和使用权主体。它们两者之间不存在谁服从谁、谁属于谁的问题，是两个平等的主体。它们之间是经济和民事法律上的联系，而不是行政隶属关系。中国农村土地的所有权主体是集体经济组织，其使用权主体是农户，所有权主体和使用权主体是平等的、可分离的两个主体。在明确界定所有权主体的同时，必须界定使用权主体。作为土地使用权主体，农户在法律与经济上和农村集体经济组织享有平等地位。与土地使用权主体相联系的是土地的收益权和处置权限，要明确界定这两种权利的具体内容，才能确保农地使用者主体的根本利益。

土地的所有权和使用权是平等的、可分离的。既然土地所有权可买卖，那么，土地使用权同样可以流通转让，这就为中国土地使用权的市场化流转奠定了理论基础。在实现土地所有权与经营权分离的前提下，引入市场竞争机制，促进土地使用权的合理流转，可以实现规模经营与优化资源配置。实现农地使用权市场化流转，重点要做好以下几方面工作：依据经济规律，大力发展农地市场；培育和发展农地使用权流转的中介服务组织；在制度、法律与政策方面提供支持和保障；转换政府职能，减少行政干预。

19.2.4 健全和完善与土地产权有关的法规

目前，中国土地产权界定在法律上是不统一的，甚至相互矛盾。一是《民法通则》将产权主体赋予行政村，而《土地法》将产权主体赋予合作经济组织。两个法律在产权主体上存在重叠，违反了产权界定规律，"一物二主"必导致产权关系的混乱。二是法律在土地产权的界定上还存在产权主体的模糊和虚置。"行政村全体农民"和"合作经济组织全体成员"，均是法律上的土地产权所有者，但两者在民事法律主体上是不成立的，因此，土地产权主体被虚置了。由此可见，应对《民法通则》和《土地法》的有关条例进行修改，对土地产权的界定统一口径，消除土地产权主体虚置现象。

为维护农地市场健康、有序、规范地运行，应通过完善的立法对农地市场进行约束和管理，逐步形成一整套完备的法律法规体系，以促进农地市场建设。为此，应尽快出台《农地使用权流转暂行条例》等法规性文件，在实践中进一步健全和完善与土地产权有关的法规。例如，《担保法》规定，以农地使用权为抵押的贷款，须经发包方同意方可，而新的《农村土地承包法》规定"采取转让方式流转的，应当经发包方同意；采取转包、出租、互换或者其他方式流转的，应当报发包方备案"。显然两法的规定不相一致，应对《担保法》进行修改。另外，《农村土地承包法》对农地使用权抵押流转方式未作专款规定，只将其纳入"其他方式流转"，不利于农地使用权以抵押的方式流转；该法第三节第二十三条对耕地、草地、林地的承包期限有明文规定，但对"四荒"地的承包权未作规定，应对此做出明文规定。

19.3 防范农地金融风险

开展农地金融可能会带来四种风险，即经营风险、转移风险、贷款风险和社会风险。经营风险是指借款农户因经营失败无法偿还银行贷款，因而失去土地使用权而产生的风险。转移风险是指由于失去土地使用权的农户向非农产业转移过程中存在诸多障碍，这样就存在限制其职业转换的可能性。贷款风险指农村信用社贷款不能如期收回而产生的信贷风险。社会风险指因经营风险、转移风险和贷款风险在由量变积累到一定程度发生质变的过程中，对整个社会的稳定带来冲击的可能性。在这四种风险中，经营风险、贷款风险是社会风险产生的根本原因，转移风险是社会风险产生的直接原因。因此，有效地控制经营风险是关键，积极控制转移风险有助于化解社会风险。

在当今中国农村，土地对于农民来说，仍具有重要意义：土地具有降低劳动力转移风险的功能；土地具有社会保障功能；土地具有农村社会福利功能；土地仍然是多数农民的主要收入来源。在农地金融中，借款农户一旦经营失败而不能按期偿还贷款，他就将失去土地，而失去土地就意味着他在农村失去了生存依靠，这时，唯一的出路是向非农产业和部门转移。

然而，目前中国农村剩余劳动力向非农产业转移还存在着诸多障碍，严重阻碍了农村剩余劳动力进入城市。乡镇企业发育迟缓以及农村城镇化进程滞后，限制了非农产业的发展，影响了农村剩余劳动力向第二产业、第三产业转移。城市扩张有限，其本身就存在就业压力，对接纳农民进城没有积极性。正是由于这些障碍存在，一是挫伤了农户参与农地抵押借款的积极性，从而不利于农地金融的普及与推广；二是加大了农地金融风险的程度与风险波及的范围。因此，应采取以下方法来防范农地金融风险。

19.3.1 避免风险

避免农地金融风险，应从风险生成过程的三个方面着手。一是农村信用社要加强对农地抵押贷款的可行性研究，对贷款进行跟踪监控、动态管理，把贷前管理、贷中管理和贷后管理有机结合起来，把风险消灭于萌芽状态或控制在最低限度，这就是控制贷款风险。二是要消除农民向非农产业转移的障碍，为其顺利转向其他产业提供宽松环境，这叫转移风险管理。为此，必须做好以下工作：（1）取消农民进入城市就业的户籍限制，为农民到城市就业消除法规障碍。（2）加强对农民进城就业的指导及管理工作，保护其合法权益不受侵害，并为农民进城就业提供信息和政策支持。（3）加强乡镇企业的发展和农村城镇化建设，为农民向第二产业、第三产业转移提供空间。三是政府要对申请农地贷款的农户提供信息和技术支持，通过提供先进的技术支持来提升农产品的科技含量，增强产品竞争力，通过有效的信息支持使农户随时了解市场的需求变化，及时调整产品结构。

19.3.2 控制损失

控制损失主要是建立农村社会保障体系。这需要政府、集体经济组织和农户等各方共同努力，以解决转让土地后农民离土的后顾之忧。为此，首先必须建立农民失业保险制度或最低生活保障制度，以解决失地农民的最基本生活费用问题；其次要逐步建立农民养老保障制度和医疗保障制度，做到“病有所医，老有所养”。

19.3.3 转嫁风险

农户以土地使用权作抵押获得贷款来扩大农业投入本身就存在投资风险，而保险具有分散风险、转移风险的功能，因此，可以利用贷款保险来控制风险。具体操作过程如下：获得农地金融贷款的农户按其贷款金额的一定比例交保险金给保险公司，从而取得贷款保险；当经营失败不能偿还贷款而失去土地时，保险公司给予其一定的赔偿。当然，在这个过程中，要采取有效的机制来防止农户的道德风险和逆向选择行为。政府要采取相应政策措施，允许并鼓励保险公司开发此类业务。

有上述三道防线层层设卡，就能有效控制农地金融风险，这将有助于农地金融规范、健康、有序地发展。

19.4 建立科学的土地评估体系

土地债券发行之前，必须进行土地价值的评估，因为土地债券的发行以土地为抵押，其发行总额以地价为依据。为了科学合理地确定土地价格，必须建立科学、有效的土地评估系统。评估业在中国还刚起步，尽管发展势头良好，但也暴露出与市场经济不相适应的地方，亟须规范。其弊端体现在：评估机构组织形式行政化，存在地方保护主义和部门保护主义，严重影响公平竞争，评估人员的资质认证是政府行为而非市场行为。由政府有关部门来立项评估、确认评估结果，影响评估结果的真实性和准确性。为此，要建立科学的土地评估体系，抓好以下几项工作。

19.4.1 提高评估从业人员素质

土地评估工作的特性，要求评估人员必须具有较高的专业素质、完善的知识结构和良好的职业道德。要通过严格的资格认证制度，来提高专业评估人员的素质。

19.4.2 正确处理政府、评估师协会、评估机构和评估师的关系

在评估业的发展过程中，应调动多方面的积极性，各司其职，各负其责。政府要规范各种法规并监督执行情况，不介入具体的评估业务。评估师协会要搞好行业自律和维护评估机构与评估人员的合法权益，促进评估队伍的壮大和评估业的发展。具体来说，要制定评估技术规程，进行执业资格培训，确认评估师资格、会员资格，监督检查评估规则执行情况。评估机构的权利是通过评估而获得合法利益，其责任是为委托人提供良好的评估服务，保证公平、公正，并对评估结果负全责。

19.4.3 促进评估机构开展公平竞争

要为评估机构间竞争营造公平、公正、公开的社会环境，还要鼓励民间评估机构的发展。

19.4.4 允许国外土地评估机构进入中国评估市场

一则可引入国外比较先进的土地评估方法；二则可以学习国外评估业的先进管理经验。

农村金融市场配置效率篇

20 新型农村金融机构绩效评价及其影响因素分析

——基于陕西与宁夏20家机构的调查

20.1 引言

多年来，金融服务一直是制约我国农村发展的薄弱环节。农村金融供给不足的现状以及农村金融市场自身的特殊性，决定了增加农村金融市场有效供给的必要性。鉴于此，银监会于2006年底制定并发布了调整放宽农村地区银行业金融机构准入政策，鼓励各类资本到农村设立新型农村金融机构。银监会年报显示，截至2011年底，全国242家银行业金融机构共发起设立786家新型农村金融机构，其中村镇银行726家（已开业635家），贷款公司10家，农村资金互助社50家（已开业46家），累计吸引各类资本369亿元，各项贷款余额1 316亿元。新型农村金融机构的出现，开拓了农村金融供给新渠道，填补了部分地区农村金融服务空白，对提升农村金融服务水平发挥了积极作用。新型农村金融机构在服务于“三农”的同时，能否实现自身发展的可持续性，已成为公众关注的焦点。

学界对金融机构发展可持续性的研究，主要集中在对其绩效水平的衡量上。回顾国内外已有文献对金融机构绩效的研究，多围绕绩效测度方法选择与绩效影响因素分析展开。在绩效测度方法选择上，国外学者如Mendes和Rebelo在假说检验中使用非参数法和随机前沿分析测度了银行的X效率。国内学者如张健华利用数据包络分析方法（DEA）的基本模型及其改进模型对我国三类商业银行1997—2001年的效率状况进行了评价。郭妍也运用DEA方法测算了我国15家有代表性商业银行1993—2002年的技术效率、纯技术效率、规模技术效率值。在绩效影响因素分析上，国外学者如Andrew C. Worthington运用随机成本前沿法研究了澳大利亚非银行金融机构效率的决定因素，结果表明银行效率的增长来源于资产质量、人力素质和教育程度的改善。国内学者如秦宛顺、欧阳俊研究指出我国商业银行绩效水平主要取决于银行效率，市场结构与银行绩效水平之间并无显著统计关系，而银行市场份额与规模效率显著负相关。姚树洁等利用随机前沿生产函数研究了所有制结构和硬预算约束对银行效率的影响，发现非国有银行比国有银行效率高，面临硬预算约束的银行的绩效比国家和地方政府投入大量资本的银行好。何韧对上海市银行业的市场结构、综合效率和经营绩效及其相互关系进行了实证研究，发现银行业的规模效率对银行绩效水平具有积极作用。闫丽华从股权集中度、资产结构和资本结构方面实证分析了金融上市公司绩效的影响因素。林明指出市场结构、产权结构和行为结构是影响当前银行业绩效的主要因素。

已有研究多集中在银行业金融机构的效率问题上，对新型农村金融机构的研究也多侧重于分开讨论三类机构，如曾刚、李广子与李建华、何莎莎讨论了村镇银行的绩效及其影响因素，中国人民银行固原市中心支行课题组调查分析了小额贷款公司的绩效，王刚贞则对农村资金互助社绩效进行了评价，缺乏对新型农村金融机构整体的绩效考察。在绩效测度方法的选择上偏好于选择 SFA、DEA 构建“投入—产出”模型分析行为绩效，在绩效影响因素的考察上单方面侧重于外生变量或内生变量。鉴于此，本章在上述研究成果上，选用层次分析法（AHP）定量与定性相结合的评价依靠于财务数据的新型农村金融机构结果绩效，并引入多元回归模型平衡选择影响新型农村金融机构绩效的外生和内生因素进行分析，以期为促进新型农村金融机构可持续发展提供参考。

20.2 研究方法与模型选择

本章主要包含新型农村金融机构的绩效评价与绩效影响因素分析两部分内容。新型农村金融机构绩效受到多种因素的影响，如果仅仅从某一角度、某一方面或某一指标来评判，会过于片面。层次分析法是一种定性与定量相结合、系统化、层次化的分析方法，它整合决策者的主观判断与实践经验构建模型，可将不同层次、多个指标综合成无量纲的评判值，适合于建立在不同量纲财务指标基础上的结果绩效评价。此外，线性方程是常用的因素分析方法，新型农村金融机构的绩效除了受到 AHP 所选指标的影响外，还受到其他内生与外生因素的影响，从而采用多元回归模型来找寻决定当前新型农村金融机构综合绩效的关键因素。

20.2.1　层次分析法

层次分析法主要将复杂问题按支配关系进行分层，通过对比各层各要素之间的相对重要性，最终确定各要素相对重要性的次序，从而按次序做出最终选择。具体如下：

1. 构建递阶层次评价模型。将问题分为三个层次，即目标层、准则层和措施层（如图 20－1 所示）。在模型中，同一层次的要素对上层要素有一定的作用，同时支配下层各要素，每层中各要素所支配的要素不超过 9 个，因为过多要素会造成两两比较的困难。

2. 构造判断矩阵。从准则层开始，用一定的比较尺度两两对比同一层次的要素，构建判断矩阵 M，直到最后一层。$M = (m_{ij})_{n\times n}$，其中 $m_{ij} > 0$，$m_{ij} = 1/m_{ji}(i,j = 1,2,\cdots,n)$ 。在矩阵 M 中，m_{ij} 表示要素 i 与要素 j 对上一层要素的重要程度的比值，m_{ji} 表示要素 j 与要素 i 对上一层要素的重要程度的比值，并且 $m_{ij} = 1/m_{ji}$ 。判断矩阵标度则采用 Saaty 提出的 1～9 标度法，见表 20－1。

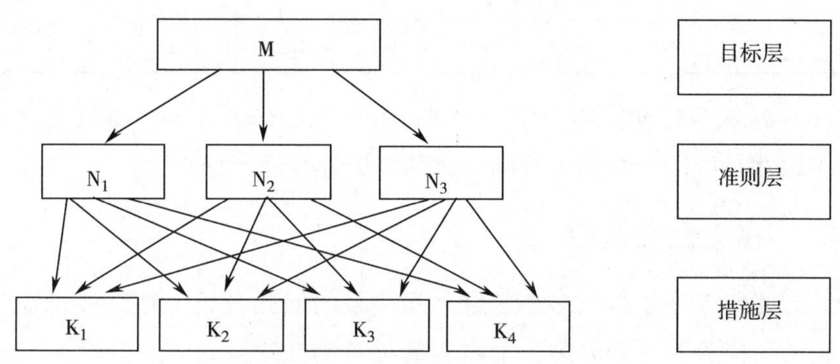

图 20－1　递阶层次评价模型

表 20－1　　判断矩阵标度及重要度释义

标度	1	3	5	7	9	2，4，6，8
重要度释义	前者和后者重要性相同	前者比后者稍重要	前者比后者明显重要	前者比后者强烈重要	前者比后者极端重要	相邻判断的中间值

对于图 20－1 所示的递阶层次评价模型图而言，N_1，N_2，N_3 可构成一个相对于要素 M 的判断矩阵 N

$$N = \begin{bmatrix} M & N_1 & N_2 & N_3 \\ N_1 & 1 & n_{12} & n_{13} \\ N_2 & \frac{1}{n_{12}} & 1 & \frac{1}{n_{23}} \\ N_3 & \frac{1}{n_{13}} & \frac{1}{n_{23}} & 1 \end{bmatrix}$$

3. 一致性检验。由于在建立判断矩阵的过程中，为保证评价分析的有效性，需要对其进行一致性检验。具体如下：

（1）计算一致性指标 CI：$CI = (\lambda_{max} - n)/(n - 1)$，当 $\lambda_{max} = n$ 时，CI = 0，CI 为完全一致，CI 值越大，判断矩阵的一致性越差。通常满足 CI≤0.1，判断矩阵的一致性就可以接受，否则重新进行两两比较判断。

（2）查找相应的平均一致性指标 RI，对于 1 ~ 9 阶矩阵，Saaty 给出了 RI 的值，如表 20 – 2 所示。

表 20 – 2　　随机一致性指标 RI 的取值

n	1	2	3	4	5	6	7	8	9
RI	0	0	0.58	0.90	1.12	1.24	1.32	1.41	1.45

（3）计算一致性比例：当 CR = CI/RI，当 CR < 0.1 时，则认为判断矩阵的一致性是可以接受的，否则要对判断矩阵作适当修正。

20.2.2　多元回归模型

多元回归模型是探讨多个变量之间关系的回归分析方法，按自变量和因变量的对应关系可划分为一个因变量对多个自变量的回归分析（“一对多”回归分析）及多个因变量对多个自变量的回归分析（“多对多”回归分析）。本文采用“一对多”回归分析，模型设定如下：

$$Y = \beta_0 + \beta_1 X_1 + \beta_2 X_2 + \cdots + \beta_i X_i + \varepsilon$$

其中，Y 表示通过 AHP 方法得出的综合绩效得分，X_i 表示的是解释向量，β_0、β_1、$\beta_2 \cdots \beta_i$ 为待估计参数，ε 为随机误差项。

20.3　数据来源与变量释义

本章所用数据来自于 2012 年 4 ~ 6 月分别对宁夏同心县、陕西渭南市、安塞县、岐山县和洛南县的实地调查，其中渭南小额贷款公司13家，安塞、岐山和洛南村镇银行4家，宁夏农村资金互助社3家。本次调查采用了问卷调查与访谈相结合的方式，保证了数据的可得性与有效性。

本章在分析影响新型农村金融机构绩效的因素时，将采用层次分析法计算的综合绩效得分作为被解释变量，同时，考虑到宏观经济环境、市场结构、银行规模因素，选取当地GDP、经营区域、贷款市场占有率、注册资本、最大股东持股比、在职员工数作为解释变量构建多元回归模型。变量定义见表20－3。

表20－3　　新型农村金融机构绩效影响因素的选取及释义

变量名称	变量定义	最小值	最大值	均值	标准差
当地GDP（亿元）	2011年机构所在区域GDP	26.80	150.00	83.40	41.66
经营区域	机构所在区域： 1＝县区，2＝市区，3＝乡镇	1.00	3.00	1.50	0.76
贷款市场占有率（%）	2011年该机构贷款余额占经营区域内金融机构贷款余额的比例	0.0018	0.2161	0.0751	0.0622
注册资本（万元）	成立时的注册资本（含增资扩股）	1 000	10 000	3 765	2 097.44
最大股东持股比（%）	股份额最大的股东所持股份占股本总额的比例	0.01	0.80	0.34	0.18
在职员工总数（人）	2011年机构全部员工数	5	34	12	6.42

20.4　实证分析

20.4.1　新型农村金融机构综合绩效评价

20.4.1.1　指标选取及统计性描述

对新型农村金融机构绩效水平的评价，包括行为绩效与结果绩效两类，行为绩效基于投入产出的技术效率进行评价，结果绩效则基于财务数据与业务数据进行评价。本章拟构建二级指标体系，从安全性、流动性、盈利性、成长性来评定新型农村金融机构结果绩效水平（见表20－4）。

表 20-4　　新型农村金融机构综合绩效指标（U）的选取、定义及统计性描述

一级指标	二级指标	指标定义	方向	最小值	最大值	均值	标准差
安全性 U_1	资本充足率 U_{11}	资本充足率 = 资本净额/加权风险资产期末总额	+	0.18	2.45	0.95	0.41
	不良贷款 U_{12}（%）	不良贷款率 = 不良贷款额/贷款总额	-	0.00%	0.46%	0.02%	0.11%
流动性 U_2	涉农贷款比例 U_{21}	涉农贷款比例 = 涉农贷款额/贷款总额	+	0.03	1.00	0.58	0.29
	可贷资金 U_{22}	100 万元以下 =0.1；100 万～500 万元（含）=0.3；500 万～1 000 万元（含）=0.5；1 000 万～5 000 万元（含）=0.7；5 000 万元以上	+	0.10	0.90	0.65	0.23
盈利性 U_3	净利润 U_{31}	10 万元以下 =0.1；10 万～50 万元（含）=0.3；50 万～100 万元（含）=0.5；100 万～500 万元（含）=0.7；500 万元以上	+	0.10	0.70	0.44	0.26
	利息收入 U_{32}	10 万元以下 =0.1；10 万～50 万元（含）=0.3；50 万～100 万元（含）=0.5；100 万～500 万元（含）=0.7；500 万元以上	+	1.75	780.00	257.56	194.38
成长性 U_4	最大股东股权比例 U_{41}	股份额最大的股东所持股份占股本总额的比例	+	0.01	0.80	0.34	0.18
	从业人员受教育水平 U_{42}	本科及以上学历员工所占比例	+	0.00	0.67	0.17	0.19

20.4.1.2　构建递阶层次评价模型

本章将新型农村金融机构综合绩效评价模型的层次分为三层：第一层 M 为目标层，为新型农村金融机构综合绩效得分；第二层 N 为准则层，体现了新型农村金融机构的经营特性，鉴于农村金融机构不仅要支持“三农”还要维护自身的可持续发展，因而从安全性、流动性、盈利性和成长性四类层面进行分析；第三层为措施层，基于数据的可得性，本章选取了资本充足率和不良贷款率代表安全性，涉农贷款比和可贷资金代表流动性，净利润和利息收入代表盈利性，股权比例与人员素质代表成长性，具体如图 20－2 所示。

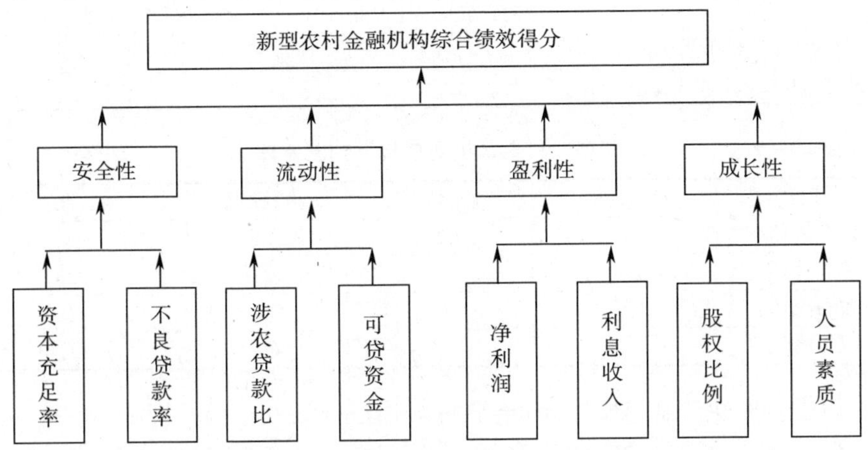

图 20－2　新型农村金融机构综合绩效递阶层次评价模型图

20.4.1.3　构建判断矩阵

在构建判断矩阵之前，采用专家打分法对各指标重要性打分，其中金融领域学者 10 名，金融监管部门专家 5 名，新型农村金融机构管理层 5 名。通过专家评分法对各指标重要性打分后，采用 1～9 标度法对指标数据进行处理，构建判断矩阵。见表 20－5、表 20－6、表 20－7、表 20－8、表 20－9。

表 20－5　安全性各指标判断矩阵

项目	资本充足率 U_{11}	不良贷款率 U_{12}
资本充足率 U_{11}	1	1
不良贷款率 U_{12}		1

表 20－6　流动性各指标判断矩阵

项　目	涉农贷款比例 U_{21}	可贷资金 U_{22}
涉农贷款比例 U_{21}	1	1
可贷资金 U_{22}		1

表 20－7　　盈利性各指标判断矩阵

项目	净利润 U_{31}	利息收入 U_{32}
净利润 U_{31}	1	2
利息收入 U_{32}		1

表 20－8　　成长性各指标判断矩阵

项目	最大股东股权比例 U_{41}	从业人员受教育水平 U_{42}
最大股东股权比例 U_{41}	1	2
从业人员受教育水平 U_{42}		1

表 20－9　　新型农村金融机构各指标判断矩阵

项目	安全性 U_1	流动性 U_2	盈利性 U_3	成长性 U_4
安全性 U_1	1	2	2	2
流动性 U_2		1	1	2
盈利性 U_3			1	2
成长性 U_4				1

以上判断矩阵在 AHP、yaahp 软件均通过一致性检验，即表 20－5、表 20－6、表 20－7、表 20－8、表 20－9 中，$C \cdot R$ 分别为 0.0000、0.0000、0.0000、0.0000、0.0226，均小于 0.1，通过一致性检验，说明权重分配合理。新型农村金融机构综合绩效评价体系指标权重见表 20－10。

表 20－10　　新型农村金融机构综合绩效评价体系指标权重

一级指标	相对权重	二级指标	相对权重	最终权重
安全性 U_1	0.3976	资本充足率 U_{11}	0.5000	0.1988
		不良贷款率 U_{12}	0.5000	0.1988
流动性 U_2	0.2364	涉农贷款比例 U_{21}	0.5000	0.1182
		可贷资金 U_{22}	0.5000	0.1182
盈利性 U_3	0.1988	净利润 U_{31}	0.6667	0.1325
		利息收入 U_{32}	0.3333	0.0663
成长性 U_4	0.1672	最大股东股权比例 U_{41}	0.6667	0.1114
		从业人员受教育水平 U_{42}	0.3333	0.0557

可以看出，在新型农村金融机构经营中安全性最为最要，其次是流动性和盈利性，说明新型农村金融机构在实际经营中最重要的特征是稳健。究其原因，新型农村金融机构由于成立时间较短，公众对其认知程度较低，面对农村合作金融机构长期垄断农村信贷市场的这一局面，竞争优势

不明显，因此作为经营货币资金的金融机构来说，稳健经营确保不被挤出市场是首当其冲的目的。

20.4.1.4　综合评价得分

表 20－11　　新型农村金融机构综合绩效评价

样本类别		综合得分
村镇银行（A）	样本 A1	0.6559
	样本 A2	0.6146
	样本 A3	0.7095
	样本 A4	0.9921
小额贷款公司（B）	样本 B1	0.6954
	样本 B2	0.6132
	样本 B3	0.6759
	样本 B4	0.7616
	样本 B5	0.7060
	样本 B6	0.7024
	样本 B7	0.6754
	样本 B8	0.6493
	样本 B9	0.7191
	样本 B10	0.6292
	样本 B11	0.6908
	样本 B12	0.7142
	样本 B13	0.7760
资金互助社（C）	样本 C1	0.5741
	样本 C2	0.5415
	样本 C3	0.5425
村镇银行		0.7421
小额贷款公司		0.6930
农村资金互助社		0.5527
新型农村金融机构		0.6818

由表 20－11 可以看出，新型农村金融机构综合绩效得分为 0.6818，处于中等偏上水平。其中，村镇银行综合绩效最优（0.7421），小额贷款公司次之（0.6930），农村资金互助社最差（0.5527）。

结合实地调查，不难发现上述结果原因所在。村镇银行在三类新型农村金融机构中发展比较早，先一步与客户建立了良好互动关系，逐渐形成了稳定的客户群；其注册资本多、规模大，既有存款业务又有贷款业务，充足的资金量能够满足客户的多种业务需求；由董事会、监事会、理事会以及经营管理层构建的“三会一层”现代化企业管理制度治理结构完善，专业化程度高，显著提升了机构绩效。小额贷款公司只贷不存的规定使得业务发展受到了一定限制，但多地处市区或县城地理位置较好的地段，客户量较大；其业务重点多放在其他大型金融机构出于安全性考虑很少涉足的业务上，并且手续简便快捷，受到急需解决流动资金周转问题的中小企业的青睐；其涉农业务比较少，放贷期限多为3～6个月，利率浮动多在基准利率的3倍以上，从而收益率较高。资金互助社是一种社区互助性银行业机构，参与调查的资金互助社注册登记部门为当地民政部门，社员由当地农户和中小企业构成，面临的客户群相对较小，业务种类少且为保本微利，目的在于帮助农户脱贫致富和扶持企业发展，因而带有扶贫性质。

20.4.2 新型农村金融机构绩效影响因素分析

为充分论证影响新型农村金融机构绩效因素的重要性，运用普通最小二乘法进行多元回归分析。从回归结果看，可决系数较高，自变量对因变量具有较高解释度，模型整体拟合程度较好。见表20－12。

表20－12 新型农村金融机构绩效影响因素的线性回归结果

变量	标准化系数	标准误差	t值（检验）	显著性
常数		0.082	4.558	0.001
当地GDP（X1）	－0.024	0.000	－0.169	0.868
经营区域（X2）	0.194	0.024	1.013	0.329
贷款市场占有率（X3）	－0.463**	28.223	－2.570	0.023
注册资本（X4）	0.499***	0.000	3.284	0.006
最大股东股权比例（X5）	1.293***	0.116	6.056	0.000
在职员工总数（X6）	0.003	0.002	0.022	0.983
可决系数（R－squared）		0.835		
对数似然值（Log likelihood）		36.753		
F统计量（F－statistic）		11.001		
D－W统计量		2.101		
样本数		20		

注：***代表在1%的置信水平上显著，**代表在5%的置信水平上显著，*代表在10%的置信水平上显著。

从表20－12可知，该回归模型的标准化回归方程为

$$Y = -0.024X_1 + 0.194X_2 - 0.463X_3 + 0.499X_4 + 1.293X_5 + 0.003X_6$$

以上结果表明：当地GDP、经营区域、在职员工数对绩效得分影响均不显著；在5%的显著水平上，贷款市场占有率与绩效得分负相关；在1%的显著水平上，注册资本、最大股东股权比例与绩效得分正相关。

在反映宏观经济环境的变量中，新型农村金融机构所处区域GDP与经营区域所在地（市区、县城、乡镇）对其绩效的影响均不显著，说明区域经济的快速发展并未带来新型农村金融机构的绩效的实质增长，这可能是由于市场结构的原因，经济增长的获益方多为具有竞争实力的参与者，作为新型农村金融机构的主要客户群，农户与农村中小企业并未得到实质的利益，自身发展乏力，从而导致了新型农村金融机构的收益较低。此外，虽然新型农村金融机构的经营应以服务所在区域为主，但出于分散业务区域，降低经营风险的考虑，已经悄然扩大经营区域的范围，因此所处区域位置并未对其绩效产生重大影响。

在反映市场结构的变量中，一般而言，企业市场占有率越高，说明其在市场上的垄断程度越高，可以凭借规模优势达到降低成本、提高利润的目的。然而对于新型农村金融机构，贷款市场占有率越高，绩效却越低。这可能是由于在成立初期，过于追求贷款规模的扩大，盲目招揽业务、抢占市场份额，导致其中存在可疑贷款或损失贷款，最终造成一定损失，从而降低了新型农村金融机构的绩效。

在反映银行规模的变量中，最大股东股权比例越高，说明股权集中度越高，存在极少数大股东持有大部分股份的现象。大多数研究表明，出于保护投资的需要，大股东往往会加强对经营决策者的激励和监督，一定程度上降低了其在做投资决策时的道德风险，从而对提升效率具有正向激励。因此，大股东股权比例越高，新型农村金融机构绩效越高。此外，注册资本是新型农村金融机构从事经营活动的基础，注册资本的多少直接反映其经营规模，往往是其实力大小的证明，注册资本越多，社会群体对其信赖程度就越高，从而起到了一种信用担保的作用，吸引更多的投资者参与业务活动，因此能对绩效起到正的激励作用。

20.5　研究结论与政策建议

本章通过对陕西省和宁夏回族自治区的实地调查，对新型农村金融机

构综合绩效及其影响因素进行了深入分析，研究结果表明：（1）新型农村金融机构综合绩效整体处于中等偏上水平。其中，村镇银行综合绩效最优，小额贷款公司次之，农村资金互助社最差。（2）贷款市场占有率与绩效得分负相关，注册资本、最大股东股权比例与绩效得分正相关。当地GDP、经营区域、在职员工数对绩效得分影响均不显著。

基于以上结论，要提高新型农村金融机构绩效，促进其可持续发展并提升其支持“三农”的能力，第一，政府应对新型农村金融机构发放的涉农贷款给予一定的贴息，以降低其发放涉农贷款的成本支出，从而引导新型农村金融机构积极加大涉农信贷投放以便支持“三农”发展。第二，新型农村金融机构在发展中不能盲目地追求规模扩张，以防资金链条的过长导致自身无法正常周转，也要避免不良支农贷款影响其绩效。第三，对于村镇银行，应该贴近农户和小微企业，针对不同客户群开发金融产品，实行差异化竞争策略，以此赢得市场，实现可持续发展。第四，对于小额贷款公司，应该放宽小额贷款公司从其他金融机构融资的比例，使成熟的小额贷款公司转化为村镇银行，同时考虑允许小额贷款公司吸收企业及团体的存款的可能性。第五，对于农村资金互助社，作为带有扶贫性质的社区组织，要充分利用好圈层社会相对透明的特点，降低信用成本和人员成本，控制经营风险，从而提升综合绩效。第六，在完善监管的同时可通过增资扩股等方式来提高新型农村金融机构注册资本，增强其实力，同时优化股东结构，适当加大最大股东持股比例，并建立真正意义的“三会”，充分发挥“三会”力量促进其绩效的提升。

21 农村合作金融机构运行效率测度及其影响因素实证研究

21.1 引言

长期以来，农村合作金融机构作为我国金融监管部门批准设立的正规金融机构之一，在农村经济发展中发挥着十分重要的作用，是农户和农村中小企业等各类农村经济主体参与农村信贷资金活动、完善农村金融体系以及有效解决“三农”问题的重要金融机构。近年来，随着国家对农村金融的关注，农村合作金融机构的改革和发展也备受重视。2003 年 8 月，国务院颁布了《深化农村信用社改革试点方案的通知》，指出作为联系农民的金融枢纽和农村金融的主力军，农村信用社改革核心在于产权的明晰和管理体制的完善，由此掀开了我国农村信用社全面改革的序幕。陕西作为全国首批试点省份之一，在省政府的积极推动下，农村信用社围绕“强化内部管理和转变业务增长方式”两条主线在各个层面取得了较大进展。截至 2011 年末，陕西省农村合作金融机构共有 107 家机构，存、贷款规模分别为 2 800. 27 亿元和 1 675. 88 亿元，双居首位，经营利润高达 210. 19 亿元，抵补能力明显增强，支持实体经济成效明显。但是，尽管近年来陕西省农信社的总体运行状况改善较大，但仍存在着目标偏离、管理欠规范以及历史包袱过重等问题。2006 年随着国家放宽和调整了农村金融市场机构的准入，村镇银行、小额贷款公司、农村资金互助社等新型金融机构迅速在全国成长起来，伴随着金融市场的放开，村镇银行、小额贷款公司、农村资金互助社的强强进入，不仅加剧了银行业整体竞争风险，同时也打破了农村合作金融机构长期垄断的局面，农村合作金融机构面临着前所未有的严峻挑战。因此，在农村金融市场竞争愈演愈烈的情况下，农村合作金融机构如何在坚持发挥“支农惠农”作用的同时提高农村金融服务质量，如何在实现机构可持续发展的情况下适应农村经济发展的要求，特别是在产权模式变革下如何提高运行效率，这已成为农村金融领域亟待解决的重大现实问题。本章旨在通过对以能源开发为主的陕北农村合作金融机构运行效率进行测度，并试图从内、外部两个角度寻求影响农村合作金融机构不同效率的因素，提出提高农村合作金融机构运行效率的相关对策建议，为进一步深化农村产权改革、促进农村金融发展与创新以及提高农村金融市场效率提供一定的科学依据。

21.2 文献回顾

从目前国内外的研究进展来看，农村合作金融机构一直是学术界研究的重要领域之一。自20世纪80年代以来，国外学者就农村合作金融机构的数量规模、结构绩效以及发展体制等问题进行了有益的探讨，并形成了两种不同的看法。福利主义者主张通过加大政府补贴力度来保证正常运行，达到拓展金融深度的目的；而制度主义者则侧重于财务指标的可持续性，认为政府对政策目标的过分强调忽视了机构本身的资产质量和经营效率的好坏，从而导致自身的不可持续发展。近年来，制度主义者观点被多数学者接受。Gup和Walter对大、中型三类机构进行了对比分析，认为农村金融组织效率要优于大型机构，其主要原因在于垄断行为的存在和创新能力的灵活。Esho通过两阶段回归模型分析了澳大利亚合作金融组织，提出虽然政府补贴有利于机构经营，但机构类型、发展规模和市场份额才是影响效率的主要因素。Gilbert认为由于机构数量多、市场份额大、交易成本低以及农村市场开放度低等优势，导致具有垄断优势的农村金融组织可获得的边际利润较大。相对于国外，国内研究起步较晚，但是近年来这方面的研究成果层出不穷，就评价方法而言，谢平、褚保金和师荣蓉分别运用比较分析、非期望产出DEA和随机边界模型对不同区域的农信社效率进行了测度和评价。安翔针对评价指标的设计，以Yaron提出的业绩评估框架为标准，认为评价农信社绩效的指标应包括目标客户覆盖面和农村金融机构持续性指标两个层面，并提出要从农信社自身经营、法人治理以及地区经济发展三个维度进行指标体系的设计和完善。在影响因素方面，易传和从产权改制角度着手，选取改制形式与时间、信贷规模和区域分布指标进行了实证分析，得到改制对农信社的发展有促进作用，改革模式和区域因素对其内在效率的影响较大。马宇等通过研究经营环境和治理机制对农信社绩效的影响，认为金融繁荣程度的不同导致城区和乡镇的农信社效率有所差异，而交通状况并不对农信社的正常经营产生影响。张兵等在引入虚拟变量的基础上探讨了发展体制对农信社效率的影响作用，认为商业化的经营思路会加大经营成本，削弱其在农村金融市场的垄断优势。

综上所述，由于研究方法和样本选取的差异导致现有研究在农村合作金融机构改制成果、效率测度的指标选取和影响因素的作用方向等方面存在着明显的分歧，对具有区域优势的局部地区农村合作金融机构的效率研究较少，运用 DEA 方法对农村合作金融机构综合效率及其影响因素做了研究，但对纯技术效率和规模效率的影响因素并未做深入分析。因此，本章以陕北地区为样本，采用 DEA 方法对农村合作金融机构的效率及其影响因素进行实证研究。同时，以综合效率值、纯技术效率值和规模效率值为基础，对影响陕北农村合作金融机构运行效率的因素进行回归检验，这对于构建科学高效的指标评价体系、提升农村金融机构运行效率，促进农村区域发展、深化农村金融改革能够提供强有力的理论支持。

21.3　研究设计

21.3.1　数据来源

本研究使用的数据来源于西北农林科技大学农村金融研究所，2011 年 5 月和 2012 年 10 月对陕北地区银监局、人民银行以及 25 家农村合作金融机构的全面调查。机构调查采用问卷调查和访谈相结合的方式进行，问卷内容涵盖了机构的基本信息、机构的经营情况、当地经济金融发展状况以及发展建议等。本次调研共发放机构问卷 25 份，实际收回 25 份，问卷有效率为 100%，获取了样本地区 2008—2011 年共 4 年 100 个样本的相关财务报表数据和统计年鉴的部分数据，具有融合时间序列与截面数据的特征。具体情况如表 21－1 所示。

表 21－1　　2011 年陕北地区农村合作金融机构情况表　　单位：个

形式/地区	延安	榆林	合计
合作制	10	6	16
股份合作制	3	3	6
股份制	0	3	3
合计	13	12	25

21.3.2 农村合作金融机构运行效率测度——基于 DEA 的效率分析

21.3.2.1 研究方法

本文第一阶段主要采用数据包络分析法（DEA）计算的综合效率、纯技术效率以及规模效率来评价和代表农村合作金融机构运行效率。DEA 方法是从数学规划的角度来评价的具有多产出与多投入 DMU 决策单元之间是否有效的一种非参数的系统性分析方法。它事先不需要确定具体的函数形式，具有较强的客观性，且对样本的数量要求不高。DEA 模型中 CCR 模型和 BCC 模型运用较为普遍，CCR 模型主要研究在规模报酬 C 不变的情况下效率是否有效，而 BCC 模型主要研究在规模报酬 V 可变的情况下效率是否有效。本文采用以投入为主的 BCC 模型，评价不同规模报酬下合作机构的运行效率情况，这也比较符合农村合作金融机构运行现状以及农村区域经济发展的特点。其具体表达式如下。

假定对 n 个决策单元的运行效率进行测度，每个样本都有 m 个投入变量和 s 种产出变量，X_{ij} 表示第 j 个样本的第 i 种投入总量，Y_{ij} 表示第 j 个样本的第 i 种投入总量。于是就有第 j 个样本的投入 $X_j = (X_{1j}, X_{2j}, \cdots, X_{mj})^T$，产出 $Y_j = (Y_{1j}, Y_{2j}, \cdots, Y_{mj})^T$，得到最优化的 BCC 模型：

$$Min\varpi = \varpi^*, \varpi = [\theta - \varepsilon(e^T \times s^{-0} + e^T \times s^{+0})]$$

$$s.t. \begin{cases} \sum_{j=1}^{n} x_{ij}\beta_j + s^{-0} = \theta \times x_{xj_0} \\ \sum_{j=1}^{n} y_{xj}\beta_j - s^{+0} = \theta \times x_{xj_0} \\ \sum_{j=1}^{n} \beta_j = 1, \beta_j \geqslant 0, j = 1, 2, \cdots, n;\ s^{+0} \geqslant 0, s^{-0} \geqslant 0 \end{cases}$$

上述 ϖ 为该决策单元的效率值，s^{+0}、s^{-0} 为松弛变量，β_j 为各决策单元的线性组合系数。其基本原理为：若 $\varpi^* = 1$，且 $s^{+0} = s^{-0} = 0$ 时，该样本则 DEA 有效；若 $\varpi^* = 1$，且 $s^{-0} > 0$ 或 $s^{+0} > 0$ 时，则样本为弱 DEA 有效，表明它不是同时为纯技术有效和规模有效；若 $\varpi^* < 1$，则样本为 DEA 无效，即它既不是技术有效，也不是规模有效。

21.3.2.2 指标选取及统计性描述

模型确定之后，接下来要解决的是投入产出指标选取的问题。由于不同的投入产出体系测度出决策单元的效率值会有所不同，得出的结果会有很大差异，因此投入产出变量的选取一直备受争议。目前国内学者的研究采用了以下指标，见表 21 - 2。

表 21 - 2 国内学者对农村合作金融机构投入产出指标选取情况一览表

学者	投入指标	产出指标
褚保金等	存款、同业拆入、央行再贷款、非利息营业支出、固定资产净值	正常贷款、非利息收入、不良贷款
张兵等	资本充足率、不良贷款率、存贷比例	税后利润、农业贷款额
王俊芹	财政支农资金、农村信用社存款	贷款余额、贷存比、农民人均纯收入
谢志忠等	员工数量、年末正常存款余额	营业收入、年末正常贷款余额
黄强	劳动力投入、资本投入、可贷资金	正常贷款、非信贷资产、贷款质量

从表 21 - 2 可以看出，学者们在选取农村合作金融机构的投入产出指标时，未完全考虑农村合作金融机构的双重目标，指标确定缺乏一定的说服力。因此，为了完善农村合作金融机构的投入产出指标体系，针对农村合作金融机构的特点、经营模式和支农作用，本章融合以上学者的指标，试图通过更全面的指标体系测度其效率，故而选取可贷资金、资产净值和经营投入为投入指标，鉴于数据可得性和中国人民银行专项票据对农村合作金融机构的资金扶持，也将财政资金作为投入指标。在产出指标上，选取了信贷规模、经营产出和农村生活水平。其中，可贷资金用“存款 + 同业拆入 + 央行再贷款”表示，资产净值用固定资产净额表示，经营投入和产出用营业费用和收入表示，财政资金用当地政府财政收入总额表示，信贷规模用贷款余额表示，农村生活水平用当地农户人均纯收入来表示，见表 21 - 3。

表 21 - 3 农村合作金融机构运行效率的投入产出指标体系及统计性描述

单位：元

类别	变量设定	具体指标构成	最小值	最大值	均值	标准差
投入指标	可贷资金	存款 + 同业拆入 + 央行再贷款	15 175.6	2 227 390	199 054.8	353 521.8
	资产净值	账面固定资产净额	346.3	8 484	1 883.2	1 853.4
	经营投入	营业费用	484	6 202 356	67 274.6	619 731
	财政资金	财政收入总额	904	420 152	57 424.7	72 284
产出指标	信贷规模	贷款余额	7 324.2	1 320 123	118 083.3	194 637.7
	经营产出	营业收入	749	198 348	14 690.2	27 971.8
	农村生活水平	农户人均纯收入	2 706	10 798	5 105	1 674.5

21.3.3 Tobit 回归分析——影响因素的确定

21.3.3.1 Tobit 回归模型的设定

农村合作金融机构的效率值，除了受到投入产出变量的影响外，还受到其他内外部因素的影响，为进一步寻求影响农村合作金融机构效率的重要因素，本章将因变量设为效率值，自变量设为各影响因素，通过回归模型考证综合效率、纯技术效率及规模效率与自变量之间的关系。在利用 DEA 方法测度了样本的运行效率后，可知效率值处于 0 ~ 1 之间，最大值为 1，符合模型被切割的特点。因此，第二阶段选用 Tobit 模型，其形式如下。

$$\begin{cases} TE_{it} = \alpha_i + \beta_i X_{it} + \varepsilon_{it}, i = 1, \cdots, n; t = 1, \cdots, T \\ PTE_{it} = \alpha_i + \beta_i X_{it} + \varepsilon_{it}, i = 1, \cdots, n; t = 1, \cdots, T \\ SE_{it} = \alpha_i + \beta_i X_{it} + \varepsilon_{it}, i = 1, \cdots, n; t = 1, \cdots, T \end{cases}$$

上式中，TE_{it}、PTE_{it}、SE_{it} 分别表示综合效率、纯技术效率和规模效率值，X_{it} 表示影响合作机构的可能性因素，β_i 表示各变量的系数，ε_{it} 为随机干扰项。

21.3.3.2 指标选取及理论假设

农村合作金融机构作为经营货币的金融组织，在给农村居民提供信贷服务的同时也要维持自身财务指标的可持续性。因此，在探讨农村合作金融机构效率时，应全面考虑可能的内外部因素。目前，学者们对内部因素的影响已有定论，但在外部因素的确定上却未达成一致。故而基于其经营的“三性”原则和政策的特殊性，本文选取农业贷款占比（X_1）、贷存款比例（X_2）、不良贷款率（X_3）、流动性比例（X_4）和资本充足率（X_5）为内部因素，见表 21 - 4。并选取了第一产业占比（X_6）和农村人口密度（X_7）作为反映当地经济发展的外部因素，选取产权改制（X_8）作为反映农村合作金融机构的内部因素，并作了如下假设。

假设一：第一产业占比会对效率产生消极影响。从产业结构的角度来看，一方面第一产业占比代表着农村合作金融机构在办理信贷业务的决策环境，另一方面也反映了对“三农”扶持力度。根据经济发展的理论与实践，高度发达的非农产业能够带动金融发展，实现银行的高效率运行。在经济欠发达地区，农村合作金融机构将资金更多投放于数多量小、成本较高的第一产业项目，信贷回收效率相对较低，风险可控能力较差，由此假定第一产业占比可能与效率负相关。

假设二：农村人口密度会对效率产生负向影响。从经济学的角度来看，农村人口密度对效率可能有两方面作用：一是正向的补充效应，农村人口密度反映了地区的发展潜力，农村人口密度越大，农村资金流入会越多，银行存贷款规模就越大，获取存贷利差的空间就越大；二是负向的边际效应，农村人口密度反映了人口的聚集程度，在有限的资源中，农村人口密度越大，农户人均纯收入就越少，从而多投少产引起银行的低效。而基于边际效应大于补充效应，本章假定农村人口密度可能与效率负相关。

假设三：产权改制会对效率能产生积极影响。现代产权理论表明，不同的契约以及激励与约束机制决定了企业不同的产权形式，而正是由于产权的改制才能使得企业凭借先进的生产技术和管理能力达到提高效率的目标。从农村合作金融机构的角度来看，产权改制不仅能进一步满足多元化的金融需求，拓宽市场份额，而且有利于其在市场中打造企业形象，提升知名度，从而提升行业竞争力。由此假定产权改制与效率正相关。因此，本章在此引入虚拟变量作为影响效率的一个因素。

表 21－4 农村合作金融机构运行效率影响因素的选取及统计性描述 单位：%

类别	变量设定	具体指标构成	最小值	最大值	均值	标准差	预期
内部因素	X_1 农业贷款占比	涉农贷款/贷款总额	19.56	99.91	82.16	20.03	－
	X_2 贷存比率	贷款总额/存款总额	33.22	93.17	64.08	13.05	+
	X_3 不良贷款率	不良贷款/贷款总额	0.57	35.86	8.63	7.62	－
	X_4 流动性比率	流动资产/流动负债	12.65	93.06	51.67	17.24	+
	X_5 资本充足率	资产对其风险的比率	0.25	25.58	11.33	5.13	+
外部因素	X_6 第一产业占比	第一产业产值/GDP	1.67	84.44	26.46	23.80	－
	X_7 农村人口密度	农业人口/总面积	1.61	15	6.43	2.69	－/+
虚拟变量	X_8 产权改革形式	0＝合作制，1＝非合作制	0	1	0.21	0.41	+

注：上表内部因素指标主要来源于对样本财务数据整理所得，外部影响因素指标来源于《陕西省统计年鉴（2008—2011）》。

21.4 农村合作金融机构运行效率及其影响因素的实证分析

21.4.1 陕北地区农村合作金融机构运行效率的测度

本章对陕北农村合作金融机构效率的测度采用 DEAP2.1 软件中基于

BCC 的 DEA 模型进行计算分解，其结果如表 21 - 5 所示。

表 21 - 5　　陕北地区农村合作金融机构综合效率、纯技术效率和规模效率情况表

样本编号	2008 年			2009 年			2010 年			2011 年			排名
	TE	PTE	SE	TE	PTE	SE	TE	PTE	SE	TE	PTE	SE	
1	1	1	1	1	1	1	1	1	1	0. 865	0. 91	0. 951	5
2	0. 787	1	0. 787	0. 678	0. 847	0. 801	0. 7	0. 758	0. 923	0. 734	0. 738	0. 995	17
3	0. 674	1	0. 674	0. 667	0. 87	0. 766	0. 658	0. 765	0. 86	0. 706	0. 753	0. 937	22
4	0. 505	0. 852	0. 592	0. 632	0. 747	0. 846	0. 723	0. 725	0. 998	0. 609	0. 61	0. 999	25
5	0. 732	0. 81	0. 903	0. 699	0. 739	0. 946	0. 688	0. 691	0. 995	0. 684	0. 688	0. 995	19
6	0. 636	0. 849	0. 749	0. 59	0. 746	0. 791	0. 76	0. 761	0. 999	0. 63	0. 631	1	24
7	1	1	1	0. 805	0. 831	0. 969	0. 643	0. 672	0. 957	0. 735	0. 748	0. 982	12
8	0. 703	0. 851	0. 827	0. 621	0. 739	0. 839	0. 76	0. 775	0. 981	0. 693	0. 706	0. 981	21
9	0. 858	0. 933	0. 92	0. 811	0. 818	0. 991	0. 717	0. 727	0. 986	1	1	1	11
10	0. 958	0. 959	0. 998	0. 986	0. 993	0. 993	1	1	1	0. 897	0. 904	0. 992	7
11	1	1	1	1	1	1	0. 934	0. 958	0. 975	1	1	1	2
12	1	1	1	0. 979	1	0. 979	0. 99	1	0. 99	1	1	1	1
13	1	1	1	0. 729	0. 733	0. 994	0. 746	0. 76	0. 981	0. 628	0. 641	0. 98	14
14	0. 945	0. 985	0. 96	0. 815	0. 816	0. 999	0. 748	0. 754	0. 992	0. 651	0. 656	0. 993	13
15	1	1	1	0. 99	1	0. 99	0. 969	1	0. 969	0. 943	1	0. 943	4
16	0. 865	0. 92	0. 94	0. 687	0. 726	0. 946	0. 667	0. 677	0. 986	0. 631	0. 631	0. 999	18
17	1	1	1	0. 964	0. 978	0. 986	1	1	1	0. 907	1	0. 907	6
18	0. 857	0. 861	0. 996	0. 622	0. 624	0. 996	0. 701	0. 709	0. 99	0. 604	0. 611	0. 989	20
19	0. 733	0. 899	0. 816	0. 656	0. 733	0. 895	0. 623	0. 628	0. 992	0. 634	0. 638	0. 994	23
20	1	1	1	1	1	1	1	1	1	0. 843	1	0. 843	8
21	0. 86	0. 965	0. 891	1	1	1	1	1	1	0. 885	0. 957	0. 924	9
22	1	1	1	0. 792	0. 853	0. 928	0. 612	0. 714	0. 857	0. 601	0. 627	0. 958	16
23	0. 918	1	0. 918	0. 98	1	0. 98	0. 891	0. 894	0. 996	0. 878	0. 885	0. 992	10
24	0. 937	1	0. 937	1	1	1	1	1	1	0. 977	1	0. 977	3
25	0. 839	1	0. 839	0. 88	0. 898	0. 981	0. 707	0. 739	0. 957	0. 628	0. 652	0. 963	15
均值	0. 872	0. 955	0. 910	0. 823	0. 868	0. 945	0. 809	0. 828	0. 975	0. 775	0. 799	0. 972	

注：TE、PTE 和 SE 分别代表综合效率、纯技术效率和规模效率；效率排名按各样本四年内综合效率的均值排名。

根据表21－5，从陕北地区平均的时间序列数据来看，农村合作金融机构的综合效率整体出现递减态势，其年均值为0.8199，年均下降4.06%，主要原因是由纯技术效率和规模效率的变化共同导致。其中，纯技术效率均值为0.863，技术进步率为6.1%，规模效率均值为0.951，规模增长率为2.1%，这说明规模的扩张对提高机构效率有一定的作用，但技术进步才是影响农村合作金融机构运行效率以及解决农村信贷需求的主要因素，同时也进一步说明了机构效率的提高和农村信贷市场的有效解决主要取决于未来机构是否会有以农村金融服务和产品创新为特性的纯技术提高。2008—2011年，陕北农村合作金融机构的综合效率持续下降，此期间分别下降了5.95%、1.73%、4.39%，其中2008—2009年的综合效率的退化速度最快；2008—2009年和2009—2010年的综合效率的下降主要是由于纯技术效率的下降所导致的（纯技术效率分别下降10.02%、4.83%）；2010—2011年综合效率的下降则是由纯技术效率和规模效率的下降共同引起的（纯技术效率下降3.63%，规模效率下降0.31%），这源于此期间新型农村金融机构进入的影响。综合整体情况来看，陕北农村合作金融机构的规模扩张与技术退化的现象并存，这表明目前陕北地区在对现有信贷资金的有效配置与日常运行、农村金融产品与服务的创新尚不到位。因此，机构运行效率的提高除了市场规模的拓展之外，更重要的是在现有客户群对信贷资金需求、农村金融产品的创新形式和创新力度的优化和调整、日常服务质量提升等多方面给予关注，否则将造成机构效率低。

从地区层次来看，2008—2011年陕北地区农村合作金融机构的综合效率、纯技术效率和规模效率呈梯度式变化态势，即榆林市高于延安市。具体来看，综合效率和纯技术效率的变化情况是榆林市高于延安市，规模效率的变化情况是除2011年榆林市略低于延安市，其他各年均高于延安市。在研究中发现，2008—2011年榆林市农村合作金融机构综合效率出现负增长，且变化幅度较大，变化率分别为－5.47%、－4.72%和－8.02%，而延安市综合效率呈微弱的波浪状，其变化率分别为－6.43%、1.18%和－1.36%。这说明随着两地农村金融结构的变化确实对效率带来明显的变化，即同地区的机构效率存在着明显的“水平效应”；与此同时，相比于延安市，榆林市农村合作金融机构近年来在经营投入的质量、农村信贷资金的配置等方面明显合理，一方面可能是由于政府加大了对榆林市的专项票据的资金投入，有效地消化了历年挂账和不良贷款，另一方面也与榆林市的经济发展水平较高有关。

从产权改革形式来看，这个阶段综合效率均值从高到低依次是股份合作制、合作制和股份制，具体情况见表21－5。就排名情况来看，排在前三位的为12号、11号和24号样本，年均值分别为0.992、0.984和0.979，而排在后三位的为4号、6号和19号样本，年均值分别为0.617、0.654和0.662，均值存在较大的差距，除19号样本为“股份制”，其余均为“合作制”，由此看出陕北地区农村合作金融机构的综合效率在这一阶段具有趋同效应。因为在2009年之前改制的样本效率大大高于未改制样本的效率，在这个阶段后部分未改制样本利用“后发优势”的效率提高超过了已改制的样本。而出现“股份制”样本效率低于“合作制”样本效率情况的原因是一方面在产权改制中商业化经营的转变加大了运行成本，从而原有的资金配置已不能满足纯技术提升的需要，形成综合效率提升的阻力之一，另一方面可能是在改制中由于资金成本投入过多从而对运行效率产生了不利影响。也就是说，产权改制可能需要一定的原始要素投入。

表21－6　陕北地区农村信用社、农村合作银行和农村商业银行综合效率统计表

产权形式	2008年	2009年	2010年	2011年	均值
合作制	0.864	0.822	0.810	0.785	0.820
股份合作制	0.937	0.831	0.782	0.762	0.828
股份制	—	—	0.859	0.743	0.801

注：2008年和2009年陕北地区没有农村商业银行。

从经济发展程度来看，经济水平高、资源相对富集的县区效率均值排名反而靠后。这一结论可以看出经济发展和农村合作金融机构之间存在着不适应性。一方面经济水平高的县区，农村合作金融机构的发展已滞后于地区经济的发展。在陕北地区的25家农村合作金融机构中，7家机构所在地区的经济发展水平较高，GDP总值均位居全省前列，然而仅有15号样本的效率均值排名靠前，其余县区机构却面临着内控体系不健全、信贷结构未转变、产权安排及治理结构混乱等问题，与此同时随着能源的不断开采，机构自身创造的金融“聚积效应”也在不断减弱，由此与当地经济发展出现了脱节现象。另一方面在经济水平高的县（区），农村合作金融机构的自身竞争力较弱。随着经济水平的提高，当地客户对金融产品与服务的需求逐渐多元化，而能提供这种多元化的产品及服务的银行较多，但农村合作金融机构在网络服务、电子产品等方面的优势不明显。加之这些地区村镇银行和小额贷款公司的成立，农村金融市场竞争不断加强，致使农村合作金融机构的市场份额有所退化。

21.4.2　陕北地区农村合作金融机构运行效率的影响因素分析

根据第一阶段结果，本章以各样本2008—2011年的综合效率值、纯技术效率值以及规模效率值为因变量，并构建时间序列数据，对样本的效率值进行了Tobit回归分析，其结果如表21－8所示。为了提高模型预测准确性和稳定性，首先对自变量进行多重共线性检验，本文采用的检验指标是容许度（TOL）和方差膨胀因子（VIF），检验结果如表21－7所示。从表21－7可知，本研究的自变量的TOL远大于0.1，VIF均为1.2～2.8，远小于10，因此可以认为选取的自变量之间不存在明显的多重共线性。

表21－7　　自变量的多重共线性检验表

自变量	X_1	X_2	X_3	X_4	X_5	X_6	X_7	X_8	Mean VIF
VIF	1.25	1.355	2.006	1.248	2.836	1.387	1.318	1.843	1.655
TOL	0.8	0.738	0.499	0.801	0.353	0.721	0.758	0.543	

表21－8　　陕北地区农村合作金融机构运行效率影响因素的分析估计结果

变量	综合效率模型			纯技术效率模型			规模效率模型		
	回归系数	Z统计量	P值	回归系数	Z统计量	P值	回归系数	Z统计量	P值
X_1	0.268**	2.526	0.012	0.220*	1.877	0.061	0.359***	4.067	0.000
X_2	0.149	1.038	0.300	0.263	1.599	0.110	0.482***	4.078	0.000
X_3	−0.790**	−2.218	0.027	−1.513***	−3.493	0.001	−0.578*	−1.950	0.051
X_4	0.435***	3.406	0.001	0.464***	3.134	0.002	0.329***	3.115	0.002
X_5	0.385	0.575	0.566	0.566	0.726	0.468	0.299	0.538	0.591
X_6	0.361***	3.329	0.001	0.475***	3.621	0.000	0.136	1.520	0.128
X_7	0.010	1.104	0.270	−0.003	−0.255	0.800	0.007	0.981	0.327
X_8	0.121*	1.805	0.071	0.129*	1.714	0.087	0.118**	2.124	0.034
C	0.199	11.798	0.000	0.217	10.465	0.000	0.164	11.887	0.000

注：*、**、***分别代表在10%、5%、1%的置信水平上显著。

由表21－7可知，该回归模型的方程分别为

$$
\begin{cases}
\mathrm{TE}_{it}=0.268X_1+0.149X_2-0.790X_3+0.435X_4 \\
\quad +0.385X_5+0.361X_6+0.010X_7+0.121X_8+0.199 \\
\mathrm{PTE}_{it}=0.220X_1+0.263X_2-1.513X_3+0.464X_4+0.566X_5 \\
\quad +0.475X_6-0.003X_7+0.129X_8+0.217 \\
\mathrm{SE}_{it}=0.359X_1+0.482X_2-0.578X_3+0.329X_4+0.299X_5 \\
\quad +0.136X_6+0.007X_7+0.118X_8+0.164
\end{cases}
$$

1. 内部因素。（1）农业贷款占比对综合效率、纯技术效率及规模效率的影响系数分别为0.268、0.22和0.359，均通过了检验。其系数为正，表明了涉农贷款的承担对机构自身的运行效率会产生正面效应，且农业贷款占比越大，效率水平越高。在调查中我们发现，陕北地区目前以满足小农零星、小额的金融需求为导向，虽然其贷款利率低，操作成本高，然而此类贷款回收质量基本较好。所以农村合作金融机构应继续发挥网点优势，调整信贷结构，加大支农力度。（2）贷存比例对综合效率、纯技术效率及规模效率的影响系数分别为0.149、0.263和0.482，仅规模效率在10%的水平上通过了检验呈正相关，而在综合效率和纯技术效率下却未通过检验。说明贷存比与农村合作金融机构的规模效率呈正相关，而对综合效率和纯技术效率的影响则不显著。一般而言，农村合作金融机构贷存比例越高，说明其自身的资金配置能力越强，可以凭借存贷款规模的优势达到创造收入、降低成本，并达到提高规模效率的目的。（3）综合效率、纯技术效率及规模效率对不良贷款率的系数为－0.790、－1.513和－0.578，且通过了显著性检验。其系数为负，说明在不良贷款率越高的样本中，资产质量越差，面临的信用风险越大，效率水平越低下。对农村合作金融机构来说，一方面长期以来人员素质低下、技术人才的缺乏，导致风险管理的难度加大，对化解不良贷款的手段较为单一；另一方面则是非农客户贷款数额大，却因自身经济或经营不佳部分出现拖欠贷款严重现象，使得不良贷款率居高不下，从一定程度上表明不良贷款率越高的机构其规模效应越明显。（4）流动性比率对综合效率、纯技术效率及规模效率在10%的水平上通过了显著性检验，其系数都为正，即流动性比率与机构运行效率呈显著正相关。流动性比率作为流动性资产与流动性负债之比，其比例越高，流动性资产就越充足，从而应对流动性负债支出的能力就越强。从统

计结果来看，2011 年 25 家机构均达到 25% 以上，其中有 15 家机构流动性比率达到 50% 以上，最高值为 90.42%，这表明农村合作金融机构资产的流动性整体水平较强，可能解释是与其主要发放短期流动性贷款有关。（5）资本充足率对综合效率、纯技术效率及规模效率均没有显著影响。资本充足率代表农村合作金融机构运行的安全程度，其比率越高，资本实力越雄厚，运行越稳健，效率越高。在农村资本市场信息不完全的情况下，资本充足率的高低可能影响农村合作金融机构的信贷市场规模、经济资本收益率、监管以及货币政策的松紧，由于这些因素受经济周期的波动对机构经营管理的作用机制参差不齐，最终资本充足率对运行效率的影响表现为不显著。

2. 外部因素。（1）第一产业占比与综合效率和纯技术效率呈现显著的正相关，而对规模效率没有显著性影响。大量研究表明，农业发展与农村金融机构效率之间存在长期稳定的关系。就作用方向而言，第一产业占比对规模效率会产生正向影响，与假设一并不一致，由此表明在经济发达地区，凭借对弱质产业的投入与发展能够促进机构效率的提升，但由于作为农村合作金融机构的效率是独立于第一产业之外的政策扶持和经济发展等影响的结果。（2）农村人口密度对综合效率、纯技术效率和规模效率的回归系数为 0.010、-0.003、0.007，且均不显著。从规模效率来看，农村人口密度与其呈微弱的正相关，这也验证了假设二，通过农村人口的聚集效应，使得更多的农村资金流向农村合作金融机构，从而形成一定的规模经济效应。从纯技术效率来看，农村人口密度与其呈负相关，可能的解释是由于农村金融产品与服务单一，无法满足多元化金融需求所导致的，这一点也与前面的结论保持一致。

3. 产权改制。产权改革形式对综合效率、纯技术效率和规模效率分别在 10%、10% 和 5% 水平下通过了显著性检验。其系数为正表明“股份制”或“股份合作制”的产权形式对效率有一定的促进作用，与前文的假设相一致。大多数研究表明，基于追逐高利的动机，农村合作金融机构通过产权改制充实资本金、转变管理理念以及推动品牌形象，一定程度上消除了其在信贷决策时的逆向选择和道德风险，从而对效率提升产生正向激励。

21.5 结论与政策建议

本章从区域的角度入手，根据农村合作金融机构运行效率引入陕北地区25个样本的实际调查数据，利用DEA方法对运行效率进行了测度和分析，同时，运用Tobit模型，对效率的影响因素进行了实证检验。基于以上的研究，得到以下结论。

第一，样本地区农村合作金融机构运行效率整体有所退化，其原因在于纯技术效率水平较低而引起的。同时规模扩张与技术退化的现象并存，表明农村合作金融机构在扩张信贷规模的同时忽视了对技术资金的投入，特别是在满足多元化的金融需求、创新型产品和服务以及风险控制等层面有所欠缺，进而造成纯技术效率的低下。

第二，样本地区农村合作金融机构的综合效率、纯技术效率和规模效率呈梯度式变化态势，即榆林市高于延安市，随着两地农村金融结构的变化效率出现同质性变化，即同地区的机构效率存在着明显的“水平效应”。

第三，样本地区效率均值出现股份合作制 > 合作制 > 股份制的现象，表明农村合作金融机构在付出一定成本优化内部机制的同时，部分未改制样本利用“后发优势”的效率提高超过了已改制的样本。

第四，由于“聚积效应”的弱化和农村市场竞争程度的加大，导致样本地区经济发展和农村合作金融机构之间存在着不适应性。这表明农村合作金融机构在网络服务、电子产品等技术层面提升的空间和潜力很大。

第五，农业贷款占比、不良贷款率、流动性比例和产权形式对综合效率、纯技术效率和规模效率有显著影响；贷存比率仅对规模效率影响较大；第一产业占比对综合效率和纯技术效率有显著影响；资本充足率和农村人口密度对综合效率、纯技术效率和规模效率均不显著。

基于以上结论，可以得出提高农村合作金融机构运行效率的启示和途径。

第一，打破长期存在产品与服务单一的发展局面，通过开展农村宅基地、生物资产以及农业设施等农村资产抵押融资激活农村“沉睡资本”，进而建立“信贷+保险/担保”联动长效机制，实现多元化信贷需求。第二，加大农村合作金融机构软硬件基础设施投入，优化结算系统，并通过技能培训提升员工素养，同时引进高级风险管理人才，强化内控能力，通过先进技术管理信贷客户，并加强地区诚信建设，将人民银行征信系统全面覆盖各村镇，从而有效防范农村信贷风险。第三，农村合作金融机构的业务发展须和经济发展水平相应。由于“门槛效应”以及金融集聚的农村内生机制的作用，农村合作金融机构应调整信贷结构，在优化非农产业的同时大力支持县（区）农业现代化发展，通过农业生产一体化实现传统农业向现代农业的转变。第四，加大拨备计提、充足资本金以及优化资源配置能力，将有助于提高农村合作金融机构的运行效率。第五，产权改制是提升效率的重要途径，在非合作制下会对效率产生激励机制作用。因此要优化农村信用社的股权结构，推进其向股份制产权形式转变。具体措施可通过转化和优化股权类型和结构，健全内部资金的规范化管理，并在此基础上按照组建股份制的条件对县（区）联社进行分类排队，并制订相应的改制计划和方案。

22　新型农村金融机构可持续发展的现状、制约因素和对策

为贯彻落实中央支持“三农”政策，从根本上解决我国农村地区银行业金融机构网点覆盖率低、金融供给不足等问题，2006年底，银监会制定并发布了调整放宽农村地区银行业金融机构准入政策，鼓励各类资本到农村设立新型农村金融机构。新型农村金融机构的出现，开拓了农村金融供给新渠道，填补了部分地区农村金融服务空白，创造了农村金融运营新模式，提高了农村金融市场的竞争程度和运行效率，进一步增加和拓宽引导各类资金流向农村的渠道，对促进提升农村金融服务水平发挥了积极作用。新型农村金融机构可持续性发展主要体现在两个方面：一是财务可持续发展；二是对农户和小微企业金融服务的可持续发展。财务可持续发展是指在没有政府补贴的条件下能够实现财务收支平衡，并实现盈利。而对农户和小微企业金融服务可持续发展是指对农户和小微企业金融服务能够尽可能多地满足农户和小微企业的金融需求，有效地解除农户和小微企业的信贷约束，扩大农户和小微企业的信贷可得性。更好地促进新型农村金融机构实现可持续性发展是当前学界和实践工作者重点关注的问题，即新型农村金融机构保证其服务“三农”的方向不动摇，同时实现商业上的可持续性。本章通过考察新型农村金融机构可持续发展的现状，发现新型农村金融机构可持续发展存在的问题，对制约新型农村金融机构可持续发展的因素进行分析，最后提出促进新型农村金融机构可持续发展的对策。

22.1　新型农村金融机构可持续发展的现状

截至2011年底，全国242家银行业金融机构共发起设立786家新型农村金融机构，其中村镇银行726家（已开业635家），贷款公司10家，农村资金互助社50家（已开业46家），473家分布在中西部地区，占60.2%，313家分布在东部地区，占39.8%。新型农村金融机构累计吸引各类资本369亿元，各项贷款余额1 316亿元，其中小企业贷款余额620

亿元，农户贷款余额 432 亿元，两者合计占各项贷款余额的 80%。

22. 1. 1　资产规模快速增长，财务绩效不断改善

1. 新型农村金融机构的资产、负债和所有者权益快速增长。（1）资产规模。表 22 - 1 显示，新型农村金融机构的资产规模从 2007 年的 7. 6 亿元，逐年增长，到 2011 年达到 2 474 亿元，与 2007 年相比，增长了 324. 53 倍。（2）负债规模。负债规模从 2007 年的 4. 6 亿元，逐年增长，到 2011 年达到 2 072 亿元，与 2007 年相比，增长了 449. 43 倍。（3）所有者权益规模。所有者权益规模从 2007 年的 3 亿元，到 2011 年达到 402 亿元，与 2007 年相比，增长了 133 倍。

表 22 - 1　　2007—2011 年新型农村金融机构的财务报表项目　　单位：亿元

项目	2007 年	2008 年	2009 年	2010 年	2011 年
资产	7. 6	104	378	1 115	2 474
负债	4. 6	72	307	934	2 072
所有者权益	3. 0	33	71	181	402
税后利润	未盈利	未盈利	1. 17	7	26. 8

注：数据来源于银监会。

2. 新型农村金融机构的财务绩效不断改善。从总体上看，新型农村金融机构的资产质量较好，资本充足，盈利能力不断改善。（1）资产质量较好，且资本充足。表 22 - 2 显示，新型农村金融机构的不良贷款率保持在较低水平。不良贷款率由 2007 年的 0. 01%，逐年提高，到 2009 年提高到 0. 22%，2010 年有所下降，降到 0. 12%，2011 年又回升到 0. 2%。新型农村金融机构的资本充足。加权资本充足率从 2007 年的 72. 3%，逐年降低，到 2011 年降到 28. 2%，2011 年略有回升，回升到 29. 5%。（2）盈利能力逐年改善。表 22 - 1 显示，新型农村金融机构在 2007 年和 2008 年整体没有实现盈利。从 2009 年开始实现盈利，税后利润从 2009 年的 1. 17 亿元，逐年增加，2011 年实现了 26. 8 亿元，与 2009 年相比，增长了 21. 91 倍。表 22 - 2 显示，新型农村金融机构的权益报酬率从 2009 年的 2. 25%，逐年提高，到 2011 年达到 9. 19%，资产收益率从 2009 年的 0. 49%，逐年提高，到 2011 年达到 1. 49%。

表 22 - 2　　2007—2011 年新型农村金融机构的财务绩效指标　　单位：%

绩效指标		2007 年	2008 年	2009 年	2010 年	2011 年
安全性	加权资本充足率	72. 3	71. 8	34. 1	28. 2	29. 5
	不良贷款率	0. 01	0. 13	0. 22	0. 12	0. 2
流动性	资产负债率	60. 53	69. 23	81. 22	83. 77	83. 75
	存贷比	53	54	68	80	77
盈利性	权益报酬率	—	—	2. 25	5. 56	9. 19
	资产收益率	—	—	0. 49	0. 94	1. 49

注：数据来源于银监会。

资产负债率、权益报酬率和资产收益率根据下列公式计算得出：资产负债率 = 负债/资产，权益报酬率 = 税后利润/平均所有者权益，平均所有者权益 = （上一年末所有者权益 + 本年末所有者权益）/2，资产收益率 = 税后利润/平均资产余额，平均资产余额 = （上一年末资产余额 + 本年末资产余额）/2。

22. 1. 2　信贷规模快速增长，缓解了部分农户和小企业的信贷约束

1. 信贷规模快速增长。表 22 - 3 显示，新型农村金融机构的存款规模从 2008 年的 64. 6 亿元，逐年增长，到 2011 年达到 1 707 亿元，与 2008 年相比，增长了 25. 42 倍。贷款规模从 2008 年的 34. 2 亿元，逐年增长，到 2011 年达到 1 316 亿元，与 2008 年相比，增长了 37. 48 倍。

2. 对农户和小企业的贷款占比较高。表 22 - 3 显示，截至 2011 年末，

表 22 - 3　　2008—2011 年新型农村金融机构信贷规模和结构

单位：亿元，%

年份	2008	2009	2010	2011
存款余额	64. 6	269	752. 7	1 707
贷款余额	34. 2	181	600. 9	1 316
其中：农户贷款	13. 98	66	207. 4	432
小企业贷款	18. 8	91	313. 8	620
农户贷款/贷款余额	40. 88	36. 46	34. 51	32. 83
小企业贷款/贷款余额	54. 97	50. 28	52. 22	47. 11
（农户贷款 + 小企业贷款）/贷款余额	95. 85	86. 74	86. 74	79. 94

注：数据根据中国银行业监督管理委员会年报（2008—2011 年）整理和计算。

对农户贷款432亿元，对小企业贷款620亿元。2008年至2011年，新型农村金融机构对农户和小企业的贷款占比为80%以上。

22.2 新型农村金融机构可持续发展存在的问题

自2007年以来，新型农村金融机构的资产和信贷规模快速增长，一定程度上缓解了农户和小企业的信贷约束，同时自身的财务绩效也不断改善。但是，从农村信贷市场的总体规模和格局来看，其对农村的贷款支持偏小，按有些学者的观点，其实际是“盆景金融”，尤其是农村资金互助社已经处于“边缘化和山寨化”状态。据中国人民银行初步统计，2011年12月末，全部金融机构人民币各项贷款余额54.79万亿元，全年累计增加7.47万亿元。主要金融机构及农村合作金融机构、城市信用社、村镇银行、财务公司本外币农村贷款余额12.15万亿元，全年累计增加2.24万亿元。农户贷款余额3.10万亿元，全年累计增加5 017亿元。农业贷款余额2.44万亿元，全年累计增加2 452亿元。新型农村金融机构的农户贷款为432亿元，占农户贷款余额的1.39%。新型农村金融机构对农户和小企业的贷款余额为1 052亿元，占农村贷款余额的0.87%。据银监会数据，截至2011年底，银行业金融机构涉农贷款余额14.6万亿元，新型农村金融机构贷款余额为1 316亿元，新型农村金融机构贷款余额占银行业金融机构涉农贷款余额的0.9%。以上数据分析，反映了新型农村金融机构对农村的信贷服务具有典型的“盆景金融”特点。

22.2.1 贷款对象偏离农户，对农户和小企业的贷款占比有下降趋势

1. 新型农村金融机构的贷款对象偏离农户。（1）村镇银行服务对象偏离农户。虽然村镇银行的设立满足了一些农户的信贷需求，但有些村镇银行追求的服务目标群体有向富裕客户和大客户转移的倾向，这与银行监管当局发起设立村镇银行的初衷不符。村镇银行很少设立在国家重点扶贫开发县内。在贷款的实际操作过程中，他们大多倾向于县域的富裕客户、种养业专业大户以及规模较大的企业。截至2011年底，已开业村镇银行贷款余额1 305亿元，其中农户贷款余额423亿元，小企业贷款余额611亿元，农户贷款占比为32.4%，小企业贷款占比46.8%。下面以浦发村镇银行为

例来考察村镇银行“三农”贷款情况，浦发村镇银行的贷款对象主要是企业客户，农户贷款占比偏低。表22－4显示，浦发村镇银行“三农”贷款，逐年快速增长，其中2011年农村企业及各类组织贷款占比为77%，而农户贷款的占比是15.69%。（2）农村资金互助社的贷款对象偏离农户。农村资金互助社经营目标应该是为了满足农村中低收入群体的金融服务需求，而非以盈利为目的，其贷款应该主要是贷给社员，但一些农村资金互助合作社难挡利益诱惑，经营逐渐偏离了其发展的初衷，他们将目光放在贷款金额比较大的企业，而真正需要资金的农民却无法满足生产所需。

表22－4　　2009—2011年浦发村镇银行“三农”贷款情况表

单位：万元,%

项目	2009年	2010年	2011年	2011年各项贷款占比
农户贷款	9 347	37 130	84 936	15.69
农村企业及各类组织贷款	32 896	171 872	416 745	77.00
城市企业及各类组织涉农贷款	—	14 390	34 687	6.41
其他涉农贷款	—	4 525	4 864	0.90
涉农贷款合计	42 243	227 917	541 232	100

注：根据浦发银行2011年年报数据整理和计算得到。

2. 新型农村金融机构对农户和小企业的贷款占比有下降趋势。表22－3显示，农户贷款占比由2008年的40.88%，逐年下降，到2011年降为32.83%。小企业贷款占比由2008年的54.97%，到2011年降为47.11%。农户贷款和小企业贷款占比由2008年的95.85%，到2011年下降为79.94%。

22.2.2　机构数量发展缓慢，地区布局不合理

1. 新型农村金融机构发展未实现银监会三年计划目标。在2009年7月，中国银监会发布《新型农村金融机构2009—2011年总体工作安排》，计划到2011年底设立1 294家新型农村金融机构（村镇银行1 027家、贷款公司106家、农村资金互助社161家）。根据银监会公布的数据，截至2011年底，全国共发起设立691家新型农村金融机构，其中村镇银行635家，贷款公司10家，农村资金互助社46家。三年计划仅完成了45.13%。

2. 农村资金互助社发展相对停滞。在新型农村金融机构中，村镇银行

增长较快，但农村资金互助社和贷款公司增长相对缓慢。表 22－5 显示，截至 2011 年末，全国共组建 635 家村镇银行，比年初增加 286 家。我国村镇银行设立的数量在这五年的时间里实现了 32.4 倍的增长，而全国共组建 46 家农村资金互助社，比年初增加 9 家。我国农村资金互助社设立的数量在这五年的时间里实现了 4.75 倍的增长，2007 年贷款公司从 4 家增加到 2011 年的 10 家，与 2007 年相比，增长了 1.5 倍。从增长速度来看，村镇银行的增长速度远远快于贷款公司和农村资金互助社的增长速度。在新型农村金融机构中，村镇银行数量占比高，而其他两类新型农村金融机构数量占比偏少。截至 2011 年末，村镇银行占新型农村金融机构的 92%，农村资金互助社占新型农村金融机构的 7%，贷款公司占新型农村金融机构的 1%。随着农村合作金融机构改制为农村商业银行，在农村金融市场上，农村正规合作金融组织形式将不复存在。虽然我国农村经济正处于城市化和市场化快速发展阶段，但小农经济还会长期存在。小农经济背景下，大力发展农村合作金融是缓解农户贷款难的有效途径，因此应该大力发展农村合作金融，但我国真正的农村合作金融组织——农村资金互助社相对于村镇银行发展滞后和缓慢，这导致农民信贷需求得不到有效满足，严重影响了农民收入增加和农村经济发展。

表 22－5　2007—2011 年新型农村金融机构设立的法人机构数量　单位：家

年份	2007	2008	2009	2010	2011
贷款公司	4	6	8	9	10
农村资金互助社	8	10	16	37	46
村镇银行	19	91	148	349	635
合计	31	107	172	395	691

注：数据根据中国银行业监督管理委员会年报（2007—2011 年）进行整理。

3. 新型农村金融机构区域分布不合理。表 22－6 显示，截至 2011 年末，已设立新型农村金融机构总计 691 家，其中，东部 223 家，中部 162 家，西部 201 家，东北 105 家。这说明新型农村金融机构分布偏向东部。（1）村镇银行的区域分布。2011 年末，村镇银行数量快速增长，基本覆盖全国各省市（区），其中东部 207 家，中部 152 家，西部 182 家，东北 94 家。但是，已经成立的 635 家村镇银行的地区分布不够合理，分布偏向东部地区，并且村镇银行选址多在县城，不利于改善中西部地区和东北地区欠发达县域和乡镇的农村金融服务。截至2011年末，村镇银行设立法人机构家数最多的省份是辽宁省，法人机构个数是55家，机构个数是81家，西藏除外，最少是青海省，只有1家。（2）农村资金互助社的区域分布。截至2011年末，全国有16个省市自治区设立农村资金互助社共46个。其中，东部14家，中部8家，西部15家，东北9家。从省际分布来看，截至2011年末，设立农村资金互助社最多的是浙江省，数量是8家，其次是黑龙江省，数量是5家。山西、甘肃和吉林省都是4家。

表22－6　　2011年末新型农村金融机构地区分布　　单位：家

机构类型	东部	中部	西部	东北	合计
村镇银行	207	152	182	94	635
贷款公司	2	2	4	2	10
农村资金互助社	14	8	15	9	46
合计	223	162	201	105	691

注：数据根据中国银行业监督管理委员会年报（2011）和金融许可证信息进行整理。

东北地区包括辽宁、吉林、黑龙江；中部地区包括安徽、河南、湖南、湖北、山西、江西；西部地区包括广西、贵州、陕西、云南、宁夏、新疆、青海、内蒙古、甘肃、重庆、四川；东部地区包括北京、天津、山东、广东、福建、上海、江苏、浙江、河北、海南。

22.2.3　新型农村金融机构的流动性不足，盈利水平偏低

1. 存贷比偏高，反映其流动性不足。表22－2显示，新型农村金融机构的存贷比从2007年的53%，逐年提高，到2010年达到80%，2011年略有降低，降到77%。资产负债率从2007年的60.53%，逐年提高，到2010年达到83.77%，2011年略有降低，降到83.75%，导致其存贷比偏高的直接原因是贷款增长快于存款增长。表22－3显示，新型农村金融机构的存款规模从2008年的64.6亿元，逐年增长，到2011年达到1 707亿元，与2008年相比，增长了25.42倍。贷款规模从2008年的34.2亿元，逐年增长，到2011年达到1 316亿元，与2008年相比，增长了37.48倍。

2. 盈利水平偏低。据银监会统计，2011年银行业金融机构资本利润率19.2%，资产利润率1.2%。其中，商业银行的资本利润率20.4%，资产利润率1.28%。表22－2显示，截至2011年末，新型农村金融机构的权

益报酬率为 9.19%，资产收益率为 1.49%。与银行业金融机构相比，资本利润率（即权益报酬率）偏低，而资产收益率比较高。

22.3　制约新型农村金融机构可持续发展的因素

通过分析新型农村金融机构可持续发展存在的问题，可以发现新型农村金融机构的单体规模偏小，布局分散，业务和服务单一，导致规模不经济和范围不经济。尤其是农村资金互助社的生存和发展更加困难，需要与有组织的农村经济实体的联合，发展综合农协模式应该是未来的改革方向。导致以上问题的原因是政府的过度管制和新型农村金融机构的自身努力不足。

22.3.1　监管权限高度集中于中央政府，监管方式有待改善

导致新型农村金融机构发展缓慢，且结构不合理的主要原因在于金融监管体制和方式的不合理。一方面，监管权限高度集中于中央政府，市场准入过严；另一方面，合作金融法律缺失，监管方式滞后于农村金融发展的需要。

1. 监管权限高度集中于中央政府，市场准入过严。我国当前的金融监管体制，属于集权多头式，监管权限高度集中于中央政府，这种金融监管体制已不适应新型农村金融机构发展对金融监管的需要。金融监管部门从监管成本、责任和风险的角度考虑，没有积极性和动力去发展由民营资本作为主发起人的村镇银行和农村资金互助社。（1）村镇银行的主发起人制度抑制了民间资本进入农村金融市场的积极性。2007 年银监会印发的《村镇银行管理暂行规定》规定，村镇银行须由银行业金融机构发起设立，最大股东或唯一股东必须是银行业金融机构；单个自然人股东、单一非银行金融机构或单一非金融机构企业法人的持股比例，均不得超过村镇银行股本总额的 10%。这个规定限制了民间资本在村镇银行中的控股权和话语权。由于银行业金融机构必须做主发起人，使得民间资本无法发挥主导作用，即使参与其中，也往往无法获得经营决策权，这在很大程度上抑制了民间资本参与设立村镇银行的热情和积极性。银监会制定和发布的《小额贷款公司改制设立村镇银行暂行规定》，明确规定了小额贷款公司转制为村镇银行的条件，其中最为关键的是村镇银行的主发起人（最大股东）必须是符合条件的银行业金融机构，这就意味着要改制为村镇银行的小额贷

款公司主发起人就必须放弃对企业的控股权，也就使其失去了自愿改制的动力和积极性。（2）对农村资金互助社的市场准入过严，非正规农村资金互助社转为正规农村资金互助社难。我国大量农村资金互助社没有拿到金融业务经营许可证，从而缺乏合法的身份，出现了农村资金互助社被“山寨化”的现象。

2. 监管方式滞后。对不同类型的新型农村金融机构统一实施审慎监管的方式也不太合理。《农村资金互助社管理暂行规定》要求农村资金互助社不能设立分支机构，同时，也没有对农村资金互助社联合社服务体制做出规定，导致农村资金互助社只能孤立地存在。农村资金互助社缺少组织服务网络，无法形成规模经济优势。

3. 合作金融法律的缺失。完善的合作金融法律是农村合作金融健康发展的保证。国际合作金融的实践表明，为了促进合作金融的发展，许多发达国家和发展中国家都制定并颁布了合作金融法律。合作金融法律随着信用合作社的发展不断完善和充实。我国尚未制定《合作金融法》，《中华人民共和国农民专业合作社法》也没有关于农民开展农村信用合作的条款。

22.3.2 政策扶持力度不够，相关配套改革滞后

对新型农村金融机构的政策扶持力度不够，相关配套改革滞后是导致新型农村金融机构发展缓慢和经营绩效不佳的重要原因之一。

1. 政策扶持力度不够。（1）财税政策扶持力度不够。新型农村金融机构对农户的信贷服务具有较强的政策性和普惠性，因此应该在其设立和发展初期提供财政补贴和资金支持，执行更加优惠的税收政策。虽然，财政部和国家税务总局先后出台一系列扶持新型农村金融机构发展的财税政策，也取得一定成效，但总体而言，对新型农村金融机构和新型农村金融机构开展涉农信贷业务的财税政策扶持的广度和深度不够。如 2010 年 5 月出台的财税［2010］4 号令，明确规定新型农村金融机构执行 3% 营业税税率，但按新政规定，只有单笔且该户贷款余额总额在 5 万元以下的小额农户贷款才适用减免税政策。农村信用社所得税暂时免征或减半征收，村镇银行则要全额上缴。（2）货币金融政策扶持力度不够。对新型农村金融机构执行的存款准备金率水平还可以进一步降低。对新型农村金融机构发放支农再贷款的扶持力度不够。农村资金互助社作为社区互助性银行业金

融机构不能进行同业拆借和获得中国人民银行的支农再贷款支持。新型农村金融机构的支付结算渠道不畅。目前全国大部分村镇银行未进入全国支付清算系统，不具备开具票据、银行汇兑、发行银行卡等基本功能，村镇银行系统内通存通兑、同业拆借也无法实现，不能异地存取款，对外出务工人员非常不方便，因此导致村镇银行吸收存款的能力较弱。一些村镇银行没有接入中国人民银行的征信系统，由于没有接入中国人民银行的征信系统，村镇银行不能查询中国人民银行征信系统数据库中企业和个人的信用记录，在一定程度上限制了其贷款的投放，承受的信贷风险变大。

2. 相关配套改革滞后。（1）由于农村保险体系和农村信用体系不够健全，导致新型农村金融机构发放贷款的信用风险较大。（2）利率市场化改革滞后制约了新型农村金融机构的发展。存款利率管制是导致新型农村金融机构吸收存款难的重要原因，贷款利率管制导致新型农村金融机构对农户的信贷供给不足。存贷款利率管制也不利于新型农村金融机构实现财务可持续。新型农村金融机构的存款利率与农村信用社等农村金融机构利率水平相差不大，吸收存款没有价格优势。新型农村金融机构不愿向农村地区的贫困农户、乡镇企业贷款，除了其风险大、缺少担保抵押品等原因，还有一个重要原因是对新型农村金融机构贷款利率管制过严。政府规定和控制利率使信贷回报率低于市场均衡水平，导致新型农村金融机构对农户和小微企业的信贷活动受到抑制。

22.3.3 吸收存款难，融资渠道狭窄

新型农村金融机构吸收存款难，融资渠道狭窄导致新型农村金融机构的流动性不足，存贷比偏高，同时也抑制了其贷款业务的开展，从而导致其经营绩效不理想。

1. 吸收存款难的原因。第一，公众认知度不高。村镇银行是新生事物，成立时间较短，资产规模小，资金实力单薄，受成本费用控制的制约，经营网点少，网点覆盖率不足，业务简单，宣传力度不够，品牌影响力有限，社会公众对其认知度和信任度较低。李凌对重庆市 1 000 户居民和农民的问卷调查表明，86% 的调查对象对村镇银行的信誉持怀疑态度，93.5% 的调查对象不愿意把钱存到村镇银行，认为村镇银行规模小，把钱存在村镇银行风险大、不安全。农村资金互助社成立较晚，农户对农村资

金互助社的认知程度比较低，而宣传认知和信用建立需要一个过程。第二，经济发展水平和制度规定的限制。村镇银行设在县城，吸收存款本身就要受到农村居民和乡镇企业闲置资金较少的客观限制。《农村资金互助社管理暂行规定》规定“农村资金互助社不得向非社员吸收存款”，将存款客户限制在本村入股社员范围内。由于农村资金互助社的制度安排决定了只能吸收社员存款，社员的存款又受当地农村经济发展程度不高和农民收入水平低等影响，这就决定了其存款来源不足，难以满足社员的贷款需求。第三，没有建立存款保险制度。农民、县域居民和企业对新型农村金融机构的认知程度比较低，农村信用社、中国邮政储蓄银行和中国农业银行事实上都是以国家信用作隐性担保来开展业务的，农村居民存钱还是偏好农村信用社、中国邮政储蓄银行和农业银行等机构，甚至有居民担心万一新型农村金融机构破产了，存进去的钱存在安全性问题，这反映我国由于没有建立存款保险制度，影响了新型农村金融机构吸收存款的能力。

2. 融资渠道狭窄。（1）村镇银行融资渠道狭窄。目前村镇银行不能发行金融债券，排除了村镇银行通过发行债券、票据等方式进行融资的可能。村镇银行可以从事拆借业务，但是不能进入全国银行间市场拆借，只能向当地金融机构拆借资金。（2）农村资金互助社融资渠道狭窄。农村资金互助社的资金来源有四个渠道：一是股金；二是吸收社员存款；三是向其他银行业金融机构融入资金；四是接受社会捐赠资金。但目前这四条渠道都不太顺畅。农村资金互助社的股金增长非常缓慢。一方面，农民入股主要为获得贷款，当农村资金互助社不能满足农民贷款需求时，农户便不愿入股；另一方面，农村资金互助社分红率极低。农户入股后在短期内很难借到贷款，也无法享受到分红的收益，农户入股的积极性不高，股金增长比较缓慢。（3）新型农村金融机构缺乏外部融资制度支持。《中国农村金融服务报告2010》指出，农村金融市场“批发+零售”的资金融通渠道有待发展，大型商业银行或政策性银行与农村金融机构的合作联通机制尚未建立。新型农村金融机构还没有尝试通过金融市场发行金融债券等方式进行直接融资，保险资金等社会资金也缺乏进入新型农村金融机构的渠道和政策。

22.3.4 业务创新能力不足，经营管理水平不高

新型农村金融机构的业务创新能力不足，经营管理水平不高，导致新

型农村金融机构对农户的信贷服务不足，盈利能力不强，盈利水平偏低。

一是业务创新能力不足。村镇银行的股权高度集中，主发起银行处于绝对或相对控股地位，导致村镇银行作为独立法人的独立性不强，在客观上使村镇银行沦为主发起银行的分支机构，也导致村镇银行仍然按照传统银行的理念与业务实践来经营，业务创新能力不足，缺乏开展微型金融业务的技术和积极性，尤其是经营观念需要转变。二是经营网点稀少且分散，导致规模不经济。由于村镇银行不允许跨区域经营，增设支行或网点便成为村镇银行实现规模扩张的主要途径。截至2011年末，全国已组建村镇银行支行283家，如2008年11月26日四川仪陇惠民村镇银行设立新镇支行，2009年6月25日浙江长兴县联合村镇银行和平支行开业等。目前部分区域性中小商业银行作为主发起行在全国范围内分散发起设立的村镇银行，地域跨度大、管理半径长，协调和管理成本过高，不利于村镇银行的可持续稳定健康发展。三是治理机制不健全。第一，有些农村资金互助社虽然按照章程建立了社员代表大会、经理会议、监事会，但是由于社员农忙、外出打工等原因，召集在一起开会解决问题有很大难度。同时，社员及监事会成员文化水平低，缺乏金融知识，对农村资金互助社经营管理无法提出切实可行的意见和建议，社员的权利和义务、监事会的职责都无法履行，从而削弱了农村资金互助社的决策和管理能力。农村资金互助社的管理人员和从业人员基本都是当地农民，相对于其他金融机构来说，缺乏系统的金融专业知识和对金融风险的认识，人员素质有很大差距，导致管理水平较低，金融知识和专业技能跟不上业务发展的需要。第二，村镇银行的人员整体素质不高。村镇银行的从业人员大体可以分为两类：一类是新聘任上岗的应届大中专毕业生，另一类是从作为主发起人的银行业金融机构派遣来的工作经验比较丰富的老员工。前者刚刚上岗，银行从业经验缺乏，后者银行从业经验丰富，但对当地情况不够熟悉。

22.4　促进新型农村金融机构可持续发展的对策

22.4.1　构建中央和地方分级金融监管体制，改善对新型农村金融机构的监管

一是加快构建新型农村金融机构的中央和地方分级金融监管体制。分

级监管体制有利于监管竞争和形成一个相对宽松的监管环境，鼓励适合当地经济发展需要的各种金融创新，更可以分散金融风险，最终实现降低金融系统风险的目的。可以考虑将对新型农村金融机构集中统一的监管体制改为中央和地方分级分权管理的金融监管体制，将新型农村金融机构的监管权下放给地方政府。二是改善对新型农村金融机构的监管。第一，放松农村金融市场的准入条件。允许民间资本成为村镇银行的主发起人，将民间资本引导到农村金融市场去服务“三农”和小微企业。政府应该允许商业性小额贷款公司股东保留原有控制人的控股权，成为村镇银行的主发起人。非银监会推动的农民或农村资金互助组织是农村自发创新的，具有内生性的非正规金融组织，监管当局尽量解决他们的金融经营许可证问题，将其纳入金融监管体系。第二，金融监管当局应该支持村镇银行拓展中间业务，例如代办理财、医保、保险等业务。第三，针对不同类型新型农村金融机构实行分类监管。制定符合农村金融机构和业务特点的差异化监管政策，对不同类型的新型农村金融机构实行不同的监管方式，如对农村资金互助社可以考虑实行非审慎监管。第四，应尽快制定农村合作金融法等法律和法规。

22. 4. 2 加大政策扶持力度，积极推进相关配套改革

1. 加大政策扶持力度。（1）加大财税政策扶持力度。第一，给予新型农村金融机构提供更多财政和资金支持。在新型农村金融机构成立初期，政府可以投资参股，但不参与经营管理和股份分红。当新型农村金融机构实现盈亏平衡后，政府要逐步减持其股份，最终实现完全退出。政府为了扶持新型农村金融机构发展，可以无偿赠予新型农村金融机构发展资金，承担其部分或全部组建成本和开办费用，并在发展初期提供一定的资金支持。第二，给予新型农村金融机构提供更多税收优惠政策。对初创阶段的新型农村金融机构，五年内免征营业税和所得税。新型农村金融机构营业满五年以后，对新型农村金融机构可以执行较低营业税税率和所得税税率。中央财政应按新型农村金融机构资本净额提供3～5倍的周转性铺底资金支持。各级财政除给予新型农村金融机构开办费用支持外，还要设立财政专项担保基金，为新型农村金融机构向商业银行融资提供增信支持。对新型农村金融机构股东入股分红免征个人所得税。向新型农村金融机构捐

赠的资金抵扣企业所得税和个人所得税。金融机构向新型农村金融机构的拆借资金利息收入免征企业所得税和营业税。第三，对涉农贷款投放比例较高的新型农村金融机构提供税收减免和财政补贴等政策激励。财政部应该提高新型农村金融机构按贷款余额的一定比例进行补贴的数额。只要新型农村金融机构把一定比例的资金用于县域及县域以下的涉农贷款，就给予营业税和所得税减免优惠。（2）加大货币金融政策扶持力度。具体为：第一，应该进一步降低新型农村金融机构执行的存款准备金率。对村镇银行执行更低的存款准备金率。对农村资金互助社继续执行不向中国人民银行缴存存款准备金的政策。中国人民银行应该增加对新型农村金融机构发放支农再贷款，政策性银行（如中国农业发展银行）可以大量批发贷款给新型农村金融机构，用支农再贷款和政策性贷款等批发资金，鼓励和支持新型农村金融机构积极发放小额农户贷款和农业贷款。加强中国人民银行的支付结算系统建设，将村镇银行纳入其中。允许村镇银行免费接入中国人民银行征信系统和支付结算系统。第二，应该继续执行对新型农村金融机构免征监管费用的政策。大力支持主发起银行批量化设立村镇银行。（3）政府应该给新型农村金融机构提供必要的微型金融技术支持和业务培训，使其掌握向小微企业和农民发放贷款的技术。（4）对中西部地区设立的新型农村金融机构和设立新型农村金融机构比较多的主发起银行实施财税、货币和金融优惠政策。

2. 积极推进相关配套改革。（1）建立农村信贷风险分担和转移机制。第一，大力发展农村保险。不断完善农业保险体系，创新农业保险品种，探索建立农村信贷与农业保险相结合的银保互动机制。第二，大力发展农产品期货市场。第三，健全农村抵押担保制度，推动农村信贷抵押担保创新。第四，大力发展农村信用体系，改善农村金融生态环境。（2）积极推进利率市场化改革。为了提高新型农村金融机构吸收存款的能力，实现财务上的可持续发展，应该允许新型农村金融机构的存贷款利率可以上下浮动更大的幅度。（3）加快存款保险制度建设，完善市场退出机制。农村资金互助社参加存款保险，政府财政承担其应该缴纳的存款保险费。

22.4.3　拓展融资渠道，建立大中型金融机构向新型农村金融机构批发资金的长效机制

一是拓宽融资渠道。中国人民银行应该增加对新型农村金融机构发放

支农再贷款，政策性银行向新型农村金融机构提供批发贷款。鼓励新型农村金融机构通过市场机制从中国邮政储蓄银行等大中型金融机构拆借资金，并支持新型农村金融机构通过发行债券、票据等形式进行融资。二是建立大中型金融机构向新型农村金融机构批发资金的长效机制。大中型金融机构与新型农村金融机构进行信贷合作，大中型金融机构向新型农村金融机构批发资金，然后由新型农村金融机构零售资金给农户和农村小微企业。同时，为了建立大中型金融机构向新型农村金融机构批发资金的长效机制，有必要借鉴美国社区再投资法案的经验，制定农村社区再投资法，减少农村资金外流。

22.4.4 提高经营管理水平，积极开展微型金融业务

一是不断提高其经营管理水平。新型农村金融机构应该转变经营观念，不断完善股权结构和治理结构以及员工激励和约束机制，优化业务和管理流程，健全和完善内部控制制度，建立有效的风险防控机制。加强新型农村金融机构的人员队伍建设，不断提高员工素质和业务及管理能力，实现新型农村金融机构管理人员的专业化。加大宣传力度，提高新型农村金融机构的社会认知度。主发起银行要充分尊重村镇银行的独立法人地位，在风险管理、清算服务、人员培训、制度建设等方面给予其充分的指导和支持。二是积极开展微型金融业务。我国新型农村金融机构应该借鉴尤努斯乡村银行小额信贷模式和美国社区银行的成功经验，坚持支农支小的市场定位，根据农村经济和金融发展形势和农户金融需求的特点，不断改进小额信贷产品和服务，积极探索和创新适合小企业和“三农”等低端客户的新模式，通过开展微型金融业务和创新农村金融产品及服务，努力满足农户和农村小微企业的多样化金融需求。

23　中国东中西部地区农户生产技术效率差异的实证分析

——基于 ISDF 模型和 778 户农户调查的调查数据

随着社会和科技的发展，中国农户已从传统的田间耕作向以科技为依托的现代农业的方向转变，农户的从业领域和从业类型也逐渐呈现多样化的特点。农户有限的资金和劳动力资源在农业和非农业领域如何分配？不同要素在农业和非农业领域的分配对农户生产技术效率有何影响？农户所处的区位特征和户主个体特征对农户技术效率的影响又如何？这些不仅是了解不同区域农户生产技术效率的基础，也是帮助和引导农户合理分配各种资源，提高综合生产效率的依据。在阐述上述问题的基础上，本章使用 2006—2008 年农户农业经济发展相关数据，通过运用投入角度的超越对数随机前沿距离函数模型（Input Stochastic Distance Froniter，ISDF）计算我国农户的综合生产技术效率，找出农户层面的劳动力和资金资源在不同领域（农业和非农业领域）的投入对总技术效率的作用效果，并对农户所处区位特征（区域位置、农户所处位置的交通和资金借贷的方便程度）和户主特征（户主年龄、性别、文化程度等）与技术效率的关系进行分析，找出户主特征、区域位置以及交通和金融环境的差异对农户技术效率的影响效果及规律，从而为提高农户生产技术效率水平找出科学依据。

23.1　文献回顾

从我国农业生产效率的随机前沿效率的度量来看，乔世君（2004）通过使用 1992 年、1995 年和 1999 年的县（市）级数据，采用超越对数随机前沿生产函数，对我国粮食生产技术效率的空间分布和影响因素进行了分析；石慧等（2008）通过利用升级面板数据对 1985—2005 年中国地区农业生产绩效的动态表现进行了分析；范群芳等（2008）研究了 1998—2005 年全国 31 个省份的粮食生产技术效率；李谷成等（2008）通过利用超越对数函数形式的随机前沿生产函数模型，对湖北省农户的微观面板数据进行了实证分析，分别对家庭禀赋对农户家庭经营技术效率的影响冲击和农户家庭经营技术效率与全要素生产率增长分解问题进行了研究。全炯振（2009）使用1978—2007年的省级面板数据，测算了中国各省份及东部、中部、西部地区的农业全要素生产率变化指数，并分析了其时序增长与空间分布的特征，得出1978—2007年，中国农业全要素生产率的年均增长率为0.7%，其增长主要来自于农业技术进步。

上述研究主要从农业产业内部技术效率的角度进行了分析。在农村劳动力频繁流动，非农业产出也已成为农户总产出结构中重要组成部分的今天，如何从农户的角度，有效地配置有限的劳动力和资金在农业和非农业领域的投入，实现以家庭为单位的农户生产技术效率最大化问题尚未得到很好的解释。本章在借鉴以上研究的基础上，运用投入角度的超越对数随机前沿距离函数模型，从农户所掌握的劳动力和资金在农业和非农业领域配置的角度，对中国东中西部地区农户综合生产技术效率及其影响因素进行测算。

23.2 模型与方法

本章借鉴了Daniel Solis和Boris E.（2008）以及全炯振（2009）分别对美国中部参加自然资源管理的农户技术效率和中国农业全要素生产率增长分析模型，选择投入导向型超越对数随机前沿距离函数（Input Stochastic Distance Frontier，ISDF）对中国东中西部地区农户生产效率进行分析。

假设每个农户有N个投入向量（$x=(x_1,\cdots,x_N)\in R_+^N$）和$M$个产出向量（$y=(y_1,\cdots,y_M)\in R_+^M$），投入导向型距离函数表示为

$$D^I(x,y)=\max\{\lambda:(x/\lambda)\in L_x(y)\} \tag{23.1}$$

其中，D^I是投入导向型距离函数，$L_x(y)$是与产出向量y相对应的投入向量x，λ指效率水平，（Coelli和Perelman，1999）。随机投入距离方程可以定义为（Hattori，2002）

$$1=D(x,y)\exp(-u+v) \tag{23.2}$$

其中，v代表生产前沿的偏离，$-u$是随机误差项，是衡量生产的非效率水平。根据（Chambers，1988）假定投入、产出和时间变量t之间存在着稳定的关系，则超越对数的投入导向型距离函数模型可以表示为

$$
\begin{aligned}
\ln D_i(x,y,t) = {} & \alpha_0 + \sum_{n=1}^{N}\alpha_n \ln x_n^{k,t} + \sum_{m=1}^{M}\beta_m \ln y_m^{k,t} + \varepsilon_t t \\
& + 0.5\sum_{n=1}^{N}\sum_{n'=1}^{N}\alpha_{nn'}\ln x_n^{k,t}\ln x_{n'}^{k,t} + 0.5\sum_{m=1}^{M}\sum_{m'=1}^{M}\beta_{mm'}\ln y_m^{k,t}\ln y_{m'}^{k,t} \\
& + 0.5\varepsilon_{tt}t^2 + \sum_{n=1}^{N}\sum_{m=1}^{M}\rho_{nm}\ln x_n^{k,t}\ln y_{m'}^{k,t} \\
& + 0.5\sum_{n=1}^{N}\eta_{nt}\ln x_n^{k,t}t + \sum_{m=1}^{M}\Phi_m t\ln y_m^{k,t}t
\end{aligned} \tag{23.3}
$$

其中，α、β、ρ、η 和 φ 均为待估计参数，k 表示受访农户。本章选用 x_3 作为标准化投入，标准化的投入导向型随机前沿生产函数可以表示为

$$
\ln\left(\frac{1}{x_3}\right) = \ln\left(\frac{D_I(x,y,t)}{x_3}\right) - u_{k,t} + v \tag{23.4}
$$

$$
u_{k,t} = \delta_0 + \sum_{k=1}^{K}\delta_k z^{i,k,t} \tag{23.5}
$$

u 是一组可能影响农户生产技术效率的向量组合，$z^{i,k,t}$ 表示第 t 个生产周期内影响第 k 个农户生产技术非效率的 i 个因素，k 代表农户个数，δ 表示待估参数。

23.3　数据来源与统计描述

23.3.1　数据来源

本章所用数据来自前文中提及的研究课题分别于 2009 年 1 月和 2009 年 7 月的两次的农户调查，调查涉及了 2006—2008 年农户经济投入与产出的数据。经过筛选分析，共获取 778 户合格样本数据，其中东中西部地区农户分别有 180 户、152 户和 446 户。

23.3.2　数据的统计描述

模型中农户的投入与产出指标见表 23 - 1。

1. 农户产出变量（Y）。本章将农户的产出变量分为农业产出和非农业产出两种。农业产出（ y_1 ）是指农户种植、养殖以及各种农业补贴等的产出，以农业类相关产出的现金折算予以统计（人民币，千元）；非农业产出（ y_2 ）是指农户务工、个体经营等非农业产出，以各种非农业产

出的现金折算予以统计（人民币，千元）。

表 23－1　　数据统计结果

变量	全国		东部		中部		西部	
	均值	标准误差	均值	标准误差	均值	标准误差	均值	标准误差
产出变量（Y）								
农业类产出（y_1）	9.29	21.09	11.54	25.23	9.59	26.22	8.28	16.81
非农业类产出（y_2）	11.37	17.54	16.04	24.61	12.69	20.19	9.01	11.79
投入变量（X）								
农业资金投入（x_1）	2.25	7.87	3.05	14.43	2.32	4.86	1.90	3.96
非农业资金投入（x_2）	1.37	8.58	1.72	11.69	2.03	8.37	1.00	7.01
土地（x_3）	7.37	29.97	6.65	6.69	10.96	66.21	6.44	7.19
农业类劳动投入（x_4）	3.94	7.83	3.20	2.13	3.48	3.57	4.40	10.02
非农业劳动投入（x_5）	2.92	2.70	3.13	2.89	3.12	2.51	2.76	2.67
非效率等式（Z）								
地区（z_1）	2.34	0.83	1.00	0.00	2.00	0.00	3.00	0.00
户主性别（z_2）	0.96	0.20	0.97	0.18	0.94	0.24	0.96	0.19
户主年龄（z_3）	47.60	8.12	47.99	7.60	47.20	8.79	47.56	8.09
户主文化程度（z_4）	3.04	0.77	3.13	0.78	3.04	0.82	3.01	0.75
交通便利情况（z_5）	1.92	0.54	2.12	0.49	1.99	0.50	1.81	0.54
贷款便利程度（z_6）	1.51	0.62	1.59	0.65	1.47	0.61	1.48	0.61
总户数（户）	778		180		152		446	

数据来源：根据调研数据整理。

2. 农户投入变量（X）。按照资本、劳动力和土地三要素的投入和调查的实际情况，可将农户的投入变量细分为资本投入、劳动投入和土地投入，其中各项投入定义如下。

（1）资本投入：农户资本投入可分为农业资金投入（x_1）和非农业资金投入（x_2）。农业资金投入费用包括：生产初期的种子、化肥、农药等农资费用，生产过程中的管护费用以及用于农业生产的器具等费用。非农业生产的资金投入包括从事非农产业的资金、厂房、设备等的投入费用（人民币，千元）。

（2）劳动投入：农户劳动投入分为农业劳动力投入（x_4）和非农业劳

动力投入（x_5）。原因在于农村劳动力兼业化现象较为普遍，这类劳动力在农闲时会从事非农产业工作，并获得经济收益。为了区分劳动力在农业和非农产业中的分配，本调查中对农户分别从事农业和非农产业的工作的时间（天数）进行了统计，并据此将农户全家所有劳动力在农业和非农产业工作时间的汇总作为农户劳动力在农业和非农业领域的分配。其中用于农业生产的劳动力投入记为 x_4（百天）；用于非农业生产的劳动力投入记为 x_5（百天）。

（3）土地投入（x_3）：为每受访农户实际耕作的土地面积（亩）。

3. 外生变量（Z）。基于相关研究文献和现有数据，为了估计农户生产技术非效率，并测算农户特征、所处区域位置、交通环境、农村金融环境对农户生产技术效率的影响，本章选取了六个特征变量引入到模型中。这些非效率决定因素包括：受访农户所处的区域位置（z_1），其中 1 代表农户位于东部地区，2 代表农户位于中部地区，3 代表农户位于西部地区。户主的性别（z_2），1 代表男性，0 代表女性。户主年龄（z_3）表示户主在测算年份的实际年龄。户主的文化程度（z_4）表示户主的实际文化程度，1 代表没上学，2 代表小学毕业，3 代表初中毕业，4 代表高中/中专毕业，5 代表大专以上文化程度。交通便利程度（z_5）指农户对所处地区交通便利程度的评价，1 代表非常方便，有高速或国道；2 代表比较方便，有省道经过；3 代表一般；4 代表不方便。贷款便利程度（z_6）指农户对所处地区农村金融供给便利情况的评价，其中 1 代表很方便，融资数额满足要求；2 代表很方便，但数额不大；3 代表一般。

从全国农户产出情况来看，来自非农业类的产出高于来自农业的产出，在农户产出结构中占重要地位。其中，东部地区的农业产出和非农业产出高于中西部地区，并且农业产出和非农业产出的差距在东部地区的显著程度明显高于中部和西部地区；其次是中部地区、西部地区非农业产出和农业产出的水平和差异程度均低于中部和东部地区，也低于全国平均水平，西部地区非农业产出略高于农业产出。由此可见，农户的农业类和非农业类产出均呈现由东部向西部递减的趋势，且非农产出的区域差异程度较农业产出明显。

投入变量中，农业经营的资金投入（2.25）和农业劳务投入（3.95）均高于非农业的资金投入（1.37）和非农业劳务投入（2.29）。从农户所占用的土地面积的统计中发现，中部地区农户平均土地面积（10.96 亩）高出东部（6.65 亩）和西部地区（6.44 亩）。农业劳动投入中，西部地区平均每户年务农时间（4.40），高于中部（3.48）和东部地区（3.20）。非农业劳动投入中，东部地区农户平均年务工时间（3.13），高于中部（3.12）和西部地区（2.76）。

在影响农户生产技术效率的变量统计中，男性户主居多，尤其是在东部地区。户主的平均年龄为 47.60 岁，其中东中西部地区户主平均年龄分别为 47.99 岁、47.20 岁和 47.56 岁。户主文化程度的统计显示，东部地区户主文化水平高于中部和西部地区，西部地区户主文化水平最低。交通和金融服务便利程度的统计显示，东部地区农户对交通和金融服务的满意度高于中部和西部地区农户。

总体而言，全国农户的投入要素中，农业领域的资金和劳动力投入均高于非农领域的资金和劳动力投入，但产出结构中，农业领域的产出却低于非农领域的产出水平。不难发现，农户水平的劳动力和资金的投向与其产出结构恰恰相反。为了进一步分析农户层面的投入与产出之间的关系，本文用 ISDF 模型对农户的投入与产出进行技术效率分析。

23.4 模型的估计结果及分析

23.4.1 模型的检验

本章通过构建似然率检验统计量对上述模型进行如下四个假设的检验（见表 23-2）：（1）技术非效率存在性检验。（2）技术变化存在性检验。（3）技术变化是否存在希克斯中性检验。（4）Cobb-Douglas 距离函数模型的适用性检验。

似然率检验统计量为：$LR=-2[\ln L_0-\ln L_1]$，其中，$\ln L_0$ 和 $\ln L_1$ 分别表示在零假设（H_0）和备择假设（H_1）下的对数似然函数值。如果零假设成立，则检验统计 LR 服从渐进卡方分布（或混合卡方分布），即 $LR \sim \chi^2(k)$，其中 k 表示零假设（H_0）中自由度即约束条件的个数。表 23-2 的检验结果表明，所有的假设均在 1% 的显著水平被拒绝。说明技术效率损失是显著存在的，并且本文所采取的投入角度的超越对数随机前沿生产函数模型假设较好地拟合了样本数据，说明应该运用最大似然估计的方法对函数进行估计是合适的。

表 23－2　　　　　　　　　　模型假设检验统计

假设	对数似然函数值	检验统计量（LR）	临界值 $\chi^2_{0.01}(k)$	是否拒绝假设
(1) $H_0:\gamma=\delta_0=\delta_1=\cdots=\delta_i=0$	－1 128.34	76.57	20.09	拒绝
(2) $H_0:\delta_t=\delta_{tt}=\varphi_{mt}=\eta_{nt}=0,\forall i$	－1 132.26	77.72	20.09	拒绝
(3) $H_0:\varphi_{mt}=\eta_{nt}=0,\forall i$	－1 129.23	64.58	20.09	拒绝
(4) $H_0:\alpha_{nn'}=\beta_{mm'}=\rho_{nm}=\eta_{nt}=\varphi_{mt}=0,\forall i$	－1 360.05	533.30	20.09	拒绝

23.4.2　估计结果

本研究采用最大似然法估计模型。本章使用的软件是 Frontier 4.1。参数估计结果如表 23－3 所示。

农业产出（y_1）和非农业产出（y_2）的偏弹性估计分别为－0.368 和－0.066，为负值且显著水平均为1%，说明农业和非农业产出的提高都对农户层面的技术效率有正向效果，农业产出与非农业产出的交叉项系数为正（0.030），且也具有1%水平的显著相关，说明对于农户技术效率的提高而言，二者之间具有显著的互补关系。

在投入偏弹性估计结果中，资金和劳动力在农业和非农业领域的投入对生产技术效率的偏弹性均为正值且都具有1%的显著水平，这说明上述四项投入的增加都会对农户生产技术效率的提高产生显著的影响。劳动力投入方面，非农业劳动力投入（x_5）和农业劳动力（x_4）的偏弹性是四个投入要素中偏弹性最大的两个数值，分别是0.371（1%的显著水平）和0.258（1%的显著水平），这表示农户非农业劳动力和农业劳动力的投入每增加1%，农户生产技术效率将分别提高37.1%和25.8%，并且劳动力投入非农业领域比农业领域对农户生产技术效率的贡献大。这在一定程度上解释了农村劳动力向非农领域流动的原因，因为劳动力在非农业领域的投向会给农村劳动力带来更大的收益水平。

农户资金投入方面，农业资金投入（x_1）和非农业资金投入（x_2）的偏弹性较劳动力投入的偏弹性低，其中农业资金投入的偏弹性（0.244）高于非农业资金投入的偏弹性（0.117）。这可能是因为与其他非农行业相比较，农户对农业的生产和经营相对较为了解和熟悉，加之农户的文化水

平普遍较低，并且农户长期形成了规避风险的本性使他们缺乏足够的管理知识和经营能力。因而就出现农业资金投入的增加对农户技术效率的提高效果高于对非农业资金投入的增加效果。

由此可见，在劳动力和资金的投入比较中，农户劳动力投入的增加对农户家庭总产出的增加更为有效。而从劳动力和资金在农业和非农业领域的投向对农户家庭总产出增加的效果看，增加非农业劳动投入比增加农业劳动投入更能提高农户的技术效率和家庭总产出，农业投资的增加比非农业投资的增加更能提高农户技术效率和家庭总产出。四个投入要素中，对农户生产效率的贡献值按照非农业劳动投入、农业劳动投入、农业资金投入和非农业资金投资的顺序依次递减。

表23－3列出了技术非效率的影响变量的估计系数。这些变量系数解释的是它们对技术效率的影响值。各变量对生产技术效率的影响情况如下。

农户所处区域位置（z_1）与农户生产技术效率是显著的负相关关系。区域分布上，农户区域位置的系数为0.063，存在10%的显著水平，这说明由东向西农户的技术效率呈现下降的趋势。

户主个体特征方面，户主的性别（z_2）、年龄（z_3）和受教育程度（z_4）均与农户生产技术效率负显著相关。户主的性别与农户技术效率的相关系数为2.168，显著水平为5%，即户主为女性的农户比户主为男性的农户有更高的技术效率，这与普遍认识的男性户主更具备家庭生产经营能力，对农户的生产技术效率应该具有正向作用效果的认识相反。一般认为，在农村地区，户主为女性的农户有两种情况：一是农户家庭中没有合适的男性劳动力充当户主的角色（家中壮劳力男性文化水平和素质较低，丧失劳动力或已死亡）；二是农户家庭中有合适的可充当户主的男性劳动力，但该男性劳动力常年在外，则由女性充当户主的角色承担家中的日常生活和基本的农业生产。而本次调查中发现，户主为女性的农户占调查样本总数的4.0%，2006—2008年，户均务农劳动力和非务农劳动力投入分别为4.80和3.61，均高于全国以及各区域统计的户均务农劳动力和非务农劳动力投入（见表23－1）。由此可以判断，在本次调查中，户主为女性的农户家庭恰是劳动力较为丰富且在非农业领域投入劳动力较多的家庭。这与前面分析的农户劳动力的投入对农户技术效率有显著相关相吻合。

户主的年龄和受教育程度的系数分别为0.154和0.072，均为1%的显著水平，说明户主年龄和文化程度对农户技术效率的负相关关系。虽然传统意义上理解农户年龄越大，阅历和经验会成为其生产发展中的宝贵财富，会为其技术效率的提高产生积极的影响，但笔者认为，针对该文中分析得出的农户年龄与其技术效率负相关的可能的解释是：随着科技的发展和信息媒介的不断增多，年轻的农户接受信息的能力更强，更有可能掌握新的科学技术和劳动技能，进而促进农户技术效率的提高。另外，户主的受教育程度对技术效率影响的估计结果也与预期估计相反（传统认为户主文化程度高，会在一定程度上对家庭技术效率的提高有一定的正面影响），也与屈小博（2009）研究得出的户主的文化程度对其技术效率有显著正向相关的结果不一致，这值得进一步探讨。

表23-3　　　　投入随机距离方程的估计结果

变量	系数	标准差
常数项	-0.343***	0.095
农业资金投入	0.244***	0.037
非农业资金投入	0.117***	0.049
农业劳动投入	0.258***	0.037
非农业劳动投入	0.371***	0.033
农业产出	-0.368***	0.040
非农业产出	-0.066***	0.020
时间	0.104*	0.072
农业资金投入^2	0.008	0.012
非农业资金投入^2	0.041***	0.017
农业劳动投入^2	0.073***	0.013
非农业劳动投入^2	0.002	0.014
农业资金投入×非农业资金投入	-0.023**	0.013
农业资金投入×农业劳动投入	-0.021**	0.011
农业资金投入×非农业劳动投入	0.031***	0.010
非农业资金投入×农业劳动投入	-0.012	0.017
非农业资金投入×非农业劳动投入	-0.024*	0.017
农业劳动投入×非农业劳动投入	0.011	0.012
农业产出^2	0.018*	0.013

续表

变量	系数	标准差
非农业产出^2	-0.029***	0.005
农业产出×非农业产出	0.030***	0.006
时间^2	-0.049*	0.033
农业产出×农业资金投入	-0.002	0.011
农业产出×非农业资金投入	0.000	0.017
农业产出×农业劳动投入	0.093***	0.012
农业产出×非农业劳动投入	-0.068***	0.011
非农业产出×农业资金投入	-0.028***	0.006
非农业产出×非农业资金投入	-0.031***	0.010
非农业产出×农业劳动投入	-0.063***	0.006
非农业产出×非农业劳动投入	0.057***	0.008
时间×农业资金投入	-0.004	0.011
时间×非农业资金投入	0.003	0.015
时间×农业劳动投入	-0.002	0.012
时间×非农业劳动投入	0.011	0.011
时间×农业产出	0.012	0.012
时间×非农业产出	-0.003	0.006
非效率模型		
常数项	-2.779**	1.266
区域属性	0.063*	0.045
户主性别	2.168**	0.957
户主年龄	0.154***	0.034
户主受教育程度	0.072***	0.027
交通便利程度	-0.381***	0.111
资金借贷便利程度	-0.200***	0.072
$\sigma^2 = \sigma_V^2 + \sigma_U^2$	0.300***	0.061
$\gamma = \sigma_U^2/(\sigma_V^2 + \sigma_U^2)$	0.606***	0.079
对数似然函数值	-1 093.3968	

注：*、**、***分别表示10%、5%和1%显著水平。

农户所处位置的交通便利程度（z_5）和资金借贷的便利程度（z_6）的系数是显著负值（分别为-0.381和-0.200，均为1%的显著水平），说明在目前生产技术和生产规模下，农户所处位置的交通便利程度每增加1%，农户生产技术效率将平均提高38.1%；农户生产生活中资金借贷的便利程度每增加1%，农户生产技术效率将平均提高20%。

Froniter 4.1 计算结果显示，农户在2006—2008年平均技术效率为0.827，并且在1%水平上显著，说明复合误差项的变异主要来源于技术非效率，占82.7%，随机误差项变异仅占17.3%。

23.4.3 东中西部地区技术效率的差异比较

表23-4和表23-5给出了农户的技术效率在不同区域层面上的频度分布。从中可以看出：第一，投入导向的农户平均技术效率为82.7%，说明以现有状态和不变的投入，若消除效率损失，产出有可能增加17.3%，农户的生产技术效率还有一定的提升空间，特别是生产技术效率较低的西部和中部地区。第二，全国范围内有27.63%的农户生产技术效率低于80%，其中，东中西部地区受访农户生产技术效率低于80%的分别有17.22%、26.97%和32.06%。由此可以得出，东部地区农户生产效率普遍高于中部地区，西部地区最低。第三，从表23-5可以看出，虽然东中西部地区平均技术效率存在一定的差距，但各区域生产技术效率的极值分布显示，生产技术效率的最高值在各区域差别不大，东中西部最大值分别为0.959、0.954和0.957，但最低值之间差异较大，其中东中西部地区技术效率的最低值分别为0.625、0.490和0.320。

表23-4　我国农户技术效率分布统计　单位：户，%

技术效率	全国		东部		中部		西部	
	户数	比例	户数	比例	户数	比例	户数	比例
30~40	1	0.13	0	0.00	0	0.00	1	0.22
41~50	2	0.26	0	0.00	0	0.00	2	0.45
51~60	8	1.03	0	0.00	1	0.66	7	1.57
61~70	46	5.91	7	3.89	5	3.29	34	7.62
71~80	158	20.31	24	13.33	35	23.03	99	22.20
81~90	474	60.93	121	67.22	92	60.53	261	58.52
91~100	89	11.44	28	15.56	19	12.50	42	9.42
合计	778	100.00	180	100.00	152	100.00	446	100.00

数据来源：根据运算结果计算整理。

表 23-5　　农户技术效率描述统计

	全国	东部	中部	西部
效率均值	0.827	0.847	0.834	0.817
最大值	0.959	0.959	0.954	0.957
最小值	0.320	0.625	0.490	0.320

数据来源：根据运算结果计算整理。

23.5　结论和政策启示

本章采用了 ISDF 模型分析了我国农户的技术效率及其影响因素，得到以下几点结论。

1. 农户平均技术效率为 82.7%，说明农户的生产技术效率还有提升的空间，且技术效率呈现区域差异，东部地区平均技术效率较高，中部地区次之，西部地区农户平均技术效率最低。

2. 本章分析的农户生产的四个投入要素中，对农户技术效率的贡献水平按照非农业劳动投入、农业劳动投入、农业资金投入和非农业资金投入的顺序递减。由此可以看出，非农业劳动投入对技术效率的贡献高于农业劳动投入，这在一定程度上解释了农村劳动力向非农业领域流动的经济现象。另外，资金投入的增加对技术效率贡献水平小于劳动力增加对技术效率的贡献水平，反映了农民受文化水平的影响和制约，虽然掌握了劳动技能，但对资本的运用和管理能力相对较差，进而反映在资本投入的贡献效率低上。资本投入农业和非农业领域对技术效率的贡献水平上，农户将资金投入农业领域的贡献水平高于其他领域（农户对农业以外的其他领域不甚了解，故经营投资的产出更低）。

3. 农户的区域位置、户主的性别、年龄和受教育程度均与农户生产技术效率是显著的负相关关系。反映了中国东中西部地区农村经济发展的区域差异，中西部地区农户经济发展相对落后，特别是在西部地区生产技术效率有待进一步提高。户主的性别与农户技术效率之间的关系说明户主为女性且家庭劳动力在农业和非农业领域投入都较为丰富的农户技术效率较高，户主的年龄说明年轻的农户对新知识和新信息的接受能力更强，更有利于农户技术效率的提高，农户技术效率与户主受教育程度负相关的结果尚待进一步研究。

4. 技术非效率的影响变量估计结果显示，农户所处位置的交通和金融供给条件的改善，将显著提高农户的生产技术效率，这说明加强农村交通建设、大力改善农村金融环境等措施可从正面促进农户生产技术效率的改善和提高。

建议应重点做好以下几个方面：第一，加大政策、资金等对农业的倾斜，提高农业效益。完善农村土地流转机制，实现农业的规模化生产，提高经济效益。第二，积极创造就业机会，提高农户在非农行业的就业水平，拓宽农民增收空间。第三，加大对农业生产和农村发展的公共基础设施建设，完善农村金融市场的服务功能。根据市场经济和区域农业发展的特点，加快农村金融改革的步伐，因地制宜地开发出能够满足农户发展需要的农村信贷产品。第四，继续深化对中西部地区的扶持力度，协调区域经济发展水平。从政策、资金上继续深化对中西部地区的扶持，鼓励社会资本向中西部地区流动，促进中西部地区农村经济快速发展。

24　县域农村合作金融机构信贷风险影响因素实证研究

——以陕西省 104 个区县为例

24.1　引言

当前，农村信用社正处于新一轮改革的关键时期，农业转型和县域中小企业的发展，为农村合作金融机构经营机制的再造提供了时代机遇。如何把握县域经济发展可能带来的巨大机遇，在农村金融市场新格局中实现农村合作金融机构的可持续发展，已经引起了众多学者的关注和思考。信贷资产质量是金融机构发展的生命线，银行生存和发展的前提和首要环节是要做好信贷风险管理。农村合作金融机构承担着农村金融“主力军”的重任，其信贷风险管理的优劣，不仅关系到机构本身的可持续运营，决定着信贷业务的持续增长潜力和盈利能力，更关系到农村金融供给能力和意愿，影响农村金融的支农力度。但是，由于历史和现实的多种原因，农村合作金融机构在信贷风险管理领域存在很多问题，长期困扰着农村合作金融机构的改革与发展。数据显示，央行专项票据置换不良贷款以来，截至 2010 年末，中国农村信用社的不良贷款率为 7.7%，同期商业银行的不良贷款率为 1.14%，高出 6.6 个百分点。农村合作金融机构作为农村金融市场的供给主体，在农村经济发展中发挥着重要的枢纽作用和推动作用，通过对农村合作金融机构信贷风险影响因素的研究，深化信贷风险防范的利益诱导和激励机制，提升信贷风险管理水平，对于实现农村合作金融机构的健康发展，促进农村经济可持续发展和“三农”问题的根本解决具有重要的战略意义。

近年来，在学者们关于银行信贷风险影响因素的相关研究中，有些学者实证研究了宏观经济因素对信贷风险的影响。例如邱兆祥（2011）实证分析了 GDP 增长率、通货膨胀率和广义货币供应量增长率这些宏观经济因素对中国银行业信贷风险的影响程度。结果表明，当宏观经济下滑、通货膨胀、货币政策趋紧时，银行不良贷款率显著上升，信贷风险显著增加。贾海涛（2009）运用模型研究宏观经济因素与企业违约率之间的关系，认为 GDP 增长率、财政支出、居民消费价格指数、人力资本和失业率均对违约率有显著影响。Hoggarth（2005）对英国宏观经济变化和商业银行信贷的关系进行研究，结果发现英国银行的不良贷款跟经济周期显著相关。Das 和 Ghosh（2007）的研究则认为：GDP 增长率、银行规模和贷款增长率对银行的不良贷款率有重要影响。一些学者从其他角度进行研究，王连军（2011）实证研究了政府干预对银行信贷风险的影响，结论显示政府干预没有造成不良贷款上升，但对信贷规模扩张存在明显影响，长期将造成银行资源的过度利用和潜在风险上升。张璟（2008）实证分析了地方政府干预与地区金融发展之间的关系，认为地方政府财政压力与其对于金融发展的干预意愿和程度是相匹配的。石盛林（2011）研究了金融市场发育程度对银行信贷风险的影响，认为银行网点数对银行贷款坏账的影响是“正 U 形”。此外，还有部分学者研究了内控机制对信贷风险的影响，汪冬梅（2012）研究了资本充足率与信贷风险的关系，认为二者缺乏长期均衡关系和相互因果关系。曹廷求（2011）认为外部环境、内部治理银行业风险的重要因素，应重点完善银行内部治理机制，并理清市场约束、政府监管等外部治理与内部治理之间的关系。刘艳华（2011）对县域农村信用社的信贷风险防范效率进行 DEA 分析，认为综合业绩“好”的农村信用社，其信贷风险防范效率高。

关于银行信贷风险影响因素的研究虽已取得诸多成果，但仍存在以下不足：一方面，相关研究大多以商业银行为研究对象，而农村合作金融机构植根于农村，城乡二元结构下城市与农村在经济、政策、市场竞争等方面存在巨大差异，有必要单独针对农村合作金融机构做进一步研究。另一方面，相关研究大多仅对金融机构风险进行单因素分析，尚未从经济发展、政府干预、金融市场发育和内部治理等方面进行综合实证研究。因此，本章以陕西省县域农村合作金融机构的动态面板数据为基础，对农村合作金融机构信贷风险的影响因素进行实证分析，以期为优化农村金融生态环境、健全机构信贷风险防范机制提供经验依据和理论参考。

24.2　理论分析与研究假说

农村合作金融机构最大的特点之一就是植根于农村，服务于辖区内“三农”，是地方性金融机构。而各农村地区在经济发达程度、政策环境、信用状况和文化习俗方面差别很大，因此，运营环境可能是影响农村合作金融机构信贷风险的重要因素，同时，各县域农村合作金融机构本身的治理水平存在很大差距，也会对信贷风险产生影响。

经济决定金融，金融问题的根本在于经济本身。农村合作金融机构的风险管理，其发展的长期源泉和动力依赖于农村经济发展基础上各主体对金融服务的需求和态度。因此，农村地区经济发展水平的差异，会导致不同地区农村信用合作金融机构信贷风险管理的能力存在着与生俱来的差距。

假设1：农村合作金融机构所在县域农村经济越发达，其信贷风险会越低。

财政农业支出是衡量一国政府对农业发展支持力度的重要指标。地方政府在“三农”领域的公共产品提供、基础设施建设、公共服务水平等方面的财政支农资金投入，以及由此形成的政策引导功能，作用于农业资本存量、农业研发能力、农业基础设施、农村居民生活补贴和社会保障等方面，对提高农业生产要素数量及生产率，提升居民对信贷产品的消费意愿和偿还能力都会产生积极的影响作用。

假设2：农村合作金融机构所在县域政府对农业发展扶持力度越大，其信贷风险越低。

在分税制改革和宽松的宏观经济政策共同作用下，地方政府的自由裁量权演绎出“弱财政，强金融”的金融控制战略，通过对金融资源的控制来抵补不断下降的财政收入。地方政府将维系行政支出的被动负债，变为以城市建设和基础设施投资为主的债务融资行为，表现出严重的过度支出倾向，由此引发的地方政府债务风险，已成为各方关注的焦点。据国家审计署（2011）报告显示，截至2010年底，县级地方政府债务余额为2.84万亿元人民币，来源于银行贷款的债务占比达到79%。同期，上市成功的商业银行逐步退出了对县级投融资平台的贷款，农村合作金融机构成为县级融资平台放贷主力。如此巨大的债务规模，地方政府对农村合作金融信贷的行政干预昭然若揭。而地方政府行政干预下贷款投向的误差，会使资金流入“投入—沉淀—再投入—再沉淀”的恶性循环之中，导致农村合作金融机构存量风险的累积和增量风险的叠加。

假设3：农村合作金融机构所在县域政府对金融资源配置的干预程度

越大，其信贷风险越高。

农村金融市场通过促进农村资本的形成而服务于农村经济发展。一个适度竞争、高效的农村金融市场，对于保障农户和农村中小企业融资的可得性、便利性，保障机构的安全性、流动性和盈利性，降低农村金融风险，都是很重要的。

假设4：农村合作金融机构所在县域金融市场发育程度越好，其信贷风险越低。

建立和完善有效的公司治理机制是保证机构可持续运营的重要基础和前提。银行系统具有天然的脆弱性，良好的内部治理是防范信贷风险的有效手段，尽管风险的成因多样，但几乎都包括内部治理这一基础性的因素，其他因素也是通过这一内因发生作用的。因此，从某种程度而言，农村合作金融机构内部治理水平是影响信贷风险管理成效的根本因素。

假设5：农村合作金融机构的综合治理水平越高，其信贷风险越低。

24.3　样本选择和模型设定

24.3.1　样本选择和数据来源

本章研究覆盖2006—2010年陕西省80个县，24个市区，共获得520个有效样本。变量相关财务数据主要来源于中国银监会网站、《中国统计年鉴》和陕西省各区县统计年鉴。部分数据经计算整理而得。研究所选取主要变量统计指标见表24－1。

表24－1　　　　评价指标体系

类型	代码	变量名称	变量衡量
因变量	NPL	不良贷款率	不良贷款额/贷款总额
自变量	NI	农村经济发展水平	农村居民人均收入
	GA	政府财政支农	财政支农支出
	GD	政府财政压力	财政收入－财政支出
	FS	农贷市场份额	农村合作金融机构农贷余额/全部农贷余额
	ML	机构治理水平	农村商业银行：3 农村合作银行：2 农村信用联社：1

被解释变量：国内外的相关实证文献中，一般采用不良贷款率或违约率作为金融机构信贷风险的代理变量，由于我国金融机构尚未建立违约概率数据库，出于数据可获得性考虑，本章选择不良贷款率（NPL）作为农村合作金融机构信贷风险的衡量变量。

解释变量：本文选择农村居民人均纯收入（NI）显示各区县的农村经济发展水平，反映农村合作金融机构风险管理所面临的项目选择环境（王俊芹，2010 [11]）；选取地方政府财政支农资金（GS）反映当地政府对“三农”发展的财政支持情况（李晓嘉，2012 [12]），其中2006年的财政支农资金用财政支出中支援农业生产支出、科技三项支出和农林水利气象部门事业费三项数据之和，2007年之后用财政支出中的农林水事务支出数据；选取地方政府财政收支差（GD）显示地方政府的财政压力，反映地方政府干预农村合作金融机构金融资源配置和隐匿债务的可能性大小（喻微锋，2011 [13]）；另外，县域农村合作金融机构与其他银行业金融机构在农业贷款领域存在业务同质，因此，本文选取县域农村合作金融机构的农业贷款的市场份额（FS），即该机构农业贷款占全部金融机构农业贷款的比重来反映农村合作金融机构所处外部金融市场环境的发育程度（黄惠春，2011 [14]）；农村合作金融机构治理水平（ML）采用虚拟变量，改制为农村商业银行的，以现代商业银行的经营理念建立“三会一层”的公司治理架构，虚拟变量定义为3，改制为农村合作银行的，采用现代企业的组织管理方式，虚拟变量定义为2，没有改制的农村信用社，按照一人一票，民主管理、合作互助的原则进行规范，虚拟变量定义为1。

24.3.2 模型设定

由于本章研究不同县（市）在不同时间点上的农村合作金融机构信贷风险的影响因素，牵涉到不同的横截面和时间序列，因此本章采用面板数据模型较合适。根据选定变量，我们可以建立模型如下

$$Y_{it} = \alpha + \beta_1 NR_{it} + \beta_2 GA_{it} + \beta_3 GD_{it} + \beta_4 FS_{it} + \beta_5 FD_{it} + \varepsilon \quad (24.1)$$

式中：Y_{it}为回归变量，表示第 i 个县区农村合作金融机构 t 年的不良贷款率，$i=1$，…，104，为横截面个数，分别表示104个区县，$t=2006$，…，2010，为考察的时期数。α 为截距项，β_1，β_2，β_3，β_4，β_5 为各自变量的回归系数，ε 为随机扰动项。

本章使用的面板数据具有截面成员较多而时期数较少的类型特点，对于这种数据类型，一般需要利用面板数据结构类型的工作文件进行变截距数据模型估计。根据对截面个体影响形式的不同设定，变截距模型分为固定效应变截距模型和随机效应变截距模型。由于面板数据的两维特性，模型设定的正误决定了参数估计的有效性。因此，首先要对模型的设定形式进行 Hausman 检验。

24.4 数据描述性分析与实证结果解释

24.4.1 数据描述性分析

农村合作金融机构不良贷款率下降趋势明显（见图 24－1），不良贷款率由 2007 年的 25.3% 降低至 2010 年的 11.9%，降低了 13.4 个百分点。说明新一轮信用社改革取得了明显成效，对农村信用合作社降低不良贷款率产生了有效激励。其一，央行专项票据置换不良资产，直接减轻了其历史包袱。其二，农村合作金融机构增资扩股，贷款额急剧增加（见图 24－2）。其三，“花钱买机制”的长效作用显现，对农村合作金融机构完善内控和信贷风险管理提供正向激励。2010 年陕西县域机构不良贷款率高于全国平均水平 4.1 个百分点，比 2006 年缩小了 8.2 个百分点。说明虽然陕西省县域机构起点较低，但发展速度较快，不良资产化解效果较为显著。另外，从全省来看，关中地区的不良贷款率最高（15.8%），陕北地区最低（0.08%），二者相差 15.7 个百分点，说明陕西农村合作金融机构信贷风

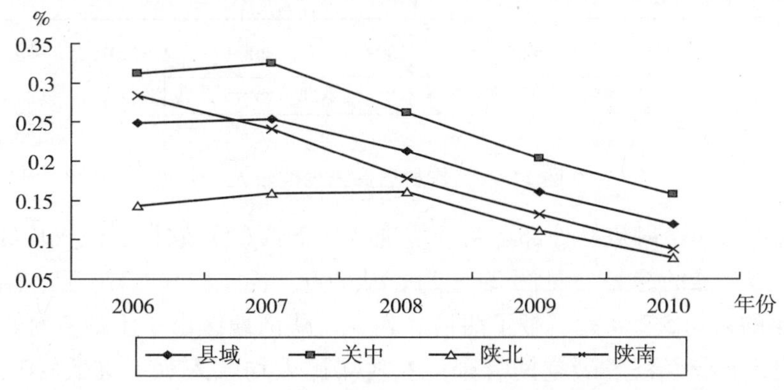

图 24－1 农村合作金融机构不良贷款率

险管理水平的区域差异很大。

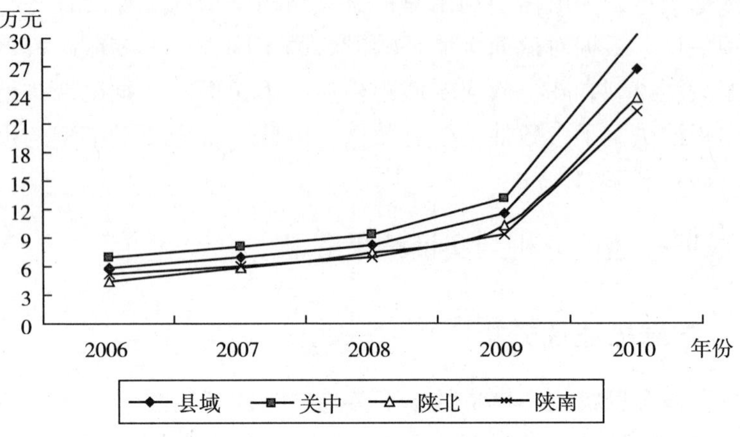

图 24－2　农村合作金融机构贷款额

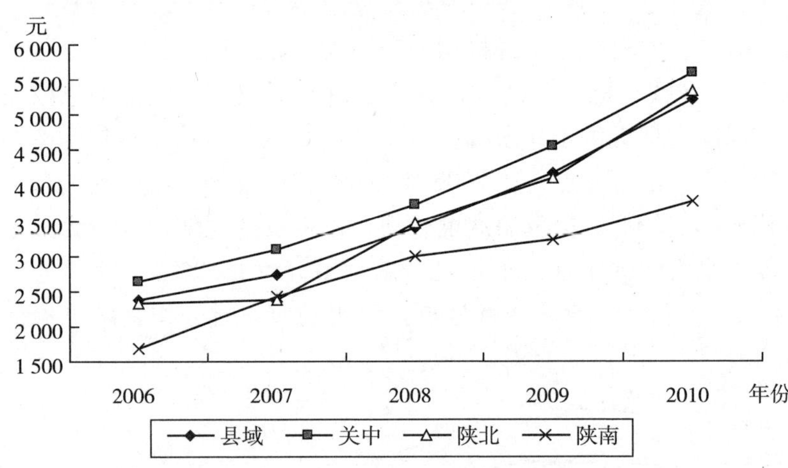

图 24－3　农村居民人均纯收入

农村合作金融机构外部运营环境现状如下：（1）农村居民人均纯收入呈现稳步上涨的趋势（见图 24－3），从 2006 年的人均 2 374 元，增加为 2010 年的人均 5 220 元，翻了两倍。其中，陕南地区由于土地资源禀赋条件较差，农业经济发展空间有限，农村居民人均收入水平最低（3 775. 2 元），关中地区土地资源丰富，种植业相对发达，政府惠农政策的支持力度较大，农村居民人均收入最高（5 587. 8 元），二者差距 1 090 元并呈现

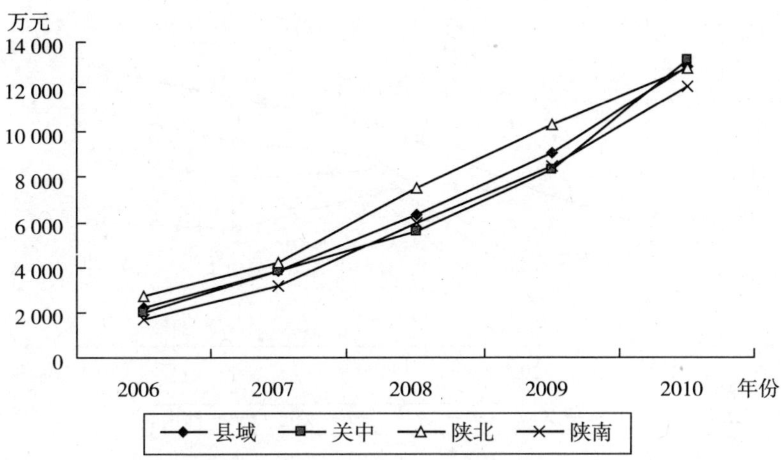

图 24－4 地方政府财政支农

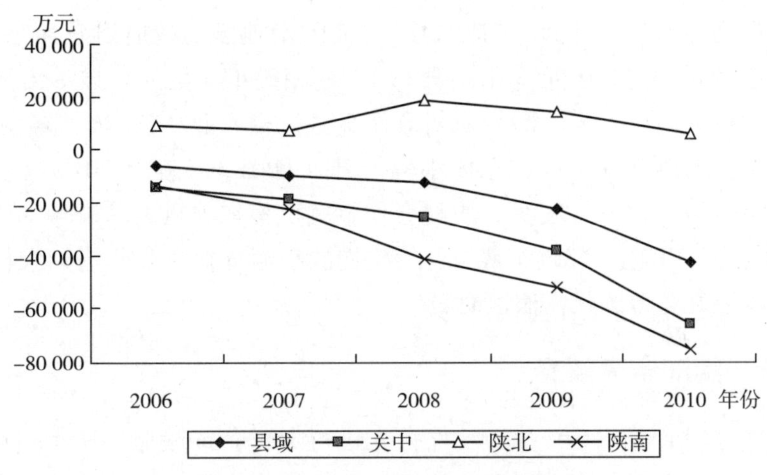

图 24－5 地方政府财政赤字

出不断扩大的趋势。（2）县域政府的财政支农力度不断加大（见图 24－4），2010 年财政支农资金达到 12 905. 4 万元，是 2006 年（2 191. 0 万元）的 5. 89 倍，增幅达到了 56. 4%。可见，县域政府认真落实了《农业法》关于财政支农的相关规定，不断增加对“三农”领域的资金扶持力度。（3）县域地方政府财政自给率逐年降低，财政赤字逐年加大（见图 24－5），由 2007 年的 0. 59 亿元，增加至 2010 年的 4. 25 亿元，增幅为 66. 1%。

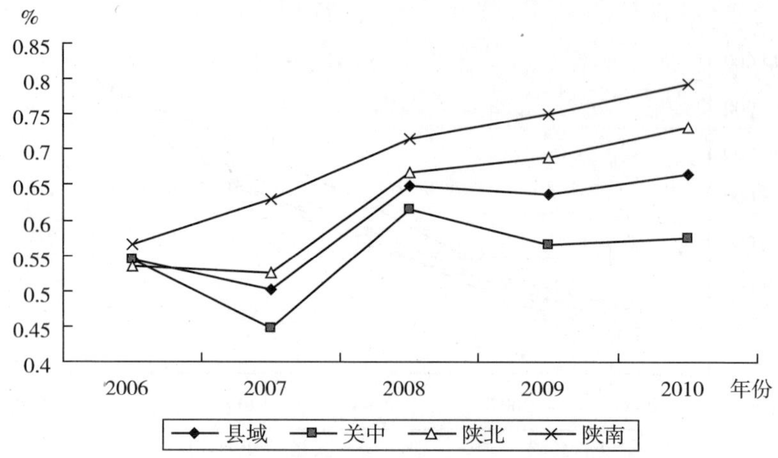

图 24－6　农村合作金融机构农业贷款市场份额

其中，陕北地区借助资源经济实现了财政收支平衡，个别区县政府财政收入结余最高达 102.83 亿元（神木县），而陕南地区的政府财政赤字最大，最高赤字达到 11.67 亿元（山阳县），二者相差 113 亿元，显示出财政收支方面的极大地区差距。（4）农村合作金融机构农业贷款占全部金融机构农业贷款的比例变动不大，总体小幅上升（见图 24－6），2010 年农业贷款市场份额为 66.6%。可见，农村合作金融机构在农村金融市场中仍扮演着“主力军”角色，邮政储蓄银行等机构的小额贷款业务要想同农村合作金融机构展开竞争，仍需假以时日。

24.4.2　实证结果解释

本文运用 Eviews 6.0 统计软件首先进行 Hausman 检验，Hausman 检验用于确定选择固定效应模型还是随机效应模型。检验的原假设是：固定效应模型和随机效应模型的估计量没有实质上的差异。检验结果如表 24－2 所示，检验统计量等于 36.66，其概率值等于 0，拒绝原假设，说明固定效应模型和随机效应模型的估计量有实质差异。通过进一步的检验，最终本章选择随机效应的变截距模型对数据进行估计，所得估计结果见表 24－3。根据模型估计结果，调整后的 $R^2=0.5759$，$F=7.5253$，通过显著性检验，说明模型拟合情况较好，本章所选择的影响因素指标能够解释农村合作金融机构信贷风险。

表 24 - 2　　　　　　　　Hausman 检验结果

统计指标		χ^2 统计值	自由度	Prob.
随机效应		39.6649	5	0.0000
变量	固定效应	随机效应	方差	Prob.
NI	-0.0780	-0.0694	0	0.1166
GA	-0.0135	-0.0117	0	0.3173
GD	0	0	0	0.0045
FS	-0.0177	-0.0594	0.0001	0.0001
ML	-0.0389	-0.0852	0.0004	0.0202

表 24 - 3　　　　　　　　随机效应变截距模型

变量	系数	标准差	T 统计值	P 值
C	0.986867	0.091743	10.75682	0
NI	-0.069427	0.013021	-5.332098	0
GA	-0.011658	0.005223	-2.232186	0.026
GD	1.38E-07	7.69E-08	1.790106	0.074
FS	-0.059489	0.02208	-2.694292	0.0073
ML	-0.085221	0.031499	-2.705522	0.0070
R^2　0.6641			F 值 7.5253***	
调整后的 R^2　0.5759			D.W. 统计值 1.5402	

注：*** 表示在 1%、5%、10% 的显著水平上通过检验。

实证结果显示为以下几点：

1. 农村居民人均收入与农村合作金融机构不良贷款率显著负相关，农村居民人均纯收入每增加 1 个百分点，机构不良贷款率就下降 0.0694，支持假设 1，说明农民收入对机构信贷风险具有正向影响。提高农民收入，带动农户的储蓄能力和投资能力，对于降低农村合作金融机构信贷风险十分重要。首先，农民收入提高，其偿债能力会随之增高，可以直接降低信贷违约概率。其次，中国传统的小农经济中存在“不轻言债”的借贷文化，即如果家庭收入能够维持基本的生计所需，能够维持一个不贫不富的生活，他们便不会轻易“告贷”。因此，增加农民收入，会降低农户对救助性借贷的依赖，同时，伴随着市场经济的发展，尤其是农业产业结构的调整和利润的增加，传统小农对于扩大再生产，投资新领域和采用新技术将产生巨大热情，涌现出了更多的种养殖业大户，其投资型和创业型生产资金的信贷需求随之增多，而后者的信贷风险优于前者，需求结构的转型能够降低农村合作金融机构的信贷风险。总之，金融业是配置资源的，只有搞活农村经济，增加农民收入，农村信贷投资的成长性和收益性才会显现出蓬勃生机，才能转变人们对于储蓄和投资，信用和风险的认识和态度，为农村合作金融机构信贷风险防范提供持久动力。

2. 地方政府财政支农力度与农村合作金融机构不良贷款率显著负相关，地方政府财政支农每增加 1 个百分点，机构不良贷款率下降 0.0117，支持假设 2，说明地方政府财政支农对机构信贷风险具有正向影响。我国农村地区有效资金的供给主要来自于财政支农和银行信贷两个渠道。其中，财政支农资金的投入包括投资性支出、消费性支出和转移支付性支出。投资性支出作用于基础设施建设、农业资本存量和农业研发能力，可有效替代农民对农业生产的投入。消费性支出可以减少农村居民为了公共组织有效运转而承担的成本。转移支付性支出对农民进行直接补贴和提供社会保障，可降低农民的生活成本。可见，财政支农支出可替代部分农民消费支出，提高农民收入的可支配份额，这对于降低农户对信贷资金的需求，提高农民的偿债意愿和能力，减少不良贷款的发生率有促进作用。

3. 地方政府财政压力与农村合作金融机构不良贷款率正相关，地方政府财政赤字每增加 1 个百分点，机构不良贷款率上升 $1.38 \times 10^{-7}\%$，支持假设 3，说明当前地方政府对金融资源配置的干预，已经对农村合作金融机构信贷资产质量产生影响。这与王连军（2011）认为政府干预对信贷规模的扩张存在明显影响，并没有造成不良贷款上升的结论有所不同，显示出地方政府对农村合作金融机构的信贷较强的干预力度。其原因在于农村合作金融机构承担着政策支农的任务，政策性亏损成为地方政府利用“三农”问题政治化向农村合作金融机构“寻租”的隐性担保。地方政府财政压力越大，债务融资需求就越大，由此转化的对农村合作金融机构信贷资金配置的干预就越多。而地方政府对金融资源的过度利用，用财政预算的软约束扭曲金融交易的合约原则，会产生大量无效的金融交易，导致金融机构潜在信贷风险的上升。由此可见，虽然目前尚未构成巨大威胁，但农村合作金融机构的信贷风险问题与地方政府的债务融资问题相互交融，无论是农村合作金融机构历史包袱的清收和化解，抑或是从源头上控制新增不良贷款，都需要切实规范地方政府债务融资行为，减少地方政府干预。

4. 农村合作金融机构农业贷款的市场份额与不良贷款率显著负相关，农业贷款的市场份额每增加 1 个百分点，机构不良贷款率下降 0.0594，不支持假设 4。说明农村合作金融机构仍是县域农村金融市场的供给主体，市场竞争并没有显示出对降低信贷风险的激励作用。市场份额对信贷风险的正向影响，其原因可能在于：其一，由于供给能力较强的机构，自身的管理能力相应也较好，表现出较强的信贷风险防范能力。其二，佐证了农业和农户贷款的不良贷款发生率低于其他类型贷款的观点[①]。农业贷款市场份额较低的机构，其信贷资金用于其他用途的可能性增大，而来自乡镇企业倒闭、政府干预等原因的贷款，信贷资金集中，不良贷款发生率高，很容易对农村合作金融机构信贷资金质量形成较大影响。不过，如前所述，县域农村合作金融机构虽然仍处于近乎垄断的地位，但多元化的金融市场已在发育，健全信贷风险管理机制，增强农村合作金融机构市场竞争力已成为关系未来市场竞争成败的重要课题。

5. 机构治理水平与农村合作金融机构信贷风险显著负相关。机构治理水平提高 1%，机构不良贷款率下降 0.0852，支持假设 5。这与刘艳华（2011）的研究结论一致，认为总体上“好”的农村信用社信贷风险的防范效率高，说明信贷风险管理需要以更好的内控机制作为支撑。农村合作金融机构作为经营货币的特殊机构，信贷风险管理始终是其最重要的工作，而内部控制又是防范金融风险的关键。科学的内部控制机制有助于实现运行机制和资源配置的高效，有助于引入科学的信用评估、担保机制和风险控制机制，降低金融风险。

24.5　研究结论和政策建议

本章以 2006—2010 年的陕西省 104 个区县的农村合作金融机构为样本，对农村合作金融机构风险管理的影响因素进行了实证研究，得出以下结论：（1）农民人均纯收入提高对降低农村合作金融机构不良贷款率，提高信贷风险管理有正向促进作用。（2）地方政府对“三农”建设的资金投入及其政策引导功能，对降低农村合作金融机构的不良贷款率有正向促进

① 韩俊等人的调查显示，农业和农户贷款的发生率远低于乡镇企业和私营企业不良贷款的发生率，并且呈现出明显的下降趋势，说明“穷人是讲信用的”。

作用。(3) 地方政府财政压力越大，干预县域金融资源配置的动机就会越大，不利于农村合作金融机构的信贷风险管理。(4) 农村金融市场竞争性约束效果尚未显现，农业贷款市场份额越大，机构的不良贷款率越低。(5) 机构治理水平越高，不良贷款率越低。

从本章的研究结论中可以得出以下政策建议：第一，加快农业现代化发展，增强农业发展后劲，健全农田保护与农地流转机制，用提高农业劳动生产率和比较利益的方式，激励农民农业投资行为和新技术的采用与推广。第二，合理确定财政支农投资重点，优化投资结构；调整农业产业政策，服务农业产业升级；培育财政投资引导机制，扩大财政对农业投资的乘数效应。第三，以利益诱导的方式和新型绩效考核制度的配套实施，消除地方过度投资冲动，规范地方政府融资行为，降低政府对金融机构信贷资金运作的干预动机。构建科学的地方政府债务风险评估和监测体系，防止因政府的融资渠道不畅和项目资金链断裂引发大规模支付危机的可能性。第四，加快农村金融市场发育，放开农村金融市场的准入门槛，扎实推进利率市场化改革。建立多种形式的农村信用担保机构，发展农业保险，建立存款保险制度，分散金融机构风险。第五，以增资扩股为契机，进一步优化股权结构，明确产权关系，严格执行“三会一层”公司治理架构，使其真正实现对决策者权力的制衡和约束。

25 小额信贷机构全要素生产率的实证分析

25.1 引言

小额信贷机构在给贫困人口提供融资服务的同时要维持自身生存，因此，小额信贷机构既要完成目标客户的覆盖任务，又要保持机构的持续性发展。双重目标的压力让小额信贷机构更加注重自身效率，在有限条件下最大限度地完成既定目标。这些小额信贷机构的效率如何，影响小额信贷机构效率的因素是什么成为管理者关注的重点，也是理论界研究的热点。

本章试图用实证方法来挖掘影响小额信贷机构效率的诸多因素。

25.2 文献综述

我国学者对小额信贷的研究已经逐步展开。杜晓山（1994）介绍了孟加拉国的乡村银行（GB），并总结了此银行成功的条件。并认为，GB 模式可以在中国试行、实施。汪三贵（2000）指出了中国小额信贷可持续发展的外部障碍：金融机构准入控制、利率控制、资金控制，内部障碍：观念冲突、短期与长期目标、机构的独立性、对信贷市场的了解、管理和监督。并指出其可能的发展前景：宏观金融政策的变化、正规金融机构的加入、小额信贷机构的分化。汤敏（2002）介绍了 GB 的贷款政策，2003 年针对农信社小额信贷业务提出我国小额信贷要汲取国外的好经验：高利率，政府干预少等。王曙光（2006）认为我国小额信贷面临五大挑战：一、政府缺乏针对小额信贷的法律框架与有效监管；二、小额信贷组织如何实现商业上的可持续性；三、小额信贷组织如何实现规模经济和资金来源的多元化；四、小额信贷组织自身的信誉与信用评级问题；五、小额信贷组织自身的风险控制和贷款担保问题。茅于轼（2006）认为兴办小额贷款有几点经验：小额贷款的适用范围，农民对资金的需求，利息是必要的，高风险低利润的小额贷款能否商业化，扶贫为什么要商业化，小额贷款机构和政府的关系，小额贷款的存贷之争，小额贷款涉及的理论问题，小额贷款机构的所有权问题。并认为小额信贷有要过的三道槛：法律环境、存贷问题、监管问题。可见，这些研究在介绍国外经验的同时，也发现了我国对小额信贷执行中的一些不足，提出了一些具有建设性的建议，确实指明了我国小额信贷的发展方向、发展道路、发展环境及问题防范。但必须承认，现在的诸多研究多是从宏观层面提出的框架与方针对策，在具体操作执行方面涉及较少。

在小额信贷的研究中，专门针对小额信贷机构的研究也已经出现。杜晓山（2003）分析了国外几种小额信贷机构操作实例，发现不同类型小额信贷银行都具有局限性，认为借助外部资金、技术和管理力量，探索符合我国国情的小额信贷银行方式。商业性小额信贷的利率也要遵循市场化原则，创造有利于小额信贷发展的政策环境。杜晓山（2004）论述了中国农村小额信贷三个发展阶段、三大组织类型及其多样化的形式，政府和央行的政策演进，小额信贷项目的运作方式、目标群体的定位，项目发展规模和金融产品，可持续状况等。并且对三大类型的小额信贷的主要问题进行分析，就项目机构的合法性、利率、模式的多样性、资金来源、对项目的规范和监管等方面的问题提出有关的政策思考。进一步，刘锡良、洪正（2005）提出通过设计抵押物和利率的合同组合实现高收入者与中低收入者、低收入者的分离；通过利率和机构可持续性的合同组合在中低收入者和低收入者之间实现分离，从而最终实现小额信贷市场的分离均衡。何广文（2005）认为中国的小额信贷市场农村信用社占有率不高，留下市场空间较大，有利于只贷不存小额信贷机构的存在和发展。刘西川、黄祖辉、程恩江（2007）研究发现非政府小额信贷机构实际瞄准目标上移。目标上移的原因是贫困户的需求不足，富裕户的需求较旺；机构可持续性的压力及对信贷实施条件的变通。王玮、何广文（2008）分析社区博弈对资金互助博弈的影响和制约，并揭示了资金互助社经营运作的内在机制。褚保金、张龙耀、郝彬（2008）从需求方和供给方实证分析了江苏省农信社小额贴息贷款的绩效，发现扶贫小额贷款可以促进中低收入农户的家庭纯收入增加，农信社只要努力提高还款率，扶贫小额贷款还是可以盈利的。杜晓山（2008）分析了非政府组织小额信贷机构性质的利弊和它双重目标间的关系，并探讨其可能的发展前景。随后，杜晓山（2009）又总结了十一种小额信贷供给机构的类型，并介绍它们的业务和面临的困境。温铁军、刘海英、姜伯林（2010）对比分析了“金融新政”实施以来，两家农村资金互助社的绩效和外部发展环境，并探讨了财税政策和行政资源输入对资金互助社可持续发展的影响。

可见，已经有的机构研究主要集中于对机构类型、组织方式，目标客户的分离和锁定、市场占用问题、小额信贷的作用及机构可持续发展等诸类问题；研究对象涉及小额信贷银行、农村信用社、资金互助社等多种小额信贷发放主体；研究的重点由机构类型的选择和对比，目标客户分离和市场互补到瞄准客户上移等方面；研究方法运用中，定量法使用逐渐增多，数据挖掘更加深入，对问题的分析和解释更加透彻。

相对而言，国内对小额信贷机构效率的研究处于劣势地位。董少林（2004）通过研究发现农村信用社小额信贷具有项目小额信贷、非政府组织小额信贷及政府小额信贷所无法比拟的优越性。谭民俊（2007）运用协整分析、格兰杰因果分析与预测方差分解，实证检验我国农村小额信贷效率与农户收入增长的关系，并分析了我国农村小额信贷效率低下的原因并提出了改进途径。李娟（2008）通过研究认为我国农村小额信贷效率低下的原因是农村金融体制约束乏力，农村小额信贷风险度量较难，政府财政基础不合适，农村小额信贷运营成本过高。2009 年她分析了农村小额信贷资金使用效率低下的原因和政府财政职能在农村小额信贷中所起的作用。不过她采用的多是定性分析方法，方法比较单一。黄惠春、褚保金、张龙耀（2010）运用传统产业组织理论的 SCP 范式，从农村区域经济差异的视角，对江苏省 40 家农村信用社改革期间（2000—2007 年）的农村金融市场结构与经营绩效的关系进行实证研究。研究发现，考察期内苏南农村金融市场集中度呈下降趋势，符合有效结构假说，即苏南农村信用社绩效提高主要是经营效率提高引起的；而苏北农村金融市场集中度呈上升趋势，符合混合的共谋（有效结构）假说，即农村信用社绩效提高是经营效率提高和市场垄断共同作用的结果。王杰（2010）运用 DEA 方法分析了黑龙江 36 家小额信贷公司的效率，确定了各地区的排名。

首先，这些研究运用对比分析较多，以相关关系分析为主，对机构效率研究取得了一定成果。其次，这些研究主要针对农信社小额信贷和小额信贷公司业务的效率上，对机构本身的效率涉及不多。最后，这些可贵的研究数量有限，这与我国小额信贷发展趋势相去甚远，也无法从理论层面满足小额信贷机构效率改进要求。

国外对小额信贷机构及其效率的研究较为深入。Anne - Lucie Lafourcade, Jennifer Isern, Patricia Mwangi, Matthew Brown（2005）研究了非洲163个小额信贷机构，发现相比全球其他地区的小额信贷机构，非洲小额信贷机构是动态有活力的。非洲小额信贷机构引导全球的储蓄动员，无论是服务的客户数量还是吸纳的存款数量都位于前列。尽管研究结果表明非洲的小额信贷机构在财务绩效上落后于全球其他地区，但是其小额信贷机构增长量很可观；制度与模式上的创新也在非洲兴起，为客户提供了多样化选择。Abdul Qayyum, Munir Ahmad（2006）选择投入导向和产出导向两种DEA模型，不变规模和可变规模两种情况。选择的机构是15家巴基斯坦小额信贷机构、25家印度小额信贷机构、45家孟加拉国小额信贷机构。研究发现在不变规模下，有2家有效率的小额信贷机构，在可变规模下有5家有效率的小额信贷机构。有效率的小额信贷机构3家来自孟加拉国，2家来自印度，巴基斯坦没有有效率的小额信贷机构。这三个国家小额信贷机构无效率主要是由技术无效引起的。Sanjay Sinha（2007）研究发现印度的小额信贷机构没有覆盖绝对的穷人而是有效率地覆盖了低收入家庭，该模式优于世界其他地区同等的小额信贷机构。印度小额信贷机构高增长率带来了有效盈利，这促使印度商业银行对印度小额信贷机构批发大量贷款资金。Adrian Gonzalez（2007）利用84个国家的1 003家小额信贷机构8年的报告数据探讨了小额信贷机构成本的潜在驱动因素：机构性质，国家公共建设，价格和投入的可得性，做生意的环境和宏观经济变量。Ben Soltane Bassem（2008）分别运用了CCR模型和BCC模型对地中海35家小额信贷机构2年的数据进行了分析，发现小额信贷机构的规模与其效率有负相关关系，中等规模的小额信贷机构更有效率。M. Kabir Hassan, Benito Sanchez（2009）运用一般DEA方法和Malmquist - DEA方法分析拉丁美洲、中东和南非、南亚214家小额信贷机构的技术效率和规模效率。他们采用生产法和中介法分别计算，研究发现正规小额信贷机构（银行型小额信贷机构和信贷联盟型小额信贷机构）的技术效率要高于非正规小额信贷机构（非营利性组织小额信贷机构和非金融机构型小额信贷机构）的效率。其中，南亚的小额信贷机构效率要高于其他地区的小额信贷机构效率。小额信贷机构无效率主要是纯技术效率无效引起的。Steven B. Caudill,

Daniel M. Gropper, Valentina Hartarska（2009）运用混合模型对东欧和中亚的小额信贷机构数据进行估计，发现小额信贷机构运行时间越长，操作成本越低。同时还发现，那些可以吸收存款的较大的小额信贷机构和获得较少补贴的小额信贷机构随时间推移运作成本更加有效。Mamiza Haq, Michael Skully, Shams Pathan（2010）运用DEA方法分析了非洲、亚洲和拉丁美洲39家四类小额信贷机构（银行型小额信贷机构、非银行金融机构型小额信贷机构、合作型小额信贷机构和非政府组织小额信贷机构）的成本效率，分别使用生产法和中介法来选择投入产出指标。研究发现在生产法下非政府组织小额信贷机构的效率最好，在中介法下银行型小额信贷机构的效率相当好。从长期来看，银行型小额信贷机构胜过非政府组织小额信贷机构。

由国外开展的这些主要研究来看，其对机构及效率的研究主要运用了DEA模型和混合模型，内容侧重增长点、效率、覆盖面、成本。机构效率研究占据了重要地位（近半数），主要集中于对机构效率高低及原因分析、地区及机构类型对效率的影响分析等方面。

鉴于以上综述与分析，本章认为从我国小额信贷国情出发，着重开展对小额信贷机构的效率研究对我国更加深入地开展小额信贷工作具有重要意义。本章基于我国30家小额信贷机构有关数据，借鉴国外研究方法与经验，利用全要素分析法来研究小额信贷机构效率。在我国小额信贷机构效率方面，该方法的运用较为新颖。在分析过程中，本章注重从宏观和微观两个层面分析小额信贷机构的整体效率高低和单个机构效率高低及形成原因，一定程度上克服了已有研究中研究层面单一的不足。

25.3　模型及数据选择

25.3.1　方法与模型

非参数法是利用线性规划方法及对偶原理通过对评价单元投入、产出指标的组合分析，评价成本效率水平，它无须预先确定生产（成本）函数形式，可评价不同量纲的指标，具有较强的客观性，且对样本量要求不高。非参数方法允许效率在一定时期内发生变动，不要求对所有研究样本数据的无效率分布做先定假设。非参数法中应用较广的是DEA模型。DEA

模型中 CCR 模型和 BCC 模型，当加入时间因素时，会形成各期生产前沿面不同，使得各期无法纵向比较，即 CCR 模型和 BCC 模型只能适用于截面数据来横向对比评价单元的效率。Malmquist 指数可以有效弥补以上研究方法的缺陷，Malmquist 指数最初由 Malmquist（1953）提出，Caves 等（1982）首先将该指数应用于生产率变化的测算，此后与 Charnes 等（1978）建立的 DEA 理论相结合，广泛应用在生产率测算研究中，且研究者普遍采用 Fare 等（1994）构建的基于 DEA 的 Malmquist 指数。在构造 Malmquist 指数时不需要投入与产出的价格变量，不必事先对评价单元的行为模式进行假设。并且，这个指数能被分解为几个有意义的指数的乘积，可以得到更为细致的动态分析结果。Malmquist 指数是计算全要素生产率非常有用的方法，它可以进行横向比较，也可以对同一评价单位的效率进行纵向比较来反映效率的时序变化趋势。基于 Malmquist 指数的优点，本章运用 DEA 的 Malmquist 指数来测算小额信贷机构 5 年的全要素生产效率值。

根据 Fisher（1922），Caves、Christensen 和 Diewert（1882b）的思路，Malmquist 全要素生产力为

$$m_i(q_s,x_s,q_t,x_t) = \left[\frac{d_i^s(q_t,x_t)}{d_i^s(q_s,x_s)} \times \frac{d_i^t(q_t,x_t)}{d_i^t(q_s,x_s)}\right]^{\frac{1}{2}}$$

$$m_i(q_s,x_s,q_t,x_t) = \frac{d_i^t(q_t,x_t)}{d_i^s(q_s,x_s)}\left[\frac{d_i^s(q_t,x_t)}{d_i^t(q_t,x_t)} \times \frac{d_i^s(q_s,x_s)}{d_i^t(q_s,x_s)}\right]^{\frac{1}{2}} = \text{tfpch}$$

$$\text{效率变化} = \frac{d_i^t(q_t,x_t)}{d_i^s(q_s,x_s)} = \text{effch}$$

而 effch = pte × se

$$\text{技术进步} = \left[\frac{d_i^s(q_t,x_t)}{d_i^t(q_t,x_t)} \times \frac{d_i^s(q_s,x_s)}{d_i^t(q_s,x_s)}\right]^{\frac{1}{2}} = \text{techch}$$

由此，我们可以得到 tfpch = effch × techch = pte × se × techch。

25.3.2 指标及样本

方法及模型确定后，接下来要解决的就是投入产出指标选取和数据收集的问题。国外学者的研究一般使用以下一些投入产出指标。Abdul Qayyum，Munir Ahmad（2006）使用的投入指标：信贷官员数和每一借款者的成本；产出指标：已支付的贷款。Ben Soltane Bassem（2008）选择的

投入指标：员工数和总资产；产出指标：女性客户数和资产收益率。M. Kabir Hassan，Benito Sanchez（2009）选择的投入指标有：总财务费用，财务支出，贷款损失准备金，操作费用，人员；产出指标：总贷款组合，总资金，金融业务收益，主动借款者数量。Mamiza Haq，Michael Skully，Shams Pathan（2010）生产法选择的投入指标：员工数，每一借款人操作成本，每一存款人操作成本；选择的产出指标：每一个员工负责的借款人数。中介法选用的投入指标：总员工数，操作费用；选用的产出指标：总贷款组合，总存款量。王杰选择小额贷款公司的总资产、职工人数、地区人均 GDP 为投入指标；选择累计贷款总额、营业收入作为产出指标。参照以往研究经验，本章选择投入指标：资产总额、贷款余额、信贷员数；产出指标为：贷款客户数和还款率。

本章选取我国中西部地区 30 家小额信贷机构作为研究样本。由于小额信贷机构名称比较长，下文分别用机构 1、2、3、4、5、6、7、8、9、10、11、12、13、14、15、16、17、18、19、20、21、22、23、24、25、26、27、28、29、30 代表内蒙古乌审旗贫困地区社会发展小额信贷管理中心、内蒙古赤峰昭乌达蒙妇女可持续发展协会、山西省晋中市乡村扶贫发展协会、天津市妇女创业发展促进会、河北省保定市易县扶贫经济合作社、河北省涞水县扶贫经济合作社、河南省南召县扶贫经济合作社、河南省虞城县扶贫经济合作社、宁夏盐池县小额信贷中心（宁夏惠民小额信贷有限公司）、陕西省榆林市榆阳区委妇联、陕西佳县妇女可持续发展协会、陕西蒲城县妇女可持续发展协会、陕西西乡妇女发展协会、贵州省关岭自治县乡村发展协会项目、贵州省兴仁县农村发展协会、贵州省紫云县农村发展协会、云南省保山市龙陵县人民政府 SPPA 项目办、云南省金平自治县农村合作发展促进会、云南省麻栗坡县乡村经济发展协会、广西都安瑶族自治县乡村发展协会、广西隆林县 UNDP 援助项目办公室、甘肃省渭源县贫困地区儿童规划与发展项目办、甘肃省通渭县乡村发展协会、甘肃省武山县县域发展协会、甘肃省白银市靖远县城乡发展协会、甘肃省定西市安定区城乡发展协会、甘肃省积石山县乡村发展协会、青海省同仁县乡村发展协会、青海省湟源县 UNDP 援助项目办公室（县乡村发展协会）、青海农业银行海东分行（小型信贷办公室）。样本数据为这 30 家机构 2005—2009 年的汇报数据，数据来自中国小额信贷联盟。本章采用这些机构向中国小额信贷联盟汇报的数据来分析，仅针对数据得出以下结果。

25.4 运行结果分析

本章以30家小额信贷机构的年报数据为基础数据，采用DEAP2.1软件，计算了中国30家小额信贷机构2005—2009年逐年的Malmquist指数及其分解，由此得出中国小额信贷行业整体Malmquist指数及其分解，结果见表25-1和表25-2。

表25-1 各年30家小额信贷机构平均全要素生产率变化指数及其分解情况

year	effch	techch	pech	sech	tfpch
2	1.114	0.697	1.055	1.056	0.776
3	1.09	0.853	1.16	0.94	0.93
4	0.975	0.947	0.98	0.995	0.923
5	0.923	1.033	1.015	0.91	0.954
mean	1.022	0.873	1.05	0.974	0.893

表25-1是30家小额信贷机构平均全要素生产率变化指数及其分解。总体来看，小额信贷机构全要素生产力有所下降，各年全要素生产力指数都低于1，各年均值为0.893。从时间序列来看，全要素生产力指数呈现不稳定趋势，波动性较大。2005—2006年最低，为0.776；2006—2007年升高，达到0.93；2007—2008年略有下降，是0.923；2008—2009年又升到最高，为0.954。这说明小额信贷机构全要素生产力下降的幅度忽高忽低。下降的原因主要是技术进步指数较低，除了2008—2009年大于1，其余年份都小于1，且各年均值为0.873；而规模效率指标除了2005—2006年大于1，其余年份均低于1，各年均值小于1影响了综合效率指标的提升。分年来看，2005—2006年小额信贷机构全要素生产力下降主要是技术进步指数引起的，其余指标均大于1，并没产生负面影响。2006—2007年技术进步指数和规模效率指数都小于1，导致全要素生产力指数小于1，全要素生产力下降，但是下降幅度较上一年减缓。2007—2008年所有的指标都小于1，不过全要素生产力较上一时期下降幅度不大。这个时期，全要素生产力指数下降的原因在于综合技术效率指数和技术进步指数，综合技术效率指数的下降由纯技术效率指数和规模效率指数下降引起。2008—2009年比

较特殊，技术进步指数和纯技术效率指数大于 1，全要素生产力指数、综合技术效率指数和规模效率指数小于 1。全要素生产力下降由综合技术效率下降引起，而综合技术效率下降由规模效率下降引起。全要素生产力下降幅度较上一时期下降幅度明显减少。

变动原因分析：2005 年是小额信贷年，世界小额信贷行业蓬勃发展。我国小额信贷业也迎来了它的发展机遇。2005—2006 年中央对小额信贷的支持和推进，促使小额信贷机构规模效率上升，从业者信心大增，加强管理，纯技术效率增加，综合技术效率升高。但是由于扩张迅速，技术跟不上，技术进步滞后，影响了总体生产力的提高。这种状况持续到 2007 年，规模效率带来的效益有所降低，规模效率也下降，但是总体生产力下降减缓。2007—2008 年，世界金融危机，我国也受到影响。小额信贷机构无论是管理还是技术、规模都下降，从而引起总体生产力下降，不过下降幅度与前一时期持平。2008—2009 年，小额信贷机构从金融危机中吸取教训，革新技术，改善管理，从危机中慢慢走出来。但是，规模问题影响了综合技术效率的提高，也影响了总体生产力的改善。

表 25－2　　30 家小额信贷机构平均全要素生产率变化指数及其分解情况

firm	effch	techch	pech	sech	tfpch
1	1.048	0.884	1.14	0.919	0.927
2	0.935	1.033	1.097	0.853	0.966
3	1.102	0.863	1.097	1.004	0.95
4	1.139	0.835	1.21	0.942	0.952
5	0.858	1.008	0.96	0.894	0.865
6	1.16	0.898	1.227	0.945	1.042
7	0.971	1.008	1	0.971	0.979
8	0.956	0.69	1	0.956	0.66
9	0.856	0.978	1.136	0.754	0.837
10	0.966	0.771	1	0.966	0.745
11	1.118	0.842	1.066	1.049	0.941
12	0.885	0.821	1	0.885	0.727

续表

firm	effch	techch	pech	sech	tfpch
13	1.412	0.641	0.953	1.482	0.905
14	1.052	0.917	1.033	1.019	0.965
15	0.995	1.021	0.946	1.052	1.016
16	1.034	1.051	1.006	1.028	1.086
17	0.814	0.724	0.822	0.99	0.589
18	0.957	1.017	0.976	0.981	0.974
19	1.037	0.887	1.042	0.995	0.919
20	0.976	0.992	1.041	0.938	0.968
21	1.059	0.977	1.012	1.046	1.035
22	0.913	0.447	0.981	0.931	0.408
23	0.947	0.81	0.961	0.985	0.767
24	1.139	1.207	1.139	1	1.374
25	0.96	0.838	0.948	1.012	0.804
26	1.095	0.878	1.17	0.936	0.962
27	1.119	0.923	1.29	0.867	1.033
28	1.275	0.682	1.254	1.016	0.869
29	1.109	0.93	1.156	0.959	1.031
30	1	1.054	1	1	1.054
mean	1.022	0.873	1.05	0.974	0.893

由表25－2可知，全要素生产力指数大于1的机构有8家，其中有3家机构各个分解指数都不小于1，5家机构各个分解指数最多有2项指数小于1。各个分解指数都不小于1的3家机构是甘肃省武山县县域发展协会、贵州省紫云县农村发展协会、青海农业银行海东分行（小型信贷办公室）。贵州省紫云县农村发展协会的综合技术效率指数和技术进步指数都大于1，且纯技术效率指数和规模效率指数也都大于1。这说明该机构管理、技术、规模都处于增长趋势，促使其全要素生产力指数大于1，总体生产力提高。甘肃省武山县县域发展协会的规模效率指数没有变化、等于1，规模对机构全要素生产力没有贡献，技术和管理的改善促使机构全要素生产力提高。青海农业银行海东分行（小型信贷办公室）技术进步指数对机构全要

素生产力提高有贡献；规模效率指数和纯技术效率指数没有变化，致使综合技术效率指数没有变化，它们对机构全要素生产力没有贡献。分解指数出现小于1，但是全要素生产力指数大于1的5家机构是河北省涞水县扶贫经济合作社、广西隆林县UNDP援助项目办公室、甘肃省积石山县乡村发展协会、青海省湟源县UNDP援助项目办公室（县乡村发展协会）、贵州省兴仁县农村发展协会。其中河北省涞水县扶贫经济合作社、甘肃省积石山县乡村发展协会、青海省湟源县UNDP援助项目办公室（县乡村发展协会）这3家机构都是由于技术进步指数和规模效率指数小于1，致使全要素生产力指数小于1，技术和规模阻碍了这几家机构的发展。广西隆林县UNDP援助项目办公室仅仅是技术进步指数小于1，影响了全要素生产力指数的提升。贵州省兴仁县农村发展协会的纯技术效率指数小于1引起综合技术效率指数小于1，从而导致综合技术效率对机构全要素生产力产生阻碍作用，而技术进步指数对全要素生产力产生促进作用。

以上是全要素生产力较好的机构，以下是全要素生产力较低的机构。有6家机构全要素生产力较低，指数小于0.8，分别是甘肃省通渭县乡村发展协会、陕西省榆林市榆阳区委妇联、陕西蒲城县妇女可持续发展协会、河南省虞城县扶贫经济合作社、云南省保山市龙陵县人民政府SPPA项目办、甘肃省渭源县贫困地区儿童规划与发展项目办。其中，河南省虞城县扶贫经济合作社、陕西省榆林市榆阳区委妇联、陕西蒲城县妇女可持续发展协会这3家机构纯技术效率指数为1，规模效率指数在0.9左右，但是技术进步指数较低，在0.9以下。这说明此3家机构的技术进步缓慢，主要阻碍了全要素生产力的提高，规模效率对全要素生产力下降负有较小责任。云南省保山市龙陵县人民政府SPPA项目办的技术进步指数过低，纯技术效率指数较低，规模效率指数接近于1。这说明此机构的技术进步缓慢对全要素生产力的下降有较大阻碍作用，而管理不善对全要素生产力的下降有较小的阻碍作用，规模对全要素生产力的下降有影响。甘肃省通渭县乡村发展协会和甘肃省渭源县贫困地区儿童规划与发展项目办的纯技术效率指数和规模效率指数及综合技术效率指数在0.9以上，技术进步指数都小于0.9。说明这两个机构的技术进步慢主要引起全要素生产力下降，而管理和规模不当也是引起全要素生产力下降的原因。全要素生产力最高的是甘肃省武山县县域发展协会，全要素生产力指数为1.374，最低的是甘肃省渭源县贫困地区儿童规划与发展项目办，全要素生产力指数为0.408，这些机构的全要素生产力指数均值为0.893。

总体来看，30家小额信贷机构整体全要素生产力指数小于1，主要是由于技术进步指数和规模效率指数小于1引起的，即规模效率低和技术进步缓慢致使小额信贷机构生产力下降。

25.5 结论

小额信贷机构的总体全要素生产力处于下降趋势，影响其生产力下降的因素主要是技术进步慢。小额信贷机构的技术投入落后，导致其生产力下降，说明小额信贷机构对于小额信贷的核心技术并未掌握，其他方面投入再多，也不可能提升其生产力。相比而言，规模下降，规模效益不足，也引起小额信贷机构全要素生产力降低。这说明我国小额信贷机构目前规模较小，没有达到规模经济。管理方面有所改进，对机构全要素生产力没有负面影响。小额信贷行业具有脆弱性。生产力下降幅度具有波动性，不稳定。这些变化受国家政策和经济环境影响较大。2005年国家对小额信贷行业的重视和支持，促使其发展壮大，规模上升。2008年金融危机影响小额信贷机构运行环境，小额信贷机构的技术、管理、规模都下降，经营受到威胁。30家小额信贷机构中有8家机构全要素生产力上升，22家小额信贷机构全要素生产力下降。不到三分之一的机构生产力提高，多于三分之二的机构生产力降低，行业整体生产力不行。基于此，小额信贷机构应该尽快转型，掌握小额信贷核心技术，利用规模经济来提高整个行业的核心生产力。技术进步方面应该开发新产品，制定科学合理的信贷流程，启用一些信贷管理信息系统。规模方面增加信贷员数，开设信贷分支机构，扩展经营区域，提高覆盖率。

在与相关专家的探讨中，笔者也从其他侧面发现了青海农业银行海东分行（小型信贷办公室）实际的运营情况与笔者运用其向中国小额信贷联盟提供的数据展开分析所得出的结论有较大差异。分析结果在表25-2中显示，青海农业银行海东分行（小型信贷办公室）的全要素生产力位列第三，规模效率指数、纯技术效率指数、综合技术效率指数和技术进步指数都不小于1，对小额信贷行业贡献较大。反映在其汇报的数据上表现为覆盖面广，有正盈利。但其还款率较低，2008年与2009年都不足40%，这在一定程度上反映了其运行状况的不良。这说明方法的利用上还需要进一步完善，指标的选取上要进一步斟酌。因此，本章除了意在运用全要素分析方法对小额信贷机构运行进行实证分析外，还在于提示一种现象，即一些小额信贷机构在对外披露信息时，存在着弄虚作假的现象。这不但不利于对中国小额信贷研究的深入开展，误导研究者与政策制定者，更可能危害小额信贷行业内的运行机制与竞争氛围，使行业发展偏离正确的方向。

26 农户融资绩效区域差异分析

——基于1995—2009年面板数据的实证研究

26.1 引言

国内外学者对农户借贷渠道的问题进行了大量的研究，认为发展中国家二元信贷的现象非常普遍，正规金融和非正规金融共存且互动。在发展中国家，大部分的农民很难从正规金融获取贷款，其中非洲农民正规金融的借贷比重在5%左右，亚洲和拉丁美洲可能仅有15%，而且正规金融资金大多是提供给了少数大的生产者，大致正规金融80%的借款仅贷给5%的贷款者。

当前，中国农村正规金融和非正规金融也呈现出平行的二元市场结构。首先，涵盖商业性金融、政策性金融和合作性金融在内的农村正规金融体系日趋完善，是农村资金的重要来源之一，在农村经济发展中发挥着不可或缺的作用。但商业性农村金融机构追求利益最大化，涉农业务不断萎缩，政策性银行主要对粮棉油等农产品流通市场进行调节，并不直接对农户和农村企业提供资金支持，改革后的农村信用社也逐步向商业化方向转变，尽管受限于国家政策规定，不得不以“服务三农”为宗旨，但严格的贷款程序和贷款抵押的要求，实质上仍将大部分的农村资金需求者拒之门外。农村正规金融市场表面三足鼎立，实则农村信用社一家独大，长期垄断下的创新不足，使得正规金融机构的产品与农村金融市场需求并不匹配。农村金融供给的长期不足，这也为农村非正规金融的存在和发展提供了必然的空间。虽然农村非正规金融被政府强烈管制，但合会等不同类型的民间金融组织不断衍生，关系借贷等民间借贷依旧活跃。目前，非正规金融已经成为农户获得资金支持的主要途径，有关调查结果显示，非正规金融融资占到了农户融资规模的70%以上。

农村金融改革的终极目标是满足农村各经济主体不同的资金需求，推动农村经济发展和社会进步。面对同样的农村市场，外部强制进入的正规金融和内生的非正规金融在信息甄别、资金成本以及风险偏好等方面均存在差异，制定出的信贷决策也各不相同。那么在现行农村金融市场条件下，农村正规金融和非正规金融两种不同的资金供给方式是否提高了农户收入？在经济金融发展不均衡的东、中、西部地区，其绩效是否相同？这一系列问题成为现阶段农村金融改革必须要考虑的关键性问题。

已有研究显示，非正规金融在经济发达的东部地区的作用远远大于经济欠发达的西部农村地区，原因主要与资金用途有关，经济发达地区非正规金融借贷资金主要用于工商业投资，用于生活以及非正常用途的比重较小，而传统农业种植区及经济欠发达地区，非正规金融融资多是用于平滑家庭消费，其中非正常支出比重有增加趋势。这些研究为进一步分析农户融资绩效提供了一定的基础，但对正规金融的融资绩效未进行相应的分析。因此，研究在借鉴前人分析的基础上，明确三大区域内外生性金融（正规金融）和内生性金融（非正规金融）的绩效，为今后农村金融改革中制定和实施差别化的区域金融政策，满足不同区域内农户资金的需求，进一步提高农户收入，提供可借鉴性的建议。

26.2 理论分析框架、模型设定及数据来源

26.2.1 理论分析框架

假定农村正规金融与非正规金融之间是平行关系，即存在替代和竞争关系。在平行关系下，政府为预防潜在金融风险，会通过提供大量廉价贷款的方式，限制非正规金融市场发展，试图将农村非正规金融挤出市场。但发达国家和发展中国家的实践经验已表明，将非正规金融完全挤出市场是不可能的。

借鉴胡世华的农户经济行为分析模型，对农户的借贷行为进行分析。假设在某一村庄①，农户②有正规金融和非正规金融两种借款途径，N 个农

① 假设限定在村庄范围，正规金融难以掌握借款人全部信息，在信息不完全的情况下要求借款人提供一定的担保，在国家限制利率的情况下，不能贷款给所有的申请者。而非正规金融拥有完全信息，可以根据市场需求和借款人的情况来自由制定利率，而且能够给任何申请者提供信贷。

② 参照胡世华（2007）的界定，将从事农业经营和非农项目经营的全部称为农户。

户（假定农户同质）有贷款需求[①]，每个资金需求量为 k。假设正规金融某一时期（通常为一年）发放贷款总量为 K[②]，贷款利率为既定的 r，非正规金融途径可以满足农户所有的资金需求，贷款利率为 i。本研究只考虑两种情况，农户从正规金融或非正规金融途径借款，二者取其一。

由于信息不对称，正规金融在无法对农户还款能力做出准确判断的情况下，会要求借款人提供担保抵押，担保抵押价值为 g，假定最终从正规金融获得贷款的农户为 n。从正规金融机构获得贷款的农户，可获得的名义借款总量为 $k=K/n$。农户获得资金支持后，项目可能面临失败，不能到期偿还借款，项目成功的概率 ρ 主要取决于农户个人能力 a，其努力程度主要取决于农户个体特征（D），如年龄、学历等要素，即 $\rho=\rho(a)$，$0\leqslant\rho\leqslant1$，$a=a(D)$。农户如果不进行项目投资而从事其他工作的收益为 W。

仅从正规金融途径获得贷款的农户经济收益可以表示为

$$Y_1(k)=\begin{cases}p(a)\times[P\times Q(k)-(1+r)\times k]-W & 0<\rho(a)\leqslant1\\ -w-g & \rho(a)=0\end{cases} \tag{26.1}$$

$$\text{s.t. } Y_1\geqslant W;\quad k=K/n;\quad 0\leqslant\rho\leqslant1$$

其中，P 为产品销售价格。那么项目没有完全失败情况下，从正规金融获得贷款的农户收益最大化的一阶条件为

$$Y'_1(k)=(1+r)/P \tag{26.2}$$

不愿提供担保或者不能提供担保的农户选择非正规金融途径借款，非正规金融部门对贷款农户信息掌握较为完整，无须其提供担保。但是农户投资项目同样可能面临失败，农户是同质的，项目成功的概率 ρ 同样主要取决于农户个人能力 a，$\rho=\rho(a)$，$0\leqslant\rho\leqslant1$。这类型农户收益可以表示为

$$Y_2(k)=\begin{cases}p(a)\times[P\times Q(k)-(1+r)\times k]-W & 0<\rho(a)\leqslant1\\ -w & \rho(a)=0\end{cases} \tag{26.3}$$

从非正规金融获得贷款的农户收益最大化的一阶条件为

$$Y'_2(k)=(1+i)/P \tag{26.4}$$

上述分析中，r、i 和 P 均大于零，农户收入是关于资金 k 的增函数，因此可以假设：借贷资金与农户收入是正向关系，正规金融和非正规金融都能够提高农户收入。资金对于农户的生产和生活具有重要作用，不仅是

① 假定农户贷款需求全部是生产性资金需求。

② 正规金融发放总贷款量 K 在不同区域大小不同。

农户扩大生产规模、进行投资的关键要素，还有利于平滑农户家庭消费，优化消费结构，提高农户福利，因此无论是从正规金融，还是从非正规金融途径获得借款，理论上都能提高农户收入。

此外，农户收入水平高，能够提供抵押品（g）的可能性就大，那么正规金融就会更愿意为其提供贷款。因此东部地区农户收入水平相对较高，农村金融市场相对发达，那么东部地区农户获得正规金融的支持力度应该会大于中西部地区。再考虑到国家政策性因素的影响，西部地区是国家重点扶持区域，正规金融对西部地区农户信贷支持度也会较大，因此可以推断，西部正规金融规模也会较大。而中部地区大多数省份是粮食主产区，产粮区资金获取的难度要比其他地区大得多，因此可以假定：农村正规金融对中部支持力度要小于东西部地区。

26.2.2　模型设定

为了研究不同区域农户正规金融和非正规金融借贷的绩效，构建模型：

$$Y_{it} = C_0 + \alpha_1 B_{it} + \alpha_2 F_{it} + \varepsilon_{it} \tag{26.5}$$

其中，Y_{it}表示农村居民人均纯收入，B_{it}和F_{it}分别表示第i个区域农户t年从正规金融和非正规金融渠道获得的资金量，$i=1$，2，3，分别表示东、中、西部，$t=1995$，…，2009。为了克服变量之间存在自相关的问题，对（26.5）式两边同时取对数，建立回归方程：

$$\ln Y_{it} = C_1 + \alpha_1 \ln B_{it} + \alpha_2 \ln F_{it} + \varepsilon_{it} \tag{26.6}$$

根据模型来看，以东中西部地区农户正规金融和民间借贷额的对数值作为解释变量，这一时期农户人均纯收入的对数值作为被解释变量，来分析不同区域正规金融与民间金融对农户收入的贡献大小。

26.2.3　数据来源

东、中、西部农户借款额来自农业部农村经济研究中心固定观察点的数据，由于资料有限，样本期限选定为1995—2009年。农户人均纯收入指标是对1996—2010年《中国统计年鉴》各省农户人均纯收入运用简单加权平均方法计算而得。三大区域的划分按照既有标准，东部地区包括北京、天津、河北、上海、江苏、浙江、福建、山东、广东和海南；中部地区包括山西、辽宁、吉林、黑龙江、安徽、江西、河南、湖北和湖南；西部地区包括内蒙古、广西、四川、重庆、贵州、云南、西藏、陕西、甘肃、青海、宁夏和新疆。

26.3 模型估计结果及分析

26.3.1 数据描述性分析

1995—2009 年间农户人均纯收入平稳增长。由于各区域基数和增速不同，东部地区与中、西部地区农户纯收入差距不断拉大，其中 1995 年农户纯收入东、中部地区差距为 816.47 元/人，东、西部地区差距为 889.2 元/人，2009 年东部与中、西部地区农户纯收入差距已扩大至 2 171.47 元/人、3 044.3元/人，而中、西部地区的人均纯收入差距自 2004 年也开始增大，如图 26－1 所示。

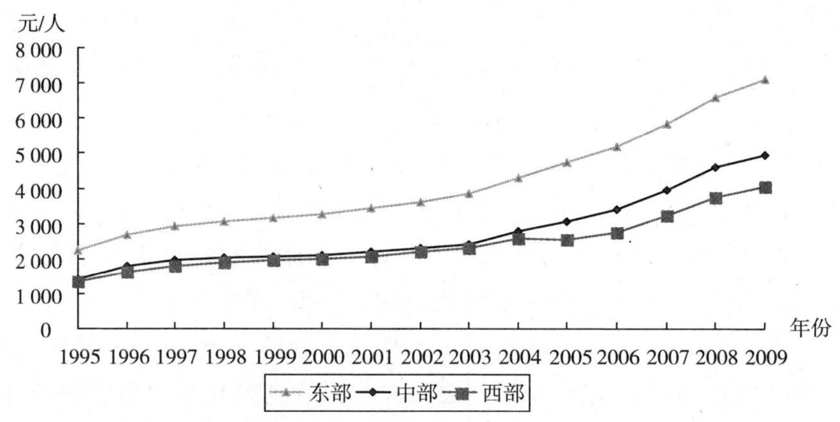

数据来源：国家统计局，《中国统计年鉴》，http：//www. stats. gov. cn/tjsj/ndsj/。

图 26－1　1995—2009 年东、中、西部农户人均纯收入

农户借贷呈现出以下特点：（1）非正规金融是农户借贷的主要渠道。1995 年农户从非正规金融渠道融资比重占到 67.75%，2004 年后比重虽有所下降，但仍是农户获得信贷资金的主要渠道，且民间借贷中无息借贷比重较大，有增加态势。（2）区域间农户借贷差距不断拉大。1995—2008 年东部地区农户人均借贷额高于中、西部地区，中、西部地区农户人均借贷额则差异并不大。但随着西部大开发的推进，国家对西部支持力度加大以及西部农业种植结构的调整，西部农户借贷额稳步增长，2009 年农户人均借贷金额与东部地区基本持平。(3) 农户资金借贷途径存在显著的区域差异。1995—2009 年东部地区农户正规金融借贷比重偏低，均值为 27.97%，2004 年之后正规金融借贷比重开始增加，2009 年已超过 40%。中部地区农户借款途径主要是非正规金融，尤其是亲戚朋友间的无息借款，正规金融借贷比重基本徘徊在 1/3 左右。中部地区农户正规金融途径借贷资金低于其他地区，是受制于正规金融资金供给有限，或是对正规金融资金需求低所造成的，仍需进一步进行探讨①。西部地区农户对两种借款途径的偏好不明显，不同渠道资金借贷的比重相差不大。

表 26－1　　1995—2009 年东、中、西部农户累计借贷额及正规金融借贷比重　　单位：元/户，%

年份	东部	正规金融借贷比重	中部	正规金融借贷比重	西部	正规金融借贷比重
1995	1 485.83	22.76	881.31	31.70	718.79	51.34
1996	1 697.11	25.51	1 036.44	27.64	997.68	41.44
1997	1 479.65	16.42	1 156.93	29.67	894.14	50.95
1998	1 725.91	16.54	1 084.03	22.46	1 074.14	46.53
1999	1 973.60	25.20	1 121.69	21.91	1 101.13	46.33
2000	2 013.54	27.20	1 070.83	21.52	1 248.06	45.64
2001	2 187.32	28.32	961.89	17.96	1 326.13	45.58
2002	1 781.66	19.31	1 179.57	23.93	1 314.42	41.25
2003	1 756.52	19.31	1 410.02	26.89	1 314.43	41.25
2004	1 643.55	34.25	1 412.93	33.37	1 738.82	40.51
2005	2 003.30	31.09	1 480.80	35.82	1 653.10	43.66
2006	2 092.10	29.62	1 718.70	41.64	1 470.10	42.42
2007	1 878.10	34.45	1 592.10	33.43	1 459.00	56.24
2008	2 705.65	47.79	1 663.01	35.75	1 928.23	40.37
2009	2 791.07	41.85	1 806.44	26.38	2 619.10	40.29
均值	1 947.66	27.97	1 305.11	28.67	1 390.48	44.92

数据来源：根据农业部农村经济研究中心固定观察点数据整理所得。

---

① 李锐（2004）认为，产粮区资金获取的难度比其他地区要大得多，按照统计中部地区大多省份是粮食主产区，因此资金获取的难度会大于其他地区，农户借贷资金额度和渠道变化不大，是否与农户自身需求有关，仍需进一步加以探讨。

26.3.2 实证分析过程

26.3.2.1 模型设定形式

面板数据建立模型时，由于数据包含了个体、指标、时间三个维度的信息，如果对模型形式设定不正确，估计结果就会和模拟的经济效果相去甚远。面板数据模型形式有联合回归模型（即模型中各个体影响相同且没有结构变化）、变截距模型（个体之间存在影响但没有结构的变化）和变系数模型（个体间影响不同且存在结构变化）三种。采用哪种模型形式设定的判断方法，可采用协方差方法进行验证。

协方差检验假设如下：

H_0：模型（6）中解释变量系数对所有截面成员是相同的；

H_1：模型（6）中解释变量系数和截距项对所有截面成员都是相同的。

检验统计量符合相应自由度下的 F 分布，即

$$F_1 = \frac{(S_3 - S_1)/(N-1)(K+1)}{S_1/[NT - N(K+1)]} \sim F[(N-1)(K+1), NT - N(K+1)] \tag{26.7}$$

$$F_0 = \frac{(S_2 - S_1)/(N-1)K}{S_1/[NT - N(K+1)]} \sim F[(N-1)K, NT - N(K+1)] \tag{26.8}$$

其中，S_3、S_2、S_1分别为联合回归模型、变截距模型及变系数模型的残差平方和，N 为截面个数，K 为非常数解释变量个数，T 为样本时间序列观测时期数。运用 Eviews6.0 分别对三种模型形式进行估计，得到方程的统计检验指标（见表 26－2）。根据公式（26.7）和公式（26.8）进行计算，结果显示：H_1 假设下的统计量 $F_1 = 4.8382 > F_{0.01}$（6，36）= 3.3507，在 1% 的显著水平上拒绝 H_1，该面板数据模型不符合联合回归模

表 26－2　三种类型模型回归结果

统计指标	联合回归模型	变截距模型	变系数模型
R^2	0.7804	0.8289	0.8784
F 值	74.6356***	48.4327***	32.5185***
残差平方和	1.5544	1.2114	0.8605

注：*** 分别表示在 1% 的显著水平上通过检验。

型；H_0假设下的统计量 $F_0=3.6705>F_{0.05}$（4，36）=2.6335，在5%的显著水平上拒绝 H_0，说明该面板数据也不符合变截距模型的形式，可以推断该模型应设定为变系数模型形式。

由于个体影响的差异，变系数模型有固定效应变系数模型和随机效应变系数模型两种，采用固定效应还是随机效应，可采用 Hausman 检验方法进行验证。对模型（6）分别进行固定效应变系数和随机效应变系数模型估计，结果显示两种模型估计量没有实际的差异，由于研究关注的是不同截面个体变量间的差异，因此采用固定效应的变系数模型更便于解释估计结果。

表 26－3　　　　Hausman 检验结果

统计指标		χ^2统计值	自由度	Prob.
随机效应		0.0000	6	1.0000
变量	固定效应	随机效应	方差	Prob.
B_1	0.5799	0.5738	0.0000	0.2968
B_2	0.2986	0.3125	0.0001	0.2090
B_3	0.9174	0.9301	0.0019	0.7678
F_1	0.0587	0.2856	0.0473	0.2968
F_2	1.3938	1.2760	0.0088	0.2090
F_3	0.1126	0.1098	0.0001	0.7678

26.3.2.2　实证结果解释

由于误差项存在自相关，采用 GLS 方法对模型（6）进行分析，结果如表 26－4 所示。

表 26－4　　　　固定效应变系数模型估计结果

变量	系数	标准差	T 统计值	P 值
常数项	0.1399	1.2321	0.1135	0.9102
B_1	0.5889	0.0730	8.0669	0.0000
B_2	0.3312	0.1080	3.0652	0.0041
B_3	0.8020	0.0873	9.1881	0.0000
F_1	0.2402	0.5581	0.4304	0.6695
F_2	1.4669	0.1525	9.6164	0.0000
F_3	0.1557	0.0934	1.6675	0.1041

续表

变量	系数	标准差	T 统计值	P 值
固定效应（截面）				
东部	2.7294			
中部	-4.1899			
西部	1.4604			
R^2	0.9205	F 值		52.1213***
调整后的 R^2	0.9029	D. W. 统计值		1.5915

根据模型估计结果，调整后的 $R^2=0.9029$，$F=52.12$，在1%的显著水平上通过检验，说明模型回归结果较好，农户借款指标能够很好地解释农户收入增长。

实证结果显示如下。

1. 东、中、西部三地区正规金融（B）和非正规金融（F）变量的系数均为正，说明农户借入资金对收入具有正向影响。借贷对于农户作用十分重要，不仅能够平滑农户消费，使农户消费结构优化，更为重要的是能为农户扩大再生产提供保障，投资新领域和采用新技术提供资金支持，推动农业生产发展，进一步提高农户收入和福利水平。正规金融资本雄厚，拥有规范组织机构和运行机制，但由于农户居住分散，不能充分掌握农户信息，容易产生交易成本太高的问题。非正规金融能够充分了解农户信息，但缺乏规范组织管理，且具有明显区域性，二者存在一定的互补。实证结果显示正规金融和非正规金融所提供资金都能够提高农户收入，对农户而言，最为重要的是能否获得资金支持，至于从何种途径获得贷款，借贷成本的高低，并非影响农户借贷收益的主要因素。因此农村金融改革需要进一步放开农村金融市场，鼓励非正规金融规范发展，引导民间金融与正规金融的适度合作，提高农村金融的覆盖面，提高农户借贷的满足率。

2. 正规金融在西部地区贡献率最高，东部次之，中部最低。正规金融在西部的贡献率最高，为0.8020，东部为0.5889，而中部仅为0.3312，与1995—2009年正规金融三大区域借款的绝对值吻合，正规金融在西部地区年均贷款额为614.02元/户，东部地区年均570.72元/户，中部地区仅为385.58元/户。西部大开发政策的实施，农村正规金融在国家政策导向下向西部地区倾斜，西部地区农户获得正规金融支持较大，正规金融资金支持成为西部地区农户收入提高的重要原因。东部地区农户收入水平高，能够达到正规金融的抵押担保要求，东部农户近年来正规途径借款增加，也有力地推动当地农户收入水平提高。而正规金融对中部一直支持不足，以湖南和江西两省为例，2003 年从银行和农信社等正规金融途径得到贷款的农户分别为 218 户和 120 户，分别占被调查农户的 5.9% 和 4.9%，远低于银监会发布的正规金融对农户的覆盖率达到 32% 的全国平均水平。正规金融在中部地区支持不力，除了与国家政策引导有关外，也与中部地区农业主导产业关联颇大。中部地区人口众多，人均耕地少，多数省份以粮食种植为主，长期以来农产品价格尤其是粮食价格偏低，农户种粮收益远低于种植果园、蔬菜等其他农作物，农户投资积极性不高，对农业生产性资金需求相对较少，同时正规金融的趋利性也导致其不愿投资生产收益较低的粮食种植业。在资金需求疲软和供给不力的双重作用下，正规金融在中部地区的作用较低，也导致了中部地区农户收入与东部地区相差越来越大。由此可推断，正规金融信贷的区域差异是导致农户收入区域差距不断拉大的原因之一。

3. 非正规金融在中部地区作用远高于东、西部地区。非正规金融渠道对中部农户收入提高作用显著，贡献率为 1.47，远高于东、西部地区。1995—2009 年中部农户非正规金融途径的资金借贷比重高达 70%。东部地区农户非正规途径的借贷比重同样很大，但作用并不显著，原因应该是与资金对借贷农户的相对重要程度有关。中部农户收入水平低，自有资金有限，再加上正规金融借贷长期“吝啬”，农户间小额的资金周转是其获取外源性资金的主要渠道，也是扩大再生产、提高生产技术的关键性因素，因此对农户至关重要。但东部地区农户收入水平相对较高，可获取的资金渠道较为广泛，尽管非正规途径借贷比重较大，对农户收入的影响并不大①。非正规金融在西部作用不显著，进一步证实了温铁军的研究结论，西部不发达地区农户主要是其将资金用于平滑生活消费支出，而非用于生产支出。

① 东部地区，农户正规借贷比重小但显著，非正规金融则相反。可能与东部地区农村正规金融利率低，借贷资金成本低，而非正规金融借贷成本高有关。此外，是否与东部地区过度非农化、农户竞争力低等因素有关，尚需进一步探讨和研究，给予证实。

26.4 对策建议

资金对农户收入提高至关重要，但不同区域内非正规金融和正规金融的绩效并不相同。基于这一研究结论，一方面要拓宽农户借贷途径，提高金融机构的覆盖面，增加农户借贷资金，提高农户融资绩效，提高农户收入；另一方面要因地制宜，采取区域差别化的金融政策，发挥正规金融和非正规金融在不同区域内的作用。

第一，进一步放开农村金融市场，加快农村金融体制，加快金融产品创新，提高正规金融效率。当前农村正规金融机构运行效率低，金融产品单一，即使在经济基础好、农村金融市场相对发达的东部地区，农户正规金融借贷比率也不高，2003 年新一轮农村金融体制改革之后，正规金融借贷比例有所增加，但是仍然不能满足日益多样化的资金需求。这就要求加快农村金融体制改革，发展新型农村金融机构，改变目前农村金融市场农村信用社一家独大的局面，农村金融市场有效竞争有利于推动正规金融机构加快自身效率提高和产品创新，开发出满足农村不同经济主体需求的金融产品，进一步提高正规金融的覆盖率。尤其在西部地区，农户收入有限，非正规金融借贷主要用于平滑生活消费，正规金融借贷才用于扩大再生产，基于这一现状，提高正规金融机构的覆盖率，继续保持国家外源性资金（正规金融借贷）支持，是加快西部地区经济发展，提高农户收入的重要前提。与此同时，加快区域主导产业的培育，拓宽农户收入渠道，加速内源性资金的形成也十分重要。

第二，适当放松非正规金融的管理，合理引导非正规金融与正规金融适度竞争合作，提高农村金融的满足度。研究结论显示，正规金融和非正规金融渠道融资均能提高农户收入。尤其在正规金融供给不足的中部地区，非正规金融对农户增收作用显著，也就是说在资金缺乏、正规金融服务空白的地区，非正规金融能有效地弥补正规金融的空白，发挥支农作用。因此应该适当对非正规金融解禁，允许其以成立新型农村金融机构的形式，与正规金融适度竞争合作，共同提高农民收入，促进农村经济发展。但在放开农村非正规金融的过程中，必须要制定严格的准入退出机制，对非正规金融实施规范管理，以免出现大规模的失信问题，造成农户利益受损。

第三，加大正规金融对中部地区农户的支持，缩小区域差异，加快中部崛起。中部地区作为我国重要的粮食产地，农户收入有限，主要依赖农户间资金的自我凝聚、自我发展，根本无法满足农户扩大再生产、提高生产技术的资金需求，资金短缺是制约中部农户粮食生产、收入提高的关键因素。因此必须对农村正规金融尤其是农村信用社实施政策性规定，要求其将存款的一定比例投放到农业生产，加大正规金融在中部地区的支持力度，同时适当鼓励当地非正规金融的发展，双管齐下，以提高中部地区农户收入，实现中部崛起，缩小区域经济发展差异。

27　农户对村镇银行贷款意愿的影响因素和差异性分析

——基于陕西省4个县域204户农户的调查

27.1　引言

2006年底，中国银监会发布《关于调整放宽农村金融机构准入政策更好支持社会主义新农村建设的若干意见》，并决定在吉林等六省（区）进行试点，设立新型农村金融机构，为缓解农村地区金融机构网点覆盖率低、金融供给不足、竞争不充分等问题开辟了新途径，其中，村镇银行成为新三类机构中最重要的力量。

建立村镇银行5年来，国内学者对村镇银行的运行绩效、市场定位以及发展中的困境与对策等方面进行了深入的研究。吴少新等（2009）运用DEA超效率模型对4家典型村镇银行的经营效率进行比较分析，指出除区域经济基础差异外，影响村镇银行经营效率差异性的原因主要为资本实力、存款规模、主营业务收入等。王李（2011）指出村镇银行的设立并未进一步满足农村日益增长的金融服务需求和提高农户家庭经营性收入，村镇银行在发展定位上应以服务“三农”为主要目标，从微观、中观和宏观三个层面建构村镇银行的发展模式，有效地解决村镇银行在农户收入结构转变中角色缺失的问题。刘亮（2011）以江苏省某村镇银行为案例，分析其资金来源及运用情况以及涉农贷款的规模、利率、方式以及用途，指出了该银行有较丰富的金融产品和多样化的服务手段，但在吸收存款、风险管理及组织结构等方面，存在着“天然”的劣势。这些研究在一定程度上反映了村镇银行的运行状况和基本发展态势。

近年来，大量学者对农户借贷行为和意愿进行了细致的研究，主要是围绕农户借贷行为和影响因素及其差异性来展开。秦建国等（2011）从农户性质、行为及其生存环境出发，运用二元选择模型对西部地区农户借贷行为的影响因素进行了实证研究，得出户主年龄、家庭年收入、家庭规模、家庭主要支出、家庭劳动负担率、家庭最近两年是否发生重大事件等因素显著影响农户的借贷行为。丁志国等（2011）基于吉林省804户样本农户的调查数据分析了农户融资路径偏好及其影响因素，提出了非正规—正规—既向非正规金融机构又向正规金融机构融资的路径，得出家庭人均土地面积、人均住房面积越大，工资收入越高，教育和生活支出越多，其获得贷款的概率越高；而农户家庭成员学历越低、种植业收入越高，则其获得贷款的概率越低。刘松林等（2010）考察了不同收入水平农户的借贷特征，指出了高收入水平农户表现出更强的农业投资积极性，要求借贷的"效率"，而中低收入农户主要是周转、救助式的生活性借贷，要求借贷的"公平"，并提出农村金融改革要兼顾效率与公平，能根据不同收入水平农户借贷特征增加增量供给，而非只是现有存量调整。曾学文等（2009）对全国12个省市农户借贷需求的影响因素及其差异性进行计量分析，得出农户纯收入、借款利率、借款期限以及农户家所在地与金融机构的距离是影响农户借贷需求的主要因素，并分析了不同地区和不同收入层次借贷需求的差异性。李延敏（2008）以全国农村固定观察点的农户调查资料为基础，分析了农户的借贷水平、借贷规模、借贷发生率和借贷来源倾向、借贷用途倾向所呈现出的层次分明的结构性特征，指出农户借贷行为的差异主要体现在纯收入、家庭经营类型和非农化程度，并提出了农户借贷行为的三种类型：被动借贷型农户、保守借贷型农户和主动借贷型农户。冯旭芳（2007）对世界银行某贫困项目监测区的农户调查资料进行分析，指出农户普遍的金融需求满足程度低且存在明显的地区差异，同时给出了满足农户信贷需求的决定性因素为户主年龄、劳动力水平、家庭负担水平、户主文化程度、农户耕地面积、年末住房价值、年末生产性固定资产原值、年末金融资产余额、农户总收入、农户非农就业能力、农户借贷倾向、借贷利率、偿还期限、地理区位指标等。黎翠梅等（2007）对传统农区农户借贷行为影响因素的实证分析中得出，农户非劳动力人数占家庭人口数的比例、对借贷政策的认知程度、耕地面积、农业生产收入、生产性支出、生活性支出、户主的政治面貌情况等因素对农户借贷行为的影响较为显著。韩俊等（2007）利用1 962户农户调查数据对利率的外生性、农户借贷发生率、农户借贷需求规模进行Iqbal模型分析，得出农村金融市场的利率是外生的，不是农户借贷的主要考虑因素，农户家庭收入、生产经营特征和家庭特征是农户借贷需求行为的决定因素。

现有文献对村镇银行和农户借贷行为和意愿及其影响因素的研究已比较深入，但未涉及农户对村镇银行的贷款意愿和影响因素及其差异性的研究，而这两个研究热点的结合，对村镇银行信贷业务发展、建立科学高效的分层客户管理方法以及促进村镇银行引入区农户的授信意愿提升都有重要的理论和实践意义。本章拟从农户对村镇银行的贷款意愿展开分析，选取陕西5家村镇银行所在县域进行抽样调查，在分析总体数据所体现的农户对村镇银行贷款意愿影响因素的分析基础上，探求不同收入水平和县域不同区域内的农户对村镇银行贷款意愿的影响因素的差异性，并分析理论意义，给出政策建议，以弥补相关研究的空白。

27.2 数据来源与样本特征分析

27.2.1 数据来源

本研究使用的数据来源于2011年9月22日至10月21日对陕西省岐山硕丰村镇银行、洛南阳光村镇银行、高陵阳光村镇银行、安塞建信村镇银行、安塞农银村镇银行5家村镇银行所在4县（岐山县、洛南县、高陵县、安塞县）县城以及所辖农区14个镇18个村共200户的入户调查。入户调查采用问卷填写和访谈相结合的方式进行，问卷内容涉及农户户主的基本情况、农户的家庭特征、农户的生产经营情况、农户的财产负债状况、农户的家庭社会关系以及农户对村镇银行的认知和评价等。

本次调研所选择的调查区域均为与村镇银行有业务往来的县城、镇和行政村，剔除了因地域或业务开展限制对农户村镇银行贷款意愿的影响。通过分层随机抽样方法在调研区域选择样本，累计完成204份问卷，其中200份为有效问卷，问卷有效率为98.04%。样本农户的分布情况如表27－1所示。由于岐山硕丰村镇银行是陕西第一家村镇银行，业务开展齐全，经营步入良性发展轨道，所以岐山县的样本量占总样本量的比例较高。而高陵阳光村镇银行和安塞建信、农银村镇银行还处在开业后的调整期，多项业务未经过审批，经营状况有待改善，所以该地区选入样本的农户较少。陕西其他两家村镇银行（富平东亚村镇银行、韩城浦发村镇银行）由于成立时间更短，各项业务开展不完全，几乎未开展贷款业务而未选入样本。

表 27 – 1　　农户村镇银行贷款意愿和影响因素分析样本分布　　单位：个

县域	乡（镇）数	行政村数	农户数
宝鸡岐山县	6	7	106
商洛洛南县	3	5	43
西安高陵县	3	4	37
延安安塞县	2	2	14
合计	14	18	200

27.2.2　样本统计特征

1. 被调查者的统计特征。在被调查的农户中，男性比例高达 71.5%，主要为被访农户的户主。由于男性在家庭经济生产活动中有突出作用，男性被访者在样本中占高比例说明样本数据能够更好地代表农户的真实意愿。调查发现，大部分男性被访者可以对村镇银行的贷款服务和政策做出评价，清晰地表达自己的看法。被调查者年龄居于 30 ~ 49 岁年龄段的比例最高（55%），这个年龄段的被访者对家庭的经济状况有更深刻的了解和认识，对家庭经济生产活动有较清晰的愿景，其对村镇银行的了解程度也较客观全面。被调查者的受教育水平以初高中以上文化程度为主（91%），较高层次的文化水平保证了被调查者对问卷问题的良好理解。

2. 农户家庭统计特征：在调查的 200 户家庭中，农户户主的年龄在 30 ~ 59 岁的占 84.5%，且家庭总人口数以 4 ~ 6 人居多（69%），78.5% 的家庭有 1 ~ 3 个供养人口，这反映了所选样本的家庭结构较为合理，能够代表农村的现状，这样的家庭无论生产经营状况还是生活消费结构都表现出了多元性，在生产和生活方面都对资金有较强的需求，探求这些家庭对村镇银行的贷款意愿和认知评价具有更好的代表性。所调查的户主的文化水平大部分为初高中以上（91%），较高的文化水平使户主对村镇银行有较好的认识和关注。在调查总样本中，没有经营土地的家庭占总样本的 20.1%，经营土地但经营面积小于 5 亩（含 5 亩）的占 22.5%，经营土地面积在 5 ~ 10 亩（含 10 亩）的占总样本的 40%，10 亩以上的只有 12%，考虑到所调研区域的人均耕地面积较少，且大部分农户经营土地发展设施农业，这样的分布也较为合理。结合家庭农业收入占总收入的比重这一指标分析样本的家庭经营特点，没有农业收入的家庭占调查总数的22.5%，这部分样本可代表非农产业经营者对村镇银行的贷款意愿和评价，有农业收入但农业收入比小于20%的样本（24%）可以代表准农户，该指标值在21%~50%的样本占总样本的17.5%，反映了兼农户的情况，农业收入比为51%~80%的农户（8.5%）的意愿反映了兼农户对村镇银行的看法，农业收入比达到80%以上的农户（27.5%）则是纯农户的典型代表，这样的样本分布，可以较全面地衡量陕西各家村镇银行业务开展区域不同类型农户对村镇银行的贷款意愿和业务服务评价，具有较高的代表性和可信度。

3. 农户现金收入及借贷状况：2011年农户家庭人均纯收入差异显著，200户样本2011年每户的人均纯收入为27 367.8元，其中人均纯收入低于10 000元的农户占47%。家庭银行存款小于10 000元的占总样本的66.5%，家庭现有负债小于5 000元和大于20 000元的样本量最多，分别占到总样本量的42%和33.5%。

4. 农户对村镇银行认知和评价的统计特征：绝大多数农户都是通过村镇银行业务宣传、经了解村镇银行或与村镇银行有业务往来的熟人介绍了解到当地村镇银行的一些情况。对村镇银行贷款政策和程序等基本制度非常了解的达到60人（占30%），一般了解的人数为66人（占33%），表示只是听说过这一机构和不知道的分别为72人（占36%）和2人（占1%），这一调查结果反映出村镇银行业务开展区的农户对村镇银行贷款政策和制度比较熟悉，并给予了积极的关注，这是村镇银行坚持入村开展业务、积极宣传的良性结果。调查的农户中表示对村镇银行贷款服务满意和基本满意的分别为106人和21人（共占63.5%），有72人表示说不清（占36%），只有1人表示不满意，显示了村镇银行对客户和潜在客户较高质量的服务理念。对向村镇银行申请贷款表示便利的农户达到123户（占61.2%），不便利和说不清楚的农户分别为6人和71人，较高水平的便利程度反映了村镇银行入村入户开展业务极大地方便了广大农户。在对村镇银行贷款利率水平的评价中，92人和19人表示贷款利率适中或与其他金融机构相比较低（占55.5%），16人认为现有利率水平定价较高，72人没有对这个问题给出清晰的看法（占36%）。对于村镇银行的贷款期限设置，97人认为规定的贷款期限合适，可以满足融资需求并且可以根据具体情况做出选择（占46.5%），有27人对贷款期限给出了消极评价，认为规定的贷款期限太短或太长，贷款期限不灵活，没有选择性，仍有74人未对这个问题给出清晰评价（占37%）。从农户对村镇银行的认知和评价统计特征可以看出，农户对陕西省村镇银行业务开展有较积极地评价。

5. 农户借贷历史和意愿统计特征：调查发现，有过正规金融机构贷款经历的农户有117户，在未来三年有贷款意愿的农户家庭有169户，占总数的84.5%，其中有119户表示对村镇银行有贷款意愿，30户明确表示对村镇银行没有明确贷款意愿，51户表示说不清。

27.3 Logistic模型设定和样本描述性统计

本章应用二元Logistic模型研究农户对村镇银行的贷款意愿，将意愿分为有明确的贷款意愿和没有贷款意愿或说不清有无贷款意愿两种情况。当农户表示对村镇银行有明确的贷款意愿时，因变量取“1”；农户表示对村镇银行没有贷款意愿或说不清有无贷款意愿时，因变量取“0”。

结合相关理论和研究成果，根据入户访谈和调研情况，本章研究选取农户户主特征、农户家庭特征、农户对村镇银行的认知和评价、区域变量四类变量，可能影响农户村镇银行贷款意愿的变量定义、统计性描述与影响预测方向见表27-2。

本章应用二元Logistic模型研究农户对村镇银行的贷款意愿影响因素，其模型为

$$p_i = F(Z_i) = F(\alpha + \beta X) = \frac{1}{1 + e^{-(\alpha+\beta X)}} \tag{27.1}$$

$$\ln\left(\frac{p(Y=1)}{1-p(Y=1)}\right) = \beta X + \mu \tag{27.2}$$

（27.1）式表示农户有向村镇银行贷款意愿的概率，（27.2）式表示农户对村镇银行有贷款意愿的概率和没有贷款意愿概率的比值的对数，是本章的待估模型。其中，（27.2）式中省略掉了估计不显著的常数项（后续检验验证）；X为包括农户户主特征、农户家庭特征、农户对村镇银行的认知和评价、区域变量在内的影响农户对村镇银行贷款意愿的影响因素向量，是解释变量x_i的向量组合，x_i表示第i个影响农户对村镇银行贷款意愿的解释变量，$i=1, 2, \cdots, 16$；β是解释变量回归系数向量，μ为随机扰动项。

表 27－2　解释变量和被解释变量的定义和描述性统计

变量组	变量名	定义	均值	标准差	影响预测
被解释变量	贷款意愿 Y	“有” =1；“没有”、“说不清” =0	0.595	0.49	
户主特征	户主年龄 X_1	30 岁及以下 =1；31～39 岁 =2；40～49 岁 =3；50～59 岁 =4；60 岁及以上 =5	3.24	1.02	?
	户主文化程度 X_2	小学及以下 =1；初中 =2；高中（含中专） =3；大专（含本科）及以上 =4	2.34	0.72	+
家庭特征	家庭人口数 X_3	实际家庭人口数	4.20	1.28	?
	家庭供养比 X_4	实际家庭人口供养比（供养人口/总人口）	0.43	0.25	?
	家庭人均纯收入 X_5	实际家庭人均纯收入	27 367.77	49 612.31	?
	家庭土地经营面积 X_6	实际家庭土地经营面积	9.66	38.33	?
	家庭农业收入比 X_7	0 =1；0～20% =2；21%～50% =3；51%～80% =4；80%及以上 =5	2.95	1.53	—
	现钱和银行存款 X_8	5 000 元及以下 =1；5001～10 000 元 =2；10 001～20 000 元 =3；30 001～60 000 元 =4；60 000元及以上 =5	2.73	1.62	+
	家庭现有负债 X_9	5 000 元及以下 =1；5 001～10 000 元 =2；10 001～20 000 元 =3；20 000 元以上 =4	2.39	1.33	?

续表

变量组	变量名	定义	均值	标准差	影响预测
家庭社会关系	X_{10}	是否有家庭成员或亲戚朋友担任村干部或在政府部门任职（有 =1；没有 =0）	0.04	0.18	?
农户对村镇银行的认知和评价	贷款政策的了解程度 X_{11}	“很了解、一般了解” =1“只听说过这一机构、不了解、说不清” =0	0.63	0.48	+
	贷款政策和服务的满意程度 X_{12}	“满意”、“基本满意” =1；“不满意”、“说不清” =0	0.64	0.48	+
	贷款便利程度 X_{13}	“不便利” =0；“便利” =1；“说不清” =2	0.62	0.49	+
	贷款利率水平评价 X_{14}	“利率较低” =1；“利率适中” =2；“利率较高” =3；“说不清” =4	2.71	1.06	-
	贷款期限水平评价 X_{15}	“规定贷款期限太短”、“规定贷款期限太长”、“贷款期限不灵活，没有选择性” =0；“规定贷款期限合适”“贷款期限灵活，可选择” =1；“说不清” =2	1.24	0.67	+
区域变量	X_{16}	农区 =1；小城镇 =2；县城郊区 =3；县城 =4	1.52	1.83	+

27.4 全局数据的Logistic模型检验结果分析

本章采用二元Logistic模型，利用Eviews6.0对调研数据进行分析，结果如表27－3所示。

表27－3　　总体数据的Logistic模型估计结果表

自变量	参数估计值	样本标准差	Z统计量	显著性水平
户主年龄 X_1	－0.100818	0.147371	－0.684106	0.4939
户主文化程度 X_2	0.268397	0.254783	1.053436	0.2921
家庭人口数 X_3	－0.113742	0.122518	－0.928371	0.3532
家庭供养比 X_4	－1.103270	0.732652	－1.505859	0.1321
家庭人均纯收入 X_5	－4.56E－07	4.99E－06	－0.091454	0.9271
家庭土地经营面积 X_6	0.029952	0.031324	0.956196	0.3390
家庭农业收入比 X_7	－0.075588	0.139977	－0.540006	0.5892
现钱和银行存款 X_8	0.43074**	0.130413	3.302900	0.0010
家庭现有负债 X_9	0.068509	0.144022	0.475684	0.6343
家庭社会关系 X_{10}	－0.037389	0.400677	－0.093315	0.9257
贷款政策的了解程度 X_{11}	－0.820957	0.729387	－1.125544	0.2604
贷款服务满意程度 X_{12}	1.579022*	0.679952	2.322256	0.0202
贷款便利程度 X_{13}	0.718995	0.656671	1.094909	0.2736
贷款利率水平评价 X_{14}	0.046992	0.237619	－0.197764	0.8432
贷款期限水平评价 X_{15}	0.658221	0.543073	1.212032	0.2255
区域变量 X_{16}	－0.917787**	0.266206	－3.447654	0.0006

注：*代表在10%的置信水平上显著，**代表在1%的置信水平上显著。

1. 户主年龄和文化程度对农户对村镇银行的贷款意愿没有显著影响，户主特征可能影响家庭财富积累、家庭生产类型的稳定性、户主的信贷观念以及家庭结构和负担的复杂程度，这些因素进而影响农户对村镇银行的贷款意愿，由于以上影响的路径方向不同，影响程度不一，最终户主特征对农户村镇银行的贷款意愿的影响表现为不显著。

2. 在反映农户家庭资源禀赋特征的变量中，家庭人口数、家庭供养比、家庭人均纯收入、家庭土地经营面积、家庭农业收入比、家庭现有负债和家庭社会关系等变量对农户村镇银行贷款意愿影响不显著。农户家庭拥有的现钱和银行存款因素对村镇银行贷款意愿影响显著，表明农户自有资金越多，贷款意愿越强，这与影响预期不一致。可能原因为农户家庭拥有现钱和银行存款越多，一方面表明其家庭生产经营项目需要较多周转资金，另一方面也更有可能是生活较富裕的农户扩大生产规模、提升生活质量的资金需求更旺盛，从而带动了农户对村镇银行的贷款需求。

3. 在农户对村镇银行的认知和评价中，只有贷款政策和服务的满意程度影响显著（$\beta>0$），表明农户对村镇银行政策和服务越满意，贷款意愿越强。

4. 区域变量对农户村镇银行贷款意愿有显著的负向影响（β 系数为 $-0.9178<0$），与影响预期不一致。处于农区的农户比县城、县城郊区、小城镇的农户对村镇银行的贷款意愿更强，这可能是由于村镇银行为农区的农户提供了便捷的服务和授信渠道，使农户的有效贷款意愿向村镇银行贷款意愿的转化率较高。相比之下，非农区的农户拥有较丰富的信息量、便利的融资替代来源和过去其他正规金融贷款经历，导致其有效贷款意愿向村镇银行贷款意愿转化率较低。

27.5　农户对村镇银行贷款意愿影响因素的差异性检验

随着农村经济发展水平的不断发展，不同收入水平和不同区域的农户的生产经营类型和生活消费倾向出现分化，农户借贷需求和行为偏好的差异性也日渐明显，因此影响不同收入和不同区域的农户借贷行为和意愿的因素原则上也存在较大差异。为了进一步定量分析这两种差异性是否显著，本章对调研数据进行了分类整理，从不同收入和不同区域两个角度分别对影响农户对村镇银行贷款意愿的因素进行了研究。

27.5.1　不同收入的农户对村镇银行贷款意愿影响因素的差异性检验

本章将样本数据分为两个收入层次：中低收入的农户，即 2010 年家庭人均年纯收入小于（含）10 000 元，共 94 户；高收入的农户，即 2010 年家庭人均年纯收入高于 10 000 元，共 106 户。调研数据显示，在中低收入农户中，有 48 户（占 51.1%）对村镇银行有贷款意愿；在高收入农户中，有 71 户（占 67.0%）对村镇银行有贷款意愿。对于每个收入层次，分别建立相应的计量模型。具体结果如表 27－4 所示。

表 27－4　　不同收入的农户对村镇银行贷款意愿影响因素的差异性检验

自变量	1. 中低收入模型检验结果		2. 高收入模型检验结果	
	参数估计值	显著性水平	参数估计值	显著性水平
户主年龄 X_1	－0.056480	0.8147	－0.215931	0.4231
户主文化程度 X_2	1.225280*	0.0182	－0.183478	0.6259
家庭人口数 X_3	0.134865	0.5353	－0.341572	0.1191
家庭供养比 X_4	－4.070953*	0.0140	0.292221	0.7841
家庭人均纯收入 X_5	－0.000251*	0.0626	6.85E－07	0.9101
家庭土地经营面积 X_6	0.073172	0.2965	0.029966	0.5436
家庭农业收入比 X_7	－0.444807*	0.0538	0.294111	0.3016
现钱和银行存款 X_8	1.136898**	0.0011	0.323846*	0.0915
家庭现有负债 X_9	0.163662	0.5365	0.036178	0.8787
家庭社会关系 X_{10}	－1.558660*	0.0479	0.322401	0.5920
贷款政策的了解程度 X_{11}	－1.054245	0.3668	－0.772321	0.5367
贷款服务满意程度 X_{12}	1.854234	0.1191	2.183144*	0.0564
贷款便利程度 X_{13}	0.831881	0.4848	0.327432	0.7975
贷款利率水平评价 X_{14}	0.473534	0.2813	0.203465	0.5598
贷款期限水平评价 X_{15}	－0.296833	0.7461	1.920151*	0.0190
区域变量 X_{16}	－1.451786**	0.0042	－0.818235*	0.0474

上述检验结果表明，中低收入和高收入农户对村镇银行的贷款意愿影响因素存在显著差异，表现为：

1. 在反映户主特征的两个因素中，户主年龄对两个收入层次的农户影响均不显著，这与总体数据的检验结果一致。户主的文化水平对中低收入的农户对村镇银行的贷款意愿有显著影响，且 β 系数为正值，即户主文化程度越高的中低收入农户，对村镇银行的贷款意愿越强，这主要是由于中低收入的农户生产经营活动规模较小，种类比较单一，文化程度较高的农户扩大生产经营规模的意愿较强，对资金需求缺口较大，借贷意愿强；村镇银行作为一种新型金融机构，与农村信用社等得到农户广泛认同的金融机构不同，在广大农户中的认同度不高，文化程度高的中低收入农户，易对村镇银行有较多关注和深入了解，其小额贷款需求更愿意通过村镇银行的上门服务来满足。户主年龄对高收入的农户没有显著影响。

2. 在反映农户家庭资源禀赋特征的变量中，中低收入和高收入农户的差异极其显著。在考察的8个变量中，家庭供养比、人均纯收入、农业收入比、拥有现钱和银行存款与家庭社会关系都对中低收入的农户对村镇银行的贷款意愿有显著影响，与总体数据中的大部分不显著形成了鲜明对比，反映了农户家庭特征对其贷款意愿的重大影响；而在这一系列变量中，只有家庭拥有的现钱和银行存款这一因素对高收入的农户对村镇银行的贷款意愿有稍显著的正向影响，与总体数据分析一致。

具体而言，家庭供养比对中低收入农户的村镇银行贷款意愿有显著的负向影响，家庭供养负担越重，农户对村镇银行的贷款意愿越弱，这可能是因为低收入但供养负担重的农户，家庭消费能力反而较弱，生产和消费观念都比较保守，且家庭抗风险能力较弱，其资金拆借主要以亲朋好友的无利息借贷为主，金融机构对该类农户的信用评价较差，严重影响了农户通过正规金融机构融通资金的信心，继而影响了其对村镇银行的贷款意愿。

家庭人均纯收入这个变量对中低收入农户对村镇银行的贷款意愿负向影响显著，表明收入越高，对村镇银行的贷款意愿越小。低收入农户发展生产的愿望强烈，调查发现其普遍希望金融机构能够提供生产发展资金，圆致富梦想，由于大部分低收入农户有信用社、农行等机构贷款受阻经历，他们对从村镇银行获得贷款保持了较高的积极性。而中等收入的农户由于生产和消费支出相对稳定，借贷意愿较弱，进而对村镇银行的贷款意愿不强。

家庭农业收入比对中低收入农户对村镇银行的贷款意愿有显著负向影响，农业收入占家庭收入的比重越高，农户从村镇银行贷款的意愿越小。可能因为，对于农业收入比高但收入极低的农户，生产发展能力较差，一般为家庭规模退化的农户，从金融机构贷款的意愿不强；对于农业收入比较高且收入水平中等的农户，一般为早期发展设施蔬菜或特色养殖的农户，他们的资金投入密集期已过，收入模式稳定，资金需求呈现周期性，主要通过自给或民间短期借贷方式解决资金流动性不足问题，贷款意愿下降导致对村镇银行的贷款意愿变弱。

家庭社会关系是影响中低收入农户对村镇银行贷款意愿的显著因素，家庭社会关系作为农户的社会资本对其行为产生一定的影响，检验结果表明，有家庭成员或亲戚朋友是村干部或在政府部门任职的农户对村镇银行的贷款意愿较低。虽然村干部或政府职员直接参与了村镇银行在县域的推广工作，与村干部和政府职员联系紧密的农户对村镇银行有更深入的了解，但考虑到农信社在农村金融市场的垄断地位，村干部与其建立起的合作互信关系更加稳固，另外农户也易从民间借贷中获得资金，有效贷款需求向对村镇银行的贷款意愿的转化程度反而很低。对于有亲朋好友是村干部或在政府部门任职的中低收入农户而言，其家庭收入来源相对稳定，本身对资金的借贷需求较弱。

3. 在反映农户对村镇银行的认知和评价的变量中，中低收入农户和高收入农户表现出了明显的差异。对于中低收入的农户，对村镇银行的认知和评价的变量都不显著；而村镇银行服务的满意程度和对贷款期限的评价都对高收入农户对村镇银行的贷款意愿有显著的正向影响。这一结果表明，中低收入和高收入的农户在贷款机构选择上地位不同，中低收入农户在选择贷款机构时往往处于被动接受的地位，而高收入的农户获得贷款的渠道较多，是贷款机构的主动选择者，吸引这部分信用条件好的客户，需要金融机构提供高质量的贷款服务。

4. 区域变量对中低收入和高收入农户的村镇银行贷款意愿均表现出了显著的负向影响，即农区的农户比县城、县城郊区、小城镇的农户对村镇银行的贷款意愿更强，表明村镇银行直接面向农区的贷款上门服务，对农区农户从村镇银行获得贷款提供了便利，增加了有效贷款需求向对村镇银行的贷款意愿的转化。

总之，基于不同收入的农户对村镇银行贷款意愿差异性检验结果表明，影响中低收入和高收入农户的因素差异很大，中低收入主要是家庭特征的变量影响其对村镇银行的贷款意愿，而高收入的农户自身对村镇银行服务质量和水平的评价是最主要的影响因素。

27.5.2 不同区域的农户对村镇银行贷款意愿影响因素的差异性检验

本次调查以农区、小城镇、县城郊区以及县城 4 个区域划分为依据，分析各个区域农户对村镇银行贷款意愿及其影响意愿的差异性，这对于村镇银行在整个县域发展贷款业务，提高盈利能力和支农效率，发展优质客户，制定合理高效的信贷分区发展计划具有重要的现实意义。

调查所涉及的农区为以种植业和养殖业为主要产业的行政村，是交通和信息发展相对较差地区。统计数据表明，农区的借贷呈现以下特点：借贷发生率低，借贷的消费性动机（建房、看病、婚丧嫁娶等）和生产自给性动机较强烈，对规模在 5 万元以下的中小额借款需求较大。非农区样本涵盖小城镇、县城郊区和县城，相对调查的农区而言，这些地区的样本农户的收入水平较高，收入来源多元化，借贷的发生率和频率也高于农区，主要以商业性动机为主，对于大额贷款的需求也相应增强。下面就分别对这两个区域划分层次建立 Logistic 回归模型，结果如表 27－5 所示。

表 27－5　不同区域的农户对村镇银行贷款意愿影响因素的差异性检验

自变量	农区数据模型检验结果		非农区数据模型检验结果	
	参数估计值	显著性水平	参数估计值	显著性水平
户主年龄 X_1	-0.192854	0.3267	0.078933	0.8219
户主文化程度 X_2	0.299343	0.3896	-0.327431	0.4382
家庭人口数 X_3	-0.275952*	0.0833	-0.006360	0.9802
家庭供养比 X_4	-1.323976	0.1800	-1.921907	0.2761
家庭人均纯收入 X_5	2.46E-05	0.1892	7.14E-07	0.9060
家庭土地经营面积 X_6	0.002316	0.9124	0.090257	0.4755
家庭农业收入比 X_7	-0.035611	0.8424	-0.493663	0.3168
现钱和银行存款 X_8	0.296968	0.1126	0.543452*	0.0266
家庭现有负债 X_9	0.044811	0.8200	0.030522	0.8977
家庭社会关系 X_{10}	0.008229	0.9884	-0.450365	0.5201
贷款政策的了解程度 X_{11}	-0.312233	0.7350	-0.271346	0.8585
贷款政策服务满意程度 X_{12}	1.739285*	0.0842	0.280517	0.8585
贷款便利程度 X_{13}	1.363982	0.1078	-0.423449	0.7939
贷款利率水平评价 X_{14}	0.277970	0.3888	-1.126092*	0.0625
贷款期限水平评价 X_{15}	-0.974071	0.2783	3.885351**	0.0076

注：*代表在 10% 的置信水平上显著，**代表在 1% 的置信水平上显著。

模型检验的综合评价反映两个区域层次的计量模型都是显著的。从各变量的系数来看，农区和非农区的农户对村镇银行的贷款意愿影响因素存在显著差异。家庭人口数和对贷款政策和服务的满意程度是显著影响农区的农户对村镇银行贷款意愿的因素，处于农区的农户家庭人口数越少，对村镇银行的贷款意愿越强，同时对贷款服务越满意，贷款意愿越高。对于非农区的农户，只有家庭拥有现钱和银行存款数及农户对贷款利率和期限的评价对农户村镇银行贷款意愿有显著影响。

27.6 结论和政策建议

本章根据陕西省村镇银行服务引入的四个县的实际调查数据，利用二元 Logistic 模型检验 16 个变量对农户村镇银行贷款意愿的影响程度，并从不同收入和不同区域角度进行了差异性分析，得出以下结论。

第一，对总体数据的分析表明，现钱和存款数、贷款服务满意程度、区域变量对农户村镇银行贷款意愿有显著影响，户主文化程度、家庭供养比、贷款政策的了解程度、贷款便利程度、对贷款期限的评价也是影响农户对村镇银行贷款意愿的重要因素。

第二，从农户对村镇银行的贷款意愿的差异性分析得出，不同收入的农户，影响对村镇银行贷款意愿的因素存在显著的差异。对于中低收入的农户，户主文化程度、家庭供养比、人均纯收入、农业收入比、现钱和存款数、家庭社会关系以及区域变量均是影响农户对村镇银行贷款意愿的显著因素，而农户对村镇银行的认知和评价这类变量的影响不显著；对于高收入农户，家庭特征类变量不再是影响农户对村镇银行贷款意愿的显著因素，贷款服务满意程度、对贷款期限的评价成为影响农户对村镇银行贷款意愿的主要因素。

第三，对不同区域农户的差异性检验得出，对于农区的农户，家庭人口数、供养比、人均纯收入以及对贷款服务满意度、贷款便利程度是影响农户对村镇银行贷款意愿的重要因素；对于非农区农户，对贷款利率和期限的评价对农户村镇银行贷款意愿有显著影响。

以上分析结果对农村金融和村镇银行的发展在理论和实务上都有积极的指导意义。

从区域变量在总体和不同收入的模型检验中均是显著影响农户对村镇银行贷款意愿的影响因素可以看出，村镇银行作为新型农村金融机构的“主力军”，在活跃农村金融市场、增加农村金融供给、服务农民方面，起到了重要的作用。村镇银行的前期发展主要是积极打开农村市场，提升认知度和服务评价，增强与信用社和农行的竞争力。因此根据农区农户对村镇银行较高的贷款意愿，村镇银行应克服困难满足信用高的农户的授信需求。对于增大农区贷款量引起的贷款成本激增问题，可通过设立村镇银行联系人和集中办理业务方式加以解决。只有这样，才能实现村镇银行自身效益和社会效益的双丰收。

对影响农户对村镇银行贷款意愿差异性的研究表明，日益分化的农户内部存在的各异的借贷需求特征和意愿影响因素，亟待村镇银行和其他金融机构提供多层次的信贷产品安排与服务设计以满足不同农户群体的贷款需求。鉴于此，村镇银行应明晰不同类型农户借贷需求，区分筛选贷款机构的主动型借贷者和寻找贷款提供者的被动型借贷者。前者作为高质量的客户源，应提供更具竞争力的产品和服务，提高村镇银行的认可度和竞争力；后者作为信用程度较差的农村资金需求者，村镇银行应充分体现其“支农、惠农”的经营理念，在有效控制风险的基础上，为这部分农户设计更灵活的授信原则，提供与其风险相匹配的授信额度。高效科学的客户发展和管理技术与理念，对村镇银行增强对县域农村金融的服务能力，在不利的竞争环境中发展壮大具有重要的现实意义。

农村产权抵押融资模式篇

28　杨凌示范区农村产权抵押融资试验与支持政策研究

2009 年 12 月，杨凌示范区被中国银监会列为农村金融改革试验示范区，开始探索农村产权抵押融资创新试点。从试验效果来看，农村产权抵押融资拓宽了农户、农村中小企业抵押物范围，扩大了农村信贷规模，提升了农村金融服务效率，初步探索形成了农村金融内生性发展模式。本章以杨凌农村产权抵押融资试验为背景，系统阐述了杨凌示范区农村产权抵押贷款的类型和特点，通过与中部六省（河南、山西、湖北、安徽、湖南、江西）和东北三省（黑龙江、吉林、辽宁）农村金融产品与服务方式创新的比较分析，提出了扩大农业保险覆盖面、加快推进农村产权流转体系建设、构建农村产权抵押贷款激励机制、完善产权制度，建立确权、产权价值评估机构、构建农村产权抵押贷款激励机制、建立健全农村产权抵押融资法律法规及配套措施等相关政策建议。

28.1　杨凌示范区农村产权抵押融资的特点、操作流程

杨凌示范区是我国唯一一个经国务院批准建立的国家级农业高新技术产业示范区，2009 年以来，杨凌示范区积极推动农村产权抵押贷款试点工作，开展了农村土地经营权、农村房屋产权、农业生产设施、生物资产、知识产权等抵押、质押贷款工作，积极稳妥推进农村土地流转改革和扩大农村信贷有效担保物范围，以此解决农户和涉农企业融资难题，不断满足多层次、多元化的"三农"金融服务需求。截至 2011 年底，农村产权抵押融资贷款业务共计发放 3 235.6 万元，其中农业设施类贷款金额累计2 325.6万元，生物资产贷款金额累计 210 万元，农村房屋贷款金额 60 万元，土地经营权贷款金额累计 440 万元，商标质押贷款金额累计 200 万元，取得了初步成效。

28.1.1　杨凌示范区农村产权抵押融资的模式类型及特点

28.1.1.1　融资模式的基本类型

1. 农村土地承包经营权抵押贷款。指农户、农业经济合作组织在不改

变土地占有和农业用途的条件下，以土地承包经营权作为抵押向金融机构申请贷款的融资方式。抵押当事人按照土地承包经营权的市场评估价值或双方认可的价值签订抵押合同和贷款合同，办理抵押登记手续，金融机构据此发放贷款。

2. 农村房屋抵押贷款。指农民在拥有合法取得的《集体土地使用证》（使用权类型为集体建设用地使用权）和《房屋所有权证》，且能够证明抵押房屋在依法偿债后有适当居住场所的条件下，经所在地农村集体经济组织同意，以房屋所有权作为抵押向金融机构申请贷款的融资方式。抵押当事人按照农村房屋的市场评估价值或双方认可的价格签订抵押合同和贷款合同，共同持有效材料到区政府房产登记机构办理抵押登记手续，金融机构据此发放贷款。

3. 大棚、养殖圈舍等农业生产设施抵押贷款。此类贷款是法人或个人对拥有所有权或经营权，并取得一定年限内的土地经营权的大棚、养殖圈舍等农业生产设施作为抵押担保物向金融机构申请贷款的融资方式。抵押当事人按照抵押物市场评估价值或双方认可的价格签订抵押合同和贷款合同，办理抵押登记手续，金融机构据此发放贷款。

4. 活体动物、果园、苗木等生物资产抵押贷款。农民或法人对拥有所有权的活体动物、果园、苗木等生物资产作为抵押担保物向金融机构申请贷款。抵押当事人按照生物资产市场评估价值或双方约定认可的价值签订抵押合同和贷款合同，办理抵押登记手续，金融机构据此发放贷款。

5. 农业知识产权、商标权等质押贷款。农民或者法人根据需要向金融机构提出申请，提交作质押的知识产权、商标权等的相关证明、文件及贷款方需要的其他资料。抵押当事人按照知识产权市场评估价值或双方约定认可的价值签订质押合同和贷款合同，办理质押登记手续，金融机构据此发放贷款。

28.1.1.2 融资模式的主要特点

1. 政府主导，推进力度大。通过区政府、金融办等共同推动、引导和监督农村产权改革，制定确权、评估和贷款流程等规章制度，使农村产权抵押融资顺利展开并取得了良好成效。政府加强宣传，提高了农户、涉农企业参与的积极性。在农村产权抵押信贷资金的支持下，占地 8.3 万亩的杨凌现代农业示范园区现已初具规模。设施蔬菜生产基地已建成日光温室

4 800 多座、大棚 4 300 多亩，建成猕猴桃精品示范园 1 500 亩；江苏雨润、北京汇源、黑牛豆奶、来富油脂等一大批涉农龙头企业建成投产；金鹏种苗公司番茄研发项目、台湾美庭公司台湾水果种植项目、瑞士先正达公司转基因玉米研发项目相继施工建设。

2. 农村产权抵押标的物全面覆盖。通过完善农村土地经营权抵押、农村房屋抵押、农业生产设施抵押等登记制度，细化了农业生产设施抵押、苗木果树生物资产抵押，从而将农村产权抵押标的物扩展到农村土地经营权、农村房屋、农业生产设施、活体动物及果树等生物资产和农业知识产权。

3. 抵押融资额度高。为了提高示范区农村产权抵押融资的广度和深度，示范区相关金融机构在控制风险的基础上，将农村产权抵押融资制度在全区推广实行，单笔抵押贷款额度较高，现有参与抵押贷款中苗木单笔最高抵押 1 080 亩、大棚单笔最高 195 座、奶牛单笔最高 290 头，为农户及涉农企业提供了便捷的融资渠道，目前示范区抵押融资额已超 3 000 万元。

4. 引入农业保险分散农村产权抵押风险。对参与抵押的活体动物、果树、苗木等生物资源，与人保财险陕西分公司合作，就育肥猪、能繁母猪、奶牛、大棚等保险的险种、保额、保费等达成协议，实行应保尽保，分散了农业生产的自然风险。

5. 设立农村产权抵押融资风险补偿资金。由示范区和杨陵区两级财政共同出资设立了农村产权抵押融资风险补偿资金，用于解决由于农村产权资产流动性较差带来的抵押权实现问题，从而减轻相关金融机构的贷款负担，激活了农村产权抵押融资市场。

28.1.2　杨凌示范区农村产权抵押融资模式操作流程

28.1.2.1　构建合理的组织和运作体系

成立杨凌示范区农村产权抵押贷款工作领导小组。成员主要有：杨陵区政府、示范区金融办、示范区国土局、示范区农业局、示范区规划局、示范区法制办、示范区财政局、杨凌现代农业示范园区建设管理中心、中国人民银行杨陵区支行、咸阳银监分局杨凌监管办、杨陵区人民法院等单位负责人，全面负责示范区农村产权抵押贷款工作。杨陵区政府负责制订抵押登记和管理的办法，并做好组织实施工作；示范区金融办负责制订农村产权抵押融资的具体实施办法，研究设立风险补偿资金，建立农村产权抵押融资风险补偿机制和激励机制，协调金融机构开展农村产权抵押融资业务；财政部门负责对风险补偿资金设立、流转试点经费提供财政支持；国土资源管理部门、农业部门、房产管理部门负责制订相关抵押登记管理的办法；各金融机构负责制订农村产权抵押贷款的具体操作细则。

28.1.2.2 通过政策法规明确产权

杨凌示范区以党的十七届三中全会《中共中央关于推进农村改革发展若干重大问题的决定》和国务院《关于支持继续办好杨凌农业高新技术产业示范区若干政策的批复》为指导，将市场化运作和政策引导相结合，在保障农村居民基本生产生活条件的情况下，通过制定抵押贷款扶持政策，开展农村土地承包经营权抵押贷款、农村房屋抵押贷款、大棚、养殖圈舍等农业生产设施抵押贷款和活体动物、果园、苗木等生物资产抵押贷款和农业知识产权，商标权等质押贷款，实现农村产权直（间）接向金融机构抵押、质押融资。

28.1.2.3 确定和明晰操作流程

杨凌示范区所涉及四类农村产权抵押融资操作流程分别严格按照《杨凌示范区农村土地经营权抵押融资管理办法（试行)》、《杨凌示范区农村房屋抵押融资管理办法（试行)》、《杨凌示范区农业生产设施抵押融资管理办法（试行)》和《杨凌示范区生物资产抵押融资管理办法（试行)》四个管理办法实行，如图28－1所示，简述如下。

（1）农户、合作社或公司提出贷款申请；

（2）抵押物、质押物确权（抵押物、质押物必须拥有完善的产权证明，农村土地承包经营权及农村房屋抵押需征得所在农村集体经济组织同意，并到抵押物所在地房产登记管理部门办理抵押登记手续，活体动物等生物资产抵押还应办理相应的农业保险)；

（3）金融机构调查农户、合作社或公司经营及资信情况，审查借款人风险、资产、信用等级及贷款的真实用途；

（4）对抵押物、质押物价值进行评估；

（5）办理抵押、质押登记手续；

（6）审议确定期限、金额，签订抵押贷款合同；

（7）在农村产权抵押、质押融资风险资金管理部门登记备案；

（8）发放贷款；

（9）贷后管理。金融机构及经办机构共同监督资金使用，确保抵押、质押贷款能够收回；

（10）收回贷款。

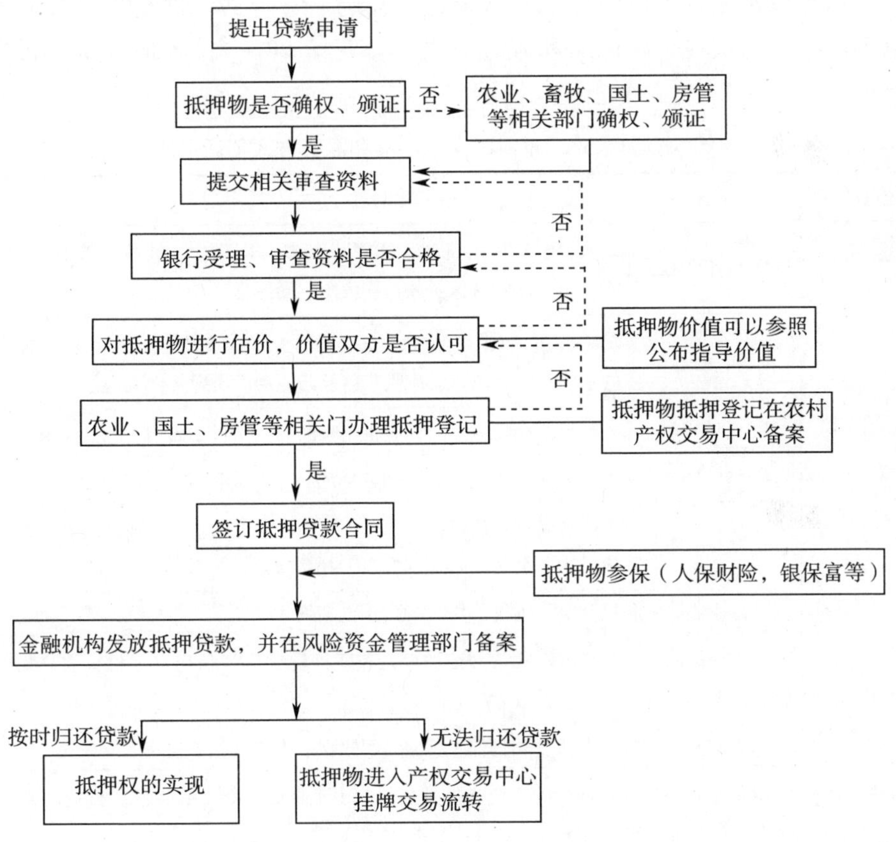

图 28－1　杨凌示范区农村产权抵押贷款基本流程图

28.2　杨凌示范区农村产权抵押融资与中部六省和东北三省农村金融产品与服务方式创新的比较分析

2008 年，中国人民银行和中国银监会联合发布了《关于加快农村金融产品和服务方式创新的意见》（银发［2008］295 号），决定在中部六省

（河南、山西、湖北、安徽、湖南、江西）和东北三省（黑龙江、吉林、辽宁）选择粮食主产区或县域经济发展有扎实基础的部分县、市，开展农村金融产品和服务方式创新试点。

28.2.1 中部六省和东北三省农村金融产品与服务方式创新及进展

试点以来，各地纷纷探索农村金融产品与服务方式，涌现出许多新的类型，有关的农村金融产品和服务方式创新见表28－1，各地区具体进展情况见表28－2。

表28－1 中部六省和东北三省农村金融产品和服务方式创新形式

<table>
<tr><th>创新形式</th><th colspan="2">具体品种</th></tr>
<tr><td rowspan="5">信贷产品创新</td><td>1. 信用贷款</td><td>①农户小额信用贷款；②农户大额信用贷款；③农户联保贷款；④小企业联带联保贷款；⑤信用共同体贷款</td></tr>
<tr><td>2. 质押贷款</td><td>①“公司＋农户”贷款；②订单＋信贷；③农业企业和农户拥有的货物；④仓单；⑤应收账款及其他动产质押贷款</td></tr>
<tr><td>3. 抵押贷款</td><td>①林权抵押贷款；②林业企业联保贷款；③“公司＋基地＋林农”</td></tr>
<tr><td>4. 特殊贷款</td><td>①“外出务工人员回乡创业贷款”；②下岗失业小额贷款</td></tr>
<tr><td>5. 扶贫贷款</td><td>①扶贫到户贷款贴息；②产业化扶贫龙头企业和基础设施等项目贷款；③“公司＋基地＋农户”扶贫贷款</td></tr>
<tr><td rowspan="6">信贷模式创新</td><td colspan="2">1. “行业协会＋联保基金＋银行信贷”的信用创新模式</td></tr>
<tr><td colspan="2">2. “集中担保、分散贷款模式”、“农户经营权质押贷款”、“信用乡（村）农户集中授信”模式</td></tr>
<tr><td colspan="2">3. 对农户贷款，推行龙头公司担保、保险公司投保、农户联保等信贷安全模式</td></tr>
<tr><td colspan="2">4. 对中小企业贷款，推行固定资产抵押担保、中小企业担保中心担保、行业协会担保等信贷安全模式</td></tr>
<tr><td colspan="2">5. 对农村基础设施贷款，推行由国家级或省级公司承贷的统贷统还、银团贷款和收费权质押等安全模式</td></tr>
<tr><td colspan="2">6. 成立商业性贷款担保公司和互助性贷款担保组织（农民贷款担保协会、行业贷款担保协会、个体工商户互助担保协会）</td></tr>
</table>

资料来源：根据人民银行、银监会《关于加快农村金融产品和服务方式创新的意见》资料整理。

表 28－2　中部六省和东北三省农村金融产品和服务方式具体进展情况表

地区		主要试点地区	主办机构	主要创新品种	试点情况
中部六省	河南	信阳市固始县	农村金融机构	回乡创业贷款、林权抵押贷款、国外劳务输出贷款、公司＋农村专业合作组织＋农户小额贷款、企业经营权质押贷款、订单质押贷款、龙头企业＋农户＋信贷、企业联保贷款、动产抵押贷款、土地经营权质押贷款	2010年末各类贷款余额累计194.81亿元，农户累计18 497户，企业累计182家
	山西	尧都吉县	涉农金融机构	农户小额信用贷款、农业订单贷款、农村专业经济组织贷款、商标权质押贷款、惠农卡、林权抵押贷款、仓单抵押贷款、信贷＋保险、农民工回乡创业贷款	2010年末，农信社农业贷款余额153.66亿元；33.8万个农户获得贷款授信500 303万元；商标权质押贷款余额1.56亿元
	湖北	武当山	农村信用社	水域滩涂经营权质押贷款、门票收费权质押、应收账款质押贷款	370余农户在当地农信社开户，账户累计1 250万元，月均现金流量达3 860万元；2010年9月末存款余额达90 927万元，贷款余额达66 912万元
	安徽	桐城	农村信用社	农村中小银行流程银行工程	截至2011年11月底，各项存款余额43.02亿元，较上年增幅为21.35%，各项贷款余额35.8亿元
	湖南	宜章县嘉禾县	涉农金融机构	农户联保贷款＋农户贷记卡一卡通贷款、信贷＋保险贷款、订单农业贷款、农户林权抵押贷款、惠农卡、农户贷记卡	2009年9月末农户贷款余额同比增长45.85%；农村企业贷款余额同比增长13.69%；对42 787户农户开展信用等级评级，并建立信用档案

续表

地区		主要试点地区	主办机构	主要创新品种	试点情况
中部六省	江西	2006年在赣州率先试办；2007年在全省推广	涉农金融机构	信用共同体贷款、林权抵押贷款、农业大额信用贷款、农户小额贷款、文明信用农户贷款、担保公司担保贷款、惠农卡、邮政绿卡、百福卡	创新项目累计超过90余种；2009年邮储贷款为12.22亿元；成立四家村镇银行
东北三省	黑龙江	依安县 克山县 甘南县	农村信用社	①农村土地承包经营权 ②农户联保 ③农户住宅抵押贷款	2010年农户贷款余额370万元 2011年上半年农户贷款余额3亿元 住宅价值50亿元
	吉林	全省范围内	涉农金融机构	农民直补资金担保贷款	2011年全省直补金额达68.9亿元，2012年6月突破90亿元
	辽宁	本溪市、丹东市、抚顺市	合作社、农村金融机构	土地承包经营权抵押、水域滩涂经营权质押贷款、林权抵押贷款、“龙头企业+农户”信贷模式、乡镇企业联保贷款、“农业保险+信贷”、小企业资信档案评定	2008年入社农户人均收入近1万元；给予贷款农户50%的贴息；给予全额保险费用补贴

资料来源：根据①郭晓莉：《农村金融产品和服务方式创新研究——基于常德市农村金融产品和服务方式创新现状》，载《消费导刊》，2009（12）：65-66页。②中国人民银行湘潭市中心支行课题组：《农村金融产品和服务方式创新工作研究——湘潭市实证分析》，载《金融经济》，2009（11）：7-8页。③闫力：《辽宁省农村金融产品创新实践及启示》，载《中国金融》，2009（3）：7-8页等文献整理。

28.2.2 与杨凌示范区农村产权抵押融资比较分析

28.2.2.1 类型比较

杨凌示范区目前开展了农村土地承包经营权、农村房屋、农业生产设施、生物资产等抵押贷款以及知识产权与专利质押贷款等类型的金融产品创新，并在此基础上引入了“银行+保险”的信贷模式，由于试点时间较短，与中部六省和东北三省农村金融产品和服务方式相比，类型比较单一。

28.2.2.2 特点比较

杨凌示范区通过农村产权抵押融资试点，借鉴中部六省和东北三省成功的经验和模式，吸纳了部分地区农村土地承包经营权和房屋产权融资模式，首次创新性地提出了活体生物资产以及农业生产设施等抵押贷款，将生物资产等农业生产要素有效激活，进入融资市场。但是，与中部六省和东北三省的农村金融产品与服务创新一样，杨凌示范区农村金融机构大多以信贷产品创新为主，仅仅开展存、贷、汇等传统商业银行业务，并且贷款的期限、额度、利率等都不能满足现代农村经济对资金的需求，新兴的中间业务在农村根本没有普及。另外，杨凌示范区同样采取政府推动的供给主导型改革模式，这样不但能够保证新融资模式的权威性，而且能够大大减少基层部门之间的协调难度，进而提高了推行效率。

28.2.2.3 操作流程比较

2010 年杨凌示范区先后就各种类型的抵押模式制定出台了多种办法，与中部六省和东北三省的基本贷款操作流程相比大同小异，但是在操作流程的细化过程中仍然存在一定的不足之处。比如，在杨凌农村产权流转中心对农户和中小企业抵押物的确权登记以及价值评估等问题都还有一定的缺陷。与此同时，杨凌农村金融机构内部控制机制尚不健全，信贷审批、监管制度存在漏洞，内部风险控制能力较弱，发放贷款风险较大。

28.2.2.4 相关支持政策与实施效果比较

为了促进农村产权抵押融资模式顺利推进，杨凌示范区首先依据《农村土地经营权产权抵押融资管理办法（试行）》等，设立 200 万元的农村产权抵押融资试点风险补偿资金，同时成立农村产权流转中心，以配合不同载体的农村产权融资业务活动的开展。同时，引入农业保险，通过与农业保险的嫁接，扩大农业保险覆盖面，对参与抵押试点的活体动物、苗木、果树等生物资产由人保公司实行应保尽保。探索建立了针对设施大棚、活体动物等的新型农业保险，分散抵押贷款风险。截至 2011 年底，示范区实现政策性奶牛、能繁母猪保险 100% 的覆盖，其中能繁母猪保险参保 2 820 头，“银保富”设施大棚 6 000 亩，实现保费收入 256.9 万元。通过政策性农业保险的介入，在降低农业生产风险的同时，大力推广“保险

+信贷”组合金融服务模式，不仅可以防范农业生产风险、化解农业灾害损失，解决银行对活体动物、苗木等生物资产抵押的后顾之忧，同时也完善了银行贷款损失补偿机制，实现了风险补偿资金的可持续。

与中部六省和东北三省相比，通过农村产权抵押融资试验，杨凌示范区初步解决了农民贷款抵押难、资金筹措难、农村产权变现难等突出难题，走出了一条具有“杨凌特色”的农村金融创新之路。中部六省和东北三省与杨凌示范区农村产权抵押融资比较情况见表28－3。

表28－3　中部六省和东北三省与杨凌示范区农村产权抵押融资比较情况表

	中部六省和东北三省	杨凌示范区
类型	信贷产品种类多，模式多样化	试点时间较短，类型单一
特点	创新能力强，立足本地优势和特色资源，金融服务面较广	吸纳了部分地区融资模式；开展比较独特的活体动物和设施大棚贷款，信贷业务创新力度大，而中间业务力度低，引入“保险+信贷”机制
操作流程	内控机制相对成熟	内控机制不健全，信贷审批、监管制度存在漏洞
相关支持政策与实施效果	建立正向激励机制，提高业务便利程度，加强银保合作	实施四个办法，农业保险覆盖面广，建立风险补偿基金，加快农商行改制，引入新型金融机构，发行涉农债券和农业票据

28.3　杨凌农村产权抵押融资试验存在的主要问题

28.3.1　扶持政策滞后

政策创新是农村产权抵押融资试验顺利推进的基础条件。各级政府在政策上积极支持和鼓励农户、涉农企业和农村金融主体进行创新金融工具的使用和推广，对农村金融机构进行税收和政策上的倾斜，推进农村金融体制改革，促进经济发展。随着杨凌示范区产权改革的不断深入，不断增加了抵押、质押品种类，增设了专利、商标、订单等质押、抵押贷款，但还需要制定和进一步完善与之配套的相关支持政策，保证农村产权抵押融资顺利推进。

28.3.2 产权价值评估办法不明确

目前，杨凌示范区并无专门为产权抵押贷款服务的产权价值评估机构。抵押物价格由政府制定或者农户和涉农企业与放贷金融机构协商决定，由于农户和涉农企业是借贷者，处于弱势地位，这就会产生人为压低抵押物价值的情况，导致抵押物价格非市场化，势必影响农户和涉农企业进行产权抵押的积极性，影响产权改革创新的效果。

28.3.3 抵押物、质押物流转渠道不顺畅

杨凌示范区目前还没有较为完善的农村产权流转、交易平台。从近两年的农村产权抵押风险控制情况看，农村产权抵押风险良好，没有一笔不良贷款，抵押物、质押物于还款后均归属原贷款者，并没有引起抵押物、质押物流转问题。但这并不能保证后续放贷中没有不良贷款，随着农村产权抵押规模的不断扩大，应出台政策，设立相关部门，疏通质押物、抵押物流转渠道，最大化降低农村产权改革风险。

28.3.4 风险补偿机制有待完善

杨凌示范区设立农村产权抵押贷款风险补偿金200万元，无配套风险补偿具体办法，导致虽然存在风险补偿资金，但无法用于风险补偿的问题。同时，随着农村产权抵押贷款笔数增大、金额增多，金融机构风险上升，应逐步提高风险补偿金数量。

28.3.5 农村信用环境差

在农村产权改革试验中，农民信用观念不强的现象仍然存在，农民对自身信用重视程度差，应不断优化农村信用环境，重视农村信用环境，从每家每户做起。

28.4 杨凌示范区农村产权抵押融资后续政策支持体系

杨凌示范区作为我国的高新技术产业示范区，在农村产权抵押融资方面探索较早，对后续全国范围内农村产权抵押融资的发展、改革和推广具有示范指导意义。根据我国农村发展现状，要大力推广农村产权抵押模

式，主要需从基础保障和资金提供两方面做起，一是要从政府层面做好产权抵押的政策保障；二是要引导鼓励农村金融机构加大农村产权抵押创新力度，明确贷款流程和贷款责任，提供贷款保障。

28.4.1 完善农村产权抵押融资扶持政策

农村产权抵押贷款所涉及的品种较多，且在实际操作过程中可能比已有的贷款品种更为复杂，但它对增加农村金融供给、发展农村经济具有重要作用。因此，需要对农村产权抵押分类制定具体操作办法，为产权抵押贷款提供相应的激励机制。建议政府由产权交易中心对开办农村产权抵押的各个机构进行业务评估，针对农村产权抵押贷款业务，以其实际提供的农村产权抵押贷款额为考核标准，提供一定的政策奖励或财政补贴。由相关部门定期对开展试点的乡镇村进行评比，对试点工作开展较好的，扩大支持额度；对试点工作开展较差的，减少支持额度，以此推动农村产权抵押融资有序、顺利推进。

28.4.2 完善产权制度，建立确权、产权价值评估机构

农村产权的明晰，是做好包括抵押融资在内的农村产权流转的重要前提。促进农村产权流转，必须权属清晰、归属明确，否则，产权流转所导致的产权纠纷不可避免。建立产权价值评估机构，对农民抵押的产权进行有效、准确地估价。比如，可在产权交易中心设立一个价值评估的窗口，专门针对农民的各项产权，开展价值评估业务，对农户合格的抵押物进行确权登记颁证，使其获得向金融机构申请抵押贷款的凭证依据。在对农村产权进行确权登记颁证方面，应建立严格的标准，加强内部监控，严格按照规定执行，防范“人情”颁证和交易颁证等不法行为。在确权和产权价值评估方面，要严格按照“公开、公平、公正”原则办理，及时让老百姓特别是广大农民群众知道，对所有的确权和产权价值评估对象要同等对待，为金融机构对农村进行产权抵押做好铺垫。

28.4.3 加快推进农村产权流转体系建设

在农村产权抵押融资试验过程中，由当地人民政府负责设立农村产权交易中心，发展农村产权流转中介服务，在提供贷款的金融机构与获得贷

款的农户和中小企业之间，建立起支撑农村产权抵押融资的桥梁。交易中心及时收集和发布各类产权流转交易信息，在综合考虑当地经济、社会发展水平基础上，引进第三方评估机构，对各类农村产权进行基础评估，定期公布各类农村产权指导价格，为农户和中小企业进行产权抵押贷款提供决策依据。构建农村产权交易平台，组织产权流转、招拍挂等交易活动，培育农村产权交易市场主体，为贷款抵押物处置、抵押权利的实现提供平台，促进农村资源向资本转变。

28.4.4　扩大农业保险覆盖面，完善风险补偿机制

由于在很大程度上受自然环境的影响，农业具有自然风险、市场风险与政策风险，具有高风险性，为弥补风险发生可能带来的损失，扩大农业保险覆盖面，对促进农村产权抵押融资试验具有保障支撑作用。农业保险是农村保险的主要形式，是一种政府补助的政策性保险业务。但目前农业保险发展较为滞后，远不能满足农民和农村中小企业防范农业风险的迫切需要，因此，需要进一步发展农业保险业务，扩大农业保险品种创新。比如，进一步建立与发展生猪保险、大棚保险、奶牛保险、耕牛保险、蔬菜保险、林木保险等农业保险，做到应保尽保。探索建立针对设施大棚、活体动物等的新型农业保险，不断扩大保险覆盖面，充分发挥保险的保障作用，分散抵押贷款风险。

28.4.5　健全农村产权抵押融资法律法规及配套措施，优化农村信用环境

在推进农村产权抵押融资试验过程中，政府应进行相应的配套法律制度建设，从法律层面规范农村产权流转体系的健康发展。首先，建立清晰、明确的法律保障制度。应先在国家层面，制定《农村产权抵押融资法》及配套法律，再由各地政府根据所辖地区的实际情况，细化落实相关的法律措施。分别从抵押人和抵押权人两方面入手，当某一方的权益受到损害时，能有理有据地保护受害者的权益。其次，制定出台相应政策，创造农村产权抵押融资的基础条件，在政策上要积极支持和鼓励农户和农村中小企业进行创新金融工具的使用和推广，对农村金融机构进行税收和政策上的倾斜，推进当地农村金融体制改革，促进经济发展。最后，明细并

严格实行农村产权抵押融资具体细则。从规范农村产权抵押的角度，制定农村产权抵押融资的具体实施细则和流程，并严格实行，保障产权抵押的合法性，以保护提供资金的各类金融机构的利益，减少他们的顾虑，从而方便农户和农村中小企业融资。

29　农户参与农村产权抵押融资意愿及影响因素实证分析

——以陕西高陵县和宁夏同心县919个样本农户为例

29.1　引言

随着农业现代化和规模化的快速发展以及农业产业结构调整转型步伐的加快，农户对生产经营的资金需求明显增加，农业信贷供需失衡矛盾日益突出。农村金融产品供给多样性不足、非农化倾向严重等问题，导致农业信贷资金较为缺乏，农户较大规模的信贷资金需求难以得到有效满足。由于难以提供金融机构认可的抵押物、担保物，农户受到严重的金融排斥，农户“融资难、抵押难、担保难”已成为农业发展、农民增收及致富的“瓶颈”之一。虽然土地承包经营权、房屋产权等是农户拥有的重要资产，但是产权不明晰以及法律法规的限制使这些资产无法成为有效抵押物。目前，这些大量农村资产处于闲置或低效利用的状态，与农户因缺乏抵押物而融资无门形成鲜明的对比。正如阿马蒂亚·森的研究结论所强调的，权利剥夺、能力缺失是导致发展中国家贫富差距拉大的真正原因(1998)。近几年来，不断涌现的金融产品创新为农村金融改革提供了新思路，对缓解农户信贷约束、实现金融供给与需求的有效对接具有重要意义。

2004年至2014年，连续11年的中央“一号文件”均对农村金融发展给予了高度重视，鼓励以农村金融体制改革与创新为目标，实现农村金融产品多样化并提升农村金融的服务能力。为了充分发挥农村产权的资本功能，实现农户产权的可抵押性，农村产权抵押融资试点在全国范围内相继开展。在中国人民银行、中国银监会、中国证监会、中国保监会联合下发的《关于全面推进农村金融产品和服务方式创新的指导意见》（银发［2008］295号）（以下简称《意见》）等文件的指引下，各地根据当地实际情况，探索出了具有鲜明地方特色的农村产权抵押融资模式，其中较为典型的试点地区主要有四川成都市、宁夏同心县、重庆开县、陕西高陵县和杨凌示范区。2006 年 9 月，宁夏同心县开始探索通过成立土地抵押协会，对农户抵押的土地承包经营权进行贷款，2010 年 10 月出台了《农村土地承包经营权反担保贷款管理办法》，从试点至今，作为主办该业务的同心县农村信用联社未发生过一笔不良贷款，成效明显，反响强烈。2008 年 2 月，重庆开县开展农房和农村土地承包经营权抵押融资试点。2009 年 11 月，四川成都市正式启动农村集体建设用地使用权、农村房屋和农村土地承包经营权抵押融资试点工作。陕西杨凌示范区于 2009 年 12 月开始探索农村产权抵押融资试点，结合 2010 年 7 月国务院下发的《关于支持继续办好杨凌农业高新技术产业示范区若干政策的批复》（国函［2010］2 号）等文件精神，出台了支持土地承包经营权抵押等四类产权抵押融资的实施办法，形成了独具特色的“杨凌模式”。2010 年 5 月，陕西高陵县启动农村产权抵押融资试点。这些试点地区对农村产权抵押融资的探索和实践活动激活了当地农村的“沉睡资产”，是化解农户融资困难、突破农村金融改革“瓶颈”的有益探索。

2013 年 11 月，党的十八届三中全会通过的《关于全面深化改革若干重大问题的决定》指出，“赋予农民对承包地占有、使用、收益、流转及承包经营权抵押、担保权能”，为当前农村产权抵押融资试点提供了政策依据。为了推动农村产权抵押融资试点工作，总结各试点地区经验，需要从农户视角分析研究其对农村产权抵押融资的参与意愿，解释影响农户参与农村产权抵押融资意愿的可能因素，说明农村产权抵押融资试点的农户响应情况，为相关政策制定提供可参考依据。

29.2　文献综述与本章的视角

虽然已有大量学者针对产权抵押融资这一热点问题进行了研究，但是，学界对农村产权抵押融资的可行性以及制度设计等问题仍存在争论。张文律（2012）指出，农村产权抵押融资存在法律风险，导致效率的损失。郑杰等（2007）认为，除法律限制外，土地承包经营权抵押融资的现实约束还包括农村产权主体虚置、农村土地产权不明确和农地估价体制不完善等。车士义等（2012）指出，《物权法》、《农村土地承包法》以及最高人民法院《关于审理涉及农村土地承包纠纷案件适用法律问题的解释》等法律文件的有关规定，限制了土地承包经营权抵押或者抵偿债务的有效性，导致土地承包经营权抵押担保合同在法律上属于无效合同，因此，现阶段推行农村土地承包经营权抵押并不可行。但是，也有部分研究者认为农村产权抵押融资具备可行性。刁其怀（2010）认为，虽然土地承包经营权抵押融资未得到法律支持，但《中共中央关于推进农村改革发展重大问题的决定》（中发［2010］1号）对农村土地承包经营权的相关表述实际上承认了农村土地承包经营权的可抵押性，并且认为农村房屋抵押也应得到法律支持。另外，肖诗顺、高峰（2010）从理论和经验两方面分析了土地承包经营权抵押贷款的可行性，其研究结果表明，开展农村土地承包经营权抵押担保制度试点的条件已经初步具备，可以在直辖市及东南沿海等经济发达地区推行农村土地承包经营权抵押融资。邓刚（2010）指出，虽然《担保法》和《物权法》规定农地、宅基地等不得抵押，但是，《土地承包法》为土地承包经营权的抵押提供了有条件合法的依据。另有部分研究者还讨论了农村产权抵押融资试点的完善途径。曾光（2011）认为，在把握农村产权抵押融资发展契机的同时，应加强立法、健全农村社保体系并搭建有效的产权流转平台，为农村产权抵押融资创造良好的法律及制度环境。金瓯（2012）以温州市为例，从产权缔约的角度分析了农房抵押贷款政策在地方形成的原因，强调推动农房抵押贷款应重视政府、金融机构、农户等各缔约方的缔约完善，并总结了农房抵押融资作为金融创新对于其他地区的启示。对农村产权抵押融资的隐含风险和存在的问题，陈雪梅、李国燕（2009）指出，开展农地抵押涉及抵押品拍卖变现问题，可能由此引致抵押品处置风险，风险管理和担保机制不健全还可能引发信贷风险。曾庆芬（2011）以成都统筹城乡综合改革试验区为个案，运用计量模型对农户土地使用权和宅基地使用权抵押融资意愿的影响因素进行了实证分析，结果表明，显著性影响因素有户主的性别、年龄、村民正规信贷经历。肖轶等（2012）利用重庆市22个县（区）1 141户农户的问卷调查数据，分析了影响农户参与农村“三权”抵押贷款的因素，发现户主性别、户主是否有外出打工经历、家庭对投资风险的承受能力等有显著的正向影响，而户主年龄、非农就业人口占家庭总人口比重等因素具有负向影响。刘婷婷等（2013）分析了影响农户土地抵押贷款的因素，发现户主年龄和农户的土地流转意愿影响最为显著。林乐芬、王军（2011）基于金融机构的视角，以浙江宁波为例探讨了农村土地金融的供给意愿及影响因素，结果表明，法律法规的限制、农地抵押评估问题和借款农户违约后被抵押土地的变现风险是影响农村金融机构开展农地抵押业务的主要因素。

总体来看，已有的研究还存在以下不足：（1）关于农村产权抵押融资的研究以宏观和理论分析为主，对微观信贷主体特别是农户层面的实证分析偏少。（2）定量分析多采用二项 Logit 模型，无法准确、全面地反映农户的参与意愿。（3）已有实证研究未将农户对农村金融环境的评价作为农户参与意愿的影响因素进行分析，也未考虑区域差异，对模型回归结果进行影响因素分析，未采用回归后估计方法揭示在自变量影响下，因变量不同类别取值的概率以及概率的变化情况。

为探索农村产权抵押融资可行性等争议问题并弥补上述研究缺陷，本章从微观视角切入，采用在西部两个典型农村产权抵押融资试点地区问卷调查获取的第一手数据，运用广义定序 Logit（Generalized Ordered Logit）模型对农户参与农村产权抵押融资的意愿及影响因素进行分析。此模型是有序 Logit 模型的优化，与二项 Logit 模型相比能够更加清晰、充分并准确地对意愿进行描述，克服了多项 Logit 模型不能反映因变量序次关系的缺陷，同时又避免了有序 Logit 模型自变量必须满足成比例假设条件的限制。在此基础上，本章运用边际贡献和概率预测两种回归后估计（Post - estimation）分析工具对农户参与意愿不同类别的发生概率进行估计，这样可以进一步解释自变量对农户参与意愿的影响程度以及两者之间的相关关系，并对不同地域间农户农村产权抵押融资参与意愿的概率进行对比并判断样本农户总体的意愿特征，从而使分析和论证更为充分。

29.3 数据来源与样本分析

29.3.1 样本抽样方法与基本情况

本文所用数据来源于课题组于 2012 年 7 月至 2013 年 8 月分别对陕西省高陵县、宁夏同心县两个地区 10 个镇 19 个自然村 1 040 位农户的问卷调查。本章选取的两个样本地区是西部农村产权抵押融资的先行试验区，具有一定典型性和代表性。目前，两地区已初步形成以地方经济为依托的地域特色鲜明的农村产权抵押融资模式，是“自上而下”（高陵县）和“自下而上”（同心县）两种政策运作方式的典型。因此，依据实地调查获取的数据研究地域范围内农户参与农村产权抵押融资的意愿及其影响因素，对评价西部地区农村产权抵押融资试点的总体情况具有一定针对性和现实意义。

为了使样本更具有代表性，本章研究先采用分层抽样法，按照农村产权抵押融资试点普及程度的相对高低状况分为两层。在陕西高陵县抽取6个样本乡镇，其中3个乡镇的试点普及程度较高，农户认知水平也较高，其他3个乡镇试点普及程度相对较低；在宁夏同心县抽取4个样本乡镇，其中2个样本乡镇的试点普及程度较高，2个相对较低。在此基础上采用随机抽样法分别从两个样本地区共10个样本乡镇中各抽取1～2个村庄作为样本村，每个村庄再随机抽取55户农户进行调查。通过上述方法，本章最终获得有效问卷965份，其中，陕西高陵县540份、宁夏同心县425份。

29.3.2　样本农户的基本特征

1. 农户生产经营类型差异。高陵县540户样本农户中有229户生产经营类型为非农业为主兼营农业，占比最大，为42.40%；而同心县425户样本农户中从事农业为主兼营其他的占比最大，为46.59%。这说明两个样本地区的产业结构存在差异（见表29－1）。

表29－1　　样本农户生产经营类型　　单位：户，%

	陕西高陵县		宁夏同心县	
	户数	比例	户数	比例
纯农业	115	21.30	75	17.65
农业为主兼营其他	136	25.19	198	46.59
非农业为主兼营农业	229	42.40	125	29.41
非农业	60	11.11	27	6.35

2. 农户收入与支出结构差异。同心县样本农户的年户均总收入为93 489元，是高陵县样本农户的2.25倍。高陵县样本农户的非农业收入占年户均总收入的比重大于其农业收入占年户均总收入的比重，而同心县样本农户的农业收入占年户均总收入的比重较大，这与两县农户的生产经营类型特征相吻合。同心县土地承包经营权抵押融资的扶持政策和制度环境相对完善，土地使用效率得到大幅提高，农户从事规模化农业生产的积极性显著增强，这有助于提升农户户均收入水平。两样本地区农户的支出结

构存在较大差异，同心县样本农户的年户均总支出明显高于高陵县样本农户，高陵县样本农户消费性支出占年户均总支出的比重最大，为63.21%，而同心县样本农户的主要支出部分为生产性支出，占比为40.35%（见表29－2）。

表29－2　样本地区农户收支结构差异　单位：元，%

	陕西高陵县		宁夏同心县	
	金额	比例	金额	比例
年户均总收入	41 610.69	—	93 489.51	—
其中：				
农业收入	13 582.37	32.64	55 932.83	59.83
非农业收入	28 028.32	67.36	37 556.68	40.17
年户均总支出	29 152.07	—	58 154.91	—
其中：				
消费性支出	18 427.02	63.21	21 505.68	36.98
生产性支出	7 888.55	27.06	23 465.51	40.35
其他支出	2 836.50	9.73	13 183.72	22.67

注：生产性支出包括购买种子、化肥、农药、地膜、饲料等费用，农机具购买或租用费以及其他生产性支出。

3. 农户对当地金融环境评价。高陵县样本农户中对农村信用社服务态度表示“满意”的农户占比为40.74%，明显低于同心县样本农户中表示“满意”的农户占比72.47%。高陵县样本农户对农村信用社的信誉状况评价为“一般”的农户占比为44.44%，表示“满意”的农户占比（39.81%）同样低于同心县表示“满意”的农户占比（72.47%）。农户普遍认为，到达距离最近的农村信用社的交通状况良好。

4. 农户的未来融资需要与选择。高陵县样本农户中有236户（占43.70%）表示未来三年不需要贷款，较同心县仅21户（占4.49%）明显偏多。高陵县有163户（占30.91%）样本农户有正规信贷需求，其余141户表示“说不清”，而同心县有正规信贷需求的样本农户为381户（占91.06%）。当被问及“如果愿意参与农村产权抵押融资试点，您会优先选择何种资产作为抵押物”时，样本农户中选择土地承包经营权的最多，这在一定程度上反映了农村产权抵押融资中土地承包经营权抵押融资试点起步时间早、覆盖范围广的现实状况。

29.4　分析框架

影响农户借贷行为和融资意愿的影响因素很多，包括农户个体特征、能力特征、家庭年收入、可支配资金规模、耕地面积、贷款经历、对借款政策的认知程度、学习能力等（周小斌等，2004；黎翠梅、陈巧玲，2007；杨伟坤等，2009；贺莎莎，2008；钟春平等，2010；周宗安，2010）。借鉴已有研究成果，结合访谈与实地调查情况，本章将影响农户参与农村产权抵押融资试点意愿的因素归纳为受访者个体特征、农户家庭特征、农户社会资本、农户对当地金融环境评价、农户对农村产权抵押融资试点的认知、农户农村产权抵押融资经历及地域因素六大类型。

29.4.1　受访者个人特征

通常情况下，农村男性面临着更多维持家庭生计与提高生活水平的压力，抵押融资意愿更强（曾维忠、蔡昕，2011）。农村年轻男性致富欲望比较强烈，具有一定冒险精神，并且有较强偿还能力，同时也面临成家立业的压力，因此借贷需求强烈（刘纯彬、刘俊威，2009），而随着受访者年龄的增长，其家庭的投资和生产会相对减少，对资金和借贷的需求也就减少（贺莎莎，2008）。受访者文化程度越高，其素质和修养相对越高，潜在信誉和偿债能力也会越强，对银行和农村信用社等正规金融的认识也更加深入，有利于其获得贷款（贺莎莎，2008），因此愿意参与农村产权抵押融资的可能性越大。但同时，教育对收入有正向影响，从而降低了受访者家庭的资金流动性约束，降低了借贷需求（杨伟坤等，2009）。

29.4.2　农户家庭特征

经营非农产业的农户比传统农户的借贷需求高（潘海英，2011）。一是传统农业生产所需投资较少；二是由于农业税的免除及政府的各种惠农政策实施，传统农户比较安于温饱生活的现状，借贷需求降低，而农户从事其他行业，往往需要有一定固定资产投资和流动资金周转，所以生产性借贷需求通常较高（刘纯彬、刘俊威，2009）。农户的未来贷款需求意愿与其家庭经营土地规模正相关（赵允迪、王俊芹，2012）。农户耕地面积多，说明家庭经营规模大，有利于实现规模化农业生产，随着各项生产资料和设备投入的增加，农户融资需求增加（肖铁，2012）。家庭年生产经营总支出越高的农户，越可能具有正规借贷需求（易小兰，2012；周小斌等，2004）。家庭负债水平的高低决定着农户的家庭生产所得是用于积累、消费、投资还是还债。一般来说，负债水平越高，农户越缺乏生活性信贷需求，而更容易产生生产性信贷需求和借贷还债需求（周宗安，2010）。但同时，风险和还款压力也可能削弱农户的信贷融资意愿。

29.4.3 农户社会资本

本研究以“是否有家庭成员或亲戚朋友担任（过）村干部”反映农户的社会资本。家庭中有人担任（过）村干部，家庭成员获取信息的速度可能更快，并且更加容易接受新政策和新思想，参与农村产权抵押融资的愿意可能更强。另外，由于村干部是社会地位和身份的体现，反映了个人或其亲属可以依靠的社会网络关系，同时也体现着其在当地群众中的声望（赵允迪、王俊芹，2011），若有家庭成员或亲戚朋友担任（过）村干部，农户可能因存在人情关系而融资更加便捷或获贷可能性更大，因此参与意愿会增强。

29.4.4 农户对当地金融环境评价

本章选择农户对农村信用社服务态度的评价和对农村信用社信誉水平的评价两个指标来反映农户对当地金融环境的评价。作为农村信贷市场的主力军和主办农村产权抵押融资的金融机构，农村信用社的服务质量和信誉与当地金融环境紧密相关。客户对农村信用社服务质量和服务态度的评价越高，其对农村信用社的满意程度越高（黄海林等，2011），因此，其参与农村信用社主办的农村产权抵押融资的可能性越大。一般来讲，现在农户到达距离最近农村信用社的交通状况良好，因此，本章未将交通状况作为变量纳入模型。

29.4.5 农户对农村产权抵押融资试点的认知和农户农村产权抵押融资经历

理论上讲，贷款经历对农户的信贷需求具有显著的正向影响（黎翠梅、陈巧玲，2007）。村民的获贷经历有助于形成对正规信贷的正确预期，更有可能产生对正规信贷的需求（曾庆芬，2010）。户主对银行借贷政策的认知程度与农户的借贷行为呈正向关系，农户的认知程度越高，借贷需求越高（贺莎莎，2008）。农户之间有关农村产权抵押融资经历的信息交流与传递，有助于提升其对试点相关政策的认知水平，进而增强农户参与意愿。

29.4.6　地域因素

尽管农村产权抵押融资已在全国范围内展开试点，但是由于启动时间不同，部分地区先行先试，目前已形成了较为完善的抵押流程和管理制度，有效规避了农户抵押融资风险，因此，先行试点地区农户参与意愿较强。另外，不同试点地区政府、金融机构的宣传力度和农户认知能力等存在差异，因此农户对农村产权抵押融资的认知水平不一，直接影响了农户的参与意愿。与陕西高陵县相比，宁夏同心县农村产权抵押融资试点起步早、普及程度较高，农户认知水平也较高，因此，其农户参与意愿可能更强。

本章选择引入模型的自变量和因变量的定义、统计描述和预期影响方向见表29－3。

表29－3　　　　变量定义、赋值及统计描述

变量	代码	定义及赋值	最小值	最大值	均值	标准差	预期方向
农户参与农村产权抵押融资的意愿	y	非常不愿意＝1；不愿意＝2；一般＝3；愿意＝4；非常愿意＝5	1	5	3.303	1.010	
受访者性别	x_1	女＝0；男＝1	0	1	0.725	0.447	+
受访者年龄（岁）	x_2	小于等于　29＝1；30～39＝2；40～49＝3；50～59＝4；大于等于　60＝5	1	5	3.223	1.138	－
受访者文化程度	x_3	小学及小学以下文化＝1；初中文化＝2；高中及以上文化＝3	1	3	1.799	0.708	+/－
家庭生产经营类型	x_4	纯农业＝1；农业为主兼营其他＝2；非农业为主兼营农业＝3；非农业＝4	1	4	2.338	0.883	+
家庭耕地面积（亩）	x_5	小于10＝1；10～20＝2；大于20＝3	0	3	1.804	0.757	+

续表

变量	代码	定义及赋值	最小值	最大值	均值	标准差	预期方向
家庭年均总支出的对数	x_6	2010—2012 年家庭年均总支出的对数	2.85	5.66	4.474	0.326	+
家庭负债水平（元）	x_7	小于 2 000 = 1；2 001 ~ 20 000 = 2；大于 20 000 = 3	1	3	1.692	0.836	+/-
是否有家庭成员或亲戚朋友担任（过）村干部	x_8	无 = 0；有 = 1	0	1	0.140	0.347	+
对农村信用社服务态度的评价	x_9	非常不满意 = 1；不满意 = 2；一般 = 3；满意 = 4；非常满意 = 5	1	5	0.547	0.498	+
对农村信用社信誉水平的评价	x_{10}	非常不满意 = 1；不满意 = 2；一般 = 3；满意 = 4；非常满意 = 5	1	5	3.717	0.853	+
是否了解农村产权抵押融资试点	x_{11}	否 = 0；是 = 1	0	1	1.266	1.224	+
是否有农村产权抵押融资经历	x_{12}	否 = 0；是 = 1	0	1	0.380	0.486	+
地域	x_{13}	宁夏同心县 = 0；陕西高陵县 = 1	0	1	0.445	0.497	-

注：①除受访者年龄、家庭耕地面积、家庭年均总支出的对数为连续变量外，其余变量为分类变量，因此进行哑变量化。②二分类变量的参照组均为 $x=0$；多分类变量的参照组均为 $x=1$。

29.5 模型选择与实证分析

29.5.1 计量模型选择

定序 Logit 模型（Ordered Logit Model）是 Logit 模型体系中专门用来分析多重定序变量的，该模型需要满足比例优势假定（Proportional Odds Assumption），即从一个序次类别到另一个序次类别之间，自变量的回归系数应完全相同（Wolfe，R. and Gould，W.）。但是，由于现实中此假定通常难以成立，多数研究将定序变量作为定类变量[①]处理，采用多项 Logit 模型（Multinomial Logit Model）进行回归分析，但其缺陷在于丧失了序列信息。而 Gologit 模型回归过程是在放宽等比例假设条件下进行定序 Logit 回归，有效规避了运用定序 Logit 模型的限制条件，并能够反映因变量的排序等级，使回归结果所包含的信息更加准确。因此，Gologit 模型对于本章的研究意义在于：以各意愿类别发生的概率为因变量，影响农户做出意愿选择的因素为自变量，通过 Gologit 回归，分析各自变量如何影响农户参与农村产权抵押融资的意愿选择。如果农户参与意愿普遍较强，则说明农村产权抵押融资具有农户基础，因此有一定可行性。

Gologit 模型可以定义为

$$P(Y_i > j) = g(X\boldsymbol{\beta}_j) = \frac{\exp(\alpha_j + X_i\boldsymbol{\beta}_j)}{1 + \exp(\alpha_j + X_i\boldsymbol{\beta}_j)}, j = 1,2,\cdots,M-1 \quad (29.1)$$

式（29.1）中，Y 取 1，…，M 各值（M 指定序变量的类别数）的概率分别为

$$\begin{aligned} &P(Y_i = 1) = 1 - g(X_i\boldsymbol{\beta}_j) \\ &P(Y_i = j) = g(X_i\boldsymbol{\beta}_{j-1}) - g(X_i\boldsymbol{\beta}_j), j = 2,\cdots,M-1 \\ &P(Y_i = M) = g(X_i\boldsymbol{\beta}_{M-1}) \end{aligned} \quad (29.2)$$

本章中模型的因变量被分为 5 个序次类别，即 $M=5$。则对于 $j=1$，即因变量类别 1 与类别 2、3、4、5 比较；对于 $j=2$，则因变量类别 1、2 与类别 3、4、5 比较；对于 $j=3$，则因变量类别 1、2、3 与类别 4、5 比较；对于 $j=4$，则因变量类别 1、2、3、4 与类别 5 比较（Williams，2006）。

本章利用统计软件 Stata12.0 对样本数据进行回归处理。由于有效问卷中部分样本农户对农村信用社服务态度与信誉的满意程度评价选择为“不清楚”，为了纳入农户对金融环境评价变量并将其设置成 5 个排序等级，本章将数据进行了重新处理，最终纳入模型分析的样本为 919 个。

29.5.2　实证分析

1. 模型回归结果。回归过程先纳入 14 个自变量[②]，再进行逐步回

① 变量的一种，是根据定性原则区分总体各个案类别的变量。定类变量的值只能把研究对象分类，也即只能决定研究对象是同类抑或不同类，具有“=”或“≠”的数学性质。

② 通过计量方法生成家庭年均总支出的对数与地域的交互项（记为 x_{14}），用于考察家庭年均总支出对不同地域农户参与意愿可能的影响。

归①，经过变量剔选，最终有11个变量被选入模型（见表29－4）。逐步回归后有8个变量呈现统计显著性，分别为受访者性别、家庭生产经营类型、家庭负债水平、是否有家庭成员或亲戚朋友担任（过）村干部、对农村信用社服务态度的评价、对农村信用社信誉的评价、是否了解农村产权抵押融资试点和是否有农村产权抵押融资经历。为了解自变量对因变量的影响程度，表29－4同时列出了各自变量的OR（Odds Ratio）值②。

表29－4　　　　变量迭代剔选后模型回归结果

变量	取值			$y=1$	$y=2$	$y=3$	$y=4$
受访者性别	x_1		系数	1.342** (2.61)	0.302* (1.68)	0.499** (2.71)	2.680** (2.63)
			OR值	3.826 (1.967)	1.352 (0.243)	1.648 (0.304)	14.581 (14.877)
家庭生产经营类型	x_4	2	系数	0.304* (2.00)	0.304* (2.00)	0.304* (2.00)	0.304* (2.00)
			OR值	1.355 (0.206)	1.355 (0.206)	1.355 (0.206)	1.355 (0.206)
家庭年均总支出的对数	x_6		系数	0.675 (1.63)	0.675 (1.63)	0.675 (1.63)	0.675 (1.63)
			OR值	1.965 (0.816)	1.965 (0.816)	1.965 (0.816)	1.965 (0.816)
家庭负债水平	x_7	2	系数	－0.389 (－0.67)	0.370 (1.58)	0.807*** (3.65)	0.231 (0.71)
			OR值	0.678 (－0.67)	1.448 (0.339)	2.241 (0.495)	1.259 (0.408)

① 本章运用的是逐步引入—剔除法（stepwise selection），这种方法是建立在前进法（即开始方程中没有自变量，自变量由少到多一个一个引入回归方程。按自变量对因变量的贡献（P值的大小）由小到大依次挑选，变量入选的条件是其值小于规定进入方程的P临界值Enter，缺省值P（0.05）的思想前提下，考虑剔除变量，因此有两个临界值。本章在进行回归时，采用的剔选变量的概率为pe（0.05）。

② 如果OR值大于1表示事件发生的可能性会提高，或自变量对事件发生概率有正向作用；如果OR值小于1则表示事件发生的可能性会降低，或自变量对事件发生概率有负向作用。

续表

变量	取值			y = 1	y = 2	y = 3	y = 4
是否有家庭成员或亲戚朋友担任（过）村干部	x_8		系数	0.610 ** (3.00)	0.610 ** (3.00)	0.610 ** (3.00)	0.610 ** (3.00)
			OR 值	1.841 (0.375)	1.841 (0.375)	1.841 (0.375)	1.841 (0.375)
对农村信用社服务态度的评价	x_9	4	系数	0.902 (1.69)	0.423 ** (2.43)	0.174 (1.01)	−0.605 (−1.88)
			OR 值	2.465 (1.315)	1.526 (0.265)	1.190 (0.205)	0.546 (0.176)
对农村信用社信誉水平的评价	x_{10}	5	系数	1.212 *** (3.97)	1.212 *** (3.97)	1.212 *** (3.97)	1.212 *** (3.97)
			OR 值	3.361 (1.026)	3.361 (1.026)	3.361 (1.026)	3.361 (1.026)
是否了解农村产权抵押融资试点	x_{11}		系数	0.632 *** (4.01)	0.632 *** (4.01)	0.632 *** (4.01)	0.632 *** (4.01)
			OR 值	1.882 (0.297)	1.882 (0.297)	1.882 (0.297)	1.882 (0.297)
是否有农村产权抵押融资经历	x_{12}		系数	1.315 *** (6.33)	1.315 *** (6.33)	1.315 *** (6.33)	1.315 *** (6.33)
			OR 值	3.724 (0.774)	3.724 (0.774)	3.724 (0.774)	3.724 (0.774)
地域	x_{13}		系数	−2.060 (−0.89)	−2.060 (−0.89)	−2.060 (−0.89)	−2.060 (−0.89)
			OR 值	0.127 (0.294)	0.127 (0.294)	0.127 (0.294)	0.127 (0.294)
交互项	x_{14}		系数	0.417 (0.77)	0.266 (0.52)	0.232 (0.46)	0.477 (0.95)
			OR 值	1.548 (0.798)	1.305 (0.666)	1.261 (0.641)	1.612 (0.814)
Log likelihood = −892.28775　　Prob > chi^2 = 0.0000							
Wald chi^2 (12) = 319.48　　Pseudo R^2 = 0.2054							

注：①*、**、*** 分别代表 5%、1% 和 0.1% 的显著性水平。②系数后括号内为 Z 统计值，OR 值后括号内为相应的标准误差。

如表 29 -4 所示，当系数为正时，表明自变量取值越大，受访者就越倾向于选择更高的类别，即参与意愿越强；而当系数为负时，表明自变量取值的增加将会使受访者更加倾向于选择较低的类别，即参与意愿越弱。

2. 边际贡献估计结果。边际贡献是用于分析自变量变化而其他变量保持不变时对个体选择某个特定类别概率的影响（Williams，2006）。通过分析自变量在各自特定取值下对农户选择各意愿类别概率的边际贡献（Marginal Effect at Point）（见表 29 -5），能够得到样本农户选择各意愿类别的概率信息。若农户选择“愿意”或“非常愿意”的概率相对较大，则证实了农村产权抵押融资试点具有农户基础。而分析变量取均值时对农户选择各意愿类别的概率边际贡献（Marginal Effects at the Means（MEMs））以及自变量所有样本观察值对农户选择各意愿类别概率边际贡献的平均值（Average Marginal Effects（AMEs））（Hill，et al.，2011）（见表 29 -6）是为了揭示随自变量取值的变动，农户选择各意愿类别概率的变化情况。若自变量为正向影响因素，则受自变量取值变动的影响，农户选择“愿意”和“非常愿意”的概率增大（相应的边际贡献估计值为正），而选择“不愿意”和“非常不愿意”的概率减小（相应的边际贡献估计值为负）。此外，本文还通过比较分析样本地区农户参与农村产权抵押融资意愿的概率预测和总意愿概率预测，解释样本农户参与意愿的地域差异。

表 29 -5　　自变量特定取值对农户参与意愿概率的边际贡献

变量	取值	Pr（y=1）	Pr（y=2）	Pr（y=3）	Pr（y=4）	Pr（y=5）
受访者性别	0	1.89* （0.008）	23.58*** （0.0301）	21.6*** （0.0322）	52.60*** （0.0400）	0.32 （0.0032）
	1	0.50* （0.0024）	19.67*** （0.0109）	14.88*** （0.0166）	60.43*** （0.0236）	4.52*** （0.0079）
家庭生产经营类型	2	0.44 （0.0021）	13.83*** （0.0324）	13.02*** （0.0228）	69.11*** （0.0462）	3.60** （0.0138）
家庭年均总支出的对数	均值	0.72* （0.0029）	20.82*** （0.0168）	16.7*** （0.0153）	59.54*** （0.0216）	2.21** （0.0067）
家庭负债水平	2	1.44 （0.0160）	10.96* （0.0473）	0.35 （0.0336）	83.95*** （0.0487）	3.31 （0.0203）

续表

变量	取值	Pr（y=1）	Pr（y=2）	Pr（y=3）	Pr（y=4）	Pr（y=5）
是否有家庭成员或亲戚朋友担任（过）村干部	0	0.79 * (0.0031)	22.24 *** (0.1800)	17.26 *** (0.0158)	57.68 *** (0.0224)	2.03 ** (0.0062)
	1	0.43 * (0.0019)	13.55 *** (0.0241)	12.84 *** (0.0283)	69.50 *** (0.0356)	3.68 ** (0.0124)
对农村信用社服务态度的评价	4	0.03 (0.0007)	6.02 (0.0345)	19.38 * (0.0952)	74.28 *** (0.1130)	0.28 (0.0033)
对农村信用社信誉水平的评价	5	0.00 (0.0000)	0.07 (0.0010)	0.09 (0.0013)	9.89 (0.1356)	89.95 *** (0.1379)
是否了解农村产权抵押融资试点	0	1.10 * (0.0044)	28.45 (0.0289)	19.05 *** (0.0178)	49.93 *** (0.0334)	1.46 ** (0.0047)
	1	0.59 * (0.0024)	17.64 (0.0168)	15.23 *** (0.0146)	63.83 *** (0.0233)	2.71 ** (0.0083)
是否有农村产权抵押融资经历	0	11.87 * (0.0047)	29.96 *** (0.0253)	19.35 *** (0.0176)	48.14 *** (0.0257)	1.36 ** (0.0044)
	1	0.32 * (0.0014)	10.51 *** (0.0170)	10.67 *** (0.0147)	73.63 *** (0.0282)	4.87 ** (0.0150)
地域	0	0.23 (0.0031)	7.82 (0.0915)	8.44 (0.0813)	76.88 *** (0.0984)	6.63 (0.0813)
	1	1.79 (0.0192)	38.93 (0.2324)	20.05 *** (0.0184)	38.33 (0.2381)	0.90 (0.0095)
交互项	均值	0.72 * (0.0029)	20.82 *** (0.0168)	16.70 *** (0.0153)	59.54 *** (0.0216)	2.21 ** (0.0067)

注：①*、**、***分别代表显著性水平为5%、1%和0.1%。②括号内数值为Delta方法计算的标准误差。③边际贡献值为百分数。

（1）自变量取特定值对农户参与意愿概率的边际贡献。对于Logit模型，自变量对因变量概率的边际贡献通过对因变量取各序次类别时的概率求偏导数得到，具体可表示如下。

$$\frac{\partial Pr(Y=j)}{\partial X_k} = \frac{\partial F(\hat{\tau}_j - \overline{X}\hat{\beta})}{\partial X_k} - \frac{\partial F(\hat{\tau}_{j-1} - \overline{X}\hat{\beta})}{\partial X_k} = \hat{\beta}_k[f(\hat{\tau}_{j-1} - \overline{X}\hat{\beta}) - f(\hat{\tau}_j - \overline{X}\hat{\beta})] \quad (29.3)$$

自变量在特定取值 $\tilde{x}$ 处对因变量概率的边际贡献可表示为

$$\left.\frac{\partial E[y \mid x]}{\partial x}\right|_{x=\tilde{x}} = \left.\frac{\partial F(x\beta)}{\partial x}\right|_{x=\tilde{x}} = f(\tilde{x}\beta)\beta \tag{29.4}$$

经变量迭代剔选，模型中多分类自变量的部分类别被剔除，因此计算自变量特定取值处对农户参与意愿的边际贡献时仅涉及最终选入模型的自变量及其类别。

（2）自变量取均值对农户参与意愿概率的边际贡献及自变量平均边际贡献。两者是不同的两个量，并且得到的预测结果也不同（Scott 和 Freese，2006）。在计算自变量对农户参与意愿概率的平均边际贡献时，若变量为连续变量，则 x_k 的平均边际贡献为：$\frac{\beta_k}{N}\sum_{i=1}^{N} f(x_i\beta)$。若变量为离散变量，则其平均边际贡献为概率预测中离差的平均值。模拟结果如表 29－6 所示。

3. 回归结果与边际贡献估计结果分析

（1）受访者性别。表 29－4 显示，农户表示“愿意”的 OR 值为 14.58，变量在 1% 的显著性水平上统计显著，表明在其他条件不变的情况下，性别变量对农户参与意愿的影响程度较大。从表 29－5 看，变量为女性时，农户选择“非常不愿意”、“不愿意”的概率大于变量为男性时，农户选择相应类别的概率。从表 29－6 看，以女性为参照组，男性农户选择“非常愿意”的概率显著增加了 30.30%；两表结果均表明男性参与意愿明显强于女性。可能的原因是，农村男性就业能力较女性强，同时对风险的判断和控制能力也强于女性，另外，受到性格特征和某些社会因素的影响，女性思想观念相对保守，进行抵押融资的意愿也相对较低。

（2）农户家庭生产经营类型。以纯农业为参照，农户家庭生产经营类型为“农业为主，兼营其他”在 5% 的统计性水平上显著，方向为正（见表 29－4），并且对农户选择“愿意”的概率的边际贡献（69.11%）在 0.1% 的显著性水平上统计显著（见表 29－5）。从表 29－6 看，从事农业为主兼营其他产业的农户表示愿意参与农村产权抵押融资的概率增加了 6.64%。可能的解释为：除了维持农业生产经营或扩大农业生产经营规模所产生的资金需求外，兼营其他产业增加了农户的资金需求缺口，因此农户参与意愿增强。

（3）农户家庭负债水平。表 29－4 显示，家庭负债水平为 2 001～20 000元在0.1%的统计性水平上显著，系数为正，表明家庭负债增强了农户参与农村产权抵押融资的意愿。家庭负债水平为2 001～20 000 元的农户选择“愿意”的概率为 83.95%（见表 29－5），与家庭负债水平低于2 000元的农户相比显著增加了 17.12%（见表 29－6）。一般而言，家庭负债水平低于2 000 元的农户资金缺口较小，因此信贷融资的可能性较低，而家庭负债水平为2 001～20 000 元的农户资金需求规模较大，因此参与意愿较强。

（4）农户社会资本。是否有家庭成员或亲戚朋友担任（过）村干部在5%的显著性水平上统计显著，表明农户认可社会资本对其信贷融资的重要性。有家庭成员或亲戚朋友担任（过）村干部的农户表示“愿意”的概率为 69.50%（见表 29－5），与缺乏社会资本的农户相比显著增加了11.82%（见表 29－6）。由于村干部与农村信用社联系十分紧密，其各项信贷支农政策一部分需要村干部宣传与传达，且多数为信贷融资活动，例如担保贷款等都需要村干部的证明，因此农户认为通过村干部借款会更加容易，参与农村产权抵押融资意愿更强烈。

（5）农户对当地金融环境评价。表 29－4 显示，农户对农村信用社服务态度与信誉的评价对其参与意愿有显著的正向影响，表明农户越肯定信用社的服务质量和信誉，参与意愿越强。表 29－5 显示，农户对农村信用社服务态度的评价为“非常满意”时，农户选择“非常愿意”的概率（89.65%）最大，且十分显著。农户对农村信用社服务质量与信誉的评价能够直接反映农户参与试点的意愿偏好，农户满意度越高则越愿意继续保持与农村信用社的信贷往来，因此参与意愿越强。信誉良好的农村信用社会尽可能兑现承诺，信用风险相对较小，容易受到农户的信任，有助于增强农户的参与意愿。

（6）农户对农村产权抵押融资试点的认知及其农村产权抵押融资经历。两者均对农户参与意愿有显著的正向影响，与预期相符，且对农户选择“愿意”的概率的边际贡献均非常显著（见表 29－5），表明农户普遍支持农村产权抵押融资试点。以从未听说过农村产权抵押融资试点的农户为参照组，对产权抵押融资试点相关政策有所了解的农户持“愿意”态度的概率增加了 13.90%（见表 29－6）。与此结论相类似，有农村产权抵押

表 29 - 6　自变量处于均值处对农户参与意愿概率的边际贡献及自变量平均边际贡献

（%）	自变量处于均值处对农户参与意愿概率的边际贡献					自变量对农户参与意愿概率的平均边际贡献				
	Pr（y=1）	Pr（y=2）	Pr（y=3）	Pr（y=4）	Pr（y=5）	Pr（y=1）	Pr（y=2）	Pr（y=3）	Pr（y=4）	Pr（y=5）
受访者性别[a]	-1.39 （0.0075）	-3.90 （0.0322）	-6.73 （0.0355）	7.82 （0.0448）	4.20*** （0.0085）	-2.58* （0.0109）	-2.04 （0.0275）	3.22 （0.0240）	5.47 （0.0571）	30.30* （0.1047）
家庭生产经营类型[a]	-0.21 （0.0013）	-4.79* （0.0234）	-2.08 （0.0109）	6.40 （0.0313）	0.69 （0.0041）	-0.59 （0.0032）	-4.07* （0.0203）	-0.11 （0.0015）	3.26 （0.0163）	1.51 （0.0077）
家庭年均总支出的对数	-0.49 （0.0035）	-10.93 （0.0670）	-4.53 （0.0286）	14.49 （0.0891）	1.46 （0.0099）	-1.30 （0.0084）	-9.05 （0.0558）	-0.25 （0.0034）	7.24 （0.0448）	3.35 （0.0085）
家庭负债水平[a]	0.31 （0.0055）	-6.19 （0.0339）	-11.78*** （0.0302）	17.12*** （0.0435）	0.53 （0.0080）	0.75 （0.0113）	-6.42 （0.0350）	-69.90** （0.0253）	11.53** （0.0360）	1.15 （0.0160）
是否有家庭成员或亲戚朋友担任（过）村干部[a]	-0.36* （0.0017）	-8.69** （0.0255）	-4.42** （0.0158）	11.82** （0.0351）	1.65* （0.0081）	-1.18* （0.0046）	-8.18* （0.0271）	0.24 （0.0030）	13.01** （0.0344）	3.03** （0.0105）
对农村信用社服务态度的评价[a]	-0.71 （0.0046）	-6.56 （0.0300）	-8.71 （0.0211）	5.50 （0.0406）	-1.38 （0.0085）	-1.74 （0.0107）	-4.74 （0.0267）	3.75 （0.0224）	6.55 （0.0221）	-30.01 （0.1600）
对农村信用社信誉水平的评价[a]	-2.34* （0.0077）	-14.25*** （0.0254）	-8.71*** （0.0211）	19.00*** （0.0308）	4.51 （0.0216）	-2.34** （0.0077）	-16.24*** （0.0412）	3.75 （0.0029）	1.30*** （0.0344）	6.02*** （0.0154）
是否了解农村产权抵押融资试点[a]	-1.22* （0.0040）	-10.81*** （0.0288）	-3.83*** （0.0097）	13.90*** （0.0355）	1.25** （0.0046）	-1.22** （0.0040）	-8.47*** （0.0204）	-0.20 （0.0030）	6.78*** （0.0167）	3.14*** （0.0085）
是否有农村产权抵押融资经历[a]	-0.51* （0.0024）	-19.45*** （0.0280）	-8.68*** （0.0159）	25.48*** （0.0363）	3.51** （0.0118）	-2.53*** （0.0066）	-17.62*** （0.0282）	-0.50 （0.0058）	14.11*** （0.0219）	6.53*** （0.0122）
地域[a]	1.56 （0.0217）	31.11 （0.3227）	11.61 （0.0791）	-38.54 （0.3336）	-5.73 （0.0897）	3.97 （0.0452）	27.60 （0.3073）	0.44 （0.0068）	-22.10 （0.2465）	-10.23 （0.1152）
交互项	-0.30 （0.0042）	-4.20 （0.0829）	-0.98 （0.0347）	4.44 （0.1095）	1.03 （0.0114）	-0.80 （0.0106）	-3.27 （0.0683）	0.44 （0.0068）	1.27 （0.0552）	2.37 （0.0253）

注：①表中带⁺的为虚拟变量。对于带[a]的虚拟变量，平均边际贡献为从 0 到 1 的非连续性变化的边际贡献的平均值。②括号中数值为标准误。

融资经历的农户持“愿意”态度的概率为73.63%，与无此经历的农户相比增加了25.48%，表明农户已初步认可试点所取得的成效，期望继续受益于此。

4. 不同地域农户农村产权抵押融资参与意愿的概率预测。为了在不受其他自变量影响下，单独研究地域变量对农户参与意愿五个取值类别概率的影响，实现调查数据统计结果和概率预测结果的对比分析，本章按照五个意愿类别对问卷调查数据分地域进行统计，并在模型回归基础上对农户参与意愿进行概率预测。

进行概率预测的基本公式为

$$\widehat{Pr(Y = j|X)} = F(\hat{\tau}_j - \overline{X}_i\hat{\beta}) - F(\hat{\tau}_{j-1} - \overline{X}_i\hat{\beta}) \qquad (29.5)$$

预测结果（见表29－7）与表29－5中地域变量的边际贡献估计结果呈现出一致性，仅在具体数值上略有差异。

表29－7　　样本地区农户参与意愿的概率预测结果　　单位：户，%

		问卷统计结果				概率预测结果		
		陕西高陵县		宁夏同心县		地域概率预测		总概率预测
		户数	比例	户数	比例	陕西高陵县	宁夏同心县	
非常不愿意	y＝1	17	3.15	2	0.47	3.34	0.47	2.07
不愿意	y＝2	232	42.96	39	9.18	43.72	9.02	28.28
一般	y＝3	96	17.78	35	8.24	18.17	7.52	13.43
愿意	y＝4	179	33.15	307	72.23	32.01	72.56	50.05
非常愿意	y＝5	16	2.96	42	9.88	2.76	10.43	6.17

注：表中概率预测结果为各样本观察值概率预测的平均值。

表29－7显示，问卷统计结果中农户各类意愿选择的占比和概率预测结果中农户各类意愿选择的概率分布呈现非常显著的相关性。比较分析发现，不同地域农户参与意愿分布差异较为明显，表明目前农村产权抵押融资试点各地发展水平不均衡。样本地区农户持极端态度，特别是持“非常不愿意”态度的概率均相对较小，同心县农户表示未来非常不愿意参与的概率仅为0.47%。高陵县农户持“不愿意”态度的概率最大，为43.72%，其次为“愿意”态度（32.01%），而同心县农户选择“愿意”这一类别的概率（72.56%）明显高于选择其他四种意愿类别的概率。

农户参与意愿地域差异可能的解释为：同心县通过设立土地承包经营权抵押贷款协会自下而上开展土地承包经营权抵押融资试点，实现了农户与农村信用社的有效对接，并且农户抵押的是一定比例而不是全部的土地承包经营权，有效规避了风险，消除了后顾之忧。另外，清晰、规范的制度框架为农村产权抵押融资试点提供了良好的金融生态条件，增强了农户农村产权抵押融资参与意愿。

观察表 29－5、表 29－6 和表 29－7 的结果发现，农户选择“愿意”的概率估计值最大，概率分布呈左偏态[①]分布。这一方面表明西部地区农村产权抵押融资试点受到农户的广泛支持，从而为试点在西部地区乃至全国范围内推广提供了农户基础；但另一方面由于部分农村产权抵押融资试点地区缺乏有效的产权流转平台和产权评估机构，且存在政策支持体系不健全、农业保险覆盖范围有限等问题，增加了农户的风险隐忧，因此一定程度上削弱了其农村产权抵押融资参与意愿。

29.6 结论与政策启示

本章利用陕西省两个典型的农村产权抵押融资试点地区的 919 户农户的样本数据分析了影响农户参与农村产权融资意愿的相关因素，得出如下结论。

第一，受访者性别、农户家庭负债水平、农户家庭生产经营类型、农户社会资本、农户对农村信用社服务态度、信誉的评价、农户对农村产权抵押融资试点的认知、农户的农村产权抵押融资经历均对农户参与农村产权抵押融资的意愿有显著的正向影响。

第二，男性与女性相比，男性表示“愿意”参与农村产权抵押融资的概率显著增加。家庭负债水平越高、农户对当地金融服务满意程度越高，其愿意参与农村产权抵押融资的可能性越大。以农业为主兼营其他产业的农户表现出较强参与意愿的概率相对较大。社会资本、对农村产权抵押融资试点的认知和农村产权抵押融资经历均显著增加了农户选择“愿意”的

① 频数分布有正态分布和偏态分布之分。正态分布是指多数频数集中在中央位置，两端的频数分布大致对称。偏态分布是指频数分布不对称，集中位置偏向一侧。如果频数分布的高峰向左偏移，长尾向右侧延伸称为正偏态分布，也称右偏态分布；同样的，如果频数分布的高峰向右偏移，长尾向左侧延伸则称为负偏态分布，也称左偏态分布。

概率。由于高陵县和同心县农村产权抵押融资试点进展状况存在差异，两县农户参与意愿的概率分布状况明显不同。

从本章研究结论中可得到以下政策启示。

第一，将农户参与意愿的性别差异作为融资对象的选择基础。农村信用社应注重放贷对象的甄别和筛选。同时，在农户信用状况和抵押物符合标准的前提下，重视培育中青年男性对农村产权抵押的有效融资需求。第二，规范农村信贷市场，建立公平、有效的农村金融市场秩序。农村金融市场普遍存在信贷配给、人情贷款等问题，对此，试点地区相关部门应当对信贷市场进行适度干预，规范金融机构和信贷主体行为，纠正信贷失灵；同时鼓励农村金融机构加强农户个人征信体系的建设和完善，确保信贷供给和分配的合理、公平和有效。第三，加大农村产权抵押融资试点宣传力度，全面提升农户认知水平。地方政府应加强与主办银行的合作，通过多种媒介面向全体农户宣传农村产权抵押融资试点的支持政策以及不同涉农抵押物相应抵押融资业务办理的流程和基本要求，提升农户认知水平，扩大农村产权抵押融资试点影响范围。第四，提升农村信用社信贷服务质量和信誉，为农村产权抵押融资试点创造有利条件。农村信用社应强化从业人员服务意识，建立和完善人才激励机制，秉承信贷支农的宗旨，通过自身发展引领当地金融机构共同为农村产权抵押融资试点创造有利条件，促进农村产权抵押融资模式的推广和普及。第五，培育新型农业经营主体，鼓励家庭生产经营向非农产业延伸。为强化土地承包经营权等农村产权的抵押、担保权能，提升农户农村产权抵押融资的参与度，应当鼓励和倡导农户转变生产经营方式，进行专业化分工和规模化发展，培育一批种养殖大户、加工大户、农机大户、家庭农场等新型农业生产经营主体。

30　农村产权抵押融资试验典型模式比较研究

农村产权抵押融资是指借款人在政策允许范围内，以其依法有权处分的农村产权（包括土地承包经营权、农业生产设施、苗木和活体动物、农村宅基地使用权和房屋、林权等）为抵押标的物向金融机构进行资金融通的行为。近年来，农村产权抵押融资试验发展较快，初步找到了一条破解农民“抵押难”、“贷款难”、“担保难”的有效融资方式，因此备受关注。本章对宁夏同心县、陕西高陵县和杨凌示范区三个典型试点地区开展农村产权抵押融资试验情况进行了比较分析，寻找并总结各模式之间的差异性和共性，为推动农村产权抵押融资试验推广及其纵深发展提供可以参考的科学依据。

30.1　农村产权抵押融资试验背景

大量调查研究表明，缺少抵押品是造成农民“贷款难、难贷款”的重要因素之一（韩俊等，2007；周泽炯，2010）。与大多数发展中国家的情况类似，由于缺乏有效的抵押物，我国农民面临着较为严重的信贷约束。长期以来，大量农村产权处于闲置或低效利用的状态，与农户因缺乏抵押物而融资无门形成鲜明的对比。正如阿马蒂亚·森（1998）的研究结论所强调的，权利剥夺、能力缺失是导致发展中国家贫富差距拉大的真正原因。因此，探索如何实现“还权赋能”，改革农村产权制度，解决农户有效抵押物不足问题，从而拓宽农村抵押担保物范围，提高农户贷款的可获得性，就显得十分必要和重要（罗剑朝等，2005）。

2004 年至 2014 年连续 11 年的中央“一号文件”均对农村金融发展给予了高度重视，鼓励以农村金融体制改革与创新为目标，实现农村金融产品多样化，提升农村金融体系的服务能力。为了充分发挥农村产权的资本功能，实现农户产权的可抵押性，农村产权抵押融资试点在全国范围内相继开展。2006 年 9 月，宁夏同心县开始探索通过成立土地承包经营权抵押贷款协会，农户以土地承包经营权为抵押进行贷款。2010 年 10 月，宁夏吴忠市制定了《农村土地承包经营权反担保贷款管理办法（试行）》，从开展农村土地承包经营权抵押贷款试点至今，主办该业务的同心县农村信用联社未发生过一笔不良贷款。2008 年 2 月，重庆开县开展农村房屋和农村土地承包经营权抵押融资试点。2009 年 11 月，四川成都市正式启动了农村集体建设用地使用权、农村房屋和农村土地承包经营权抵押融资试点工作。陕西杨凌示范区于 2009 年 12 月开始探索农村产权抵押融资试点，并结合 2010 年 7 月国务院下发的《关于支持继续办好杨凌农业高新技术产业示范区若干政策的批复》（国函［2010］2 号）等文件精神，出台了支持土地承包经营权抵押贷款等四类产权抵押融资的实施办法，形成了独具特色的"杨凌模式"。2010 年 5 月，陕西高陵县启动了农村产权抵押融资试点。这些抵押融资试点，激活了当地农村"沉睡"的资产，是化解农户融资困难、突破农村金融改革"瓶颈"的有益探索。

2013 年 11 月，党的十八届三中全会通过的《关于全面深化改革若干重大问题的决定》明确指出，应当赋予农户承包土地的抵押和担保权能，肯定了农村土地承包经营权的可抵押性，为当前开展农村产权抵押融资提供了最直接和有效的政策依据。虽然农村产权抵押融资试验仍然处在起步阶段，目前还未完全破除法律障碍，且在执行与操作过程中存在不规范或不完善之处，但是从试点效果来看，得到了当地政府、金融机构以及中小企业、农户的广泛支持。

30.2　农村产权抵押融资试验典型案例

案例一：宁夏同心县农村产权抵押融资试验

同心县地处宁夏回族自治区中部干旱带，生态环境恶劣，农村经济基础薄弱，农村金融发展水平较低。发展生产资金短缺以及贷款难问题严重制约着农民持续增收。由于信用环境较差，此前以多户联保模式发放的小额农户贷款呆账、坏账较多，严重削弱了农村金融机构放贷动力，出现了农民持续增收需要信贷资金支持和农村金融机构向农民发放贷款无有效追偿保障、风险大的情况。为探索解决农户"抵押难、担保难、融资难"的问题，当地金融机构与政府密切配合，在《农村土地承包法》、《合同法》、《物权法》等法律和制度框架下，结合当地土地利用率低、农业种养殖以单户为主的小规模分散型的农业生产经营特征，寻找开展农村土地承包经营权抵押融资试验的突破口，创新担保方式，制定土地所有权和土地承包经营权“两权分离”的制度办法，形成了保证担保与土地承包经营权反担保相结合的“同心模式”，是土地经营权抵押间接融资的典型样本。2010年10月，人民银行银川中心支行出台了《农村土地承包经营权反担保贷款管理办法（试行）》，明确了同心县农村产权抵押融资试验的各项政策细节，为“同心模式”的形成和发展铺平了道路。

案例二：陕西高陵县农村产权抵押融资试验

陕西高陵县地处关中盆地中部，农业生产条件优越，全县总面积44万亩，农业用地22万亩，总人口28万人，其中非农业人口11.9万人，农户5.2万余户。近年来，随着蔬菜大棚建设项目的启动，以日光温室大棚蔬菜和露地菜为主的蔬菜面积迅速扩大。为了鼓励农户发展特色农业，满足农户生产经营资金需求，2010年5月28日，高陵县启动土地承包经营权抵押贷款，同年12月，该县农村产权制度改革试点正式进入实践阶段。

2011年7月14日，高陵县率先成立了西北首家农村产权交易中心。2012年10月，中国人民银行高陵县支行制定出台了《高陵县集体建设用地使用权抵押贷款管理办法》和《高陵县农村房屋所有权抵押贷款管理办法》，正式启动陕西省首家农村集体建设用地使用权和房屋所有权抵押融资试验，是继高陵县启动农村土地承包经营权抵押贷款之后，在全省农村金融体制改革和农村产权制度改革上的又一创新性突破。随着各项配套措施的不断完善，高陵县农村产权抵押融资试验已经形成了以“还权赋能”为导向，以信贷支农为原则，以信用评级为保障，以培育土地流转市场为核心的“高陵模式”，为探索农村产权抵押融资改革积累了丰富的实践经验。

案例三：杨凌示范区农村产权抵押融资试验

2009年12月，经中国银监会批准，杨凌示范区被设立为农村金融改革试验示范区。在农村金融改革政策的指引下，杨凌示范区积极开展并推动农村产权抵押融资试点工作，初步形成了以农村资产确权为基础，以农业保险创新为配套，以设立风险补偿金为保障，以建立农村产权交易中心为后盾，鼓励金融机构积极参与的农村产权抵押融资“杨凌模式”，切实解决了农村产权的确权颁证、流转以及涉农贷款风险补偿等问题（罗剑朝，2013），为金融机构开办农村产权抵押贷款创造了有利条件，创新了抵押物形式，实现了农村产权抵押物全覆盖。

30.3　农村产权抵押融资试验模式比较分析

30.3.1　主导方式与地方政府职能比较

根据各地农村产权抵押融资改革试点经验来看，大部分选择政府主导的强制性制度变迁路径，政府在试点过程中起着核心推动作用。以陕西高陵县和杨凌为例，农村产权抵押融资试验均可被归纳为政府主导模式，其运作方式可被归纳为：以国家和地方政府出台的相关文件为指导，地方政府与当地金融部门密切配合，自上而下共同引导、推动并监督农村产权抵押融资试验的开展。高陵县和杨凌示范区试点方案规定，一旦出现违约，土地承包经营权可由农村产权抵押融资风险基金按基准价格收购，这被称为“政府兜底”（赵俊臣，2011）。

虽然宁夏同心县土地承包经营权抵押融资试验也是采取出台相关政策或制度办法进行引导的方式进行，但是政府不介入抵押权实现的整个过程，体现了一种以基层创新为动力，顶层推动为保障的模式特点，与陕西两县（区）的试验模式存在较大不同。“同心模式”主要由市场力量推动发展，属于市场主导模式。在该模式中，各村农户自发成立土地承包经营权流转合作社，有融资需求的农户在申请贷款时，与土地承包经营权流转合作社签订合同，承诺如果未按期还款，土地承包经营权转让给代为清偿到期贷款的担保人或者合作社，农村信用社依据已签订的合同发放贷款。在整个贷款申请的过程中只涉及农户、金融机构和土地抵押贷款协会三方利益主体，节约了交易成本和监督成本，实现了农村产权抵押融资试验中各相关利益方的收益共享和风险共担。

30.3.2　抵押物覆盖范围比较

高陵县农村产权抵押融资试验所涉及的抵押物除了土地承包经营权外，还包括了农村集体土地所有权、集体建设用地使用权、集体建设用地上房屋所有权等农村产权。在一些村镇还存在使用农业生产设施，例如果蔬大棚作为抵押进行融资的情况。杨凌示范区抵押物从土地承包经营权扩展为包括农村房屋、农业生产设施、生物资产、存单等在内的多种产权形式。宁夏同心县产业形态以农业种养殖单户为主，能够被有效利用的产权为土地承包经营权。但是受制于法律规定，目前土地承包经营权抵押融资的合法性还未得到肯定，因此，为了规避法律风险，“同心模式”做法的特点是将土地所有权与承包经营权分离，让农民拿部分土地经营权作抵押。

30.3.3 操作流程比较

1. “同心模式”操作流程。

尽管是凭借土地承包经营权作抵押贷款，但同心县农村信用联社采取的模式是以保证农民不丧失土地承包经营权为先决条件，具体可归纳为以下五个步骤：

（1）成立担保组织：以村为单位，农户自发成立“土地承包经营权流转合作社”，作为抵押反担保平台；

（2）申请成为会员：农户所享有的一部分土地承包经营权（一般为40%）作为资本，通过入股方式成为协会的会员；

（3）签订土地承包经营权抵押贷款协议：贷款人与其他会员进行多户联保，同时与担保人以及土地承包经营权抵押贷款协会签订承包协议；

（4）组成联保小组：贷款社员以自由组织的方式形成三户联保小组，其中任何两户是另外一户的义务担保人；

（5）签订担保协议，发放贷款：农户向农村信用社提出贷款申请后，土地承包经营权流转合作社对农户进行总担保，农村信用社则依据《担保协议》为农户办理贷款的各项手续后发放贷款；

（6）未按时还贷时的抵押物流转：贷款农户如果未能按时还贷，担保人或者合作社应出面履行债务，此时抵押土地的经营权交由担保人或者抵押合作社处置。

“同心模式”的基本运作流程见图 30－1，其中法律主体之间的关系见图 30－2。

2. “高陵模式”操作流程。

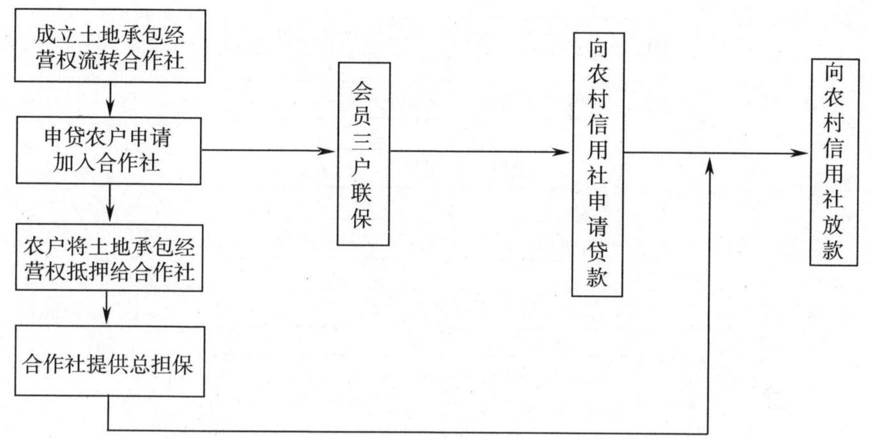

图 30－1　宁夏同心县土地承包经营权抵押贷款操作流程

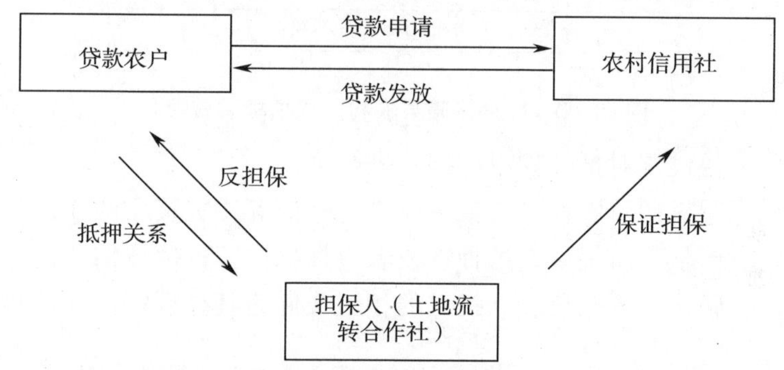

图 30－2　宁夏同心县土地承包经营权抵押融资试验法律主体之间的关系

陕西高陵县农村产权抵押融资流程主要包括以下步骤：按照规定，将抵押标的物在相关部门进行确权登记，贷款人的贷款条件符合贷款金融机构的要求、贷款用途，经过审核和确认后对抵押物进行价值评估，贷款人与金融机构签订贷款及抵押（或质押）合同，在完成抵押登记等最终环节之后，贷款人就可以拿到相当于抵押物评估价值 50% 的贷款，时限不超过 10 天。具体的抵押融资流程如图 30－3 所示。

3. “杨凌模式”操作流程。

杨凌示范区产权抵押融资的流程，可总结归纳为以下步骤。

（1）农户、农村合作社或涉农中小企业向主办金融机构提出贷款申请；

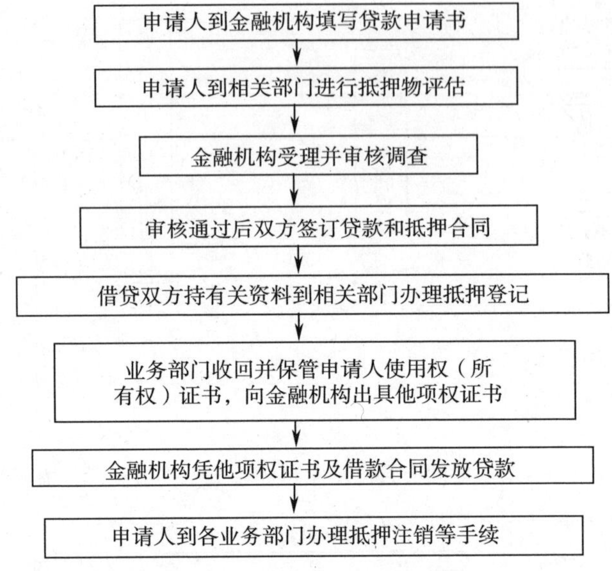

图 30－3　陕西高陵县农村产权抵押融资流程

（2）金融机构对抵押物或质押物进行确权；

（3）金融机构对农户等贷款主体进行资信等相关资质调查；

（4）对借款人所提供的抵押物或者质押物进行价值评估；

（5）金融机构依据贷款人提供的相关文件为其办理抵押（质押）登记手续；

（6）审议确定贷款期限、贷款金额并签订抵押贷款合同；

（7）金融机构依据农村产权抵押（质押）融资风险资金管理部门的要求进行登记备案，生物资产等抵押风险较大的抵押物须投保；

（8）金融机构向借款人发放贷款；

（9）贷后的跟踪、监督和管理，金融机构、金融办以及经办机构共同跟踪并且监督贷款人资金的使用情况，确保所发放的贷款能够按期收回；

（10）金融机构收回贷款。

“杨凌模式”的运作流程见图 30－4。

按照规定，在高陵县和杨凌示范区农村产权抵押融资试验的操作流程中，农户应当依据要求投保相应的农业保险，以减少由于自然灾害等因素可能导致的抵押物价值损失。另外，为了降低金融机构面临的风险，除了由政府出资设立风险补偿资金外，需要有专门的担保机构为抵押物投保，

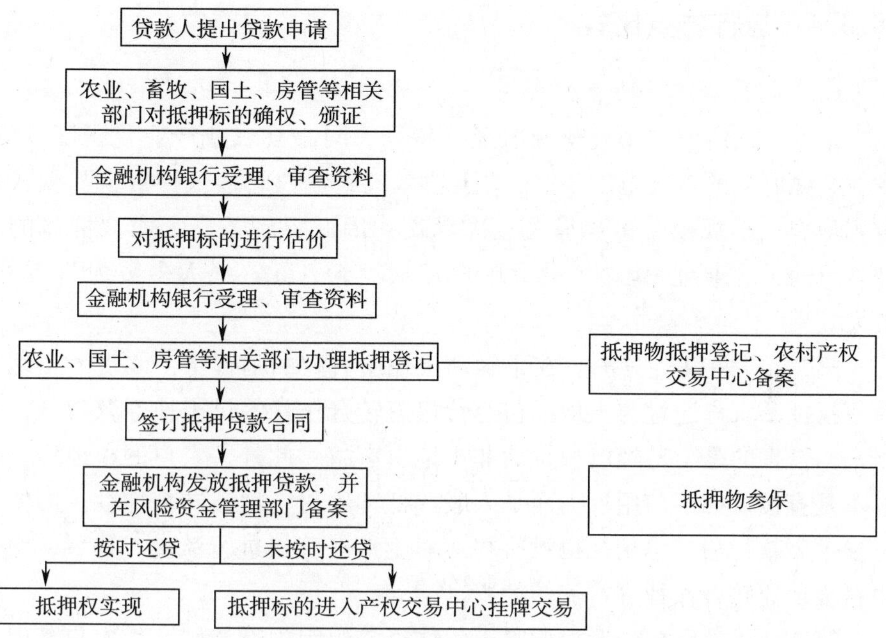

图 30－4　陕西杨凌农村产权抵押融资流程

以此促成“农户—保险（担保）—金融机构”三方联动的农村产权抵押融资机制的形成（见图 30－5）。但是，由于目前两地的农村抵押融资试验刚刚起步，抵押操作流程并未规范化，制度设计中的抵押物投保以及第三方机构未按照制度落实到位，在抵押权实现的过程中，存在农户不重视参保，且几乎没有担保机构涉足的现象。

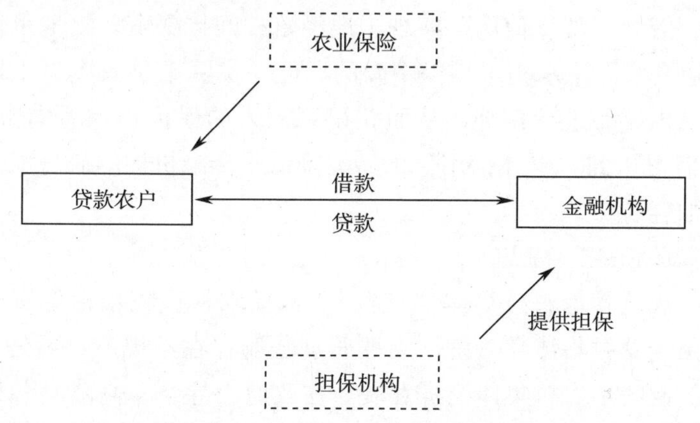

图 30－5　高陵县及杨凌示范区农村产权抵押融资试验法律主体之间的关系

30.3.4 运行特点比较

1. “同心模式”特点。

第一，适应农户小规模分散经营特征。同心县农业产业化程度较低，农村金融服务的覆盖范围狭窄，“土地承包经营权间接抵押贷款”模式符合当地农户小规模分散经营的现实状况，因此得到了广大农户群体的支持。目前，“同心模式”最大单户贷款额5万元，绝大多数为3万~5万元。

第二，“两权”分离。在不触动土地所有权的前提下，实现了土地经营权抵押。农户通过与土地承包经营权流转合作社签订土地经营权抵押承诺书，抵押的是土地经营权，而非土地所有权，此外，农户的土地经营权并不是直接抵押给信用社，而是入股并抵押给村土地流转合作社。即便农户发生欠款行为，信用社也没有权力对土地经营权进行流转、处置，而是由村土地流转合作社进行流转处置。

第三，土地承包经营权仅限于集体经济组织内部流转，为农户赎回土地承包经营权提供了便利。当农户无力偿还贷款时，由担保人或者土地承包经营权流转合作社代其偿还，通过与担保人及合作社签订土地承包经营权转让协议，将其入股的土地承包经营权转让给履行了清偿义务的会员。这样，贷款农户的土地承包经营权权利主体仍在合作社内部，与《土地承包经营法》中土地转包的情形相似，农户承包人的身份并未改变，这种做法规避了部分法律风险，并且保证了农户赎回贷款的便利性。

第四，借助“群体信用”实现土地经营权间接融资。土地承包经营权抵押贷款协会实际上承担了担保中介的职能，实际上是农民将土地承包经营权作为反担保品进行抵押，从而获得第三人的保证担保后向银行贷款。从“个体信用”到“群体信用”的转变降低了金融机构的放贷风险，使农户获贷更加容易。

2. “高陵模式”特点。

第一，规范管理农村集体“三资”，推动农村产权抵押融资改革。长期以来，由于农村集体“三资”台账管理普遍存在不规范、不公平、不透明的问题，制约了农村集体经济发展。在政府引导下，高陵县各村建立起了“三资”管理台账、交易中心、交易站和交易所，遵循分层管理、权监分离的原则，形成了一套高科技、透明、全面的管理体系，为更好地发挥集体产权抵押的资本价值，有效选择抵押物创造了条件。

第二，明确资金使用用途，使信贷资金发挥支农效果。高陵县农村产权抵押贷款主要是用于支持农民发展生产，发展设施农业、有当地特色的种植养殖业、个体运输、加工业等产业，而对农户的诸如婚丧嫁娶、购买房屋等生活性贷款需求一般不予考虑，目的是为了促进农民合理利用信贷资金进行生产经营投资，最大限度地发挥农业信贷资金的经济价值。

第三，搭建四个“中心”，完善抵押融资体制机制设计。为了实现产权评估的科学、透明和合理，防范农村产权的交易风险，高陵县政府引导搭建了四个“中心”，分别是农村产权价值评估中心、农村产权抵押担保中心、农村产权收储中心以及农村产权交易中心。

这四个“中心”的主要职能如表 30－1 所示。

表 30－1　　　　高陵县四个“中心”职能

	职能	操作方式	成效（截至 2012 年底）
农村产权价值评估中心	对农村产权进行价值评估，为金融机构的贷款提供准确的参考	依据土地承包经营权的年限＋地面附着物的经济价值进行价值评估	已出具评估报告 1.38 万份
农村产权抵押担保中心	确认农村产权作为担保物的合法身份	设立担保基金，在农村产权价值评估的基础上，利用担保基金进一步降低贷款风险	累计办理各类农村产权抵押担保业务 2 万余笔，担保金额达 2.1 亿元
农村产权收储中心	保证农村产权抵押贷款每一个环节的成功运转，防范与化解债务风险	债务人无法偿还贷款时，对抵押物收购、拍卖，拍卖所得优先偿还金融机构贷款，若有剩余返还债务人	—
农村产权交易中心	为农村产权管理、抵押、评估、担保、收储及挂牌交易提供综合服务	设立农村资产管理、产权交易和金融服务 3 个区域、13 个席位，为产权交易双方提供了一站式服务	初步实现了农村产权与资本市场的有效对接

第四，运用高科技手段绘制产权确权图。由相关部门牵头，委托专业机构实地测绘，运用 GIS 定位系统，将农民房屋、土地的分布绘制成图，

并在图上直接标注权利人的土地、房产、坐落等信息，然后由每家的代表在图纸上按手印确认各自耕地、宅基地、建设用地等的面积和位置，通过一张图纸将农业用地、农村房屋、林地等一一反映出来，形成了一个电子化、信息化的土地产权管理系统，以确保产权确权、颁证的顺利进行。

第五，建立信息化的农村征信体系。高陵县探索建立农村信用体系，开发了农村信用体系评价管理系统，完成了全县 3.4 万农户的信用建档工作，并通过搭载县政府电子政务平台，实现了金融机构、政府部门和乡镇的信息共享。在审批农户提交的贷款申请时，金融机构可以参考评价管理系统的农户档案和农户信用评级结果，有效降低了呆、坏账产生的概率，增强了金融机构的放贷信心，推动了农村产权抵押融资试验进程。

3. "杨凌模式"特点。

第一，创新抵押物形式。杨凌示范区从破解农地流转约束着手，借鉴农村土地承包经营权和房屋产权融资的有益经验，首次提出了活体生物资产以及农业生产设施等抵押贷款，现已形成了以农村土地经营权、农村住房、活体动物、设施大棚、苗木为载体的农村产权抵押融资体系，基本覆盖了所有农业生产资料。

第二，注重政策宣传并增强金融机构服务能力。杨凌示范区在全面推行新融资模式的过程中，大力宣传农村产权抵押融资试验的必要性和可行性。要求主办金融机构加强对一线员工信贷产品创新理念教育和业务能力的培养，调动从业人员对产品和服务方式创新的积极性并增强其金融服务水平和能力，充分激活了区内农户的信贷需求，调动了农户参与农村产权抵押融资的积极性。

第三，积极增加保险品种，通过贴息保险鼓励农户参保。杨凌示范区引入"三农"保险，通过与农业保险的嫁接，扩大农业保险覆盖面，对参与抵押融资试验的活体动物、苗木、果树等生物资产由人保公司实行应保尽保。目前的保险范围已扩大至包括能繁母猪保险、奶牛保险、生猪保险、大棚蔬菜的大棚设施农业保险等在内的六个险种，解决了银行对活体动物、苗木等生物资产抵押的后顾之忧，同时也完善了银行贷款损失补偿机制，实现了风险补偿资金的可持续运行。

4. 抵押物处置与风险防范机制比较。

农户作为借款方或债务人，面临抵押物丧失的风险。土地承包经营权、房屋产权等资产是农户生存的保证，一旦由于某些不可抗力因素导致无法按期归还贷款，产权或抵押物主体的变更将会给农户造成巨大打击。金融机构作为贷款方或债权人，面临的风险主要包括农户违约风险和抵押物的变现风险。农户违约风险包括被迫违约和理性违约。被迫违约又称被动违约，导致被迫违约的主要原因是债务人支付能力不足，这说明债务人有还款的意愿，但无还款的能力。理性违约是指债务人主动违约，此种情况在农村发生的概率较小，但是一旦违约发生，债权人将面临抵押物变现的风险。

宁夏同心县土地承包经营权抵押融资试验中，土地承包经营权流转合作社的设立和“反担保”机制的建立，有效规避了农户借款和金融机构的贷款风险。土地承包经营权流转合作社以村为单位设立，社员都是由相互熟知的本村农户组成，因此基本可以保证协会成员的信用质量，减少违约发生的可能性。一般情况下，农户向流转合作社入股的土地面积只占农户承包土地面积的40%，因此农户手中仍然掌握着大部分土地。以农户土地面积10亩为例，如果出现农户不能按时还贷的情况，被流转的土地仅仅为10亩中的4亩，其余6亩土地的承包经营权可以确保农户不会因为失地而影响其正常生活。如果农户不能按时还贷使得承包的土地被流转，等到用土地收益折算完农户的贷款及利息费用时，农户还可以赎回自己的土地承包经营权。从放贷金融机构的角度分析，其风险同样可控。在试验开展前，农村信用社普遍实行“个人负责制”的放款责任制度，违约被直接归为信贷员或客户经理的责任，而土地承包经营权流转合作社作为担保中介，减弱了农户违约对金融机构造成的负面影响。如果农户违约，按照规定，合作社和担保人先向金融机构清偿贷款，并有权对土地承包经营权以流转的方式处置，不会给金融机构造成损失。实践证明，这种“抵押、担保、放贷”三角模式赢得了农户的良好赞誉；农村信用社收回贷款容易且基本无风险，发放贷款的动力显著增强；协会和会员也能在风险可控的情况下从中受益，实现了贷款农户、土地承包经营权流转合作社和担保人“多方共赢”。

杨凌示范区通过示范区和杨陵区两级财政共同出资设立农村产权抵押融资风险补偿资金等办法，对抵押担保融资风险进行管理。另外，还成立了农村产权流转中心，并引入农业保险来分散农户抵押融资的风险。当借款人无法按时还贷时，抵押物进入农村产权交易中心挂牌交易，交易所得资金先用于偿还贷款，如果不足以偿还贷款，则不足部分由农村产权抵押融资风险资金进行代偿，农村产权抵押融资风险资金管理机构向抵押人追偿。挂牌交易的抵押物三个月内没有流转的，按照8:2的比例由风险补偿资金和金融机构分别负担未偿贷款。挂牌交易的抵押物流转出去的，银行应退还相应的补偿资金。

高陵县农村产权抵押融资的风险防范机制与杨凌示范区有相似之处。为降低农户和金融机构的风险，高陵县土地流转服务中心按照农户土地承包剩余年限的一半进行价值评估，金融机构仅发放评估价值一半的金额，实际上农民拿到的贷款是自己土地全部评估价值的1/4，有效降低了农民贷款的风险。如果农户贷款到期不能及时偿还，就会委托土地流转中心挂牌交易，转出经营权后的所得优先偿还贷款，余款返还贷款农户，农户贷款年限期满后可重新获得经营权。除此之外，高陵县还专门建立了“土地流转风险保障基金”，每流转一亩土地，政府拿出200元纳入保障基金，避免农民因为自然灾害，或者经营不善导致利润无法收回而丧失土地经营权。

5. 运作成效比较。

（1）“同心模式”运作成效。

“同心模式”有效解决了农户的“抵押难”、“融资难”问题。据人民银行吴忠市支行统计资料显示，截至2014年1月末，全县土地反担保贷款余额2.2亿元，涉及5个乡镇37个行政村的6 500余户农户获得了贷款，农户抵押土地5.3万余亩，户均贷款3.38万元，未产生一笔不良贷款，贷款主要用于养殖业、种植业，农副产品赊销等。目前，农户贷款额已从过去的3 000元增加到2万元，最高的已达到5万元。

（2）“高陵模式”运作成效。

“高陵模式”有效地盘活了农民所拥有的土地资产和农村集体土地资产，激活了农村金融市场活力，加快了城乡一体化进程。截至2013年3月，全县累计实现土地流转面积9.1万亩，占全县可流转面积的51%，农户贷款余额12.37亿元，金融机构累计发放各类资产抵押贷款超过2.5亿元，有效激活了农村土地潜能，实现了农村土地资源向资金的蜕变和“还权赋能”的政策目标，取得了较好的经济效益和社会效益。

表 30－2　　三种模式比较分析

	宁夏同心模式	陕西高陵模式	陕西杨凌模式
主导方式	自下而上（市场主导型）	自上而下（政府主导型）	自上而下（政府主导型）
抵押物	土地承包经营权	农村集体土地所有权、土地承包经营权、集体建设用地使用权、集体建设用地房屋所有权	农村土地承包经营权、农村房屋、农业生产设施、活体动物及果树等生物资产和农业知识产权
放贷对象	全体农户	从事种植业养殖业、运输业、加工业等行业的农户	农户、合作社或公司
风险防范措施	土地流转合作社对贷款农户进行“反担保”；抵押物一部分（40%）而非全部的土地承包经营权	建立农村信用体系评价管理系统，确定农户信用评级；鼓励农业保险（担保）参与；融资担保公司提供担保	人保公司提供“三农”保险，初步建立了银保联动的“银保富”支农机制
抵押方式	抵押与贷款分离（间接融资形式）	贷款人通过抵押直接获得贷款	贷款人通过抵押直接获得贷款
抵押权实现的前提条件	成立土地承包经营权流转合作社搭建（反）担保平台；拥有承包经营权证或土地承包合同书	抵押物确权、颁证	抵押物、质押物确权、颁证；活体动物等生物资产抵押办理相应的农业保险
担保物处置方式	土地承包经营权流转合作社内部处置（非正式规则）	农村产权交易流转中心挂牌交易	农村产权交易大厅进行挂牌交易
操作风险	土地流转合作社没有在相关部门注册登记，没有取得法人资格，不能作为合法担保人；抵押本身没有登记，难以对抗善意第三人；土地细碎化，削弱了集体外部成员的交易动力，同时集体内部交易竞争不足	缺乏完善的产权交易市场；风险补偿机制不健全，政府“兜底”痕迹过重	内控机制不健全，信贷审批、监管制度存在漏洞；缺乏完善的产权流转市场；政府“兜底”影响农村金融市场化改革目标

（3）“杨凌模式”运作成效。

“杨凌模式”中可抵押产权形式的多样化扩大了农户抵押融资的选择

范围，盘活了农村静态存量资产，有效解决了长期困扰农户的抵押物供给难题。截至2013年6月末，农村产权抵押贷款累计发放6 400万元，余额2 900万元。通过政府出资补贴农户投保，大力推广银行与保险联动的“银保富”支农机制，农户的参保意愿显著增强。截至2013年6月末，“银保富”项目参保农户数1 568户，群众缴纳保费408万元。

基于以上分析，三个典型地区农村产权抵押融资模式比较结果如表30－2所示。表30－2直观反映了当前农村产权抵押融资模式的共性和差异。

31　农户产权抵押借贷行为对家庭福利效果的影响分析

——来自陕西、宁夏 1 479 户农户的微观数据

金融是现代经济的核心，现代农业的发展也离不开资金支持，作为农业资金的主要来源，农业信贷对农业生产和农民消费乃至农村发展都有着重要作用，农户作为最主要的农业投资主体其资金积累能力有限，加之农村金融供给总量不足、信贷工具缺乏、信贷资金非农倾向严重等问题，农户融资能力不足严重制约其农业投资能力，因此以借贷行为为核心的农户融资行为一直是学术界研究的热点问题。随着我国农业产业结构的不断调整，农村经济呈现出市场化和多元化特征，农户对生产经营资金的需求愈加旺盛，然而因农户缺乏金融机构认可的抵押物而难以获得信贷资金与大量农村资产闲置无法充当抵押物之间的矛盾，加剧了农村金融抑制程度，严重制约农民增收、农业增效和农村发展。2008 年中国人民银行和中国银监会下发《关于加快推进农村金融产品和服务方式创新的意见》在中部六省和东北三省进行“创新贷款担保方式，扩大有效担保品范围”试验试点，拉开了我国开办农村土地承包经营权抵押融资的序幕。2013 年 11 月中共中央十八届三中全会《关于全面深化改革若干重大问题的决定》指出，要加快构建新型农村经营体系，赋予农民对承包地占有、使用、收益、流转及承包经营权抵押、担保权能，为当前开展农村产权抵押融资提供了政策依据，为破解农户“融资难、抵押难、担保难”的问题提供了现实可行路径。因此，为提升农村金融服务水平，提高农户贷款的可得性和利用效率，深入了解农户产权抵押融资行为对农户福利变化影响，探讨农村产权抵押融资实践能否真正促进农民增收、提高农民生活水平尤为重要。

31.1　文献回顾

农村产权抵押融资作为对当前我国农村土地制度、产权制度、担保制度的一种突破和尝试，学术界对其是否具有可行性、能否化解农户融资困难等问题展开了广泛的讨论。张文律在制度经济学框架下对农村产权抵押

融资进行的探讨认为，农村产权抵押融资在某种程度上缓解了农户“贷款难、难贷款”的问题，满足了农民、金融机构、地方政府三方的利益需求，是制度变迁的主体内化外部利润的结果，是一种新的帕累托改进。肖诗顺、高锋通过产权分析模型认为，我国农村土地产权已完全具备排他性、可分割性以及一定的可转让性，土地权利可作为交易标的向农村金融机构申请贷款，并论证了农村土地承包经营权抵押贷款模式对缓解农村资金“瓶颈”的积极作用。邓纲、严金海均认为当前我国农村产权抵押融资制度改革的合理性得到了普遍认同，但社会保障统筹基础不健全、法律效力缺失、农村产权交易市场发展不完善等问题的存在可能会导致土地抵押融资风险和运行低效。

在农户借贷福利研究方面，Bingswanger 和 Khandker 运用印度农户的平行数据对其正规金融形式贷款的经济效果进行了估计，发现贷款显著提高了农户的劳动生产率和收入水平，在一定程度上对农村发展具有促进作用。Pitt 和 Khandker 发现借贷对于农户产出具有决定性影响，显著改善了孟加拉国贫困农户福利状况。在我国国内对借贷福利的研究中，学术界形成了两种截然相反的观点：一种观点认为，借贷促进了农户福利的增长；而另一种观点认为，农户借贷对农户福利增长并无益处。李锐、李宁辉对全国 10 个省份农户数据进行的分析认为借贷对农户纯收入及其福利状况具有显著影响。朱喜运用柯布—道格拉斯函数对 3 000 个农户的抽样调查数据进行的检验表明，农户借款提高了农户的收入水平，并通过直接和间接效应促进农户消费，从而改善农户福利水平。褚保金等运用内生转换回归模型分析信贷配给对农户的收入水平影响发现，农户的贷款显著提高了其收入水平。叶静怡和刘逸对我国云南省彝良县的调查也显示，借贷对欠发达地区农户家庭生产性消费和现有农业生产的维持具有促进作用。但许崇正、高希武利用双对数模型对中国统计年鉴数据的测算显示，信贷投资对于农户人均收入的影响不显著，对农民增收支持不力。黄祖辉等的研究结果也论证了在忽视信贷需求的情况下，单纯增加信贷供给无益于促进农户福利增长。王文成、周津宇构建分位数回归模型和工具变量分位数回归模型对不同收入水平的农户借贷资金使用进行的分析表明，借贷资金并不能促进高收入水平农户和低收入水平农户增收，仅对中等收入水平农户具有明显的收入促进作用。

通过对大量文献的分析发现，目前，已有研究还存在以下不足：一是农村产权抵押融资作为新生事物，目前国内对其的相关研究多着眼宏观和理论分析，对农户参与农村产权抵押融资借贷行为的福利变化研究较少；二是我国对农户借贷福利的研究目前存在较大分歧，对借贷是否能促进农户福利提升呈现两种截然不同的观点；三是学术界在讨论农户借贷福利变化过程中采用的数据多为不同年份不同地区的年鉴数据，数据本身差异较大，难以反映当前农村产权抵押融资的实施效果。因此，本章拟在现有研究基础上，利用2012—2014年采集的农户微观数据，建立福利影响模型对西部农村产权抵押融资给农民带来的福利变化进行测算，为我国农村产权抵押融资试验的后续发展和改善农村金融服务提供参考依据。

31.2　理论分析及模型构建

31.2.1　借贷支持下农户福利变化的理论预测

家庭的借贷行为目标是福利最大化，农户是由家庭成员组成的消费团体，通常农户既是消费者又是生产者，如果把农户作为一个理性消费者，则农户的消费行为是要追求在一定预算约束下的消费效用最大化；同时农户又是生产者，其生产行为是为了追求生产利润最大化。假设给农户一个贷款额，其既可以用于增加消费预算，也可以增加生产要素投入。由于借贷涉及对跨期消费的调整，存在一定的时滞和消长关系，因此需考虑农户在多个时期内的生产和消费决策。如果农户将贷款用于生产投资，本期消费水平维持不变，农户的后期产出和收入将会增加，将借贷资金用于生产投资后也可能会使资本增值，增加后期的消费效用；若农户将借贷资金用于消费，则农户的本期消费效用会增加，本期借入资金B也意味着未来将发生B（1+r）（假设利率水平为r）的还款，若未来的生产技术和生产投入都不发生变化，那么未来后期消费将会减少，总体效用水平取决于两期消费效用的变化程度。传统农业部门由于技术和劳动生产率低下，农户的储蓄水平通常较低，农户很难仅依靠自身储蓄积累来扩大生产规模、投资附加值更高的新产品或增加生活消费等。为解决资金流动性不足，在一定情况下，农户会选择一个合适的借贷水平进行资金借贷，将借贷资金用于增加消费或用于生产。因此，借贷资金是农户向更高效生产方式转变的关键因素，也是提高农户收入和福利水平的主要途径。可以预测，农户信贷在理论上能够增加农户的福利。

31.2.2　计量模型设定

本章的研究目的是分析农户参与农村产权抵押借贷对农户家庭福利变化的影响。一般来说，农户产权抵押借款额由农户资金需求与金融机构放贷要求相互作用所决定，农户自身及其他特征决定着农户的借贷行为，也对农户的福利水平产生一定的影响，这使得在考察农户借款对其家庭福利情况的影响时，可能存在不可观测的因子同时影响借款数额和福利水平。基于此特征，我们采用 Pitt 和 Khandker 提出的福利模型来对该问题进行分析：

$$Y_i = \alpha B + \beta X_i + c + u \tag{31.1}$$

模型（31.1）中 Y_i表示农户的福利，B 表示样本农户的借款数额，X_i表示可以观测到的样本农户特征，c 表示不可观测的影响因子；u 为误差项，反映农户之间存在的差异，且 $E(u|X_i,c)=0$；α 和 β 为未知参数。如果所有变量都可以观测得到，则 β 是农户借款福利效果的无偏估计量。但是，由于 c 是不可观测的影响变量，可能同时影响农户借款数额和福利水平，若直接将农户家庭福利对借款数额及农户特征进行回归，将会导致模型（31.1）中借款的福利效果的估计是有偏的，因此本章选择工具变量辅助拟合模型。

一般而言在可放贷数额一定的条件下，金融机构选择资金贷款方的过程是一种理性选择，会考虑每个借款农户的各项特征，农户借款数额不仅取决于其自身特征，也受到其他借款竞争者条件的影响，因此选择竞争者特征作为工具变量是较为合适的。由于农村产权抵押融资作为一种新的融资制度实施较晚，从理论上预测，农户家庭贷款经历、农户对农村产权抵押融资政策的了解程度以及农户对产权抵押贷款的参与意愿度对农户申请产权抵押贷款额度具有一定影响，也对金融机构授信与否及授信强度的决策造成一定影响，我们的实地调查也验证了这一预测。在调查样本区域内，农户对农村产权抵押融资的了解越深，参与意愿越强烈，其本期意愿的借款额度也越大，同时，农户对产权抵押融资制度的了解程度增强，银行、信用社等金融机构相应的贷款发放意愿也随之增强，直接提高了农户借贷的可得性；而农户家庭以往的贷款经历也成为了银行等金融机构的良好参照，对金融机构发放贷款的意愿也具有较大影响。同时，这些经历及意愿状况并不直接影响农户的生产性投入，从而不直接影响农户的本期收入，因此从理论来看，选取这些竞争者特征变量作为工具变量是合适的。

而根据上文的分析，农户产权抵押借贷行为及其对家庭福利变化的影响本身就可能存在一定的内生性，且与农户间异质性关系密切，因此，本章在测算农户产权抵押融资借贷对其家庭福利变化影响前，选择模型（31.2）对农户借贷进行内生性检验：

$$B = \theta Z_i + \lambda X_i + \varepsilon \tag{31.2}$$

模型（31.2）中 Z_i 为上文分析中可能影响农户借款决策但并不直接影响农户福利水平的特征，包括农户家庭贷款经历、农村产权抵押融资政策的了解程度及农户对产权抵押贷款的参与意愿度，其在模型（31.2）中作为解释变量，同时是模型（31.1）的待选工具变量；控制变量 X_i 的选取与模型（31.1）相同，为农户自身特征，如户主性别、年龄、文化程度、土地经营规模等，这些变量不仅可能对农户家庭福利水平产生影响，而且可能对农户是否借款、借贷数额的决策产生一定的影响。θ 和 λ 为未知参数。

检验采取以下步骤：首先将借款额 B 对待选工具变量 Z_i 进行回归，检验工具变量与借款额度的相关性，判断其是否可作为本章数据分析的工具变量；然后加入控制变量 X_i 进行回归，并得出误差的拟合序列 $\hat{\varepsilon}$；再将 $\hat{\varepsilon}$ 作为自变量代入模型（31.1），通过考察 $\hat{\varepsilon}$ 对农户家庭年收入 Y 是否具有显著性影响，来判断借款是否具有内生性。如果误差序列对年收入具有不为零的显著性影响，则证明借款具有内生性，否则借款不存在内生性。

31.3 数据来源及变量选择

31.3.1 样本来源

数据来源于课题组 2012—2014 年对西部农村产权抵押融资试验区农户的实地入户调研，调查问卷涉及 2009—2014 年农户经济投入与产出。根据西北地区农村土地产权抵押融资实施情况选取西北两大农业省区陕西省、宁夏回族自治区产权抵押先行试验区作为调研区域，运用分层抽样方法，选取传统种植业为主的高陵县、现代高新技术农业为支撑的杨凌示范区、种植业养殖业兼营的同心县和全国农村改革试点县平罗县为样本点，具有一定的典型性和代表性。在样本点内部采用分层抽样方法抽取不同经济发展水平、不同生产类型的样本村，进而采取随机抽样方法选取农户进行实地入户调研，保证所选样本能够代表西北地区不同经济条件、不同农业类型农户参与农村产权抵押融资的基本情况。调查共获得有效问卷 1 479 份，问卷主要包含农户的基本信息、贷款经历与评价、农村产权抵押融资政策落实情况、未来融资需要与打算、意见和建议五个模块。

31.3.2 变量选择及描述性统计

我们访问的研究对象具有以下特征：以男性农户为主，占比 74.5%；以中青年农户为主，年龄段集中在 31 ~ 59 岁范围内，占样本总数的 82.2%，年龄分布近似正态分布；初中及以上文化程度占 69.2%，调查显示大部分农户能够针对自身的融资需求以及农村产权抵押融资的手续、条件发表自己的看法和见解，因此我们认为农户的借贷行为是较为理性的。从调查情况来看，样本地区大部分农户以农业生产为主，农户家庭经营类型中纯农业及以农业为主兼业经营占比 55.9%。样本中，54.1% 的农户家庭土地规模在 5 ~ 15 亩之间，农户总体土地经营规模偏小，大规模土地经营农户较少。

根据上文分析，模型（31.1）中 Y_i 表示农户的福利，对于农户福利的衡量指标较多，在本章我们选取家庭年收入、农业收入、非农收入、生活消费和生产性支出来反映农户家庭福利变化情况，农户借款主要用于生活消费或者生产经营支出，而生活消费带来的消费满足和生产经营带来的收入增加都能提高农户的福利水平。因此，选取收入和支出指标作为衡量福利的变量是合适的；B 表示农户产权抵押贷款借款额；X_i 表示可以观测到的样本农户的特征；Z_i 表示可能影响农户借款决策但并不直接影响农户福利水平的特征，即竞争者特征。变量定义及描述性统计见表 31 -1。

表 31 -1　模型中的变量定义及描述性统计

变量名称	代码	赋值说明	均值	标准差
户主性别	X_1	1 = 男；0 = 女	0.75	0.44
户主年龄	X_2	1 =30 岁及以下；2 = 31 ~ 39 岁；3 = 40 ~ 49 岁；4 =50 ~ 59 岁；5 =60 岁及以上	3.04	1.09
户主文化程度	X_3	1 = 文盲；2 = 小学；3 = 初中；4 = 高中；5 = 大专以上	2.85	0.89

续表

变量名称	代码	赋值说明	均值	标准差
家庭人口数量	X_4	常住人口数量（人）	4.46	1.54
家庭劳动力数量	X_5	家中的主要劳力（人）	2.57	1.10
土地经营规模	X_6	农户拥有的包括水田、旱地、果园、养殖场在内的土地经营实际面积（亩）	31.75	219.47
经营类型	X_7	1＝纯农业；2＝农业为主兼营其他；3＝非农业为主兼营农业；4＝非农业	2.28	0.87
房屋价值	X_8	农户拥有房屋的资产价值（万元）	20.16	23.34
生产性实物资产价值	X_9	农户用于农业生产的树木、农业设施及牲畜等财产总值（万元）	4.36	15.01
社会关系	X_{10}	0＝否；1＝是	0.07	0.26
农业保险	X_{11}	0＝未参加；1＝参加	0.86	0.34
家庭贷款经历	Z_1	0＝无；1＝有	0.42	0.49
农村产权抵押融资政策了解度	Z_2	1＝没听说过；2＝听说过一点；3＝一般；4＝基本了解；5＝非常了解	2.59	1.30
农户产权抵押参与意愿度	Z_3	1＝非常不愿意；2＝不愿意；3＝一般；4＝愿意；5＝非常愿意	3.47	0.92
家庭借款额	B	参与农村产权抵押融资借款额（万元）	2.95	5.59
家庭年收入	Y_1	借贷当年家庭年总收入（万元）	13.12	50.68
农业收入	Y_2	农业年总收入（包括种植、养殖等收入总和）（万元）	7.01	44.24
非农业收入	Y_3	非农业年总收入（包括务工、经营等收入总和）（万元）	6.00	23.25
家庭年支出	Y_4	家庭年总支出（家庭生活消费支出、生产支出等总和）（万元）	7.67	24.10
生活消费支出	Y_5	生活消费支出（包括衣食住行支出、资金周转支出、教育文化娱乐支出、医疗保健支出等）（万元）	2.67	2.99
生产性支出	Y_6	农业生产支出（包括购种费、农业机械设施费等）（万元）	3.46	19.76

注：（1）社会关是指是否有家庭成员或亲戚朋友担任村干部；（2）房屋价值是根据房屋材质及建成年份估算的房屋现值；（3）收入（家庭年收入、农业收入、非农业收入）及支出（家庭年支出、生活消费支出、生产性支出）均指的是借贷当年的收入和支出。

31.4 实证分析

基于样本农户的借款数额及收入、支出数额大于或等于0，且其中许多数额为0，借款变量、收入支出变量的数据具有明显截尾数据特征，本章采用Tobit模型筛选工具变量对农户借贷进行内生性检验并测算农户家庭福利的变化情况。

31.4.1 内生性检验

在分析产权抵押贷款对农户家庭福利的影响前，先进行借款内生性检验。由上文理论分析，所选三个待选工具变量均对农户借贷行为具有一定影响，为排除特征变量的干扰，将借款额B仅对三个待选变量 Z_i 进行回归，考察它们与借款的相关性，分析是否适合作为工具变量，变量估计系数见表31－2。

表31－2　　　　待选工具变量判别

工具变量	估计系数
家庭贷款经历	0.216115（0.448763）
农村产权抵押融资政策了解程度	1.873276*** （0.186691）
农户产权抵押参与意愿度	1.443997*** （0.279221）

注：括号内为标准差，***、**和*分别表示在1%、5%和10%的统计水平上显著。

由表31－2可知，农户家庭贷款经历对农户借贷的估计系数未通过显著性检验，而农村产权抵押融资政策了解程度、农户产权抵押参与意愿度对农户的借贷具有显著的正向影响，且都在1%的显著性水平下通过检验。从模型估计系数及标准差值来看，农村产权抵押融资政策了解度与农户借贷影响相关性更强，因此选取农户对农村产权抵押融资政策的了解程度作为工具变量，并加入控制变量，检验借款和农户的家庭年收入之间是否存在内生性。按照模型介绍中的检验步骤，加入控制变量 X_i 代入模型（31.2）进行回归，可得影响农户产权抵押借贷数额的主要影响因素，回归结果见表31－3。

表 31 -3　　农户产权抵押借贷影响因素

解释变量	估计系数	解释变量	估计系数
户主性别	2.135918 ***	房屋价值	0.039091 **
户主年龄	-0.959447 ***	生产性实物资产价值	0.051890 ***
户主文化程度	0.164348	社会关系	2.512032 **
家庭人口数量	0.007618	农业保险	0.667420
家庭劳动力数量	0.273331	农村产权抵押融资政策了解程度	1.803400 ***
土地经营规模	0.004081 ***	常数项	-5.090382
经营类型	-0.530829 **		

注：***、** 和 * 分别表示在 1%、5% 和 10% 的统计水平上显著。

从表 31 -3 可以看出，在家庭特征方面，户主的性别、土地经营规模对农户借贷额度存在正向影响，年龄对农户借贷额度存在负向影响，且均在 1% 的显著水平下通过检验。这可能是因为在农村，男性比女性面临的维持家庭生计和提高家庭生活水平的压力更大，其致富意愿更为强烈，相比女性有更多的外出就业机会也更具有偿债的能力，因此借贷额度更高；农户年龄越大，其思想更趋于保守，对新的融资渠道的认识和接受程度相对较低，其借贷额度也会降低；农户家庭土地经营规模越大，其对农业生产投入越多，对资金需求也更加旺盛，借贷额度也相应增加。

农户家庭的房屋价值、生产性固定资产价值、社会关系对农户借贷额度存在正向影响，且分别在 5%、1% 和 5% 水平下通过显著性检验；农户家庭经营类型对农户借贷额度存在负向影响，且在 5% 的显著水平下通过检验。这可能是因为，农户的房屋价值越高，其家庭条件相对可能更为优越，致富能力也越强，更具有还款保障，因此更愿意进行贷款；生产性固定资产价值较高的农户，其参与农业活动的积极性相对更强，资金需求也更为强烈，借贷额度随之增加；家庭成员担任村干部越多，越能更多更快的接触到新的致富信息和致富渠道，同时，信贷支农政策在农村常常通过村干部进行宣传，其更容易接受新政策，自然也更愿意通过借贷缓解家庭资金不足；而农户经营类型越偏向于非农业，其家庭工资收入更为稳定，生产性支出可能会相对减少，在一定程度上会降低农户对贷款的需求。

农村产权抵押融资政策了解程度对农户的借贷具有显著的正向影响，且在 1% 的显著性水平下通过检验。这可能是因为农村产权抵押贷款作为一种创新型信贷产品，突破了信用贷款等信贷产品对担保人条件的限制，而对政策的了解程度更有可能对农户贷款的可得性造成影响，也更能促进农户借贷、提高农户贷款额度。

户主的文化程度、家庭人口数、劳动力人数和家庭农业保险参与情况并未通过统计学意义上的显著性检验，无法证明其对农户的借贷存在显著影响。

从模型（31.2）的回归结果中，得出误差的拟合序列 $\hat{\varepsilon}$；再将 $\hat{\varepsilon}$ 作为自变量代入模型（31.1），考察 $\hat{\varepsilon}$ 对农户家庭年收入 Y 是否具有显著性影响。由内生性检验结果可知，误差序列 $\hat{\varepsilon}$ 的估计系数为 -0.69，相应的 p 值为0.36，未通过显著性检验，不能判断误差对收入具有显著性影响，因此不能判断农村产权抵押借贷存在内生性。

31.4.2　产权抵押贷款的福利影响

由农村产权抵押借贷不存在内生性，进而估计农户产权抵押贷款额对农户家庭的福利影响变化，将农户的特征变量 X_i、农户借款额 B 代入模型（31.1）中，Tobit 回归的结果见表 31 -4。

表 31 -4　　农户借款的福利效果

解释变量	家庭年收入	农业收入	非农收入	生活消费支出	生产性支出
借款额	0.388703 **	0.110742	0.272385 **	0.085937 ***	0.036068 *
户主性别	-5.639941 ***	-3.241224 *	-2.611042 *	0.077881	-0.277462
户主年龄	-0.268617	-0.466823	-1.074300 *	-0.080414	-0.225207
户主文化程度	0.311336	-0.451730	-0.081473	0.133227	-0.009212
家庭人口数量	0.525269	0.844707	-0.063841	-0.007367	0.130228
家庭劳动力数量	-0.139767	0.617522	0.957696	0.094607	0.161546
土地经营规模	0.150559 ***	0.150878 ***	-0.000948	0.000179	0.053384 ***
经营类型	0.405844	-6.639613 ***	10.77876 ***	0.383362 ***	-2.194780 ***
房屋价值	0.425370 ***	0.088509 **	0.320822 ***	0.022639 ***	0.315858 ***
生产性实物资产价值	0.039996	0.007082	0.001244	0.015436 ***	0.071191 ***
社会关系	5.985223 *	-2.174668	11.13120 ***	-0.002602	-1.688260
农业保险	2.984006	1.819324	2.860441	-0.062330	0.677738
常数项	-3.334493	11.91236	-30.44889	0.668346	-1.346956

注：*** 、** 和 * 分别表示在1% 、5% 和10% 的统计水平上显著。

从借款对农户福利的整体影响情况看，农村产权抵押融资借款促进了农户家庭收入的增长和支出开销增加，提高了农户福利水平，这一结论与本章的预测相符。

就农村产权抵押融资借款对农户收入及支出的具体影响情况来看，农户借款对农户的家庭年收入、非农收入、生活消费支出和生产性支出均存在正向影响，分别在5%、5%、1%和10%的显著性水平下通过检验；借款对农户农业收入的影响并未通过显著性检验。这可能是因为农户将借款用于购买机械设备或进行大棚等农业设施建设等，增加了其机械、设施的投入，从而减少了人力投入，使家庭更多人力外出打工或从事其他行业，促进了非农收入的增长，而由于农业人力投入的减少、农业设施投资回收期较长使得农业本期收入增加并不显著。同时，从农户对借贷资金的使用来看，资金对生活消费的促进作用更为显著，这可能是因为对于大多数普通农户，其收入水平仍相对较低，消费需求层次较低，只有在面临家庭大事的操办等必需生活开销投入时才会选择向金融机构进行资金借贷。

从显著影响因素来看，土地经营规模对农户家庭年收入、农业收入和生产性支出的影响均为正向影响，且均在1%的显著性水平下通过检验，这表明土地经营规模越大，不仅农户家庭的生产性投入越高，其对农业生产效益的拉动作用也越强，越能促进农户家庭农业收入和年收入的增长。家庭房屋价值对农户家庭的各项福利指标均具有正向的显著影响，表明家庭房屋价值越高的农户，其家庭收入、生活消费、生产性支出均较高，这可能是因为家庭房屋价值越高，其家庭经济积累越深厚，经济条件越优越，对生活消费和生产性支出的投入也越高，而生产性支出的投入也进一步促进了家庭收入的增长。经营类型对于农户家庭农业收入、生产性支出具有1%显著性水平下的负向影响，对于农户家庭非农收入、生活消费具有1%显著性水平下的正向影响，这表明农户家庭经营类型越偏向于农业，其农业生产性投入越多，获得农业收益也越高，越偏向于非农业，其非农收入越高，非农经营下农户家庭的生活消费也相应增加，这与我们实地调研经验相符。从数据结果来看，农户借款的福利指标不同，其主要影响因素也不完全相同，存在着一定的差异。

31.5 研究结论及政策建议

本章利用2012—2014年三年内对我国西北地区1 479个农户的调查数

据，运用Tobit模型分析了农户参与农村产权抵押融资借贷对农户家庭收入和支出福利的影响，得出以下结论：（1）农户产权抵押借款对农户的家庭年收入、非农收入、生活消费支出和生产性支出均存在显著正向影响，这表明农村产权抵押借款显著改善了农户家庭的福利水平，其中产权抵押借款对农户家庭生活消费支出的带动作用最为明显。（2）农户产权抵押借款对农户家庭的农业收入并不具有显著性影响。（3）土地经营规模、房屋价值、家庭经营类型对农户家庭收入及支出情况具有显著影响，是影响农户家庭福利水平的重要影响因素。

基于以上结论，为进一步缓解农户融资难，提高农民福利水平，推行农村产权抵押融资，应做好以下几个方面的工作：（1）各级政府及相关部门应进一步拓宽抵押担保物范围和模式，提供符合自身地域特点、适合农业需要的农村产权抵押贷款，进一步深化客户管理模式、拓展业务范围，引导农户长期借贷资金需求，促进农户的生产性投资。（2）各级政府及相关金融机构应加大对农村产权抵押融资的宣传力度，扩大其知晓度，全面提升农户的认知水平，降低农户和农村金融机构间信息不对称程度，加强引导，提高农户贷款可得性。（3）各级政府及相关部门应认真贯彻党的十八届三中全会精神，积极稳妥地推进农村土地流转，开发、培养农村人力资源，提高农民科学文化素养和生产经营水平，鼓励农民创业、就业，扶持发展适度规模经营，加强职业农民培育。（4）地方政府应进一步激活农村金融市场，提高农村金融机构覆盖度，增加金融供给，适度干预农村金融市场，完善农村产权抵押融资政策执行机制，规范金融机构和信贷主体的行为，建立公平、有效的农村金融市场秩序。

32 西部地区农村产权抵押融资政策效果评价

——基于陕西、宁夏的农户数据

发展农业，一靠政策，二靠科技，三靠投入。解决“三农”问题，要靠金融强力支持与推动。必须推进农村金融创新，构建多层次的农村金融服务体系，才能满足“三农”发展多元化的信贷需求，促进农村经济和谐发展。农村产权抵押融资是破解农户和农村中小企业抵押难、担保难、贷款难的有效途径。从政策效果来看，农村产权抵押融资拓宽了农户、农村中小企业抵押物范围，扩大了农村信贷规模，提升了农村金融服务效率。因此，合理有效评价农村产权抵押融资政策效果对进一步完善农村产权抵押融资政策体系、满足农户贷款需求具有重要现实意义。

32.1 文献综述

在农村产权抵押融资模式可行性方面，邓纲认为农村产权抵押融资制度改革的合理性得到了普遍认同，但仍存在农村产权交易市场发展不完善、司法系统对产权抵押的法律效力尚未正式确认等问题。肖诗顺和高锋从理论上证明了土地权利可以作为农村金融机构进行贷款交易的标的，通过数据证实以农村土地承包经营权为抵押形式的贷款模式，对于缓解农村资金“瓶颈”具有积极作用。张文律运用制度经济学分析认为，农村产权抵押融资满足了农民、金融机构、地方政府的利益需求，可视为制度变迁的主体内化外部利润的结果，是一种新的帕累托改进。同时，国内学者以农村金融需求意愿为切入点，研究农村产权抵押融资的影响因素。王磊和白雪研究得出，农户参与农村林权抵押贷款主要受户主文化程度、家庭总收入、林地面积、林区交通情况、对林权抵押贷款了解程度五个因素的影响。王平和邱道持基于农户意愿视角，探讨农户对农村土地抵押贷款的需求，提出应开放农村土地抵押贷款、建立城乡统一的土地市场，并分析了农户土地抵押贷款的影响因素。马鹏举和罗剑朝研究发现户主性别、家庭人口、土地面积、人均收入、社会关系对农户参与农村产权抵押融资意愿具有显著的正向影响。

在农户满意度及政策效果评价方面，Baronet 和 Gerber 通过构建客户满意度的评价指标体系，测量了客户对社区危机中心的服务满意度，研究认为客户对工作者的评价决定了 40% 的客户满意度。李燕凌和曾福生运用 CSI－Probit 模型分析了农户对农村公共品供给满意度及其影响因素。研究认为 CSI 值处于同一类型的市（州），其影响因素表现出明显的共性特征。樊丽明和骆永民分析了农民对农村基础设施的满意度，研究表明农民对灌溉和环保基础设施的满意度较低。对满意度影响最大的是与其他农村基础设施比较的优越感，说明农村基础设施建设不仅"患寡"更"患不均"。朱玉春等采用有序 Probit 模型分析不同收入层农户关于农村公共品的供给评价。结果表明，农户对乡镇政府评价、农户参与满意度及参与方式是影响不同收入层农户评价供给效果的关键因素。廖媛红运用 SEM 模型研究农民专业合作社的内部信任、产权安排与成员满意度之间的关系。结果表明，合作社传统的产权安排以内部信任为中间环节，直接和间接对成员满意度产生影响。

目前，国内文献集中于农户参与农村产权抵押融资影响因素的研究，在政策效果评价方面，现有研究主要从农民个人特征、农户家庭特征和区域经济水平等角度选取变量，忽略了农民的心理认知状况，即农民对农村产权抵押融资政策的理解程度，对农村金融机构的服务满意度。本章将涉及农民的理解认知、参与感受状况统一定义为农户心理认知，借鉴已有研究成果对相关变量进行梳理。实证研究以陕西、宁夏地区参与农村产权抵押融资的农户为研究对象，着重从农户个体信息、农户经济特征、农户心理认知、农村金融环境四个方面选取变量。通过建立多元有序 Logistic 模型评价农村产权抵押融资政策效果，探索影响农户评价产权抵押融资效果的主要因素，解析提高其政策效果的有效途径。

32.2 研究方法、数据来源及变量选择

32.2.1 研究方法

农户对农村产权抵押融资政策效果的评价属于有序多分类变量，按照

李克特量表将农户对农村产权抵押融资效果划分为五个等级：非常不满意、不满意、一般、满意、非常满意。研究选用多元有序 Logistic 模型评价农村产权抵押融资政策效果，并分析其主要影响因素。

采用 Logistic 模型是其变量可以不满足正态分布或同方差的要求，其函数形式为

$$p(y=j|x_j)=\frac{1}{1+e^{-(\alpha+\beta X_i)}} \tag{32.1}$$

其中：X_i 表示第 i 个指标，y 代表农户对农村产权抵押融资政策效果评价的某一等级的概率。建立累计 Logistic 模型

$$Logit(p_j)=\ln[p(y\leqslant j)/p(y\geqslant j+1)]=\alpha_j+\beta X \tag{32.2}$$

其中：$P_j=P(y=j),j=1,2,3,4,5$；X 表示影响农户评价的指标，β 是一组与 X 对应的回归系数，α_j 是模型的截距。在得到 α_j 和 β 的参数估计后，某种特定情况（如 $y=j$）发生的概率通过以下等式得到：

$$P(y\leqslant j|X)=\frac{e^{-(\alpha_j+\beta X_i)}}{1+e^{-(\alpha_j+\beta X_i)}} \tag{32.3}$$

32.2.2　数据来源及描述性统计

本章所使用的数据来自研究课题于 2013 年 7～8 月的农户调查，调查问卷涉及 2009—2012 年农户经济投入与产出的数据，主要包含农户的基本信息、贷款经历与评价、农村产权抵押融资政策落实情况、未来融资需要等模块。鉴于陕西杨凌区、高陵区，宁夏同心县都开展了农村产权抵押融资，故将调研区限定在这三个地区。为保证问卷数据质量和样本的代表性，在每一个调查地区选择农户人均收入水平相当的乡镇，首先从乡镇政府部门了解农村产权抵押融资的总体情况，对当地农户按照经济水平分为三个等级，从各等级的农户中随机抽取相应数量的样本，以入户访谈形式进行调查，由此确保调研样本精确性。经过筛选分析，共获取 694 份合格样本数据，来自三个地区的 9 个乡镇，其中参与农村产权抵押融资的农户有 382 户，将这些样本农户作为研究对象。

382 户样本农户所在地区主要集中在农区，占比 95.29%，来自小城镇、县城郊区的农户均占比 2.36%。研究对象具有以下特征：以男性为主，占比 74.35%；以中青年为主，年龄分布近似正态分布；以小学和初中文化水平为主，其中小学及以下占比 33.77%，初中文化占比

46.86%，高中及以上文化占比19.37%，表明农户的文化程度普遍较低；家庭规模以5～6人为主，占比47.12%，表明农村家庭规模从大家庭向中小家庭转变；农户家庭的经营类型主要是非农业为主兼营其他，占比43.46%，而经营纯农业的农户占比19.37%，表明农户的经营重心逐渐偏向非农业。

表32－1　　　　调查农户基本特征　　　　单位：%

	统计指标	比例		统计指标	比例
性别	男	74.35	年龄	20～29岁	8.12
	女	25.65		30～39岁	19.11
家庭规模	1～2人	4.45		40～49岁	34.03
	3～4人	37.96		50～59岁	24.87
	5～6人	47.12		60岁及以上	13.87
	7人以上	10.47	文化程度	文盲	5.76
经营类型	纯农业	19.37		小学	28.01
	农业为主兼营其他	28.80		初中	46.86
	非农业为主兼营其他	43.46		高中	16.23
	非农业	8.38		大专及以上	3.14

32.2.3　变量选择

研究选取农户对农村产权抵押融资政策效果的主观评价为因变量，选取四大类共16个自变量，即农户个体信息（所在地区、性别、年龄、文化程度）、农户经济特征（家庭规模、经营类型、家庭年均收入、耕地面积）、农户心理认知（政策了解程度、参与抵押意愿、满足资金需要、实际解决困难）、农村金融环境（机构数目、交通便利、机构信誉、服务满意），其变量定义、统计性描述及预期作用方向见表32－2。

表32－2　　　　变量说明及统计性描述

变量名称		变量代码	变量定义	均值	标准差	预期作用方向
因变量						
	农户对农村产权抵押融资效果评价	y	1＝非常不满意，2＝不满意，3＝一般，4＝满意，5＝非常满意	3.67	0.700	—

续表

变量名称		变量代码	变量定义	均值	标准差	预期作用方向
自变量						
农户个体信息	所在地区	x_1	1＝农区，2＝小城镇，3＝县城郊区	4.07	0.886	负向
	性别	x_2	1＝男，2＝女	1.26	0.437	不明确
	年龄	x_3	1＝20～29岁，2＝30～39岁，3＝40～49岁，4＝50～59岁，5＝60岁以上	3.05	0.915	不明确
	文化程度	x_4	1＝文盲，2＝小学，3＝初中，4＝高中，5＝大专及以上	2.83	0.878	正向
农户经济特征	家庭规模	x_5	1＝1～2人，2＝3～4人，3＝5～6人，4＝7人以上	2.64	0.729	负向
	经营类型	x_6	1＝纯农业，2＝农业为主兼营其他，3＝非农业为主兼营其他，4＝非农业	2.41	0.894	不明确
	家庭年均收入	x_7	1＝5 000元以下，2＝5 001～10 000元，3＝10 001～20 000元，4＝20 001～50 000元，5＝50 000元以上	4.06	0.930	正向
	耕地面积	x_8	1＝1～3亩，2＝4～6亩，3＝7～9亩，4＝9亩以上	3.80	0.959	正向

续表

变量名称		变量代码	变量定义	均值	标准差	预期作用方向
自变量						
农户心理认知	政策了解程度	x_9	1 = 没听说过，2 = 听说过一点，3 = 一般，4 = 基本了解，5 = 非常了解	3.63	0.776	正向
	参与抵押意愿	x_{10}	1 = 非常不愿意，2 = 不愿意，3 = 一般，4 = 愿意，5 = 非常愿意	3.36	1.015	正向
	满足资金需要	x_{11}	1 = 完全不满足，2 = 不满足，3 = 一般，4 = 满足，5 = 全部满足	3.84	0.704	正向
	实际解决困难	x_{12}	1 = 完全没帮助，2 = 帮助较小，3 = 一般，4 = 帮助较大，5 = 帮助很大	4.07	0.886	正向
农村金融环境	机构数目	x_{13}	1 = 非常少，2 = 比较少，3 = 一般，4 = 比较多，5 = 非常多	2.07	0.910	正向
	交通便利	x_{14}	1 = 非常不方便，2 = 不方便，3 = 一般，4 = 方便，5 = 非常方便	3.84	0.704	正向
	机构信誉	x_{15}	1 = 非常不好，2 = 不好，3 = 一般，4 = 好，5 = 非常好	3.63	0.776	正向
	服务满意	x_{16}	1 = 非常不满意，2 = 不满意，3 = 一般，4 = 满意，5 = 非常满意	3.63	0.776	正向

注：x_7 家庭年均收入根据 2009—2012 年家庭年均收入求算数平均值得到。

1. 农户个体信息。农户所在地区的地理位置和经济发展水平的差异，会在宏观上影响农户对农村产权抵押融资政策效果的评价。各地乡镇政府部门不同的管理方式也会对农户参与产权抵押融资的意愿与行为产生影响，导致农户的不同评价。性别、年龄、文化程度作为农户的个体特征，对政策效果影响是不同的。根据实地调研观察，文化水平较高的中青年更理解农村产权抵押融资政策内容，更易接受产权抵押贷款。

2. 农户经济特征。将影响农户对产权抵押融资政策效果评价的经济特征设定为家庭规模、经营类型、家庭年均收入、耕地面积。马鹏举等研究认为家庭规模、家庭年均收入、耕地面积等因素对农户参与产权抵押融资意愿有显著影响。由此推断其对政策效果评价也具有一定程度的影响。家庭耕地面积较大的农户可能从事多种类型的农业和非农业生产，需要更多的资金支持，从而影响到政策效果的评价。

3. 农户心理认知。农户参与农村产权抵押融资是否满足了农户的资金需求、解决了实际困难，这是评价产权抵押融资政策效果的直接因素。选取政策了解程度这一指标是为了研究广大农民是否真正理解其政策内涵与操作流程，而不是盲目参与。参与产权抵押意愿反映了农户是否存有顾虑，在参与之前是否相信此项政策效果。这部分是对产权抵押融资政策效果综合层面的评价。

4. 农村金融环境。农村产权抵押融资政策效果的评价与农村金融环境有直接联系。农村金融机构数目的多少，设立网点的覆盖率高低，交通便利程度是对农村金融环境的综合考量。农村金融机构的信誉、提供服务的质量显然会影响农户贷款的积极性，这些因素都会影响农户对产权抵押融资政策效果的评价。

32.3　实证分析

32.3.1　农户对农村产权抵押融资政策效果评价

调查结果显示，4.71%的农户对农村产权抵押融资政策的效果非常满意，评价为“满意”的农户占比64.66%，24.61%的农户认为政策效果一般，评价为“不满意”和“非常不满意”的占比6.02%。可见农户对产权抵押融资政策的效果总体较为满意，但与农户的预期还有一定差距，评价“非常满意”的农户很少，大约30%的农户认为其政策效果一般或不太理想，因此产权抵押融资政策落实还有很大的提升空间。农户对农村产权抵押融资政策效果的评价见表 32－3。

表 32－3　　农户对农村产权抵押融资政策效果评价

政策效果	非常不满意	不满意	一般	满意	非常满意
比例（%）	1.31	4.71	24.61	64.66	4.71

32.3.2　模型估计

运用 SPSS20.0 统计软件，对调查的数据进行多元有序 Logistic 回归分析，通过输出的模型拟合信息，可知最终模型的卡方值是 77.096，显著性为 0.000，表明最终模型是显著的。输出的两个拟合度统计量值，Pearson 卡方统计量和偏差卡方统计量的显著性均为 1.000，因此接受模型拟合情况良好的原假设。根据以上模型的综合检验结果可判定，模型能有效拟合样本数据。农户对政策评价影响因素的 Logistic 模型估计结果见表 32－4。

根据表 32－4 建立多元有序 Logistic 回归模型估计式如下：

$$Logit(P_j) = \alpha_j + \beta X \tag{32.4}$$

其中：$j = 1,2,3,4,5$；$\alpha_1 = 4.322$，$\alpha_2 = 5.995$，$\alpha_3 = 8.144$，$\alpha_4 = 12.593$；

$$\beta X = 0.258x_1 + 0.325x_2 + 0.166x_3 + 0.504x_4 - 0.041x_5 - 0.093x_6 - 0.220x_7 + 0.392x_8 + 0.202x_9 + 0.297x_{10} + 0.272x_{11} + 0.469x_{12} - 0.062x_{13} + 0.106x_{14} + 0.063x_{15} + 0.404x_{16}$$。

由于因变量只能取五种值，因此只需建立四个累计模型，第 5 类的概率可以由 1 减去前 4 类的概率得到。

表 32－4　　Logistic 模型估计结果

		估计	标准误	Wald	df	显著性	95% 置信区间	
							下限	上限
评价等级	非常不满意 ＝1	4.322	1.581	7.473	1	0.006	1.223	7.420
	不满意 ＝2	5.995	1.542	15.109	1	0.000	2.972	9.017
	一般 ＝3	8.144	1.562	27.178	1	0.000	5.083	11.206
	满意 ＝4	12.593	1.669	56.957	1	0.000	9.322	15.863
农户个体信息	所在地区	0.258	0.342	0.572	1	0.449	－0.411	0.928
	性别	0.325	0.272	1.425	1	0.233	－0.209	0.859
	年龄	0.166	0.103	2.617	1	0.106	－0.035	0.368
	文化程度	0.504***	0.135	14.039	1	0.000	0.240	0.768

续表

		估计	标准误	Wald	df	显著性	95% 置信区间	
							下限	上限
农户经济特征	家庭规模	-0.041	0.156	0.069	1	0.793	-0.346	0.264
	经营类型	-0.093	0.132	0.503	1	0.478	-0.352	0.165
	家庭年均收入	-0.220	0.140	2.493	1	0.114	-0.494	0.053
	耕地面积	0.392 ***	0.135	8.473	1	0.004	0.128	0.655
农户心理认知	政策了解程度	0.202 *	0.105	3.684	1	0.055	-0.004	0.409
	参与抵押意愿	0.297 **	0.136	4.767	1	0.029	0.030	0.563
	满足资金需要	0.272 **	0.136	4.011	1	0.045	0.006	0.538
	实际解决困难	0.469 ***	0.135	12.128	1	0.000	0.205	0.733
农村金融环境	机构数目	-0.062	0.127	0.242	1	0.623	-0.311	0.186
	交通便利	0.106	0.160	0.442	1	0.506	-0.207	0.419
	机构信誉	0.063	0.195	0.103	1	0.749	-0.320	0.445
	服务满意	0.404 **	0.187	4.697	1	0.030	0.039	0.770

注：* 、** 、*** 分别表示 10% 、5% 、1% 的显著性水平。

32.3.3 实证结果分析

1. 农户个体信息。文化程度对农村产权抵押融资政策效果评价产生显著的正向影响，与预期方向相符。文化程度越高的农户对产权抵押融资政策的理解更深刻，对预期的政策效果要求较高，贷款资金能投入到多渠道的生产经营中，能真实反映对政策效果的评价。相反，文化程度低的农户对政策内涵认识不足，认为能够贷款即可，将资金用于日常生活等方面，因此其对政策效果评价影响不显著。

所在地区、性别、年龄对农户评价影响均不显著。作为满足农户生产生活需求的资金而言，一般不会因为农户个体性别、年龄差异而导致对资金的需求不一样。农户个体对资金的需求受农户的生活生产行为影响，而农户的生活生产行为是长期积累形成的，因此这些因素不会显著影响政策效果的评价。

2. 农户经济特征。耕地面积对农村产权抵押融资政策效果评价具有显著的正向影响，与预期方向一致。原因在于耕地较多的农户，可能需要投入更多的资金，农户将部分土地抵押后也不会影响正常的生产和生活，贷款资金能及时投入到生产中，创造更大的收益，充分发挥产权抵押融资政策效果。

农户家庭规模、经营类型对政策效果评价无显著影响的可能原因有：农户较多为兼业类型，农忙时从事农业生产，非农忙时部分家庭成员外出打工，农业、非农业界定不明确。无论何种经营类型，都可能会在扩大经营时期对资金需求较大。家庭年均收入主要来自农业和非农业两方面，各收入水平的农户对资金的需求是一致的，因此家庭年均收入的提高不会影响农户的评价。

3. 农户心理认知。政策了解程度、参与抵押意愿、满足资金需要、实际解决困难都对政策效果评价产生显著的正向影响。农户对产权抵押融资政策的了解程度会影响到农户是否愿意参与产权抵押融资，在具备可行性且风险可控的前提下，农户对产权抵押了解越深入，越倾向参与其中。农户的参与不仅反映了农户对资金的需求，更重要的是农户参与意愿会促使融资政策更符合农户的期望，促使农村产权抵押融资更有效率。

满足资金需要、实际解决困难是政策效果的直接体现。农村产权抵押金融制度催生了土地等农村产权的解放，能够提供适合农业需要的以农村产权作金融长期贷款的信用制度安排，初步解决了农民贷款抵押难、资金筹措难、农村产权变现难等突出难题。因此，满足农户的资金需要、解决生产中的实际困难是评价政策效果的重要因素。

4. 农村金融环境。服务满意度对产权抵押融资政策效果评价具有显著正向影响。农村信用社是农户进行产权抵押贷款的放贷机构，良好的服务可以提高农户参与产权抵押的积极性，前期正确引导与后期跟踪监督，都会促使农户将产权抵押贷款效益最大化。因此，对政策效果评价具有显著的正向影响。

农村金融机构数目、交通便利程度、机构信誉对政策效果评价无显著影响。在实地调研中了解到，各样本乡镇中农村金融机构与农户居住地相距较近，并且多数农户家庭拥有摩托车等交通工具，公共交通也很方便，导致交通便利程度对政策效果评价影响不显著。农村金融机构覆盖率与机构信誉相比以前有大幅度提高，农村金融整体环境较为良好。因此，对政策效果评价无显著影响。

32.4 结论与讨论

本章研究得出以下结论：农村产权抵押融资政策效果总体较为理想；文化程度、耕地面积、政策了解程度、参与抵押意愿、满足资金需要、实际解决困难、服务满意度对农户关于农村产权抵押融资政策效果评价影响显著，但选取的其他因素对农户的评价无影响。

根据研究结论，建议应重点做好以下几方面：

第一，扩大农村产权抵押融资覆盖范围。农村产权抵押融资提供了适合农业需要的以农村产权作金融长期贷款的信用制度安排，扩大农村产权抵押融资范围对开放农村金融市场，增加新型农村金融机构试点，鼓励农村金融组织、业务和产品创新具有重要的促进作用。同时，农村产权抵押融资是提高西部农村金融市场配置效率、促进农民增收的可行举措。第二，完善农村产权抵押融资政策执行机制。西部地区农户对农村产权抵押融资具有不同层次需求的特点，不同类型的农户需求差异很大，导致对产权抵押融资政策效果的评价也出现明显差异。因此，不仅要确定农村产权抵押融资的总体需求情况，还必须针对不同类型的农户，明确农村产权抵押贷款的数量与次序，完善政策的执行机制，扩大受益面。第三，鼓励农户参与产权抵押融资管理。农民文化程度对农村产权抵押融资效果的影响显著，因此，应通过大力发展农户参与产权抵押融资管理，利用农户的自我约束与自身优势，将贷款投入到先进的农业生产技术，以提高农民的收益，通过农户参与产权抵押融资管理最大化其政策效果。

33　西部地区农户对农村产权抵押贷款融资意愿及影响因素实证研究

——基于宁夏同心县164个农户问卷调查的分析

33.1　引言

2008年10月15日，中国人民银行和中国银监会联合发布《关于加快农村金融产品和服务方式创新的意见》，中国人民银行、中国银监会决定在中部六省和东北三省选择粮食主产区或县域经济发展有扎实基础的部分县、市，开展农村金融产品和服务方式创新试点，在试点地区努力创造和发展一些适合农村实际需求特点的金融产品和服务方式，不断满足农村多元化金融服务需求，让农村和农民得到更实惠、更便捷的金融服务，试点模式力争可复制、易推广，在更大范围内和更高层次上全面提升农村金融服务水平。解决"三农"问题，要靠金融强力支持与推动。金融是现代经济的核心，也是现代农业的核心。解决农村金融问题，既是统筹城乡发展与破除城乡二元结构的需要，又是工业化、城镇化深入发展中同步推进农业现代化的需要，更是构建和谐社会和贯彻落实科学发展观的需要。

资本是当代农村发展的重要生产要素和发展现代农业的保障。农村金融体系不发达，导致了农村资金外流和农村金融供给不足，由此造成了农村和农民生产经营所需资本投入严重不足，制约了我国"三农"的发展（成思危等，2005）。长期以来，农村金融发展滞后，农村金融供给总量不足、供求错位与结构不合理、服务效率低下，是导致农村落后、农业不发达、农民收入低的重要原因，农村金融依然是整个金融体系和农村发展的"短板"。在经济转型过程中，农村与城市在利用金融资源和金融服务竞争中处于天然的弱势地位，使得金融资源配置和公共项目向城市倾斜，金融资源空间布局偏离公平与效率目标，导致城乡利益冲突与城乡经济发展差距逐渐扩大（罗剑朝，2011）。农村产权抵押贷款的目的是缓解农村地区金融服务供给不足、竞争不充分等问题，为农村地区提供更好的金融服务。近年来，我国西部地区的宁夏回族自治区同心县，陕西高陵县，杨凌示范区，成都市和重庆市等地大胆实践，不断推进农村产权改革，逐步盘活了农村资产。以上试点不断进行农村产权抵押贷款融资模式创新和政策创新，着力推进农村各项产权流转，为农民生产经营注入了资金，效果较为显著。但目前也存在农户参与意愿不明晰，法律体制不完善等问题。为完成农业发展资金供给由外生型向内生型的转变，必须首先了解并明晰农户、金融机构对于农村产权抵押贷款融资的意愿及影响因素等基础性问题。以此为基不断以农户和金融机构为切入点，逐步整合出一条完整的、可复制的“西部地区农村产权改革模式”，在全国范围内推广。

33.2 文献回顾

发达国家或地区，其土地、房屋等农村产权均已私有化，具有完备的所有权体系和法律体系，其农村产权抵押融资模式与普通私有财产抵押贷款模式趋同。在美国，土地所有者具备明晰的土地产权边界，拥有土地收益分配和处分的权利；同时，土地所有者在土地转让、租赁、抵押、继承等各方面也都具备完全的权利。1949 年德国制定了《德意志农业地产抵押银行法》，德国的农民在申请贷款时可以依据法律规定使用土地作抵押。德国在长期的实践中不断总结了一项具有抵押债权可靠、贷款期长和利率较低及农民可利用的主要长期信用工具等特点的制度安排，逐步完善以土地抵押信用合作社为主体的农村金融体系，主要通过贷款协助农民兴建水利、道路、耕地平整和造林（罗剑朝等，2005）。我国台湾土地银行成立于 1946 年，其主要经营目标转变为商业性的土地金融机构，提供协助农户扩大农场规模购地、土地改良、农渔民置产及周转性贷款等各类土地及农业开发资金仍是其非主导业务。近年来台湾土地银行除履行专业银行的使命外正在朝着多元化、效率化、大众化、国际化的发展方向迈进（郑少红等，2010）。与本章研究内容不同，上述国家或地区农村产权抵押融资的贷款意愿可视为一般意义上的农户财产抵押融资的贷款意愿，其农村融资贷款方面研究重点在于如何建立完备的操作体系和将农村金融服务不断与现代金融工具结合。

我国农村产权尚不明晰，如农村土地的“三权分离”、宅基地使用权与房屋所有权关系处理等问题，都是我国农村产权抵押融资模式中特有的问题，如果没有风险防范措施和补偿机制，农户将担心失地失房，进而影响其融资意愿，因此，研究我国农户产权抵押融资意愿及其影响因素，是优化农村金融工具和金融模式的第一步。一些学者以一般农村金融需求意愿为切入点，对农村金融产品与服务方式进行了研究和探讨。研究贷款需求意愿常用的模型有线性概率模型（Linear Probability Model）、Logistic 模型和 Probit 模型，其中运用最广泛的为 Logistic 模型。刘盈、申彩霞（2010）采用二项分布的 Probit 模型分析了影响土地抵押融资的因素，结果表明，农户对资金的需求量大，但满足程度不足，且无抵押物，影响农户是否进行土地抵押融资的因素有耕地面积、经营类型、年龄、文化程度和区位条件，其中耕地面积和经营类型的影响力最大。孟全省等（2010）在使用 Logistic 模型研究农户参与林权抵押贷款意愿因素分析中提出，农户文化程度、风险偏好、贷款投资项目、林区交通情况、政府支持力度是影响农户参与林权抵押贷款的重要因素。王磊等（2011）利用 Logistic 模型分析农村林权抵押贷款受户主文化水平、对农林产权贷款了解情况、家庭总收入、林地面积和林区交通情况五个因素的影响。王平等（2012）在基于农户意愿的农村土地抵押贷款需求探讨中提出应开放农村土地抵押贷款，建立城乡统一的土地市场，并运用 Logistic 模型说明了影响农户土地抵押贷款的因素有土地规模、农户经营类型、农户家庭收入水平和乡镇经济发展水平。

迄今为止，国内学者在研究农村产权抵押问题时多以一项产权为研究对象，如土地、林权、房屋等，涉及产权种类比较单一，鲜有以所有可抵押农村产权为研究对象进行过区域性农村产权改革分析。农村产权抵押贷款融资不同于一般性农户个人贷款，在现有文献中，除了所涉产权类型单一的缺陷外，现有相关实证研究主要从农民个人特征、家庭特征和区域发展的相关政策等方面选取变量，忽略了农民的心理认知状况（指农民对农村产权抵押融资政策和放贷机构的认知状况）对农户参与农村产权抵押融资意愿的影响。根据行为经济学理论，行为人对事物的认知程度直接或间接影响其选择偏好和意愿，农民是否有意愿参与农村产权抵押，必然会受其在产权抵押方面的心理认知状况的影响，比如家庭供养比自变量，现有文献对此还没有进行过实证分析，为规范并统一变量外延，本章将涉及农民心理认知状况变量统一为农户户主的心理认知状况。同时本章对一些变量进行梳理，将现有文献中采用的多个雷同变量归结为一个，如社会关系自变量。本章借鉴已有研究成果，同时弥补了上述相关研究缺陷，利用我国西部宁夏回族自治区极具代表性的同心县农户的调查资料，以当地农村参与抵押融资的各类农村产权为对象，着重从农户户主特征、农户家庭特征以及农民的心理认知状况三个方面选取变量，通过建立二元 Logistic 模型实证分析农户参与农村产权抵押融资意愿的影响因素，为我国农村产权抵押融资模式的后续发展和推进农村金融服务的发展提供参考依据和理论支持。

33.3　变量选取与模型设定

33.3.1　变量选取

1. 因变量定义。本章的因变量是农户农村产权抵押融资的意愿。在调查设计中，通过设定“您愿意进行产权抵押融资吗”这一问题来反映农户意愿，其赋值为“愿意 =1、不愿意 =0”。

2. 自变量定义。理论上说，影响农户产权抵押融资意愿一般受家庭特征、贷款利率、贷款期限等的影响，为了更能全面反映影响农户融资意愿的因素，本章增加了一些新的影响因素，具体赋值见表 33 – 1。

表 33 – 1　　变量定义及赋值

变量类型	变量	赋值说明	预期方向
户主特征	X_1 户主性别	男 =1，女 =0	+
	X_2 年龄	29 岁以下 =1，30 ~ 39 岁 =2，40 ~ 49 岁 =3，50 ~ 59 岁 =4，60 岁以上 =5	+
	X_3 文化程度	没上过学 =1，小学文化 =2，初中文化 =3，高中文化 =4，大专以上文化 =5	+/ –
家庭特征	X_4 家庭人口	实际人数	+/ –
	X_5 供养比	实际供养比	+
	X_6 经营类型	非农业 =1，非农业为主兼营农业 =2，农业为主兼营其他 =3，纯农业 =4	+/ –
	X_7 土地面积	实际面积	+
	X_8 人均收入	小于 1 万元 =0，1 万元以上 =1	+/ –

续表

变量类型	变量	赋值说明	预期方向
家庭特征	X_9 净资产	5 万元以下 =1，5 万 ~10 万元 =2，10 万 ~15 万元 =3，15 万 ~20 万元 =4，20 万 ~30 万元 =5，30 万 ~50 万元 =6，50 万 ~100 万元 =7	+/-
	X_{10} 社会关系	是 =1，否 =2	+
农户对产权抵押认知	X_{11} 对产权抵押政策了解程度	1 = 没听说过，2 = 听说过一点，3 = 一般，4 = 基本了解，5 = 非常了解	+
农户对信用社评价	X_{12} 往返信用社便利程度	1 = 非常不方便，2 = 不方便，3 = 一般，4 = 方便，5 = 非常方便	+
	X_{13} 信用社服务满意度	1 = 非常不满意，2 = 不满意，3 = 一般，4 = 满意，5 = 非常满意	+
	X_{14} 利率水平	1 = 非常高，2 = 有点高，3 = 一般，4 = 有点低，5 = 非常低	-
	X_{15} 利率期限	1 = 非常不合理，2 = 不合理，3 = 一般，4 = 合理，5 = 非常合理	+
融资意愿	Y	1 = 愿意，0 = 不愿意	

注：（1）X_5：供养比指家庭中供养人数和家庭总人口的比值；（2）X_8：人均年收入根据 2009—2011 年家庭人均收入求算数平均值得到；（3）X_9：净资产指的是农户房屋、土地、林木、牲畜、农业设施和金融资产等的价值总额；（4）X_{10}：良好社会关系指家中有人为村干部或者在政府部门任职或者在信用社任职；（5）“+”表示预期变量与农户产权抵押贷款意愿之间正相关，“-”表示预期变量与农户产权抵押贷款意愿之间负相关，“+/-”表示无法预期方向。

33.3.2 模型设定

本章反映农户对产权抵押融资的贷款意愿的数据是分类的离散数据，分析离散选择问题的理想估计方法是概率模型（Logistic、Probit 和 Tobit）。本章因变量离散数值为两类，研究时采用二元 Logistic 模型。该模型是 McFadden 于 1973 年首次提出。其采用的是 Logistic 概率分布函数，其函数形式见（33.1）式

$$p_i = F(y_i) = \frac{1}{1 + e^{-y_i}} = \frac{1}{1 + e^{-(\alpha+\beta_i x_i)}} \tag{33.1}$$

对于给定的 x_i，p_i 表示相应的概率。对上式作如下变换

$$p_i(1 + e^{-y_i}) = 1 \tag{33.2}$$

对上式除以 p_i，并减去1，可得（33.3）式

$$e^{-y_i} = \frac{1}{p_i} - 1 = \frac{1 - p_i}{p_i} \tag{33.3}$$

取倒数后，再取对数可得下式

$$y_i = \log\left(\frac{p_i}{1 - p_i}\right) \tag{33.4}$$

由此可得：

$$\log\left(\frac{p_i}{1 - p_i}\right) = y_i = \alpha + \beta_i x_i = \alpha + \beta_1 x_1 + \beta_2 x_2 + \cdots + \beta_{15} x_{15} \tag{33.5}$$

由（33.5）式可知 Logistic 回归方程的因变量是对数的某个具体选择的机会比。Logistic 模型的一个重要优点是把在［0，1］区间上预测概率的问题转化为在实数轴上预测一个事件发生的机会比问题。

33.4 调查区的基本情况与样本特征

同心县位于宁夏中部干旱带核心区，是国务院1983年确定的重点贫困县之一。同心县又是革命老区，是典型的“老、少、贫”地区。农民手中除了住房、土地，几乎没有可见资产。“贷款难”、“难贷款”一度成为金融机构与农民之间共同面对的“瓶颈”问题。从2006年开始，同心县农村信用联社推出“土地承包经营权抵押贷款模式”，以土地抵押融资为基点，不断盘活农村房屋、农用机械等各项农村产权。其中：河西信用社向5个行政村500户村民投放此类贷款100万元，城关信用社向2个行政村250户村民投放此类贷款50万元。人民银行吴忠市中心支行出于规范管理的愿望，2010年出台了《农村土地承包经营权反担保贷款管理办法》，此办法规避了之前操作过程中存在的法律风险问题，在2010年11月开始按新的模式进行操作，截至2012年6月底，同心县农村信用社共计投放农村产权抵押贷款1.69亿元，涉及农户9 185户，乡镇4个、土地流转合作社37个，土地69 257亩，贷款主要用于养殖业、种植业、农副产品赊销等，提高了当地农民的生活水平。

本研究样本数据来源于教育部创新团队在2012年7月间进行的入户调查。本次调查共发放问卷164份，回收问卷164份，回收率为100%。最终有效问卷为164份，问卷有效回收率为100%。从土地抵押贷款参与度来看，有土地抵押贷款经历的有143户，没有土地抵押贷款经历的有21

户，分别占样本户数的87.2%和12.8%。被访谈家庭的相关统计特征见表33-2和表33-3。

表33-2　　被调查农户家庭的基本统计特征

统计特征	分类指标	频数	百分比（%）
户主特征			
X_1 户主性别	男性	140	85.4
	女性	24	14.6
X_2 户主年龄	29岁以下	12	7.3
	30~39岁	46	28.0
	40~49岁	60	36.6
	50~59岁	40	24.2
	60岁以上	6	3.7
X_3 户主文化程度	没上过学	28	17.1
	小学文化	71	43.3
	初中文化	56	34.1
	高中文化	7	4.3
	大专及以上文化	2	1.2
家庭特征			
X_4 家庭人口*	4人及以下	84	51.2
	5人及以上	80	48.8
X_5 供养比*	小于0.36	78	47.6
	0.36以上	86	52.4
X_6 经营类型	非农业	0	0.0
	非农业为主兼营农业	26	15.9
	农业为主兼营其他	113	68.9
	纯农业	25	15.2
X_7 土地面积*	小于7亩	66	40.2
	7亩以上	98	59.8
X_8 人均收入	小于万元	76	46.3
	万元以上	88	53.7
X_9 净资产*	小于15万元	26	15.9
	15万元以上	138	84.1
X_{10}社会关系	有	44	26.8
	无	120	73.2

注：表33-2和表33-3中带*号的指标的原始数据为连续数值，这里设定分频标准只是为了分析样本特征。

表 33－3　　被调查农户户主对农村产权抵押认知及对放贷金融机构评价的样本统计

统计指标	分类指标	频数	百分比（%）
X_{11}对产权抵押政策了解程度	没听说过	14	8.5
	听说过一点	65	39.6
	一般	20	12.2
	基本了解	56	34.1
	非常了解	9	5.5
X_{12}往返信用社便利程度*	不方便	23	14.0
	一般	19	11.6
	方便	122	74.4
X_{13}信用社服务满意度*	不满意	4	2.4
	一般	24	14.6
	满意	136	82.9
X_{14}利率水平*	较高	16	9.8
	一般	85	51.8
	较低	63	38.4
X_{15}利率期限	不合理	85	51.8
	一般	42	25.6
	合理	37	22.6

解释变量和被解释变量的描述性统计见表 33－4。所有被调查的 164 户样本农户有 144 户未来有参与农村产权抵押融资的意愿，占 87.8%。有 20 户农户表示未来不参与农村产权抵押融资，占 12.2%。从样本农户户主特征来看，样本农户户主以男性为主，年龄大多为 35～55 岁，文化程度大多为初中及以下水平（94.5%）。从样本农户家庭的基本特征来看，家庭人口大多为 4～5 人，经营类型大多为农业为主兼营其他（68.9%），家庭收入的主要构成大多为种植粮食作物的收入、养殖牛羊收入和少量外出务工收入，近三年家庭年人均收入以 0.6 万～1.4 万元的居多。总体来说，样本农户具有较高的代表性，可以用于分析农户产权抵押贷款意愿及其影响因素。

表 33 -4　解释变量和被解释变量的描述性统计

变量	极小值	极大值	均值	标准差
X_1（户主性别）	0	1	0. 87	0. 359
X_2（年龄）	1	5	2. 89	0. 978
X_3（文化程度）	1	5	2. 29	0. 843
X_4（家庭人口）	2	11	4. 71	1. 498
X_5（供养比）	0	1	0. 3594	0. 262
X_6（经营类型）	2	4	2. 99	0. 559
X_7（土地面积）	1	33	9. 17	6. 573
X_8（人均收入）	0	1	0. 54	0. 500
X_9（净资产）	1	8	5. 20	1. 456
X_{10}（社会关系）	0	1	0. 27	0. 444
X_{11}（对产权抵押政策了解程度）	1	5	2. 88	1. 137
X_{12}（往返信用社便利程度）	1	5	3. 68	0. 828
X_{13}（信用社服务满意度）	1	5	3. 85	0. 582
X_{14}（利率水平）	1	3	2. 29	0. 634
X_{15}（利率期限）	1	5	2. 68	0. 912
Y	0	1	0. 88	0. 328

33. 5　农户产权抵押贷款意愿影响因素的二元 Logistic 回归分析

本章利用 SPSS18. 0 软件，运用基于最大似然估计的向后逐步回归法估计农民产权抵押融资意愿影响因素的二元 Logistic 模型，结果见表 33 - 5。在模型回归过程中，首先将所有可能影响农民产权抵押融资意愿的因素引入模型，得到模型 I；然后根据 Wald 检验结果，逐步剔除掉 Wald 值最小的解释变量，再重新拟合回归方程，直到所保留的解释变量对因变量的影响都能通过显著性检验为止，得到模型 Ⅱ。

33. 5. 1　户主特征的影响

1. 户主性别对农户产权抵押融资意愿具有显著的正向影响。户主性别变量在模型 I 和模型 Ⅱ 中都通过了 5% 统计水平的显著性检验且其系数为正。这表明，在其他条件不变的情况下，户主为男性的家庭比户主为女性的家庭的产权抵押融资参与意愿更强，这与前文的预期一致。根据调查数据，有产权抵押融资参与意愿的农户中，户主为男性的占 86. 1%，而户主为女性的这一比例为 13. 9%。其原因在于：第一，男性改善家庭经济条件的愿望更强烈，较女性更容易去冒险，更倾向去进行贷款。第二，农村男性较女性拥有更多的外出务工或者参与其他社会活动的机会，容易了解到更多的农业发展或者其他产业发展的信息，致使男性会有更多的致富手段和思想，可能导致男性更容易去贷款从事一些增加投入或者扩大规模的生产活动。

2. 户主文化程度对农户产权抵押融资意愿具有显著的负向影响。户主文化程度变量在模型Ⅰ和模型Ⅱ中都通过了5%统计水平的显著性检验且其系数为负。这表明，在其他条件不变的情况下，户主文化程度高的家庭比户主文化程度低的家庭的产权抵押融资参与意愿更弱。根据调查数据，小学及小学以下文化程度的农民中，有91.9%的人愿意参与农村产权改革，而初中及以上文化程度的农民中这一比例为81.5%，比前者少了近10个百分点。可能的解释是：第一，文化较高的农户，可能致富门路更多，致使其生活水平较高，现阶段对资金的需求相对不大，这会对其贷款行为产生负向影响；第二，由于银行放贷的风险控制等因素，文化程度较低的农户在向金融机构进行信用贷款时阻力更大，更不容易得到贷款，而产权抵押贷款模式为文化程度较低农户一定程度上解决了融资问题。

3. 户主年龄没有通过显著性检验，对农村产权抵押融资参与意愿影响不显著。年龄因素通过对家庭财富积累、家庭生产类型稳定性、户主信贷观念以及家庭结构和负担的复杂程度存在错综复杂的影响，进而影响农户产权抵押贷款意愿，由于以上影响的路径方向不同，影响程度不一，将会导致此变量对模型影响不显著。调查结果也显示，户主年龄在39岁以下、40～49岁和50岁以上被调查户主中，愿意进行农村产权抵押融资的人所占比例分别为86.2%、88.3%和89.1%。相互间差距很小，由此导致户主年龄变量对农户产权抵押融资意愿不显著。

33.5.2 家庭特征的影响

1. 家庭人口对农户产权抵押融资意愿具有显著的正向影响。家庭人口变量在模型Ⅰ和模型Ⅱ中都通过了1%统计水平的显著性检验且其系数为正。这表明，在其他条件不变的情况下，人口多的家庭比人口少的家庭的产权抵押融资参与意愿更强。调查结果显示，家庭人口少于五人的农户中，有80.2%的农民愿意参与农村产权抵押融资，而家庭人口数在五人及以上的农户中，这一比例为95.2%，比前者高了近15个百分点。家庭人口数多，意味着消费较高，如婚丧嫁娶、子女教育等消费都很高；家庭人口数多有可能表现为该家庭的劳动能力和总的收入水平比较高且人均收入高，也有可能表现为人均收入低。变量β系数为正且显著，原因即家庭人口增加所带来的消费效应大于家庭人口增加带来的收入效应，致使贷款需求意愿加强。

2. 土地面积对农户产权抵押融资意愿具有显著的正向影响。土地面积变量在模型Ⅰ和模型Ⅱ中都通过了5%统计水平的显著性检验且其系数为正。这表明，在其他条件不变的情况下，土地面积多的农户比土地面积少的农户的产权抵押融资参与意愿更强，这与前文的预期一致。根据调查数据，土地规模为7亩及以下的农户中，有84.2%的农民愿意参与产权抵押融资，而土地规模为8亩及以上的农民中这一比例为90.9%。其原因在于：第一，土地是农民产权的重要组成部分，也是农户用于抵押融资最多的产权，土地是信用社与土地合作社判定是否为农户放贷的重要因素，并根据土地估值按比例提供贷款，农户土地越多越倾向于参与产权抵押贷款；第二，土地多的农户，可能需要投入的资金也越多，土地较多的农户即使一部分土地被抵押后流转也不会影响其正常生产和生活，所以更愿意进行产权抵押融资。

3. 人均收入对农户产权抵押融资意愿具有显著的正向影响。人均收入变量在模型Ⅰ和模型Ⅱ中分别以10%和5%的统计水平通过了显著性检验且其系数为正。这表明，在其他条件不变的情况下，人均收入高的农户比人均收入低的农户的产权抵押融资参与意愿更强。根据调查数据，人均收入小于万元的农户中，有82.9%的农民愿意参与产权抵押融资，而人均收入为万元及以上的农户中这一比例为92.0%，比前者多了近10个百分点。其原因在于：第一，从收入获得的角度考虑，人均收入较高可能需要的原始投入较大，此时农户的贷款意愿可能更强；第二，高收入的农户可能会参与需要更多资金的生产活动或投资，导致此类农户对资金的需求无法仅通过收入满足，进而进行贷款。

4. 社会关系对农户产权抵押融资意愿具有显著的正向影响。社会关系变量在模型Ⅰ和模型Ⅱ中都通过了10%统计水平的显著性检验且其系数为正。这表明，在其他条件不变的情况下，有较好社会关系的农户比没有社会关系的农户的产权抵押融资参与意愿更强，这与前文的预期一致。根据调查数据，无社会关系的农户中，有83.5%的农民愿意参与产权抵押融资，而有良好社会关系的农民中这一比例为 92.3%，比前者多了近 9 个百分点。其原因在于：第一，村干部或者政府部门工作人员拥有相对丰富的社会资源，进入正规金融渠道比一般村民要更加容易，这个便利性对农户融资意愿有正向影响；第二，家人在信用社等银行系统工作对于农户对银行业务和银行产权抵押融资内容的认知的加强具有积极作用，这也会对农户产权抵押融资产生正向影响。

5. 供养比、经营类型和净资产变量在模型中没有通过显著性检验，不是影响农户参与产权抵押融资贷款的显著因素。（1）供养比自变量是从心理学角度考虑，家庭供养负担对一个家庭的主要劳动力具有积极的发展驱动力，供养负担越重，家庭主要劳动力的发展需求越强烈，对资金的需求越旺盛；其次供养负担重也可能意味着家庭消费支出大，消费性贷款需求越旺盛。根据调查数据，供养比小于 0.5 的家庭中，有 89.1% 的农民愿意参与产权抵押融资，而供养比为 0.5 及其以上水平的农户中这一比例为 86.1%，两者相差较小，由此导致供养比变量对农户产权抵押融资意愿影响不显著。（2）经营类型对农户产权抵押贷款不显著，原因可能有：第一，农户大多为兼业户，农忙时期主要忙农活，非农忙时期部分家庭成员外出打工，农业、非农业界定不明显；第二，不管是何种经营类型，可能都会在扩大经营或者投入期对资金需求大。（3）净资产变量不显著原因在于其包括内容较多，所涉及资产可能对农户贷款意愿影响方向不一致，如农户房屋、土地等较容易抵押并获取贷款取得资金，对农户产权抵押融资起到正向作用；牲畜、农业设施和金融资产等不但可以抵押融资，也可以直接卖出以获得资金，从而对抵押融资起到负向作用。

33.5.3 户主对农村产权抵押认知及对放贷金融机构评价的影响

1. 农户对产权抵押政策的了解程度对农村产权抵押贷款意愿有显著的正向影响。农户变量在模型Ⅰ和模型Ⅱ中都通过了 1% 统计水平的显著性检验且其系数为正。这表明，在其他条件不变的情况下，对产权抵押政策的了解程度越高，农户进行产权抵押的意愿越强。调查结果显示，对产权抵押了解程度较低的农户中，有 82.5% 的农民愿意参与农村产权抵押融资，对产权抵押政策的了解程度为一般及以上的农户中，这一比例为 96.4%，比前者高了近 14 个百分点。在具备可行性且风险可控的前提下，农户对产权抵押活动的了解越深入，必然越倾向于参与进来。

2. 农户对信用社的服务满意度对农村产权抵押贷款意愿有显著的正向影响。农户变量在模型Ⅰ和模型Ⅱ中分别以10%和5%统计水平的显著性检验且其系数为正。这表明，在其他条件不变的情况下，对信用社服务满意度越高，农户进行产权抵押的意愿越强。调查结果显示，对信用社服务满意度为一般及以下的农户中，有71.4%的农民愿意参与农村产权抵押融资，对信用社服务满意度为满意的农户中，这一比例为91.2%，比前者高了近20个百分点。信用社是同心县农户进行产权抵押贷款的放贷机构，其良好服务对抵押贷款的落实起了促进作用，可以提高农户参与产权抵押贷款的积极性。

表33－5　农民产权抵押融资意愿影响因素的二元Logistic模型估计结果

变量	模型Ⅰ			模型Ⅱ		
	系数	Wald 检验	显著性水平	系数	Wald 检验	显著性水平
户主性别	1.959**	4.825	0.028	1.802**	4.641	0.031
户主年龄	－0.109	0.105	0.746	—	—	—
文化程度	－0.897**	3.869	0.049	－0.947**	4.890	0.027
家庭人口	1.325***	10.226	0.001	1.266***	12.995	0.000
供养比	－0.526	0.134	0.714	—	—	—
经营类型	－0.308	0.215	0.643	—	—	—
土地面积	0.189**	5.950	0.015	.169**	6.247	0.012
人均收入	1.387*	3.152	0.076	1.442**	4.400	0.036
净资产	－0.110	0.208	0.648	—	—	—
社会关系	1.440*	2.811	0.094	1.387*	2.941	0.086
对产权抵押政策了解程度	0.997***	7.356	0.007	0.979***	8.496	0.004
往返信用社便利程度	0.288	0.446	0.504	—	—	—
信用社服务满意度	1.021*	3.283	0.070	1.004**	4.646	0.031
利率水平	－0.041	0.006	0.938	—	—	—
利率期限	0.169	0.270	0.603	—	—	—
常量	－11.171	8.385	0.004	－11.041	11.612	0.001
－2倍对数似然值	76.148 5			78.872		
伪判决系数	0.562			0.545		

注：*表示在10%的置信水平下显著，**表示在5%的置信水平下显著，***表示在1%的置信水平下显著。

3. 往返信用社便利程度、利率水平和利率期限变量在模型中没有通过显著性检验，不是影响农户参与产权抵押融资贷款的显著因素。(1) 同心县进行农村产权抵押贷款已经6年多，为方便为农户放贷，同心县信用社在多数村村委会设有临时办公点，多数农户（74.4%）认为往返信用社便利，而25.6%的农户认为往返信用社不方便。两类农户中愿意参与产权抵押融资意愿的比例分别为80.5%和78.3%，相互差距很小，由此导致往返信用社便利程度变量对农户产权抵押融资意愿不显著。(2) 多数(61.5%) 农民认为农村产权抵押融资利率水平一般或较高，38.5%的农户认为利率水平低，但农户对资金需求意愿并没有因为利率稍高而降低，两类农户中愿意参与农村产权抵押融资的比例分别为87.1%和85.7%，相互差距很小，由此导致利率水平对农民产权抵押融资意愿影响不显著。(3) 所有调查的农户中，51.8%的农户认为利率期限不合理，48.2%的农户认为利率期限一般或合理，两类农户中愿意参与农村产权抵押融资的比例分别为89.4%和86.1%，相互差距较小，由此导致利率期限对农民产权抵押融资意愿影响不显著。

根据调研实际，本章对利率因素做进一步说明。根据问卷中“意见和建议”部分发现，78%的农户建议调低利率水平，部分认为产权抵押贷款虽然比普通信用贷款容易实现，但利率比同类信用贷款要高。拥有养殖业的农户中，95%的农户认为利率期限不合理，以牛农为例，调研中据牛农介绍，牛类养殖类贷款较多且年限为一年，年初村民贷款同时买牛犊，至牛犊价格飙升，年末村民同时卖牛还贷款，导致牛价剧降。首先牛的生长期长于一年，未成先卖不划算；其次这在当地还会引起县域范围内牛贩子参与年度周期买卖牛活动，加剧牛价波动。

33.6 结论和建议

本章基于对同心县164个农户的调查数据，运用二元Logistic模型分析了影响我国西部地区农村产权抵押融资参与意愿的因素。主要得到以下几点结论：

第一，农户户主性别、家庭人口、土地面积、人均收入、社会关系、对产权抵押政策的了解程度和对信用社服务的满意度显著正向影响其产权改革参与意愿；农户的文化程度显著负向影响其产权改革参与意愿。而农户的年龄，供养比、经营类型、净资产、以及往返信用社便利程度、利率水平和利率期限则对其产权改革参与意愿无显著影响。第二，户主年龄、供养比、经营类型、净资产、往返信用社便利程度和利率期限（参数估计值绝对值在0.109以上）也是影响农户贷款意愿的重要因素。以上分析结果对农村产权抵押融资的业务开展具有积极的指导意义。第三，不同因素在影响农户产权抵押意愿时具有重要次序性。在农户因素方面，按照重要性依次为家庭人口、户主年龄、土地面积和净资产。在外部因素方面，按照重要性依次为农户对产权抵押政策的了解程度和农户对信用社服务的满意度。

基于以上结论，为促使农村产权抵押融资试验规范有序运行，并形成可复制、易推广的农村金融创新模式，有关部门在完善、推广和优化农村产权抵押融资模式时应注意以下几个方面：第一，可以按照“依法、自愿、有偿”的原则，允许农户以转包、出租、互换、转让、股份合作等形式流转土地承包经营权；进一步扩大农户土地经营面积，培育农村产权抵押融资需求主体；第二，金融机构应根据农户的人口、收入、社会关系等家庭特征，对客户进行分类管理，开发高端客户；第三，应提高金融机构农村产权贷款融资活动的透明度，保证公平公正，避免人情贷款；第四，在利率方面适当进行优惠，应依据贷款对象和用途不同划分贷款的额度和利率水平，还应根据农户的生产周期和生产用途确定不同的贷款期限；第五，金融机构应协同各行政村村委会做好宣传，消除农户顾虑，同时注重服务品质的提升。

农村金融学科建设篇

34 “三农”经济与农村金融学科建设

——以西北农林科技大学为例

农村金融学是现代金融学的重要分支，是金融学与农业经济管理相互交叉形成的新兴学科，它在促使学科交叉融合，形成新的学科生长点，推动优势学科发展中起着不可替代的作用。加强农村金融学科建设，形成高层次的农村金融理论与政策研究基地和现代金融人才培养基地，可以为解决农村金融滞后农村经济发展和破解“三农”问题提供强有力的支持。

34.1 加强农村金融学科建设的重要性与必要性

1. 重构农村金融体系，明确农村金融改革与发展方向的需要。从总体上说，我国的经济是一种“三农”经济，即我国经济是以农业、农村与农民为主体并受农业、农村与农民状况制约的经济。“三农”问题一直是我国经济的老大难问题，其中一个重要的原因是由农村金融不发达所造成的。我国农村金融结构严重失衡，间接融资比重过大，直接融资比重太小，制约了农村经济的发展。因此，必须正视各种结构矛盾，探索金融业的改革方向，重构我国农村金融体系。陕西作为全国农村信用社改革的试点省份，从2004年开始准备把农村信用社直接改制为农村合作银行，或把农村信用社改制为农村商业银行，把县级农村信用社改为一级法人或改为二级法人。这为农村金融学科的建设提供了极好的调查研究基地和发展机遇。

2. 西部大开发与经济大发展要求不断加强金融学研究。实施西部大开发战略，加快西部地区经济与社会发展，是党中央在新世纪之初做出的重大战略决策，是迈向现代化建设第三步战略目标的重要部署。要营造良好的投资环境，更好地吸引境内外资金、技术和人才参与西部大开发，必须切实解决资金短缺这个制约西部发展的“瓶颈”，留住和吸引资金，必须健全西部金融机构和金融资产，调整西部金融结构，加快西部地区整个金融体系建设。

3. 加入 WTO 后金融业发展的现实需要。21 世纪将出现更高形式的经济整合，经济全球化必然促使金融市场全球化，而金融货币政策的协调和配合又必然促使货币统一问题的解决。经济全球化的程度越高，货币一体化的要求就越迫切。我国加入 WTO 后，首先解决金融的国际差别还是国内差别，或者是齐头并进，就成为急需解决的重大问题。

4. 加快金融学人才培养的需要。西部大开发战略的实施以及经济金融化的趋势，对金融人才尤其是国际金融人才将产生大量的需求。加强金融学科建设和人才培养就显得更为重要和紧迫。西北农林科技大学金融学科建设具有良好的基础，具备了大发展的条件，在此基础上，突出特色，整合优势，必将为金融学人才培养和实现人才强国战略作出新的贡献。

5. 有利于缩小农村金融学科领域的研究与国际领先水平的差距。我国农村金融研究虽然取得了显著成绩，但由于时间较短，不论是研究方向、研究方法，还是研究基础等方面与国际领先水平还有较大差距。国际研究强调从金融与经济发展的关系方面进行总体研究，追求对社会经济的指导作用，在研究方法上，突出计量经济方法和实证分析方法的运用。同时，国际金融研究历史悠久，成果显著，研究基础相当雄厚，金融创新层出不穷，而我国金融研究在这些方面还有很长的路要走。通过加强农村金融学科的建设，开展广泛的国际学术交流，不但有利于提高人才培养水平和层次，还将为金融学的研究工作带来新的启迪。

34.2 学科建设现状

西北农林科技大学农村金融学科初创于 1985 年。在此之前，原西北农业大学（原西北农学院）农经系就设立了财政金融教研室，连续常规性开设了《农村财政》、《农村金融》等课程（农业经济管理专业创建于 1936 年，在全国具有相当影响，现具有博士、硕士学位授予权，并设有博士后流动站）。在城乡改革对金融人才的强大需求下，农经系对加强金融学教育和人才培养倾注了大量心血，早在 1985 年就开始选派优秀青年教师去陕西财经学院金融系、西南财经大学金融学院等高等院校进修学习。在人才储备和提高的基础上，1985 年设立了金融学教研室，后参照教育部金融学专业培养方案，结合农村经济实际，制定了较为完善的金融学本科培养方案。1996年国家教委在验收审查的基础上，批准西北农业大学设立金融学硕士点，成为全国农林院校首家金融学硕士学位授权单位。经过校、院领导和全体老师的不懈努力，目前农村金融学科具备了一定规模，形成了自己的鲜明特色，表现在以下几个方面。

34.2.1 拥有素质较高、结构合理、稳定可靠的学术队伍

目前，金融学科学术队伍基本情况如表34－1、表34－2所示。

表34－1　　学术队伍基本情况　　单位：人

现有人员数					
系或研究中心	教授（或相当专业技术职务者）	副教授（或相当专业技术职务者）	讲师（或相当专业技术职务者）	具有博士学位人员	具有硕士学位人员
人数合计	7	10	12	12	11
金融系	1	2	4	3	2
经济学系	1	1	2	2	2
会计系	2	1	2	2	2
农业统计与资源管理系	1	2	2	1	1
农村金融研究中心	2	4	2	4	4

表34－2　　学术队伍年龄结构　　单位：人

专业技术职务	人数合计	35岁以下	36～45岁	46～55岁	56岁以上
教授	7	0	5	2	0
副教授	10	3	6	1	0
讲师	12	12	0	0	0

34.2.2 形成了一批在全国有较大影响的学术带头人及主要学术骨干

本学科点学术带头人和主要学术骨干情况如表34－3所示。

表 34－3　　学术带头人及主要学术骨干

研究方向	姓名	出生年月	获博士学位年月	专业技术职务
金融理论与农村金融政策	罗剑朝	1964.1	1992.7	教授
	王静	1967.2	2004.7	副教授
	吕德宏	1969.8	2002.7	副教授
投资经济与农村产业工程	霍学喜	1960.2	1993.7	教授
	王征兵	1964.2	1997.7	教授
	陆迁	1967.7	1998.7	副教授
资本运营与项目管理	侯军岐	1964.3	1999.7	教授
	郑少锋	1959.8	2001.7	教授
	李录堂	1962.3	2000.7	教授

34.2.3　承担完成了一批省部级重大课题研究

近五年来，在科学研究与科技成果方面，共发表论文 426 篇，出版学术专著 12 部，获省部级奖 15 项，科研成果被采用 6 项。近三年支配科研经费合计 150 万元，平均每年约 50 万元。目前承担科研项目 19 项，其中国家各部门项目 11 项，国家自然科学基金 4 项，如表 34－4 所示。罗剑朝教授主持的“西部生态环境重建中政府财政投资效率评估与宏观监督体系研究”获教育部第三届高校青年教师奖，“农民合作组织演变中的政府行为分析”荣获中国理论创新优秀学术成果一等奖，产生了较大的社会影响。总体来看，本学科已具有一定的优势：较早重视管理研究，重视计算机技术、网络技术的应用研究；较早在农业投资项目评估、农业基本建设投资、农业高新技术投融资等领域进行了系统探索。同时，本学科点立足西部经济发展实际，注重拓展本学科的研究领域，重点研究西部资源开发与管理中的投融资、政府财政投资项目的资金管理、西部农地金融体系等问题。

教学单位与科研单位合并以及教学与科研的紧密结合，使本学科点的发展真正融入到西部大开发的实践之中。本学科点培养的博士生、硕士生，基础扎实，教学科研工作能力强，在同行中得到公认。

34.3 学科建设存在的问题与面临的挑战

虽然农村金融学科建设取得了很大成绩，但由于各种原因，也存在着不少问题，在建设国际知名的高水平研究型大学的过程中，还面临着严峻的挑战。

34.3.1 存在的主要问题

1. 农村金融学科定位模糊，学科的核心内容迫切需要凝练廓清。尽管农村金融学科是从农村财政金融演化而来，但社会主义市场经济条件下农村财政金融如何建设还在探索。同时，农村金融尽管属于金融学科范畴，但又不同于纯粹的金融学科，具有明显的特殊性。作为一门交叉性极强的应用经济学科，农村金融学科在吸收金融学、农业经济管理、公共经济学等学科理论的基础上，如何交叉创新，形成自己特色，并未真正破题。

2. 学科交叉渗透不够，尤其是跨学科交叉渗透更少。例如，金融财政如何支持农业产业化、市场化和国际化，金融财政如何支持农村发展和农民实现小康，农村信用社如何改革才能形成高效率的农村储蓄——投资机制，市场经济条件下农业发展银行如何进行职能定位与业务拓展，农村民间金融如何实现规范化管理，农村保险市场如何培育和发展，城乡税制如何实现一体化，公共财政的阳光如何洒向农村等问题，都需要从学科交叉层次上进行融合与理论创新。

3. 农村金融学科建设进程与兄弟院校发展不协调。尽管西北农林科技大学在国内同行中最早设立金融学硕士点，但是金融学博士点的发展明显落后于兄弟院校。南京农业大学作为农林院校第二批金融学硕士点，现已自主设置为农村金融学二级学科博士点。

4. 投入不足。近几年承担国家大课题较少，来自外部与校内科研经费投入不足，人才流失比较严重，人心不稳。

5. 缺少科研平台。一方面在校内尚未建立农村金融实验室，另一方面在校外缺少科研基地和实验基地。农村金融理论研究与实际结合不够紧密，研究成果不能及时转化，例如，现有农地金融研究成果尚未得到推广与应用等。

6. 缺少与国际和国内综合大学的交流和学习研究方法、研究内容传统东西较多，现代手段较少。

表 34－4　　　　承担完成科研课题情况

序号	课题名称	项目来源	批准经费（万元）	执行时间
1	西部生态环境重建中政府财政投资效率评估与宏观监督体系研究	教育部第三届高校青年教师奖	30.00	2002.1～2006.12
2	中国政府财政对农业投资的增长方式与监督保障体系研究（70073025）	国家自然科学基金	10.00	2001.1～2003.12
3	中国农地金融制度的构建方案与管理创新研究（70141024）	国家自然科学基金	3.00	2002.1～2002.12
4	中国农业投资的逆常规变动与宏观调控方式研究（79600019）	国家自然科学基金	6.00	1997.1～1999.12
5	中国商品粮基地持续发展机制研究（79770073）	国家自然科学基金	7.70	1998.1～2000.12
6	中国西部农地金融的组织体系构建与信用风险分担研究（02JA 790046）	教育部人文社会科学研究项目	3.00	2003.1～2005.12
7	我国种子管理体制改革研究（20007）	农业部软科学基金	4.00	2000.1～2002.12
8	主要农产品生产成本及效益研究	农业部软科学基金	2.00	2001.1～2002.12
9	陕西农业财政投资效率评估与监督保障体系研究（3021G04）	陕西省自然科学研究计划项目	1.50	2002.1～2004.12
10	陕西农业产业结构转换与产业升级的机理研究	陕西省自然科学研究计划项目	1.50	2000.1～2002.12
11	构筑现代农业体系战略研究	陕西省软科学基金	3.00	2002.1～2004.12
12	农村合作经济组织新财务制度实施示范	陕西省农发办	4.00	1997.1～2002.12
13	农产品成本核算	陕西省科委	6.00	2002.1～2004.12
14	陕西省科技试验示范基地管理机制与模式研究	陕西省科委	3.00	2000.1～2002.12
15	西部地区人力资源开发与利用	国家农业综合开发办	5.00	2001.1～2005.12

续表

序号	课题名称	项目来源	批准经费（万元）	执行时间
16	大中型工商企业进入农业投资及对策	国家外专局	2.00	1998.1～2002.12
17	农用地管理政策研究	中国土地勘测规划研究院	1.00	2001.7～2002.7
18	杨凌示范区利用市场机制推进企业化发展战略研究	杨凌示范区管委会	6.00	2001.7～2001.12
19	大庄农业科技示范园总体规划	武功县科技局	2.50	2003.1～2003.12

34.3.2 面临的挑战

“三农”问题是中国全面建设小康社会的重中之重，而农村金融在解决“三农”问题过程中起着举足轻重的作用。如何留住农村社会闲散资金，如何从非农产业筹措大量资金来解决农业发展对资本的巨大需求，是破解“三农”问题的关键之一。培养适合农村经济发展需要的复合型金融人才，特别是金融实业人才和金融管理人才，以满足农村经济发展需要，是农村金融学科建设面临的一个巨大挑战。知识经济的发展要求不断依据现实产生的新问题进行大量的知识创新。农村金融学科如何面对知识经济，需要进行显性知识和社会学科知识创新，如何在与国际接轨方面汲取前沿理论和方法，不断提高人才培养的质量和水平，是形成学科优势所面临的又一个挑战。

西部大开发是我国经济发展的重大战略，也给农村金融学科建设提供了良好机遇，但就目前情况来看，农村金融发展滞后，严重影响了西部大开发的顺利实施，其主要原因是长期以来忽视农村金融理论研究和不重视农村金融学科建设所造成的。农村金融理论研究如何为西部大开发提供科学支持，为政府决策出谋划策，还有待于不断探索和深化。

面对诸多挑战，必须从强化农村金融学科建设入手，凝练学科方向，汇聚校内外科研力量，加快农村金融理论研究，促进业已进行的农村信用社改革和整个农村金融体制改革，为尽早解决“三农”问题和推动西部大开发提供创新的知识体系。

34.4 学科建设的指导思想、基本思路与总体目标

34.4.1 指导思想

西北农林科技大学现有学科门类齐全，优势突出，形成了农、理、工、经、管、法、文、教八个学科门类。学科间的优势互补、强强联合，多学科交叉与融合、渗透与互补，必将促进金融学科的建设和发展。

农村金融学科建设的指导思想是：继承、创新、巩固、提高。即不断提高本学科点的教学、科研与人才培养的能力、水平和实力；适应新时期高等教育与科技发展趋势，培养和造就一批高层次、高素质的农村金融管理人才；构筑金融科学研究的平台与基地；通过重大科研项目及各类科研课题的申报、调研与实施，为金融改革与发展特别是农村金融的改革与发展提供理论和决策依据，使农村金融学科登上一个新的台阶。

34.4.2 基本思路

1. 凝练学科方向。针对我国农村金融改革发展中所面临的问题和矛盾，如农民融资渠道不畅、正规金融资源匮乏、民间金融过度发展、财政税收制度二元化等，从产权制度、金融供给、二元结构和经济体制等方面进行系统综合的研究，为解决农村金融存在问题提供创新思路。为了实现上述目标，必须突出学科特色，调整学科方向，通过学科的交叉融合，使学科力量相对集中。

2. 培养学科队伍。重点培养在国内有影响的学术带头人，形成合理的学科队伍，提高整体的研究能力和学术水平。以学术带头人为核心，以高素质的中青年人才为骨干，以在校博士生和硕士生为后备，组建合理的学术团队，提高教学、科研和人才培养能力和水平。同时，要吸引和引进外来人才，通过人力资源整合，形成结构合理的农村金融学科的创新群体，争取国家科学基金和省部级科研项目的支持。鼓励学术团队的“好奇心驱动的研究”，支持他们在国家需求和科学前沿的结合上开展基础研究，寻求新的科学发现。

3. 构筑学科基地。针对我国不同区域之间的不同特点，通过建立科研基地，加强区域之间的联系与合作，促进各科研机构之间的相互分工与衔接，推动产学研之间的紧密结合。

34.4.3 总体目标

通过金融学与农业经济管理学科之间的交叉融合、优势互补、相互协调，为农村金融改革与发展提供理论支持和决策依据，使本学科点成为国内领先、在国际上有一定影响的重点学科，部分研究成果达到国内领先或国际先进水平。具体的阶段目标有下面两个。

1. 在3~5年内，把农村金融学科建设成为国内有重大影响的学科，并建立“农村金融财政与管理”博士点。通过本阶段的金融学科体系建设，取得有重要影响的标志性成果，并使之用于我国农村金融体系建设与实践中。

2. 在5~10年内，把农村金融学科建设成为国内领先、国际上有一定影响的重点学科。通过建设，形成符合中国实际情况的现代农村金融理论与政策体系，并用实践检验已有的理论与政策。

34.5 学科重点领域和前沿问题

根据近年来国外农村金融学科的发展态势和我国农村金融及“三农”问题的实际需要，我们认为，近期农村金融学科的重点研究领域和前沿问题主要有:（1）农村金融的地位、作用与体系建设。（2）农村金融工具与金融模式创新。（3）农村金融市场开拓与宏观调控。（4）农地金融制度的构建方案与管理创新。（5）农村民间金融规范化管理。（6）农村政策性金融职能定位与业务拓展。（7）农村金融风险形成机制与防范策略。（8）公共财政与农村财政支持保护体系。（9）政府财政对农业投资的增长方式与监督保障体系。（10）农业保险与农民最低生活保障和社会保障体系。（11）农村中小企业信用担保与融资理论、模式与政策。（12）农民借贷行为与农村信用制度建设。（13）政府行为、基层政权与农村金融发展。（14）农村金融立法与法律体系建设。（15）外资进入农村的必要性、可行性与风险管理。

34.6 学科建设内容

34.6.1 选准研究方向

充分利用经管学院已有的农业经济管理博士点、金融学硕士点有利条件，发挥学科优势，进行跨学科交叉研究，把金融学科点建设成为农村金融财政与管理方向明确、特色突出的学科点。克服以往用城市金融财政管理等原理来解释农村金融财政与管理中的现实问题，用城市金融、大金融代替农村金融研究的倾向，为农村信用社改革、农村民间金融发展、农村中小金融机构建设、农村税费改革等亟待解决的热点难点问题提供理论依据，为“三农”问题的最终破解贡献力量。

34.6.2 搭建科研平台

构建校内、校外学科基地，充分利用校内、校外两种资源，为教学、科研搭建坚实的平台。在校内，拟建立农村金融模拟实验室，通过模拟操作，深化理论知识。在校外，充分利用杨凌示范区现有金融网点，加强与人行、农行、建行、工行、农村信用社、咸阳市商业银行等单位的合作，逐步把这些金融机构建设成为本学科点稳定的教学实验基地和固定观察点，为教学、科研的深入开展提供第一手资料和实证支撑。同时，加强与西部地区以及国外金融部门的联合与合作，通过定期与不定期举办学术沙龙、学术研讨会等形式，促进思想交锋和理论传播。

34.6.3 引进高级人才

制定更为宽松灵活的政策，以优厚的待遇，多渠道引进农村金融财政与管理领域的高级人才。通过设立客座教授、访问学者，或直接引入外校学者等多种形式，优化学术队伍结构，使农村金融学科建立在高起点上，不断提升学科地位。

34.6.4 开展学术交流

联合外校科研院所、权威期刊，举办农村金融财政与管理方面的学术会议，吸收兄弟院校、科研院所的专家学者与本校研究人员一起，联合共同研究本领域的重大问题。同时，积极走出校门，让教师、科研人员、研究生到有关学术研讨会上去获取新知识，充实提高，带动学科建设。

34.7 保障措施

34.7.1 高度重视

学科建设是一项复杂的系统工程，涉及全体教职工，涉及人力、物力和财力投入以及管理制度等。因此，应当高度重视，树立学科建设的全员意识，以“211”工程和“985”工程为指导，围绕学科建设开展工作，不断提高本学科点水平。

34.7.2 增加投入

一方面要争取学科建设的国家或省部级专项经费，另一方面在本校的年度预算中安排一定规模的经费，加大投入力度，支持本学科点建设。积极与企业和地方政府开展广泛合作，尽可能争取横向经费支持，充实和促进学科发展。

34.7.3 加强交流

积极开展与国内、国外的学术交流与合作，举办国际性的学术研讨会，充分展示本学科点的科学研究水平和实力，扩大本学科点在学术界的影响和知名度。同时，充分利用现代信息技术，如数据传输网络、光盘以及多媒体技术等，迅速及时地了解和掌握本学科的研究现状与前沿动态。

34.7.4 组织保障

加强对学科建设的组织领导工作，成立西北农林科技大学农村金融研究中心，统一组织、协调和落实学科建设各方面工作。本中心实行首席专家负责制，调动人力、物力和财力等各种资源，集中研究农村金融的热点、重点与难点问题，制定学科建设规划，并组织实施。

34.7.5 推动成果的出版与转化

科研成果是通过科学研究活动取得的具有一定学术意义或实用价值的创造性劳动成果，应积极推动科研著作出版、奖项申报以及成果转化等工作，计划每年出版农村金融财政与管理丛书 3 ~ 5 册。同时，积极创造条件，在杨凌农业高新技术产业示范区建立示范基地，对初步研究成果进行试验、示范与检验，并逐步完善，力争取得具有学术价值和社会影响的标志性成果。

35 从现代农业发展态势看农林高校开设休闲农业专业的必要性及课程设置研究

在推进传统农业向现代农业转变的过程中，全国各地开始积极探索发展以旅游农业、生态农业、观光农业、创意农业等多种形式和载体的休闲农业。农业已由单一提供农产品转变为改善城乡环境面貌、发展旅游文化产业的重要手段，涵盖了以现代农业、农村为代表的吃、用、玩、赏为载体的农业新产业，和以设施农业、特型农产品、农业废弃品加工等为代表的极具活力的特色农业、新产品和新工艺，成为都市型现代农业和城郊旅游的新亮点。随着社会的发展，高校办学定位与办学方向也在发生着积极的变化，顺应历史潮流，不断推进新的高等教育专业与课程的设置，进一步与市场接轨，社会需要规定着农业教育专业课程的目标和方向，农业专业教育正步入一个崭新的发展时期。因此，在我国高校设立休闲农业专业具有一定的必要性。

35.1 休闲农业的兴起与现实境况

休闲农业是在农业活动的基础上，运用农业生产条件和景观资源所形成的集休闲旅游和经济活动于一体的集成化的现代农业生产方式，同时也是挖掘农业生产潜力转变农业结构，提高生产环境，增加农业附加值的新途径。在综合性的休闲农业区，游客不仅可观光、采摘果实、体验农民耕作、了解农民生活、享受乡土情趣，而且可住宿、度假、游乐。在国内，休闲农业发展实践告诉我们，休闲农业可以使得农业资源的利用实现最大化，完善和优化了农业产业模式，延伸了农业产业链，推进了第二产业、第三产业的发展，转移了农村剩余劳动力，真正意义上实现了农业生产的高产值和高附加值。同时，增进了城市人群和农村人群的交流，加深了对农业和农村的了解，逐步形成了城市支撑农村，农业反馈城市的良好局面，真正实现城乡协调发展。休闲农业作为一种产业，兴起于 20 世纪30 ~ 40 年代的意大利、奥地利等地，随后迅速在欧美国家发展起来。目前，日本、美国等发达国家的休闲农业已经进入其发展的最高阶段——以租赁为主的阶段。2005 年 10 月，中国共产党十六届五中全会通过《“十一五”规划纲要建议》，指出要以“生产发展、生活富裕、乡风文明、村容整洁、管理民主”的要求，全面推进和建设社会主义新农村。在实现农业转型发展过程中，休闲农业是现代农业发展的全新模式，很快在全国各地近郊、县域发展起来。休闲农业在提高农业经济附加值的同时，并形成了生态文明、乡村与城市统筹发展的良好格局，休闲农业发展的实践证明，休闲农业将成为我国农业发展的主流模式之一。尽管国内休闲农业的概念提出时间不长，但休闲农业的实践却由来已久，全国各地都在不同程度地进行多层次的探索，部分地区已经初步形成了全景产业链，主要表现为以下几种形式。

模式一：农业生产过程利用。浙江千岛湖乘坐机械船休闲观光园拿巨网捕鱼，水花飞溅，群鱼狂舞，景象壮观，很快成了千岛湖旅游的一张“金名片”。每年游客能看到巨网捕鱼次数达到 150 次左右，仅船票收入就达到 300 多万元。同时，由于生态优良和游客的共同参与，该景区的鱼也成为市场上供不应求的热销产品。

模式二：农业文化资源的开发对有条件、有特色的农田进行精雕细琢，赋予它文化内涵和生态价值，使其成为市民休憩的家园。大连市的农民按照事先设计好的迷宫图案种玉米，长成的玉米迷宫吸引了大批游客；北京市大兴区包装了 150 多个各类蔬菜园、瓜果园和花卉园，以休闲体验为主题的精品旅游线路有 10 余条，每年接待的中外游客达 100 多万人次，总收入近 6 000 多万元；南京农业嘉年华举办螃蟹节、梅花节、葡萄节等 20 多个农业节庆活动，促进了农产品销售，提升了当地农业旅游的知名度。

模式三：农业生态功能的开发。北京市门头沟区在煤矿和非煤矿山关闭后的废弃地发展蘑菇栽培，将废弃的采石坑变成一个景观湖，建成休闲公园、果园和特种养殖基地，发展干鲜果品、食用菌等特色经济，实现了生态修复与改造环境发展经济有机结合，成为全国首个生态修复示范基地。

模式四：农业生态环境的利用。上海奉贤每年 4 月上旬前后举办油菜花节，除了观赏“油菜花海”外，还推出了田园爱情派对、油菜花写生、奉贤农副产品展销等24项主题活动，让游客真正感受到田园闲趣。

模式五：农业废弃物和农产品的创意利用。用废弃的鱼骨或农作物秸秆作画，编织手提袋、动物、宠物篮等。麦秸工艺画已经成为不少地区的地方特色旅游商品。

模式六：农产品奇异化生产。培养特大南瓜、方形西瓜、饲养袖珍宠物、特种颜色花卉以及其他具有特种极端品质的农产品等。

随着休闲社会的来临，休闲经济会飞速增长，定会带动从业队伍快速壮大。由于我国对休闲农业从业人员的要求没有一个明确的界定标准，专业类人才紧缺，在强大经济利益的驱使下，休闲农业的从业人员鱼龙混杂现象相当普遍，造成了休闲农业市场严重的混乱局面。除了管理体制、相关法律、法规滞后，人才匮乏是造成该产业人才发展迟缓的重要原因。

35.2　高校开设休闲农业专业的必要性

1. 休闲农业自身发展需要。近年来，全国各地根据市场需求及时优化调整农业发展定位，在推进传统农业向现代农业转变的过程中，积极发展都市农业、生态农业、观光农业等农业新形式，农业正在由单一提供农产品转变为改善城乡环境面貌、发展旅游文化等的重要手段。20世纪90年代后期，休闲农业借助创意产业理念，融入农业生产生活。随着我国农业转型和新型农业系统的构建，休闲农业实践为我国农业经济带来巨大的经济效益和社会效益，休闲农业的产业化发展渐成趋势。休闲农业的蓬勃兴起急需专业类人才的培养与之相匹配和适应。

2. 社会发展需要。社会主义市场经济在我国迅速兴起，使得我国社会开始由温饱型向小康型全面发展，并在21世纪初向发展型目标迈进。在今后数十年，我国经济仍将保持较快的增长速度，这意味着中国人民对包括休闲、观光等在内的自我个体实现将得到可持续性的发展。然而，要将这种可能性转化为现实性，还必须具备其他几个重要的条件：其一是社会的政治目标。这一点无疑已有确切的保证，建设社会主义新农村就是这一政治目标的强有力的支撑。其二是社会休闲文化的发展认同。随着中国经济的发展与对外融合的推进，休闲意识不断地与国际接轨，休闲文化积累丰厚，有着极为丰富的组织形式、活动方式和活动内容，并且与传统哲学、伦理道德、审美观等交织在一起，为中国民众所喜闻乐见，促进休闲农业教育的发展。

3. 传统农业专业调整改造的需要。传统农业有着深厚的民众基础，在新的历史时期势必将得到空前的发展。目前，我国大多数农业高等院校都设置了农业发展学科，培养不同程度的农业专门人才，而且对已经设置的学科不断进行调整和改进，重组教学内容、课程体系、拓宽专业口径，适应我国农业发展和转变过程对农业人才的需求。但是，以往的改革大多为数量和内容上的变化，没有从根本上改变以专业为中心的高校培养模式，学生的创造力不能得到很好的实践和发挥，导致学生实际工作适应能力较差。在西方，高校农业类专业口径较宽，涵盖体系比较完善，不同的专业课程之间相互渗透，课程所学知识与实际农业发展水平和应用紧密相连，学生在校期间就可以学到全面、新颖的农业专业知识，了解农业发展现状和将来发展趋势。

35.3　休闲农业教育专业课程的设置内容分析

1. 理论教学方面。如何将休闲教育与农业学科教育进行有机结合是一个新的课题。目前各式休闲教育在我国已经蓬勃开展起来，比如休闲体育教育学、休闲社会学、休闲经济学等，而休闲农业教育的发展比较滞后。相对于大陆的休闲农业教育，台湾之所以发展休闲农业教育比较好，是因为随着休闲农业的不断发展，需要有专业的人才熟悉休闲农业的管理、经营及发展趋势，以便更好地指导现实工作。

有效地将休闲学科教育与农业发展紧密结合，不仅仅要从理论上增加休闲学科的相关内容，加深对休闲产业的理解和认识，还要从实践的角度认识发展休闲产业的目标和要求，使得学生从思想的高度对休闲产业学科有一个系统、全面、详细的了解。同时，对休闲产业发展实际需求趋势有一个清楚的认识。通过体验式的教学环节实践这一积极、动态休闲方式的学习，促进大学生形成正确的休闲农业课程学习意识，为将来步入休闲农业管理这一领域打下认识与技能的基础。

农业专业课程已经开展了多年，但是休闲农业的发展在国内属于刚起步阶段，因此在理论教学方面还需要深入地联系经营、管理理论，实现农业课程的休闲化特点转变。这也是实现高校农业课程开放性的一个重要表现。同时，需要积极地改变传统的教育模式，从简单的说教教育逐渐地发展成为一个理论与实践相互融合的教学模式，使得学生不仅仅从理论上理解所学知识，更从实践的高度去认识所学内容。

2. 实践教学方面。休闲农业课程目标是制定教学内容的根本出发点，应该全面地服务于学生身心对于专业的发展需求，从实践出发，突破以知识灌输教学为主的旧体系，建立以增强专业技能，把握知识前沿理论，提高学生实际运用能力与就业本领，丰富以促进学生身心健康为主线的课程内容。依据休闲教育的需要，休闲农业课程的理论课教学内容应以休闲教育的相关知识为主体，实践课的内容则首选休闲特征和体验特征突出的休闲农业模式和典型的地区为体验基地。因为只有广泛参与休闲活动，才能促使学生在充分的“休闲体验”过程中，不断感悟休闲、感悟生命的价值和意义，感受农业发展的无穷魅力与光明前途，从而树立正确的学科观和休闲观，为走向工作岗位打下坚实的基础。

3. 休闲农业教育课程的结构设计。课程结构指课程各部分的组织与配合，即讨论课程各组成部分如何有机地联系在一起的问题。休闲农业教育课程新体系的建立必须从学校农业教育、休闲教育整体的角度去考虑。把有目的、有计划、有组织的课外休闲农业体验纳入到农业学科课程的改革中去思考。体验类项目的教学不可能在有限的课堂时间和空间内完成，所以，课外和校外时间都被纳入到休闲教育的视野中。休闲农业学科的课程设置可分为多层次：（1）低年级（大一至大二）阶段以开设常规型教学课，课程内容以农业学科教育、休闲教育课程、经营管理理论学习为主。具体课程可根据授课时数前后相继，衔接安排，也可平行安排整体推进。（2）三四年级则主要开设综合活动课，内容按照实践要求，结合学生爱好为依据，这一改变使得高校农业教育得到拓展，给学生留下更大的发挥和学习空间。（3）鼓励课堂内部知识向实践的转化，积极主动挖掘学生的创造力和个性，使得传统的以学生为辅的教学模式逐渐改为以学生为主体的教学模式，教师只是指导者、引导者，应充分发挥学生的实践参与能力和积极性。

4. 休闲农业教育课程的重点内容。休闲农业专业课程的重点是介绍休闲农业的基本概念，休闲农业与乡村旅游、农业旅游之间的区别与联系、不同地区发展休闲旅游农业产业的特点、休闲农业管理等方面的内容。通过本课程的学习，要求各相关专业的学生能够熟练掌握休闲农业的基本概念，理解休闲农业与乡村旅游、农业旅游之间的区别与联系。了解发达国家和地区休闲农业发展的经验以及如何高效地进行休闲农业方面的管理等。

35.4 结论与建议

休闲农业的迅速发展，急需培养大量的休闲农业专业人才作保障。增设休闲农业专业是农业自身发展、社会发展和高等教育发展的需要。休闲农业发展具有可持续性，因此建议国家和地方有关教育、农业部门和高等院校尽快采取措施，把握机遇，科学论证，为休闲农业及其人才培养创造良好的条件，为休闲农业走向生活化、科学化和规范化作出贡献。

媒体报道篇

36　为破解农村金融难题奋力求索

——记教育部创新团队带头人、西北农林科技大学教授罗剑朝

张行勇

罗剑朝，男，1964 年 1 月生，陕西武功人。博士，教授，博士生导师，西北农林科技大学农村金融研究所所长，国务院政府特殊津贴专家，教育部“长江学者和创新团队发展计划”创新团队带头人，教育部第三届“高校青年教师奖”获得者，中共陕西省委讲师团特聘专家教授，陕西省“农村金融”教学团队带头人。农村金融学科创始人，农地金融制度与农村产权抵押融资试验研究开拓者。曾是国内较年轻的教授、博士生导师之一。

“很好，祝贺！要及时总结，大力推广，为农村经济发展提供坚强的金融支持。”这是近日中共陕西省委常委、宣传部部长景俊海在省委《每日要情》上的批示。此期要情刊发了西北农林科技大学经管学院罗剑朝教授带领的教育部创新团队在陕西省社科基金重点支持下，在农村产权抵押融资方面取得的新成果。

11 月 5 日，第 21 届杨凌农高会举行的 2014 丝绸之路经济带国家农业科技合作恳谈会上，来自美国、加拿大、德国、荷兰、以色列、阿根廷、澳大利亚、斯里兰卡、韩国等国家的农业问题专家、涉农企业管理者、政府机构官员等对罗剑朝创新团队在中国西部农地抵押贷款制度建立方面的研究结果予以肯定评价。

9 月 21 ~22 日，由西北农林科技大学主办的“农村金融创新与发展”国际学术会议在杨凌召开，来自中国、日本、韩国、孟加拉国、巴基斯坦 5 国高校、科研单位和金融管理部门的近 200 名专家学者围绕新时期农村金融领域的理论和实践问题进行深入探讨和交流。罗剑朝带领的教育部创新团队因在农村产权抵押融资方面的研究成绩斐然，受到与会代表的高度赞誉。

……

上述反响，仅仅是罗剑朝及其创新团队累累硕果的冰山一角。厚积薄发，继往开来，由于他们在农村金融领域的研究成果与人才培养成就，西北农林科技大学农村金融学科被公认为我国农村金融研究的重要基地，也是西部农村金融研究的中心。

36.1 金融界的“哥德巴赫猜想”难题难在哪里

1979 年瑞典皇家科学院致诺贝尔经济学奖获得者西奥多·舒尔茨的贺词：世界上大多数穷人以农业为生，因而如果我们懂得农业经济学，我们也就懂得了许多穷人的经济学。

假如你是个银行家，有一笔可供借贷的款项，如果你把钱借给信用记录差的人，你冒的风险就很大，他们可能还不了钱，甚至搞得你破产。这样就会形成一个矛盾局面：把钱借给最需要借钱的人，往往信用风险都很大，因此这些人得不到贷款；而最不需要借钱的人，信用记录最好，因此反而能得到贷款，其结果就是越需要帮助的穷人越难获得金融帮助。美国经济学家迈克尔·舍默曾提出的经济学上的“银行家悖论”。

矛盾往复循环，结果越需要帮助的穷人越难获得金融帮助。这就成为默认的“铁律”，也成为金融界的“哥德巴赫猜想”难题。

2006 年，孟加拉国乡村银行格莱珉银行创始人、“穷人的银行家”、诺贝尔和平奖获得者穆罕默德·尤努斯创立了乡村银行，开创和发展了“小额贷款”服务，专门提供资金给因贫穷而无法获得传统银行贷款的创业者，从而打破了近百年的金融业运行“铁律”，从根本上改变了“锦上添花”的金融发展理念，使得金融真正发挥对无信用、无担保、收入低人群“雪中送炭”的效应，使弱势群体真正享受到“普惠金融”服务。这一模式也被称为“格莱珉模式”。

罗剑朝认为，我国农村长期以来是二元经济社会结构，农村金融受到抑制，与城市金融相比，农村金融发展滞后，农村金融供给总量不足、供求错位与结构不合理、服务效率低下，是导致农业不发达、农村落后、农民收入低的重要原因，农村金融依然是整个金融体系和解决“三农”问题的“短板”。

然而，由于国情的不同和农业发展的多样性等差异，格莱珉模式在中国可以借鉴，却不能够复制。中国土地上的“哥德巴赫猜想”难题更具特色和难度。罗剑朝曾经的研究表明：农村金融是现代农业经济的核心，承担着我国进入“工业反哺农业，城市支持农村”新时期优化资源配置、统筹城乡发展、构建和谐社会的历史重任。对当前的中国来说，如何解决广大农民和农村中小企业等弱势群体贷款难、抵押难、担保难的问题，是确实需要着力破解的难题。因此，可以说，格莱珉模式也间接地证明了罗剑朝研究方向具有的前瞻性与可行性。

改革开放以来，我国农村金融改革基本上是围绕“机构不足加机构、补贴不足增补贴、监管不足改监管”的思路进行，迄今为止，依然没有找到一条适合我国农村发展的金融支持之路，实践上依然没有“破冰”。如何破解中国土地上的“哥德巴赫猜想”难题？

近年来，随着城乡二元经济社会结构的逐步瓦解，农村剩余劳动力大量从农村转移到城镇就业，农村土地流转加速推进，农村土地经营规模逐步扩大，农业产业化方兴未艾，这就为农村土地使用权抵押融资提供了有利机遇。在此背景下，2002 年初，罗剑朝在以往农村金融问题研究成果的基础上，在国内率先就提出解决这一“哥德巴赫猜想”难题的基本路径。即以农村土地使用权抵押为特征的农地金融制度与农业产业链融资模式，是中国农村金融发展内生性道路的必然选择。

36.2　破解“难题”　勇于攀登

那么，在求证破解农村金融“哥德巴赫猜想”的路上，中国会给出怎样的答案呢？

从小生活在当地游风镇农村，熟悉和感受着农业、农村、农民问题的罗剑朝，作为以优异成绩在西北农林科技大学农业经济及管理专业本硕博连读 10 年的博士，自 1992 年博士毕业留校任教后，一直集中农村金融这一目标开展研究与教学。

罗剑朝在看到小额信贷的前景的同时，也看出“格莱珉模式”若在中国农村将会遇到不同的条件变量，靠实施侧重信用担保在中国农村面临着诸多制约。他的解题路径是：从农民自身的资产中去寻找符合银行贷款安全性、盈利性、流动性等专有特点的抵押品，走出一条更加符合市场规律的双赢之路。

“格莱珉银行运行到现在，取得了 99% 的盈利，也的确改善了穷人的生活和生存条件。然而，近年来，国际上对此也有批评和指责。因为它的利率要比一般银行高，有人就质疑到底是在扶持穷人还是剥削穷人。”随着时光的流逝，格莱珉银行运营中的争议之声也甚嚣尘上。罗剑朝认为，农民从金融机构难以取得贷款的一个重要原因就是没有理想的抵押品。

与格莱珉银行更注重信用担保相比，他认为“抵押品”才是符合市场经济本质的好手段。正因为其研究思路新颖和创新，当我国针对农村金融体系启动国家自然科学基金主任基金应急研究后，罗剑朝被委任负责其中“中国农地金融制度的构建方案与管理创新研究”。

据了解，早在 1988 年，贵州就以湄潭县作为农村改革试验区对农地金融制度进行了先期探索。21 世纪以来，山东寿光等地也开展了土地经营权抵押试验。在对这些先行试验区进行调查后，罗剑朝总结起它们的成败得失，逐渐完善着自己的研究方案。

“中国如今是土地二元制，城镇土地国有，农村土地归集体所有。在集体所有制下，农村土地的承包权和经营权往往会属于不同的主体。”罗剑朝说，“中国台湾地区以及美、日、英、德、法等国家就没有这样的烦恼，它们是土地私有制，要简单得多。”

条件变量不同，银行又有其长期形成的运行经营规律。为此，罗剑朝从农民自身资产中去寻找满足银行要求的有效抵押品，来顺应银行的运营规律，找到突破农村金融问题的钥匙。

他认为，农民资产中其实是有符合银行要求的抵押品的。农村土地承包经营权，农民房屋及宅基地，农业生物资产和农业知识产权，都在这个范围内。然而，抵押品虽然有了，抵押给谁？如何进行资产评估？怎么进行风险管理？……潜在的问题一个个被抛出来，中国既有的试验都无法做出完美的解答。因为现代农村金融创新是一个包括资金供给、资金需求、风险管控等多环节的系统工程，既需要农村金融机构的积极参与，还需要地方政府的政策支持。在这一过程中，政府应及时制定相关配套税收、财政政策，促进各类金融机构和资金流入农村市场。而在 2014 年 1 月 19 日印发的《关于全面深化农村改革　加快推进农业现代化的若干意见》（以下简称 2014 年中央“一号文件”）才将农地金融制度构建正式提到议事日程上。

早在 2008 年，罗剑朝在西部省份选择 4 个固定观察点同时开展两个创新试验模式的探索。

一种创新试验模式是自上而下的政府主导型，以杨凌示范区和陕西高陵县为代表。在这种模式下，是以国家和地方政府出台相关文件为指导，由地方政府协同当地金融部门等共同推动、引导并监督农村产权抵押融资试点，制定确权、评估和贷款流程等规章制度，自上而下地推动试点工作的开展。比如，创办土地流转中心，为农民土地颁证授权。

与之相反，另一种创新试验模式是宁夏同心县所采用的由农户自下而上组织的主导型模式。通过成立农户土地抵押协会，农户以土地承包经营权入股方式成为会员，贷款会员与其他会员多户联保，并与担保人和协会签订土地承包经营权抵押协议。简单来说就是，农户向信用社贷款，协会进行总担保，信用社发放贷款。村里成立土地抵押合作社，假如一个人有10 亩地，可能就是留 2 亩做口粮，剩下的入股到合作社。如果暂时还不了贷款，还有村里提供反担保。这种方式其实接近尤努斯模式，严格来说不算抵押，起的作用主要是信用担保。

这些试验点都地处干旱半干旱地区，这些地区发展农业最大的问题就是缺水。在这种情况下，农业投入是相当大的，这就需要金融手段的推动。因此，研究具有较强的典型性和代表性。

罗剑朝一直秉承与发扬科学研究工作一定要脚踏实地，实事求是。与自然科学研究离不开实验室里的瓶瓶罐罐不同，哲学社会科学的研究则应更多地侧重于社会调查，要走进农村，扎实调研，取得大量第一手数据资料和鲜活案例，把论文真正写在大地上，这样才能取得对实际工作有指导意义的研究成果。

为了做好有关项目的调查工作，为研究工作奠定稳固的基础，研究团队常常是从调查方案的形成、问卷的设计，到数据整理，都要提前反复进行集体讨论；调查正式开始之前，还要对调查人员进行培训，强调实地调查的具体方法和技巧，甚至连如何根据不同的调查对象确定不同的交谈方式都涉及了。调查开展过程中，更是克服各种困难，扎实细致地开展工作。如 2010 年 8 月，团队组织成员及其研究生，深入西咸新区开展了为期一个月的农村金融入户问卷调查。白天大家冒着酷暑走访农户，每天晚上还要召开会议，讨论白天调查中出现的问题，完善第二天的调查方案。一个月时间，他们深入 360 个农户，完成了 360 份问卷调查，从农民家庭收入、储蓄、贷款现状、贷款运用、产业发展、对农村金融工作的看法与建议等方面，搜集数据上万份，归纳问题50多个，在此基础上完成了专题调查报告，提出了解决当地农村金融问题的建议和思路。专题调查报告上报中共陕西省委政策研究室后，得到了主要领导的肯定；随后省委、省政府下发的有关农村发展的文件，就采用了他们的调查数据和结论。

像这样大规模的调查，对这个创新团队来说已经是一种经常性的工作，仅2011年就组织过7次。据了解，一个农户问卷，包括农户的贷款经历、额度、期限、利率等，让农民自己进行评价；调查者采访完成一份问卷至少要半个小时。但现实中，一线的问卷调查就会处处碰壁，问卷对象是否会配合很关键。

“对我们来说，最难的就是如何取得真实、完整、有效的数据。”罗剑朝说。

“这几年，我们共收集了5 000份农户问卷。”在他的轻描淡写背后，其实是团队执著的付出与辛勤劳动。

依据大量调查数据，他们运用计量经济学等分析方法与计算工具，寻找数字背后的规律，分析农村金融供给方（包括正规金融机构、非正规金融组织）的运行机制、效率与影响及其整合关系，运用实地调查数据对农村金融需求方的行为及信贷约束程度进行评价，探索以农村产权抵押融资、产业链融资为突破口的农村金融工具与金融模式创新方案。

历经数年努力，在教育部人文社会科学研究项目的支持下，罗剑朝主持完成的“西部地区农地金融制度构建方案与风险分担”结题报告，构建出极合时宜的操作方案，并在杨凌农业高新技术产业示范区得以实践。其一系列方案也得到了中国银监会的高度肯定，拉开了杨凌示范区农村金融改革的序幕。2009年12月，杨凌示范区被中国银监会列为我国农村金融改革试验示范区；2010年1月，国务院明确表示支持示范区“深化农村金融改革与服务创新”。由罗剑朝长期重点研究的农村产权抵押融资模式的相关成果，也已被杨凌示范区管委会、高陵县农村产权流转中心、平罗县农村土地管理中心在制定相关文件时采纳应用，许多建议措施已被用于农村产权抵押融资工作中。

2013年，由西北农林科技大学校长孙其信组织撰写的一份关于农村产权抵押的全国人大议案得到了中农办的批复，建议他们继续研究在所有权、承包权、经营权分离条件下农村土地抵押和担保的有效途径和方式。

后续的工作将继续进行，最终研究结果将上报中国银监会、中国人民银行，成为破解农村金融“哥德巴赫猜想”难题方法的智库方案之一。

“问渠哪得清如许，为有源头活水来”。20 多年来，罗剑朝团队围绕金融理论与农村金融政策、金融工程与农村金融管理、农业保险与农村社会保障等研究方向，紧密结合中国农业与农村发展实际，瞄准国家重大战略需求与热点、难点、重点问题，沿着“农业投资与农业发展—政府公共财政对农业投资—现代农村金融体系—农村产权抵押融资模式”的研究轨迹，不断拓宽研究领域，在着力破解“穷人金融难题”方面取得了丰硕成果。与此同时，创新团队成功入选教育部 2011 年度“长江学者和创新团队发展计划”，成为西北农林科技大学哲学社会科学学科第一支国家级创新团队，同时也成为我国破解“穷人金融难题”的生力军。

36.3 优化学风 夙夜在农

罗剑朝从大学时代，就注重养成脚踏实地、潜心钻研、精益求精、一丝不苟的良好品质。如今，即使身为二级教授、博士生导师，他仍然抓紧分分秒秒的时间，孜孜不倦，勤奋耕耘，除了出差，办公室常常是他节假日必待的地方。他现在仍常常带着同事和研究生，不畏酷暑严寒，奔走农村田间地头、深入农民家庭炕头进行实地调查，以自己的实际行动为团队成员和研究生做出了很好的表率。正是由于具备了优良的学风，求真务实做学问，开拓思路求创新，才使得他 34 岁破格晋升为教授，35 岁成为当时西部地区最年轻的博士生导师。近年来，他主持省部级以上研究课题 20 余项，出版 8 部学术专著，主编 8 部教材，公开发表学术论文 220 余篇，其中国家一级学术刊物 90 篇，SCI 收录 1 篇，SSCI 收录 1 篇，CSSCI 源刊发表论文 80 余篇，多篇论文被《农业经济》、《财政》等转载。这些突出成绩也为他赢得了荣誉，他获得了国务院颁发的政府特殊津贴，荣获教育部第三届“高校青年教师奖”，并获得“陕西省首届优秀青年经济理论工作者”、“陕西省青年突击手”等荣誉称号。

由于老师的率先垂范，团队骨干成员王静多年来也是勤奋刻苦、悉心钻研、严谨治学，先后完成了在职攻读硕士、博士、博士后的求学历程，由一名普通教师成长为教授、博导，成为农村金融研究领域的新秀。近年来，她先后主持国家自然科学基金、中国博士后基金、教育部留学回国启动基金、教育部人文社科规划项目、陕西省社科基金等研究项目 9 项，发表论文 70 余篇，其中被 EI、CSSCI、人大复印资料检索 20 余篇，前不久成功入选 2011 年度教育部“新世纪优秀人才支持计划”。

团队骨干成员，经管学院管理学系主任、博士生导师孔荣教授，长期从学风方面严格要求自己，使学识水平和科研素养不断提高。她先后赴台湾中兴大学农经系访学，赴联合国大学世界经济发展研究所和美国康奈尔大学应用经济系开展合作研究。近年来先后主持国家自然科学基金、教育部人文社科基金规划项目、教育部留学回国人员科研启动基金、陕西省自然科学基金、陕西省软科学基金等研究项目 10 项，并担任美国康奈尔大学 JSL 基金项目——“发展中国家小额信贷研究”中方负责人。先后在国内外发表研究论文 50 篇，其中 4 篇被 SSCI 收录，曾获国际出版集团杰出论文奖。

每个团队成员身上表现出的良好素养，凝聚成了这支创新团队整体的良好学风，为团队高质量完成各项研究任务奠定了良好的基础。近年来，团队先后主持教育部高等学校优秀青年教师教学科研奖励计划、国家自然科学基金、国家社会科学基金、教育部人文社会科学研究、农业部软科学基金、国际农业发展基金中国农村金融项目、陕西省自然科学研究计划项目、陕西省软科学研究基金等省部级重点课题 30 余项，获得教育部高等学校科研优秀成果奖（人文社会科学）1 项，陕西省哲学社会科学优秀成果奖 5 项，陕西省教学成果奖二等奖 1 项，出版学术专著、教材 20 余部，发表论文 300 余篇，其中 SCI 收录 2 篇，SSCI 收录 6 篇，CSSCI 收录 108 篇，许多研究成果已被各级政府部门采用。

团队这种严谨扎实的科研作风，不仅得到了国内同行的肯定，也吸引了国际同行的目光。从 2011 年 1 月开始，对中国农村金融问题感兴趣的美国哈佛大学商学院、肯尼迪政府学院、康奈尔大学应用经济与管理系及企业消除贫困国际组织等单位和机构，与该创新团队联合组成中国农村金融问题研究组，合作开展“中国农村金融市场潜力与发展”大型调查研究项目，以期探索中国农村金融“一揽子”解决方案，现已在陕西白水县、眉县组织开展了两轮农户、涉农企业与农民专业合作社、金融机构、苹果（猕猴桃）投入产出 4 套问卷调查和实地调查，收集样本数据 10 万多个，已完成了第一轮调查分析报告。

36.4　上下求索　勤勉前行

谈起今后的目标，罗剑朝激动地说："12 月 3 日，国务院常务会议决定，加大对农村金融的税收支持，在为'三农'改革发展助力的同时，也使我们对凝练的研究方向更有信心。"

罗剑朝认为，金融是现代经济的核心，同样也是现代农业的核心。虽然我国农村金融创新取得了一定的成就，但从长远和全局的角度来看，农村金融的发展整体上还滞后于城市金融，农村金融创新试验缺乏机制支撑，信贷资金缺口较大，金融产品少，金融服务方式单一，普惠金融业务发展不足，金融服务质量和效率尚不能较好满足农村经济社会发展和农民多元化金融服务需求，从传统金融到普惠金融，再到具有内生动力的现代农村金融发展模式，中国还有很长的一段路需要跨越。

罗剑朝团队更远大的目标是研究从田间到餐桌的整套农业产业链金融问题，通过公司制农业的产业模式与管理模式，将个体农户嵌入到这个链条上，使农户成为农业产业链上的"生产车间"，并与现代银行业对接耦合，才能从根本上解决单个农民信贷难的问题。在研究方法创新上，要引入生态学、实验经济学、行为经济学、计量经济学、管理学、法学、社会学等多学科方法，改造提升农村金融学科，发挥哲学社会科学"思想库"、"智囊团"作用，为国家提高农村金融市场配置效率以及农村金融机构改革政策的制定和实施提供科学、可靠的理论依据，为构建面向"小农"的现代农村金融体系与发展"穷人金融"作出农村金融人的贡献。

37 为破解“穷人金融难题”奋力前行

——记教育部创新团队带头人、西北农林科技大学经济管理学院二级教授罗剑朝

美国经济学家迈克尔·舍默曾提出过经济学上的“银行家悖论”：假如你是个银行家，有一笔可供借贷的款项，如果你把钱借给信用记录差的人，你冒的风险就很大，他们可能还不了钱，甚至搞得你破产。这样就会形成一个矛盾局面：把钱借给最需要借钱的人，往往信用风险都很大，因此这些人得不到贷款；而最不需要借钱的人，信用记录最好，因此反而能得到贷款，其结果就是越需要帮助的穷人越难获得金融帮助。

对当前的中国来说，如何解决广大农民和农村中小企业等弱势群体贷款难、抵押难、担保难的问题，是确实需要着力破解的农村金融难题。“三农”问题的研究和解决，对实现十八大提出的全面建成小康社会的奋斗目标有着非常重要的意义。

罗剑朝教授是着力研究、破解“穷人金融难题”的专家，他长期致力于农村金融理论与政策、农村金融管理、农业保险与农村社会保障等领域研究，是教育部创新团队带头人，西北农林科技大学经济管理学院二级教授、农村金融研究所所长。长期以来，他在科教领域辛勤耕耘，收获颇丰，为解决“三农”问题做出了令人瞩目的成绩。

作为以优异的成绩在西北农林科技大学农业经济及管理专业本硕博连读10年的博士，从小生活在农村的罗剑朝非常熟悉农业、农村、农民问题，因而更加明确破解这一难题对解决“三农”问题的重要意义。正因为如此，1992年博士毕业留校任教后，他便集中目标开展农村金融研究，一干就是整整20年。博士毕业后的20年间，为解决农村金融难题，促进农业发展，他先后从农业投资宏观理论与政策、政府财政对农业投资效率评估与监督、农地金融制度构建与风险分担理论和应用、现代农村金融体系建设等多个层面、多个视角，系统研究并提出了破解农村金融难题的思路、总体方案与政策建议。

近年来，随着城乡二元经济社会结构的瓦解，农村剩余劳动力大量从农村转移到城镇就业，农村土地流转加速推进，农村土地经营规模逐步扩大，农业产业化方兴未艾，这就为农村土地使用权抵押融资提供了有利机遇。在此背景下，罗剑朝在国内率先提出，以农村土地使用权抵押为特征的农地金融制度与农业产业链融资模式，是中国农村金融发展内生性道路的必然选择。

农村金融作为农业经济学的重要组成部分，着力解决农村地区资金融通问题，为具有发展潜力而缺乏资金的农村中小企业、农民等“穷人”提供金融服务，其意义十分重要。2006 年，“穷人的银行家”、诺贝尔和平奖获得者穆罕默德·尤努斯创立了乡村银行，开创和发展了“小额贷款”服务，专门提供给因贫穷而无法获得传统银行贷款的创业者，打破了近百年的金融业运行“铁律”，从根本上改变了“锦上添花”的金融发展理念，使得金融真正发挥对无信用、无担保、收入低人群“雪中送炭”的效应，使弱势群体真正享受到“普惠金融”服务。乡村银行的成功模式极大地促进了发展中国家的农村金融事业，也证明了罗剑朝研究的前瞻性与可行性。

罗剑朝认为，金融是现代经济的核心，同样也是现代农业的核心。长期以来，我国农村金融发展滞后，农村金融供给总量不足、供求错位与结构不合理、服务效率低下，是导致农业不发达、农村落后、农民收入低的重要原因，农村金融依然是整个金融体系和解决“三农”问题的“短腿”。

针对这些问题，长期以来，罗剑朝围绕金融理论与农村金融政策、金融工程与农村金融管理、农业保险与农村社会保障等研究方向，紧密结合中国农业与农村发展实际，瞄准国家重大战略需求与热点、难点、重点问题，沿着“农业投资与农业发展—政府公共财政对农业投资—现代农村金融体系—农村产权抵押融资模式”的研究轨迹，不断拓宽研究领域，在着力破解“穷人金融难题”方面取得了丰硕成果。

多年来，他先后主持完成国家级、省部级科研课题 30 余项。在研究工作中，他认真组织实地调查，收集第一手统计数据、资料，运用计量经济学模型进行分析检验，提出了一系列政策建议。先后获省、部级以上科研成果奖励 6 项，在《金融研究》、《中国农村观察》等权威刊物上发表论文 300 余篇，在 CSSCI 源刊发表论文 90 余篇，主编出版学术著作 6 部，主编教材6部。其中独著出版的《中国农业投资与农业发展》获1995年北方十五省、市、自治区哲学和社会科学优秀图书奖，1998年12月获陕西省第五次哲学社会科学优秀成果二等奖，出版的《中国农地金融制度研究》是国内系统论述中国农地金融制度构建问题的第一部学术专著，2009年9月获教育部高等学校科学研究优秀成果三等奖，多项研究成果获陕西省哲学社会科学优秀成果奖和陕西省金融学会、陕西省农经学会优秀成果奖。尤其是他带领“西部地区农村金融市场配置效率、供求均衡与产权抵押融资模式研究”创新团队入选教育部2011年度“长江学者和创新团队发展计划”，成为我校哲学社会科学学科第一支国家级创新团队，同时也成为破解“穷人金融难题”的生力军。

该创新团队以“西部地区农村金融市场配置效率、供求均衡与产权抵押融资模式研究”为主攻方向，对西部农村金融市场开放度及配置效率进行系统研究，运用实地调查数据对农村金融需求方的行为及信贷约束程度进行评价，分析农村金融供给方的运行机制、效率与影响及其整合关系，提出以农村产权抵押融资、产业链融资为突破口的农村金融工具与金融模式创新方案，形成可复制、易推广的现代农村金融体系，构建西部地区农村金融市场供求均衡的政策体系，为提高农村金融市场配置效率及金融机构改革政策的制定和实施提供依据，为构建面向“小农”的现代农村金融体系与发展“穷人金融”发挥思想库和智囊团的作用。

一串串令人瞩目的丰硕成果，也为罗剑朝赢得了应得的荣誉——他曾获教育部“高校青年教师奖”，先后获“陕西省首届优秀青年经济理论工作者”、“陕西省青年突击手”、杨凌农业科技开发基金“科技新星”等荣誉称号，2001年获国务院颁发的政府特殊津贴，34岁时便破格晋升为教授，35岁就成为博士生指导教师。科研成果，尤其是社会科学领域的研究成果，如果只停留在论文的发表和专著的出版层面上，那就说明其社会价值远未发挥出来。由于罗剑朝所开展的研究都是紧密结合我国当前农村金融工作的实际，因此，许多项目一经完成，其成果便很快被政府部门采纳，应用于实际工作中，产生了显著的经济效益和社会效益。

由他主持完成的关于“西部地区农地金融制度构建方案与风险分担”的研究成果，被应用于杨凌农业高新技术产业示范区《创立全国农村金融改革创新试验示范区，构建新型农业科技示范推广投融资服务体系》报告中，并得到了中国银监会的高度肯定，杨凌示范区的农村金融改革也由此拉开序幕。2009 年 12 月，杨凌示范区被中国银监会列为我国农村金融改革试验示范区；2010 年 1 月，国务院明确表示支持示范区“深化农村金融改革与服务创新”。由罗剑朝长期重点研究的农村产权抵押融资模式的相关成果，也已被杨凌示范区管委会和高陵县农村产权流转中心在制定相关文件时采纳应用，许多建议措施已被用于农村产权抵押融资工作中。

目前，杨凌示范区农村金融改革发展迅速。2010 年上半年，示范区内农户小额信用贷款余额达到 1.04 亿元，是 2009 年同期的近两倍，2010 年 9 月末，全区农业贷款余额 64 567 万元，比上年同期增长 69.93%。2011 年前三个季度，区内农民人均现金收入同比增长 25.8%，生产总值、第一产业增加值、固定资产投资、农民人均现金收入四项指标增速均居全省第一。

这些研究成果在实际中的应用，真正实现了农村产权与现代金融的有效对接，初步解决了农户、农民专业合作社和涉农企业融资难、抵押难、担保难等农村金融领域的难题，引起社会的广泛关注，《金融时报》、《陕西日报》等媒体对农村金融的“杨凌模式”均进行了连续报道。

38　风清气正勇登攀

——记西北农林科技大学经济管理学院教育部创新团队

2011 年 12 月，西北农林科技大学经管学院的“西部地区农村金融市场配置效率、供求均衡与产权抵押融资模式研究”团队入选教育部 2011 年度“长江学者和创新团队发展计划”创新团队，开创了该校哲学社会科学学科入选国家级创新团队的先河。谈到这支年轻团队的迅速崛起，人们都认为其既得益于长期发扬民主求真、争创一流的精神，更与其自身表现出来的严谨务实的学风密不可分。

38.1　建章立制严谨治学

为了破解随着改革不断深化而出现的农村金融难题，尤其是我国西部农村地区“贷款抵押难、资金筹措难、农村产权变现难”的问题，不断推动“三农”问题的解决，西北农林科技大学于 2006 年以“农业经济管理”国家级重点学科为依托，在全国率先设立了农村金融学科，随后汇集农业经济管理、金融学、应用数学、系统工程等多学科中青年骨干教师，组成了旨在针对农村金融热点、重点与难点前沿问题协同攻关的“西部地区农村金融市场配置效率、供求均衡与产权抵押融资模式研究”创新团队，为破解农村金融难题、深化农村金融改革提供强有力的智力与人才支持。该团队 49 人，其中专职研究人员 17 人，博士学位占 94.1%，专职研究人员平均年龄只有 42 岁。

西北农林科技大学“农业经济管理”学科一直拥有着很强的实力和很高的知名度，早在 20 世纪 80 年代就被国务院学位办评为第一批国家级重点学科。本学科创始人、老一辈著名农业经济管理学家万建中、王广森等教授，不但以丰硕的成果闻名全国，更以优良的学风为学界所称道。

为了确保完成肩负的任务，创新团队自成立之日起就把学习、传承、发扬老一辈专家优良学风作为团队建设的重要工作来抓。结合学校有关规定，团队对学风建设提出了明确要求。比如对成员学术不端行为实行零容忍，在晋职、评优等方面实行一票否决，充分发挥教授委员会的作用，加强对学术失范问题的甄别，要求成员坚持科研操守，正确处理学习、借鉴与尊重别人劳动成果的关系等。

这些规定不但要求团队成员自己做到，也要求其所带的研究生严格遵守。一次，团队成员所带的一名研究生发表论文时，由于引文不规范而被有关方面怀疑抄袭。得知这一情况后，团队负责人立即组织教授委员会的专家对此进行核实、甄别，直到最后弄清了真相，排除了抄袭嫌疑。随后，团队又要求大家从此事中吸取教训，对撰写、发表文章过程中的每一个细节都要严谨、规范，斟字酌句，坚决杜绝此类事件再次发生。

团队负责人罗剑朝教授的硕士研究生游龙，去年暑假负责西部农村小额贷款公司调查问卷的设计工作。事前他已做了充分的准备，本以为修改三四次就会通过，可令他没想到的是，调查问卷前前后后在导师指导下共修改了 15 次后才最终定稿。

据罗剑朝带的博士生王选庆回忆，他的学位论文先后被导师修改过 8 次，每次修改稿上都留下了导师密密麻麻的笔迹。他表示，罗老师严谨务实的治学态度、观察问题的敏锐洞察力以及启发式的指导方法，给他的学业以莫大的帮助，并将使他终身受益。

团队还要求成员建立研究生学术月报告制度，以培养研究生认真、务实、严谨的良好学风。在学术月报告报表里面要求涵盖六个方面的内容：阅读的参考文献、参加何种调研活动、参加哪些学术讲座、论文写作情况、本月学术总结和评价、下月学术安排，并且每一项内容都有具体的细则要求。研究生们纷纷表示，在这个团队里面学到的不仅仅是知识和技能，更学到了一种求真务实、刻苦钻研的精神，这不仅是做学问所需要的，更是做人所必需的。

严格的要求，养成了团队严谨治学的良好风气，为科学研究和人才培养提供了有力的质量保证。

38.2　脚踏实地诚信科研

团队负责人罗剑朝教授认为，科学研究工作一定要脚踏实地、实事求是。与自然科学研究离不开实验室里的瓶瓶罐罐不同，哲学社会科学的研究则应更多地侧重于社会调研，要走进农村，扎实调研，取得大量第一手

数据资料和鲜活案例，把论文真正写在大地上，这样才能取得对实际工作有指导意义的研究成果。

注重深入细致的实地走访和问卷调查，早已成为该团队长期自觉坚持的优良传统和作风。为了做好有关项目的调查工作，为研究工作奠定稳固的基础，团队常常是从调查方案的形成，问卷的设计，到数据整理，都要提前反复进行集体讨论，调查正式开始之前，还要对调查人员进行培训，强调实地调查的具体方法和技巧，甚至连如何根据不同的调查对象确定不同的交谈方式都涉及了。调查开展过程中，更是克服各种困难，扎实细致地开展工作。

2010 年 8 月，团队组织成员及其研究生，深入西咸新区开展了为期一个月的农村金融入户问卷调查。白天大家冒着酷暑走访农户，每天晚上还要召开会议，讨论白天调查中出现的问题，完善第二天的调查方案。一个月时间，他们深入 360 个农户，完成了 360 份问卷调查，从农民家庭收入、储蓄、贷款现状、贷款运用、产业发展、对农村金融工作的看法与建议等方面，收集数据上万份，归纳问题 50 多个，在此基础上完成了专题调查报告，提出了解决农村金融问题的建议和思路。专题调查报告上报中共陕西省委政策研究室后，得到了主要领导的肯定，随后省委、省政府下发的有关农村发展的文件，就采用了他们的调查数据和结论。

才入学几个月，却早已参加过 9 次调研的硕士一年级刘浩同学觉得自己在团队里能学到很多、成长得很快，从资料的收集整理到问卷的设计讨论、研究方法的使用、数据的整理分析，这些过程让刘浩同学真正地理解了老师们强调的“经济学、管理学就是社会的医生，要把脉问诊，必须深入基层”。这样密集的调研，让学生在实践中很快转换到研究角色中，能够更加深入了解社会，对问题的理解也更加全面深刻，做起学问来也更加脚踏实地，缜密严谨。

团队这种严谨扎实的科研作风，不仅得到了国内同行的肯定，也吸引了国外同行的目光。从 2011 年 1 月开始，对中国农村金融问题感兴趣的美国哈佛大学商学院、肯尼迪政府学院、康奈尔大学应用经济与管理系及企业消除贫困国际组织等单位和机构，与该创新团队联合组成中国农村金融问题研究组，合作开展“中国农村金融市场潜力与发展”大型调查研究项目，以期探索中国农村金融“一揽子”解决方案。现已在陕西白水县、眉县组织开展了两轮农户、涉农企业与农民专业合作社、金融机构、苹果（猕猴桃）投入产出四套问卷调查和实地调查，收集样本数据10万多个，已完成了第一轮调查分析报告。后续的工作于今年继续进行，最终研究结果将上报中国银监会。

38.3 优化学风硕果累累

长期形成的优良学风，促使团队成员个人的综合素质和业务素质不断提高，也为团队高质量完成各项研究任务奠定了良好的基础。

团队负责人罗剑朝在学风方面率先垂范，带头严格要求自己。从学生时代开始，他就注重养成脚踏实地、潜心钻研、精益求精、一丝不苟的良好品质。如今，即使身为二级教授、博士生导师，他仍然抓紧分分秒秒的时间，孜孜不倦，勤奋耕耘，除了出差，办公室常常是他节假日必待的地方。他现在仍常常带着同事和研究生，不畏酷暑严寒，奔走农村田间地头、深入农民家庭炕头进行实地调查，以自己的实际行动为团队成员和研究生做出了很好的表率。正是由于具备了优良的学风，求真务实做学问，开拓思路求创新，才使得他在农村金融领域取得了一系列令人瞩目的成绩：34岁就破格晋升为教授，35岁成为当时西部地区最年轻的博士生导师。近年来，他主持省部级以上研究课题20余项，出版8部学术专著，主编8部教材，公开发表学术论文220余篇，其中国家一级学术刊物90篇，SCI收录1篇，SSCI收录1篇，CSSCI源刊发表论文30余篇，多篇论文被中国人民大学书报资料中心《农业经济》、《财政》等转载。这些突出成绩也为他赢得了应得的荣誉，他获得了国务院颁发的政府特殊津贴，荣获教育部第三届“高校青年教师奖”，并获得“陕西省首届优秀青年经济理论工作者”、“陕西省青年突击手”等荣誉称号。

团队骨干成员王静，由于多年来的勤奋刻苦、悉心钻研、严谨治学，她先后完成了在职攻读硕士、博士、博士后的求学历程，由一名普通教师成长为教授、博导，成为农村金融研究领域的新秀。2006年8月至2007年9月在澳大利亚南澳大学做访问学者期间，她独立完成的论文获该校商学院科研论文奖。近年来，她先后主持国家自然科学基金、中国博士后基金、教育部留学回国启动基金、教育部人文社科规划项目、陕西省社科基金等研究项目9项，发表论文70余篇，其中被EI、CSSCI、人大复印资料检索20余篇，前不久成功入选2011年度教育部“新世纪优秀人才支持计划”。

团队骨干成员，西北农林科技大学经管学院管理学系主任、博士生导师孔荣教授，长期从学风方面严格要求自己，学识水平和科研素养不断提高。她先后赴台湾中兴大学农经系访学，赴联合国大学世界经济发展研究所和美国康奈尔大学应用经济系开展合作研究。近年来先后主持国家自然科学基金、教育部人文社科基金规划项目、教育部留学回国人员科研启动基金、陕西省自然科学基金、陕西省软科学基金等研究项目10项，并担任美国康奈尔大学JSL基金项目——“发展中国家小额信贷研究”中方负责人。她先后在国内外发表研究论文50篇，其中4篇被SSCI收录，曾获国际出版集团（Emerald Group Publishing Limited）杰出论文奖。

每个团队成员身上表现出的良好素养，凝聚成了这支创新团队整体的良好学风，大大提高了团队研究工作的效率和质量，显著提升了团队的科研能力和水平。近年来，团队先后主持教育部高等学校优秀青年教师教学科研奖励计划、国家自然科学基金、国家社会科学基金、教育部人文社会科学研究、农业部软科学基金、国际农业发展基金中国农村金融项目、陕西省自然科学研究计划项目、陕西省软科学研究基金等省部级重点课题30余项，获得教育部高等学校科研优秀成果奖（人文社会科学）1项，陕西省哲学社会科学优秀成果奖3项，陕西省教学成果二等奖1项，出版学术专著、教材20余部，发表论文300余篇，其中SCI收录2篇，SSCI收录6篇，CSSCI收录108篇，许多研究成果已被各级政府部门采用。如团队完成的关于“西部地区农地金融制度构建方案与风险分担”的研究成果已被国家有关部委采用，杨凌农业高新技术产业示范区由此于2009年12月被中国银监会列为我国农村金融改革创新试验示范区，团队长期倾心重点研究的农村产权抵押融资模式的相关成果，也已被杨凌农业高新技术产业示范区采纳，应用于农村产权抵押融资实际工作中，真正实现了农村产权与现代金融的有效对接，初步解决了农户、农民专业合作社、涉农企业融资难、抵押难、担保难等农村金融领域的“哥德巴赫猜想”难题，《金融时报》、《陕西日报》等媒体对农村金融的“杨凌模式”均进行了连续报道，引起社会的广泛关注。

务实严谨求创新，风清气正勇登攀。愿西北农林科技大学“西部地区农村金融市场配置效率、供求均衡与产权抵押融资模式研究”教育部创新团队，在今后的征程中不断发扬优良传统和良好学风，为建立我国现代农村金融制度不断作出新的更大的贡献！

附录1

公开发表学术论文目录（1990—2014年）

论文题目	论文作者	发表期刊
基于农户增收视角的融资渠道绩效比较研究	王磊玲　张云燕　罗剑朝	西北农林科技大学学报（社会科学版）2014/01
新型农村金融机构引入区农户借贷行为影响因素实证研究	刘浩　罗剑朝	中国农学通报 2014/02
正规借贷与民间借贷对农户生产和消费的影响——基于2006—2010年农村固定观察点的微观面板数据	曲小刚　池建宇　罗剑朝	经济经纬 2014/01
新型农村金融机构可持续发展的现状、制约因素和对策 优先出版	曲小刚　罗剑朝	中国农业大学学报（社会科学版）2013/02
县域农村合作金融机构信贷风险的影响因素	张云燕　王磊玲　罗剑朝	西北农林科技大学学报（社会科学版）2013/02
农村合作金融机构向商业银行改制的趋势	曲小刚　罗剑朝　寇德广	商业研究 2013/03
村镇银行发展的制约因素及对策	曲小刚　罗剑朝	华南农业大学学报（社会科学版）2013/03
商业性小额贷款公司可持续发展的评价和影响因素	曲小刚　罗剑朝	西北农林科技大学学报（社会科学版）2013/03
大型商业银行培育村镇银行的绩效考察——以中国建设银行为例	曲小刚　罗剑朝	金融论坛 2013/02
农户对新型农村金融机构贷款意愿及其影响因素分析——基于不同收入水平和兼业类型农户的logit估计	赵雯　罗剑朝　刘浩　王佳楣	农村经济 2013/05

论文题目	论文作者	发表期刊
农村资金互助社的运行绩效和影响因素——以内蒙古通宁市辽河镇融达农村资金互助社为例	曲小刚　罗剑朝	农村经济 2013/04
农村合作金融机构运行效率测度及其影响因素实证研究——基于陕北25个县（区）的面板数据分析	张珩　罗剑朝　王佳楣	金融经济学研究 2013/04
杨凌示范区农村产权抵押融资试验与支持政策研究	罗剑朝	西部金融 2013/01
西部地区农户对农村产权抵押贷款融资意愿研究——基于宁夏回族自治区同心县164个农户调查的分析	马鹏举　罗剑朝	经济经纬 2013/03
正规借贷与民间借贷对农户生产的影响	曲小刚　池建宇　罗剑朝	农业技术经济 2013/09
技术进步对现代农业产业集群的影响研究——以陕西富平农业产业集群为例	常伟　罗剑朝	青海社会科学 2013/03
提高陕西省农民收入途径分析	邢涛　罗剑朝	陕西农业科学 2013/04
上市后中国农业银行服务“三农”的绩效研究	曲小刚　罗剑朝	华东经济管理 2013/09
基于MNL模型的农村正规金融机构信贷供给行为的实证分析	李韬　罗剑朝	商业研究 2013/11
中小企业新型农村金融机构借贷需求及可得性的影响因素分析——基于陕西省中小企业调查数据	王佳楣　罗剑朝　王蕾	经济经纬 2013/06
从现代农业发展态势看农林高校开设休闲农业专业的必要性及课程设置研究	常伟　罗剑朝	高等教育研究（成都）2013/02
Sustainability of NGO - type microfinance service provider in Shaanxi, China	M. Wakilur Rahman 和 Jianchao Luo	African Journal of Business Management, Vol. 6 (15), pp. 5319 - 5327, 18 April, 2012

论文题目	论文作者	发表期刊
Regulation of Microfinance Service Providers in China and Bangladesh：An approach to strengthening the regulatory environment	M. Wakilur Rahman 和 Jianchao Luo	African Journal of Business Management，Vol. 6（3），pp. 1099 - 1033，25 January，2012
Microfinance Impacts and Sustainability - Case of Shaanxi，China and Bangladesh	Jianchao Luo	LAMBERT Academic Publishing，2012
农户对村镇银行贷款意愿的影响因素实证分析——基于有序 Probit 模型的估计	罗剑朝　赵雯	西部金融 2012/02
陕西省农户借贷行为研究	牛荣　罗剑朝　张珩	农业技术经济 2012/04
农户金融需求影响因素及其差异性——基于 Probit 模型和陕西 286 户农户调查数据的分析	王芳　罗剑朝　Yvon Martel	西北农林科技大学学报（社会科学版）2012/06
中国东中西部地区农户生产技术效率差异的实证分析——基于 ISDF 模型的分析	王芳　罗剑朝	农业技术经济 2012/03
基于多元统计方法的农村合作金融机构运营效率研究——以延安地区为例	张珩　罗剑朝　李琪	华中农业大学学报（社会科学版）2012/05
农户融资绩效区域差异分析——基于 1995—2009 年面板数据的实证研究	罗剑朝　王磊玲	北京理工大学学报（社会科学版）2012/02
农户家庭金融行为的区域差异研究	王磊玲　罗剑朝	统计与决策 2012/10
运用系统论分析团体贷款复合系统的稳定性	王静　谷湘　罗剑朝	西北农林科技大学学报（社会科学版）2012/04
Policies and Performances of Agricultural/Rural Credit in Bangladesh：what is the influence on agricultural production?	M. Wakilur Rahman 和 Jianchao Luo	African Journal of Agricultural Research，Vol. 6（31），pp. 6440 - 6452，19 December，2011
Comparison of Micro - credit Models in China and Bangladesh：the implications for institutional sustainability	M. W Rahman 和 Jianchao Luo	World Applied Sciences Journal，Vol. 14（2），pp. 245 - 255，2011

论文题目	论文作者	发表期刊
The Development Perspective of Finance and Microfinance Sector in China: How Far is Microfinance Regulations?	M. W Rahman 和 Jianchao Luo	International Journal of Economics and Finance, Vol. 3 (1), pp. 160 – 170, February, 2011
Comprehensive Watershed Management Policies in the Dian Chi Lake China with a Focus on Non – point Source Pollution	Hong Li, Feng Xu, Takeshi MIZUNOYA, Jianchao Luo Helmut YABAR 和 Yoshiro HIGANO	Studies in Regional Science, Vol. 41 (2), pp. 467 – 476, October, 2011
Comprehensive watershed management policies with emphasis on effective utilization of biomass resources for both improving water quality and reducing greenhouse – gas emission in the Dianchi Lake	Hong Li, Jianchao Luo, Yoshiro HIGANO	环境共生（JAHES），Vol. 18: 62 – 72
新疆绿洲农业可持续发展状况及协调性分析	徐敏　罗剑朝　崔彩贤	干旱区资源与环境 2011/02
小额信贷机构的全要素生产率——基于30家小额信贷机构的实证分析	于转利　罗剑朝	金融论坛 2011/06
中小企业融资担保机构可持续发展的路径	罗剑朝　于转利	经济管理 2011/02
补贴政策对渔业互助合作保险发展的影响分析——基于浙江的数据	叶晓凌　罗剑朝	保险研究 2011/12
农民失地环境调查及利益保障研究——基于杨凌示范区的实证分析	牛荣　罗剑朝　张珩	浙江工商大学学报 2011/01
陕西省农村经济增长中正规金融支持效果分析	牛荣　罗剑朝	西安电子科技大学学报（社会科学版）2011/01
农村正规金融会抑制经济增长吗——以陕西为例	王磊玲　罗剑朝	经济经纬 2011/05

论文题目	论文作者	发表期刊
退耕还林项目增收效果评估——基于六省区3329个农户的调查	甄静　郭斌 朱文清　罗剑朝	财贸研究 2011/04
陕西省新型农村社会养老保险基金预测研究	张伟　罗剑朝	金融经济 2011/06
中国农村金融发展与农民收入增长关系的实证研究	李林　张颖慧 罗剑朝	哈尔滨工业大学学报（社会科学版）2010/01
影响农户借贷行为因素的对比分析——基于陕西省千阳县的实证分析	牛荣　罗剑朝 孔荣	商业经济与管理 2010/08
积极稳妥推进农地金融制度创新的必要性、方案设计与配套条件	罗剑朝	开发研究 2010/01
农村发展：科技、金融与政策——2009“杨凌国际农业科技论坛”综述	罗剑朝　赵敏娟	西北农林科技大学学报（社会科学版）2010/02
不同市场结构中不对称信息对农信社贷款合同的影响	罗剑朝　李林	西安交通大学学报（社会科学版）2010/05
浅析我国商业银行管理方法创新	于转利　罗剑朝 郭婵	金融经济 2010/10
失地农民的新型社会保障体系	于转利　罗剑朝 郭婵	经济导刊 2010/05
政府在农村信用社推行合作制的动态博弈分析	阚先学　韩秀兰 罗剑朝	中国软科学 2009/02
构建多层次供求均衡的现代农村金融体系初探	宋平　罗剑朝	西北农业学报 2009/06
基于SE－Malmquist模型的农业生产率分析——以新疆为例	罗剑朝　徐敏	统计与信息论坛 2009/09
农地规模经营趋势分析——以内蒙古巴彦淖尔市图克乡团结村为例	牛荣　罗剑朝	农业技术经济 2009/03
基于村委会支持视角的农户信贷资金利用效率的实证研究	李韬　罗剑朝	农村经济 2009/12

论文题目	论文作者	发表期刊
西部生态环境重建的投资模式评估	梁晓茹　罗剑朝	生态经济（学术版）2009/02
小额信贷国际经验及其启示	罗剑朝　韩红	哈尔滨工业大学学报（社会科学版）2008/01
基于DEA方法的我国中小保险企业核心竞争力研究	曹敏杰　张宝山　罗剑朝	西安电子科技大学学报（社会科学版）2008/03
山西省农村金融对增加农民收入支持状况实证分析	罗剑朝　阚先学	大连理工大学学报（社会科学版）2008/01
资源富集地区经济发展的金融策略——基于榆林、延安和鄂尔多斯三市的实证分析	高波　罗剑朝	金融研究 2008/09
我国保险企业核心竞争力的综合评价	曹敏杰　罗剑朝　张宝山	西安交通大学学报（社会科学版）2008/03
新疆干旱特色农业产业发展及金融支持体系建设	罗剑朝　郭晖	干旱地区农业研究 2008/04
中国银行业竞争力及其发展研究	姜宝军　张军　罗剑朝	长安大学学报（社会科学版）2008/03
我国开发浓缩苹果汁期货的必要性和可行性分析	高志杰　罗剑朝	商业研究 2008/01
农民工权益保护的第三种途径：SA8000标准	罗剑朝　姜晓兵　温小霓	商业研究 2008/06
苏北、苏南政策性农业保险制度比较研究——以淮安、苏州为例	叶晓凌　罗剑朝	农场经济管理 2008/04
金融资产管理公司的市场结构与绩效	赵永军　罗剑朝	长安大学学报（社会科学版）2008/02
信任、利率与农村金融市场竞合关系——中国农村小额信贷市场的理论模型	孔荣　Calum Turvey　罗剑朝	农业技术经济 2007/05

论文题目	论文作者	发表期刊
退耕还林工程差别化补贴模式实证分析——以陕西81个县为例	满明俊　罗剑朝	林业经济问题 2007/01
西部农区农户民间借贷现状与对策——基于陕西省大荔县128户农户的调查	张晓艳　罗剑朝	经济纵横 2007/07
高等教育家庭相对成本比较及教育投资决策行为分析	殷红霞　罗剑朝	北京航空航天大学学报（社会科学版）2007/03
山西省相对资源承载力与可持续发展研究	阚先学　韩秀兰　罗剑朝	西北农林科技大学学报（社会科学版）2007/06
西部欠发达地区农村民间借贷规范发展的路径选择——基于陕西省大荔县128户农户的调查	张晓艳　罗剑朝	经济问题 2007/08
西部生态重建中农民生态行为初步分析	李贵德　罗剑朝	生态经济（学术版）2007/01
开放式农业科技推广E平台建设	黄天柱　罗剑朝	吉林大学学报（信息科学版）2007/02
生态建设中的道德风险及其防范对策	马引连　罗剑朝	生态经济（学术版）2007/01
美国农业巨灾保险管理及其启示	邓国取　罗剑朝	中国地质大学学报（社会科学版）2006/05
农户消费、生产性投资与正规金融借贷关系及实证研究	阮锋儿　罗剑朝	农业技术经济 2006/05
农业政策性金融支持农业产业化的思考	何剑伟　罗剑朝	商业研究 2006/20
论区域金融风险的防范与化解	李嘉晓　秦宏　罗剑朝	商业研究 2006/19
农户借贷行为区域差异分析及金融对策	李延敏　罗剑朝	农村经济 2006/11
借鉴国外先进经验　大力发展我国政府绿色采购制度	伏晓东　罗剑朝	西北工业大学学报（社会科学版）2006/03
发达国家农产品期权市场发展规律及其启示	高志杰　罗剑朝	中国农业大学学报（社会科学版）2006/03

论文题目	论文作者	发表期刊
农业政策性银行金融功能与财政功能的耦合分析	高彦彬　罗剑朝	长安大学学报（社会科学版）2006/01
我国政府财政对农业投资的实证分析	高雄伟　张立勇　董银果　罗剑朝	中国农业科技导报 2006/01
发达国家农产品期权市场发展规律及其启示	高志杰　罗剑朝	经济问题探索 2006/11
“非中介化”、农户货币偏好与农户信用重建研究	张军　罗剑朝	财经论丛（浙江财经学院学报）2006/03
农户信用、正规金融机构与交易合约	张军　罗剑朝　韩建刚	开发研究 2006/03
期货市场在“订单农业”中的应用研究	高志杰　罗剑朝	西安电子科技大学学报（社会科学版）2006/05
东北农区畜牧业发展现状与发展战略	邓国取　徐明岗　罗剑朝	商业研究 2006/18
西部地区生态环境重建与金融支持问题探析	王信　罗剑朝	西北农林科技大学学报（社会科学版）2006/03
中国信用制度设计的博弈分析	彭鹏　罗剑朝	西安电子科技大学学报（社会科学版）2006/05
强化西部大开发中生态建设的金融支持	王信　罗剑朝	西北农业学报 2006/01
西部退耕农民社会保障问题研究	郭婵　罗剑朝	生态经济（学术版）2006/02
民营企业参与西部生态重建的SWOT分析	孙月　罗剑朝	生态经济 2006/05
民营企业参与西部生态重建的SWOT分析	孙月　罗剑朝	生态经济（学术版）2006/01
国外农地金融制度的比较及启示	李延敏　罗剑朝	财经问题研究 2005/02
我国信用卡消费的现状、问题与对策	郭婵　罗剑朝	消费经济 2005/01

论文题目	论文作者	发表期刊
退耕还林政策效率与农户激励的博弈均衡分析	李文刚　罗剑朝　朱兆婷	西北农林科技大学学报（社会科学版）2005/01
农民工社会保障问题研究	郭婵　罗剑朝	农村经济 2005/04
生态资本及其价值评估方法研究综述	武晓明　罗剑朝　邓颖	西北农林科技大学学报（社会科学版）2005/04
农民工工资权侵害原因的博弈分析	安增龙　罗剑朝	商业研究 2005/24
西部地区农户信贷供给分析	李延敏　杨林　罗剑朝	财贸研究 2005/02
农业财政投资效率评估指标体系的构建	吴后宽　罗剑朝	统计与决策 2005/04
财政对农业投资的理论阐析与行为优化	李嘉晓　秦宏　罗剑朝	经济问题探索 2005/08
退耕还林（草）的博弈分析	于转利　罗剑朝　张海鹏　王勇胜	西北农林科技大学学报（社会科学版）2005/03
贫困地区新型农村合作医疗制度的构建研究：洛川案例	张颖慧　聂强　罗剑朝	科技导报 2005/12
中国政府财政对农业投资的理论阐析与行为优化	李嘉晓　秦宏　罗剑朝	中国农业科技导报 2005/03
中国农户借贷增长波动的周期性特征分析	李延敏　罗剑朝	经济问题探索 2005/09
农村信用社产权改革中的思考	张军　罗剑朝　瞿艳平	中国农业科技导报 2005/06
WTO 框架下如何加强政府财政对农业的投资	尚娟　吴应华　罗剑朝	科技导报 2005/01
现阶段我国农村养老保险的需求和供给分析	安增龙　罗剑朝	经济与管理研究 2004/05
发展完善公司控制权市场 优化资本市场运行机制——兼谈“有效市场理论”的局限性	高雷虹　罗剑朝	金融研究 2004/08

论文题目	论文作者	发表期刊
论中国政府财政对农业投资效益评估指标体系与评价方法	李嘉晓　罗剑朝　秦宏	中国农学通报 2004/04
我国生态环境保护和治理的财政政策选择	宋文献　罗剑朝	生态经济 2004/09
交易费用、风险规避与农地金融切入点选择	聂强　张颖慧　罗剑朝	西北农林科技大学学报（社会科学版）2004/01
中国农地金融制度体系的基础制度构建	李爱喜　罗剑朝	科技导报 2004/07
"三农"经济与农村金融学科建设——以西北农林科技大学为例	罗剑朝	西北农林科技大学学报（社会科学版）2004/05
公司控制权市场对证券市场效率的影响	高雷虹　罗剑朝	长安大学学报（社会科学版）2004/03
农村信用社管理体制创新跟踪研究——以陕西省为例	王文莉　罗剑朝	管理现代化 2004/04
博弈与均衡：农地金融制度绩效分析——贵州省湄潭县农地金融制度个案研究与一般政策结论	罗剑朝　聂强　张颖慧	中国农村观察
台湾农地金融制度及其对大陆的借鉴作用	宋文献　罗剑朝	洛阳师范学院学报 2003/04
农地流转中的几个关键问题及其对策	王志彬　罗剑朝	农业经济 2003/11
中国农地金融制度方案设计	聂强　张颖慧　罗剑朝	西北农林科技大学学报（社会科学版）2003/02
中国农地金融制度方案设计	聂强　张颖慧　罗剑朝	科技导报 2003/03
资源整合与体制创新：国家农业园区发展战略构想——杨凌示范区个案研究与一般政策结论	聂强　张颖慧　罗剑朝	中国科技论坛 2003/02
农民合作经济组织演变中的政府行为分析	罗剑朝　聂强	农业经济问题 2002/07

论文题目	论文作者	发表期刊
论当前加强财政对农业支持与保护的必要性	吴应华　罗剑朝	华中农业大学学报（社会科学版）2002/04
农民合作经济组织演变中的政府行为分析	罗剑朝　聂强	西北农林科技大学学报（社会科学版）2001/06
“九五”期间我国城乡收入差距扩大的原因、影响及对策分析	吴应华　聂强　罗剑朝	西北农林科技大学学报（社会科学版）2001/05
对商业银行推行资产证券化若干问题的思考	张华　罗剑朝	农村金融研究 2000/08
非利率因素对储蓄存款分流的影响	李文龙　罗剑朝　朱莺	经济论坛 2000/11
全国农业高新技术产业化问题学术研讨会综述	罗剑朝　侯军歧	农业经济问题 1999/10
农村合作基金会规范发展探索	王文莉　罗剑朝　刘兴旺	西北农业大学学报 1999/01
面向21世纪加快我国农业高新技术产业化进程的战略对策探讨	徐永安　罗剑朝　王征兵	高科技与产业化 1999/06
扩大内需：启动农民消费需求的措施探讨	马述忠　罗剑朝　罗丹	乡镇经济研究 1999/04
我国粮食供求前景与实现平衡面临的问题	马述忠　李寿山　罗剑朝	经济问题 1998/06
关于中国农业利用外资问题的分析	马述忠　罗剑朝　王会峰	经济纵横 1998/01
创造投资环境 积极引导农户增加农业投入	张晨晖　罗剑朝	农业经济 1998/12
青海省农业投资的现状、问题与对策	李双元　罗剑朝	青海大学学报（自然科学版）1998/03
工商企业集团投资农业的若干问题分析	罗剑朝　徐恩波	投资研究 1998/02
循环积累因果原理与我国农村经济发展	罗剑朝　李双元	经济问题 1997/11

论文题目	论文作者	发表期刊
陕西农村主导产业的全面开发与宏观指导	罗剑朝	西北农业大学学报 1997/S1
农业发展的制约因素与农业波动分析	罗剑朝	经济管理研究 1997/01
中国农业投资供求变动的趋势	罗剑朝	中国农村经济 1996/06
我国农业投资逆常规变动的实证分析	罗剑朝	投资研究 1996/02
农业投资与农业结构的变革分析	罗剑朝	经济管理研究 1996/01
经济发展过程中农业投资变动的国际趋势和经验	罗剑朝	农业经济问题 1995/10
市场经济与我国农业发展政策的调整	罗剑朝	学习与探索 1995/06
市场经济与农业投资政策选择	罗剑朝	农业现代化研究 1995/04
农业投资变动的国际趋势和经验	罗剑朝	投资研究 1995/10
论农业投资对农业发展的推动作用	罗剑朝	经济管理研究 1995/01
市场经济与农业投资政策选择	罗剑朝	投资研究 1995/05
农业投资宏观调控的手段及运用	罗剑朝	经济问题 1994/04
论增加财政对农业投资的必要性	罗剑朝	经济问题 1993/07
论我国农业投资结构的调整	罗剑朝	农业现代化研究 1993/02
试论农业投资体制与经济体制改革的协同	罗剑朝	经济纵横 1993/02
农业投资：内涵、类型及现实特点	罗剑朝	投资研究 1993/08
农业投资的运行及其分析	罗剑朝	学习与探索 1991/01
农业投资的运行及其分析	罗剑朝	人文杂志 1990/06
试论人口与耕地剪刀差及农村“人地工程”对策	罗剑朝	自然资源 1990/05
农村发展过程中的城乡平衡 广雪西村	罗剑朝	世界经济文汇 1990/04
试论人口与耕地资源剪刀差模式及农村人地工程对策	罗剑朝	农业现代化研究 1989/06
我国“人地剪刀差”分析与“人地工程”实施对策	罗剑朝　史清华	经济问题 1989/12

附录 2

出版学术专著、教材目录（1990—2014 年）

学术专著、教材	出版社	出版时间
《Microfinance Impacts and Sustainability – Case of Shaanxi, China and Bangladesh》（《小额信贷的影响与可持续性发展：中国陕西和孟加拉国的案例研究》）	LAMBERT Academic Publishing	2012
《返乡农民工创业与就业指导》	经济管理出版社	2009
《中国农业与农村经济发展前沿问题研究》	中国农业出版社	2007
《中国农地金融制度研究》	中国农业出版社	2005
《中国政府财政对农业投资的增长方式与监督研究》	中国农业出版社	2004
《跨世纪选择——中国农业企业化发展战略研究》	陕西科学技术出版社	1995
《中国农业投资与农业发展》	陕西人民出版社	1994
《世纪之交的陕西农村经济》	西安地图出版社	2000
《财政与金融》	成都科技大学出版社	1994
《管理学原理》	陕西人民出版社	1998
《货币银行学》	清华大学出版社	2007
《中央银行学》	中国农业出版社	2008
《公共经济学》	中国农业出版社	2003
《国际金融》	西安地图出版社	2003
《管理案例库教程》	中国科学技术出版社	2004

附录3

主持国家级、省部级科研课题情况（1990—2014年）

项目来源	项目名称	项目编号
教育部“长江学者和创新团队发展计划”创新团队项目	西部地区农村金融市场配置效率、供求均衡与产权抵押融资模式研究	IRT1176
教育部第三届高校优秀青年教师教学科研奖励计划（国家“百千万人才工程”第二层次）	西部生态环境重建中政府财政对农业投资的效率评估与宏观监督体系研究	
国家自然科学基金青年项目	中国农业投资的逆常规变动与宏观调控方式研究	79600019
国家自然科学基金面上项目	中国政府财政对农业投资的增长方式与监督保障体系研究	70073025
国家自然科学基金主任基金应急研究项目	中国农地金融制度的构建方案与管理创新研究	70141024
国家自然科学基金面上项目	西部农村金融市场开放度、市场效率与功能提升政策体系研究	71073126
2010年度高等学校博士学科点专项科研基金课题	我国农村小型金融机构试点运行绩效评价与支持政策研究	20100204110030
教育部人文社会科学研究项目	中国西部农地金融的组织体系构建与信用风险分担研究	02JA790046
陕西省自然科学研究计划项目	陕西农业投资全方位增长的政策支持体系与对策研究	
陕西省自然科学研究计划项目	陕西农业财政投资效率评估与监督保障体系研究	3021G04

项目来源	项目名称	项目编号
中华农科教基金项目	引导社会资金投入农业的可行性研究	
农业部软科学基金项目	国民收入分配格局与农业支持保护战略研究	0615
国际农业发展基金中国农村金融项目	陕西省农村合作金融机构中长期发展战略研究	20080716 - 1
陕西省农村信用社联合社委托项目	陕西省农村信用社一级法人社组建及管理模式研究	
杨凌示范区委托项目	杨凌示范区利用市场机制推进企业化发展战略研究	
杨凌示范区委托项目	杨凌农村金融体系创新研究	
杨凌示范区委托项目	杨凌示范区工业园区发展规划研究（2010—2015 年）	
杨凌示范区委托项目	杨凌中小企业担保公司可行性研究与组建方案	
杨凌示范区委托项目	杨凌担保行业发展规划研究（2012—2016 年）	
杨凌示范区委托项目	杨凌示范区失地农民社会保障体系研究	
杨凌示范区委托项目	杨凌农业科技示范推广体系建设与实施保障政策研究	
杨凌农村商业银行委托项目	杨凌农村商业银行发展规划研究（2012—2016 年）	
杨凌农村商业银行委托项目	杨凌农村商业银行设立村镇银行发展规划（2012—2016 年）	
西北农林科技大学重点项目	西部农户经济社会发展调查与实证研究	
西北农林科技大学基本科研业务费——人文社科项目	农村土地承包经营权抵押担保融资效果评价、运作模式与支持政策研究	2014RWZD01

项目来源	项目名称	项目编号
陕西省哲学社会科学重点课题	市场经济与农业投资政策研究	
陕西省委政策研究室招标课题	关于建立我省农业投入增长机制的研究	
西安市发展和改革委员会重大课题研究委托项目	西安作为丝绸之路经济带新起点的战略意义及其构想	
2011年度陕西省金融会计学会重点课题	陕西省村镇银行运行绩效评价与支持政策研究	
陕西省金融学会2011—2012年度重点研究课题	杨凌示范区农村产权抵押融资试验与支持政策研究	
陕西省金融学会2013—2014年度重点研究课题	陕西省农村金融产品供给与需求的非均衡研究	

附录4

科研获奖及荣誉称号情况（1990—2014年）

获奖项目名称或荣誉称号	奖励名称、等级、机构	获奖时间
《中国农地金融制度研究》	教育部高等学校科学研究优秀成果奖（人文社会科学）三等奖	2009. 09
《中国农业投资与农业发展》	陕西省第五次哲学社会科学优秀成果二等奖	1998. 12
《跨世纪选择——中国农业企业化发展战略研究》	陕西省第五次哲学社会科学优秀成果三等奖	1998. 12
《进一步调整陕西农村产业结构与布局的研究》	陕西省1989—1992年社会科学优秀成果三等奖	1994. 12
“Microfinance Impacts and Sustainability: Case of Shaanxi, China and Bangladesh”（《小额信贷的影响与可持续性发展：中国陕西和孟加拉国的案例研究》）	陕西省第十一次哲学社会科学优秀成果著作类三等奖	2014. 01
《小额信贷机构的全要素生产率——基于30家小额信贷机构的实证分析》	陕西省第十一次哲学社会科学优秀成果论文类三等奖	2014. 01
《基于SE - Malmquist模型的农业生产率分析——以新疆为例》	第二届新疆统计科学研究优秀成果奖二等奖（论文类）	2011. 06
《杨凌示范区农村产权抵押融资试验与支持政策研究》	陕西省金融学会2011—2013年度重点研究课题二等奖	2013. 05
《中国农户借贷增长波动的周期性特征分析》	山东省高等学校优秀科研成果奖论文（研究报告）三等奖	2006. 10
《中国政府财政对农业投资的增长方式与监督研究》	陕西高等学校科学技术奖二等奖	2006. 06

获奖项目名称或荣誉称号	奖励名称、等级、机构	获奖时间
《杨凌示范区农业高新技术产业风险投资体系与运行机制研究》	陕西高等学校科学技术奖三等奖	2005.06
《论我国农业投资结构的调整》	陕西省农经学会第四次优秀论文评选一等奖	1994.06
《市场经济与我国农业发展政策的调整》	中国青年科技论坛（陕西分论坛）优秀论文三等奖	1999.10
《一个被误解了数百年的重大学术问题：信用制度与农地金融制度相互关系问题》	广西管理科学学术年会一等奖	2005.12
《农业投资的运行分析及对策》	陕西省金融学会、农村金融学会有奖征文二等奖	1990.08
《土地整理与耕地保护》	21世纪土地整理理论、政策与方法网络研讨会三等奖	2003.06
农村金融教学团队	陕西省省级教学团队	2012.12
《货币银行学》	陕西省省级精品课程	2004.09
《货币银行》	陕西省现代教育技术成果二等奖	2005.09
国务院政府特殊津贴专家	国务院	2001.06
第三届教育部“高校青年教师奖”	教育部	2002.05
陕西省首届优秀青年经济理论工作者	共青团员陕西省委	1999.07
陕西省青年突击手	共青团员陕西省委	2004.01

参考文献

［1］阿马蒂亚·森著．以自由看待发展［M］．北京：中国人民大学出版社，2002：32.

［2］安翔．当前农村信用社改革绩效及评价指标研究［J］．社会科学家，2007（8）：46－50.

［3］程国强．WTO农业规则与中国农业发展［M］．北京：中国经济出版社，2000：19－61.

［4］柴瑞娟．村镇银行股权结构研究［J］．法学杂志，2010（2）：125－127.

［5］成思危．改革与发展：推进中国的农村金融［M］．北京：经济科学出版社，2005（1）：418－473.

［6］曹廷求，王营，马莉等．外部环境、治理机制与银行风险——第二届银行治理研讨会综述［J］．经济研究，2011（10）：150－155.

［7］陈雪梅，李国燕．论农村土地金融业务的构建［J］．改革与战略，2009（2）：104－105.

［8］陈详键．《农村土地承包法》草案若干问题的思考［J］．法学，2001（9）：52－55.

［9］蔡跃洲，郭梅军．我国上市商业银行全要素生产率的实证分析［J］．经济研究，2009（9）：52－65.

［10］杜朝运．制度变迁背景下的农村非正规金融研究［J］．农业经济问题，2001（3）：23－27.

［11］邓纲．我国农村产权抵押融资制度改革的问题与前景——基于成都市相关新政的分析［J］．农业经济问题，2010（11）：67－72.

［12］丁志国，朱欣乐，赵晶．农户融资路径偏好及影响因素分析——基于吉林省样本［J］．中国农村经济，2011（8）：54－62.

［13］潘海英，翟方正，刘丹丹．经济发达地区农户借贷需求特征及影响因素研究——基于浙江温岭市的调查［J］．财贸研究，2011（5）：

48 - 56.

[14] 樊丽明，骆永民. 农民对农村基础设施满意度的影响因素分析——基于670份调查问卷的结构方程模型分析 [J]. 农业经济问题，2009 (9)：51 - 59.

[15] 冯旭芳. 贫困农户借贷特征及其影响因素分析——以世界银行某贫困项目监测区为例 [J]. 中国农村观察，2007 (3)：51 - 57.

[16] 冯玉华，张文方. 土地金融与农村经济发展 [J]. 农业经济问题，1996 (5)：40 - 43.

[17] 宫成喜. 中国财政支援农业简史 [M]. 北京：中国财政经济出版社，1996：62 - 75.

[18] 国强，李友华. 农业高新技术园区评价指标体系的研究 [J]. 农业技术经济，2001 (3)：24 - 27.

[19] 高圣平，刘萍. 农村金融制度中的信贷担保物：困境与出路 [J]. 金融研究，2009 (2)：20 - 25.

[20] 郭熙保. 发展经济学经典论著选 [C]. 北京：中国经济出版社，1999：593 - 604.

[21] 高晓燕，孙晓靓. 我国村镇银行可持续发展研究 [J]. 财经问题研究，2011 (6)：96 - 100.

[22] 郭妍. 我国商业银行效率决定因素的理论探讨与实证检验 [J]. 金融研究，2005 (2)：115 - 123.

[23] 湖北省财政厅. 财政支出绩效评价工作的实践与思考 [J]. 中国财政，2003 (10)：16 - 17.

[24] 何广文. 从农村居民资金借贷行为看农村金融抑制与金融深化 [J]. 中国农村经济，1999 (10)：42 - 48.

[25] 黄惠春. 农村金融市场结构和农村信用社绩效关系研究——基于江苏省农村区域经济差异的视角 [J]. 农业经济问题，2010 (2)：82 - 87.

[26] 韩俊，罗丹，程郁. 信贷约束下农户借贷需求行为的实证研究 [J]. 农业经济问题，2007 (2)：44 - 52.

[27] 黄季焜，胡瑞法. 中国农业科研投资与体制改革 [J]. 农村经济文稿，2000 (5)：8 - 29.

［28］何韧．银行业市场结构、效率和绩效的相关性研究——基于上海地区银行业的考察［J］．财经研究，2005（12）：29－40.

［29］贺莎莎．农户借贷行为及其影响因素分析——以湖南省花岩溪村为例［J］．中国农村观察，2008（1）：39－81.

［30］侯石安．我国财政对农业补贴的目标选择与政策取向［J］．农业经济问题，2001（4）：42.

［31］黄祖辉，刘西川，程恩江．贫困地区农户正规信贷市场低参与程度的经验解释［J］．经济研究，2009（4）：116－128.

［32］季虹．论农地使用权的市场化流转［J］．农业经济问题，2001（10）：28－31.

［33］焦瑾璞等．农村金融体制和政府扶持政策国际比较［M］．北京：中国财政经济出版社，2007：236－237.

［34］江激宇，李静等．中国农业生产率的增长趋势：1978—2002［N］．南京农业大学学报，2005（3）：113－118.

［35］焦可文．澳大利亚公共支出绩效考评制度及其借鉴［J］．中国财政，2002（10）：62－63.

［36］金瓯．从产权缔约看农房抵押贷款的发展——以温州市为例［J］．农业经济问题，2012（3）：29－111.

［37］江瑞平．日本农业［M］．北京：农业出版社，1990：82，88.

［38］屈小博．不同规模农户生产技术效率差异及其影响因素分析——基于超越对数随机前沿生产函数与农户微观数据［J］．南京农业大学学报，2009（3）：27－35.

［39］柯炳生．加入WTO与我国农业发展［J］．中国农村经济，2002（1）：5.

［40］柯孔林，冯宗．中国银行业全要素生产率测度：基于Malmquist－Luenberger指数研究［J］．数量经济技术经济研究，2008（4）：110－120.

［41］黎翠梅，陈巧玲．传统农区农户借贷行为影响因素的实证分析——基于湖南省华容县和安乡县农户借贷行为的调查［J］．农业技术经济，2007（5）：44－48.

［42］雷德蒙·W. 戈德史密斯．金融结构与金融发展［M］．上海：上海三联书店，上海人民出版社，1996：25－35.

[43] 李谷成，冯中朝，占绍文．家庭禀赋对农户家庭经营技术效率的影响冲击［J］．统计研究，2008（1）：35－42.

[44] 刘红梅，王克强．浙江省农村土地市场实证研究［J］．中国农村经济，2001（2）：33－37.

[45] 李焕彰，钱忠好．财政支农政策与中国农业增长：因果与结构分析［J］．中国农村经济，2004（8）：38－43.

[46] 罗剑朝等．中国农地金融制度研究［M］．北京：中国农业出版社，2005：36－42.

[47] 罗剑朝．中国农业投资与农业发展［M］．西安：陕西人民出版社，1994：106－144.

[48] 罗剑朝．中国政府财政对农业投资的增长方式与监督研究［M］．北京：中国农业出版社，2004：83－86.

[49] 罗剑朝．杨凌农业高新技术产业示范区农村金融改革试验与政策建议［N］．沈阳农业大学学报（社会科学版），2011（6）：48－51.

[50] 罗剑朝，聂强，张颖慧．博弈与均衡：农地金融制度绩效分析——贵州省湄潭县农地金融制度个案研究与一般政策结论［J］．中国农村观察，2003（3）：43－51.

[51] 罗剑朝，赵雯．农户对村镇银行贷款意愿的影响因素实证分析——基于有序 Probit 模型的估计［J］．西部金融，2012（2）：18－24.

[52] 罗剑朝．杨凌示范区农村产权抵押融资试验与支持政策研究［J］．西部金融，2013（1）：23－29.

[53] 罗建钢．财政支出效益：一个评价框架［J］．财政研究，2003：2－5.

[54] 李尽法，吴育华．河南省农业全要素生产率变动实证分析［J］．农业技术经济，2008（2）：96－102.

[55] 刘景江．欧共体农业——发展、政策与思考［M］．北京：经济管理出版社，1991：217，203，169－170.

[56] 刘景江．试论确定农业基本建设投资比重的主要依据［J］．中国农村经济，1991（8）：42－45.

[57] 李晓嘉．财政支农支出与农业经济增长方式的关系研究——基于省际面板数据的实证分析［J］．经济问题，2012（1）：68－72.

［58］李嘉晓．中国政府财政对农业投资的效益评估研究［D］．［硕士论文学位论文］杨凌：西北农林科技大学，2002.

［59］林乐芬，王军．农村金融机构开展农村土地金融的意愿及影响因素分析［J］．农业经济问题，2011（12）：60－65.

［60］李凌．村镇银行发展中的制约因素［J］．中国金融，2011（1）：94.

［61］刘亮．农村商业性金融机构的改革与发展：基于江苏省某村镇银行的分析［J］．农业经济问题，2011（12）：55－59.

［62］李萌．村镇银行四年回顾及展望［J］．银行家，2011（2）：107－110.

［63］李锐，李宁辉．农户借贷行为及其福利效果分析［J］．经济研究，2004（12）：96－104.

［64］刘松林，杜辉．基于农户收入水平的借贷需求特征分析［J］．统计与决策，2010（8）：90－92.

［65］刘书臻．山东省人口多与耕地少的矛盾越来越尖锐［J］．人口学刊，1988（2）：50－52.

［66］刘天福．农业投资经济效果研究［M］．北京：中国农业出版社，1985：24－57.

［67］刘婷婷，刘钟钦，吴东立等．农户土地承包经营权抵押意愿及其影响因素分析［J］．农村经济，2013（2）．

［68］刘文璞．现代日本农业［M］．北京：中国社会科学出版社，1983：167－168.

［69］李元江．建立适应公共财政要求的财政支农新模式［J］．财政研究，1999（8）：46－51.

［70］李燕凌，曾福生．农村公共品供给农民满意度及其影响因素分析［J］．数量经济技术经济研究，2008（8）：3－18.

［71］李延敏．不同类型农户借贷行为特征［J］．财经科学，2008（7）：23－30.

［72］李延敏．中国农户借贷行为研究［D］．［博士论文学位论文］杨凌：西北农林科技大学，2005.

［73］廖媛红．农民专业合作社的内部信任、产权安排与成员满意度

[N]．西北农林科技大学学报（社会科学版），2013（5）：48－56.

［74］马鹏举，罗剑朝．西部地区农户对农村产权抵押贷款融资意愿研究——基于宁夏回族自治区同心县 164 个农户调查的分析［J］．经济经纬，2013（3）：20－25.

［75］马彦琳．干旱区绿洲持续农业与农村发展评价指标体系初步研究［J］．干旱区地理，1999（3）：253－257.

［76］马宇，许晓，韩存，张广现．经营环境、治理机制与农村信用社经营绩效——来自安徽省亳州市的证据［J］．金融研究，2009（7）：185－196.

［77］普兰纳布·巴德汉，克利斯托弗·尤迪著．发展微观经济学［M］．北京：北京大学出版社，2002：74.

［78］綦好东，史建民，岳书铭．“四荒”地资源使用权流转形式及操作规程研究［J］．中国软科学，2002（1）：113－115.

［79］秦菡培．农村资金互助社税收政策探讨［J］．农村经济，2011（7）：69－71.

［80］秦建国，吕忠伟，秦建群．我国西部地区农户借贷行为影响因素的实证研究——基于 804 户农户调查数据分析［J］．财经论丛，2011（5）：78－84.

［81］全炯振．中国农业全要素生产率增长的实证分析：1978—2007［J］．中国农村经济，2009（9）：36－47.

［82］曲小刚，佟连洪．新型农村金融机构经营绩效与扶持政策［J］．银行家，2012（10）：95－97.

［83］秦宛顺，欧阳俊．中国商业银行业市场结构、效率和绩效［J］．经济科学，2001（4）：34－45.

［84］裘元伦．西德的农业现代化［M］．北京：中国农业出版社，1980：107，162.

［85］R. E. 依凡逊．农业研究与生产率［M］．北京：中国农业出版社，1983：93.

［86］石慧，孟令杰，王怀明．中国农业生产率的地区差距及波动性研究——基于随机前沿生产函数的分析［J］．经济科学，2008（3）：20－33.

［87］师荣蓉，徐璋勇．基于随机边界分析的农村信用社利润效率及其影响因素研究［J］．中国软科学，2011（9）：76－83.

［88］石盛林．县域金融密度与经济增长的实证研究——基于垄断竞争的解释［J］．中央财经大学学报，2011（4）：39－44.

［89］速水佑次郎，弗农·拉坦．农业发展的国际分析［M］．北京：中国社会科学出版社，2000：21－23.

［90］田霏．中国区域金融成长差异——基于金融地理学视角［M］．北京：经济科学出版社，2006：213.

［91］王文成，周津宇．农村不同收入群体借贷的收入效应分析——基于农村东北地区的农户调查数据［J］．中国农村经济，2012（5）：77－84.

［92］汪冬梅，王爱国，刘廷伟．基于风险视角的商业银行资本充足监管有效性研究［J］．中国软科学，2011（3）：128－137.

［93］外国农业金融编写组．外国农业金融［M］．北京：中国金融出版社，1988：18.

［94］王刚贞．农村资金互助社绩效评价研究——基于安徽太湖的案例［J］．财贸研究，2012（6）：51－59.

［95］王俊芹，宗义湘，赵邦宏．农村信用社改革的绩效评价及影响因素分析——以河北省为例［J］．农业技术经济，2010（6）：82－88.

［96］王连军．金融危机背景下政府干预与银行信贷风险研究［J］．财经研究，2011（5）：112－122.

［97］王磊，白雪．农户林权抵押贷款潜在需求及其影响因素研究［J］．林业经济问题，2011（5）：464－470.

［98］王平，邱道持．基于农户意愿的农村土地抵押贷款需求探讨［J］．中国农业资源与区划，2012（2）：73－77.

［99］吴少新，李建华，许传华．基于 DEA 超效率模型的村镇银行经营效率研究［J］．财贸经济，2009（12）：45－49.

［100］温铁军．农户信用与民间借贷研究：农户信用与民间借贷课题主报告［EB/OL］．中经 50 人论坛，http：//www. zgmjjdw. com/ho/liuchen_detail. asp？newsid＝20257&sort＝20［2001－06－07］，［2011－03－09］.

［101］吴文杰．论农村土地金融制度的建立与发展［J］．农业经济问

题，1997（3）：34－39.

［102］王选庆．中国农地金融制度管理创新研究［J］．中国农村观察，2003（3）：25－34.

［103］王小映．论我国农地制度的法制建设［J］．中国农村经济，2002（2）：12－18.

［104］魏煜，王丽．中国商业银行效率研究：一种非参数的分析［J］．金融研究，2000（3）：88－96.

［105］西奥多·W. 舒尔茨．改造传统农业［M］．梁小民译，北京：商务印书馆，1999：87－92.

［106］西奥多·W. 舒尔茨．经济增长与农业［M］．北京：北京经济学院出版社，1991：84.

［107］谢平，徐忠，沈明高．农村信用社改革绩效评价［J］．金融研究，2006（1）：23－39.

［108］徐少君，金雪军．农户金融排除的影响因素分析——以浙江省为例［J］．中国农村经济，2009（6）：62－71.

［109］肖诗顺，高锋．农村金融机构农户贷款模式研究——基于农村土地产权的视角［J］．农业经济问题，2011（4）：15－16.

［110］薛兴利等．尽快实现以市场为主配置农村土地资源［J］．农业经济问题，2001（7）：30－34.

［112］徐祥华，杨贵娟．可持续农业综合评价指标体系及评价方法［J］．中国农村经济，1999（9）：52－57.

［113］谢勇模．从“被边缘化”到“被山寨化”——农村资金互助社蹉跎三年［J］．银行家，2011（12）：102－104.

［114］谢勇模．农村资金互助社为什么要申请金融许可证［J］．中国金融，2010（10）：86.

［115］肖轶，魏朝富，尹珂．农户农村“三权”抵押贷款需求意愿及影响因素分析——基于重庆市22个县（区）1141户农户的调查数据［J］．中国农村经济，2012（9）：88－96.

［116］谢志忠，刘海明，赵莹，黄初升．福建省农村信用社经营效率变动的测度评价分析［J］．农业技术经济，2011（4）：62－69.

［117］许崇正，高希武．农村金融对增加农民收入支持状况的实证分

析［J］. 金融研究，2005（9）：173－185.

［118］易传和，沈靓. 农村信用社产权制度改革内在效率的实证分析［J］. 系统工程，2008（5）：106－110.

［119］约翰伊特韦尔等. 新帕尔格雷夫经济学大辞典［M］. 北京：经济科学出版社，1992（2）：34.

［120］严金海. 土地抵押、银行信贷与金融风险：理论、实证与政策分析［J］. 中国土地科学，2007：21（2）：17－23.

［121］叶静怡，刘逸. 欠发达地区农户借贷行为及福利效果分析——来自云南省彝良县的调查数据［J］. 中央财经大学学报，2011（2）：51－56.

［122］亚农. 发展中国家的农业现代化［M］. 太原：山西人民出版社，1986：370.

［123］颜鹏飞，王兵. 技术效率、技术进步与生产率增长——基于DEA的实证分析［J］. 经济研究，2004（12）：55－65.

［124］姚树洁，冯根福，姜春霞. 中国银行业效率的实证分析［J］. 经济研究，2004（8）：4－15.

［125］尹希果，马大来. 农民户籍制度改革参与意愿的影响因素分析——基于重庆市228位农民的调查数据［J］. 中国农村观察，2012（1）：22－45.

［126］易小兰. 农户正规借贷需求及其正规贷款可获性的影响因素分析［J］. 中国农村经济，2012（2）：56－85.

［127］袁晓玲，张宝山. 中国商业银行全要素生产率的影响因素研究［J］. 数量经济技术经济研究，2009（4）：93－104，116.

［128］尹云松. 论以农地使用权抵押为特征的农地金融制度［J］. 中国农村经济，1995（6）：36－40.

［129］张兵，周翔，韩树枫. 农村信用社改革绩效评价——基于江苏省调查数据的分析［J］. 农村经济，2009（4）：60－63.

［130］褚保金，卢亚娟，张龙耀. 信贷配给下农户借贷的福利效果分析［J］. 中国农村经济，2009（6）：51－61.

［131］褚保金，张兰，王娟. 中国农村信用社运行效率及其影响因素分析——以苏北地区为例［J］. 中国农村观察，2007（1）：11－23.

[132] 中国农科院科技情况研究所. 国外农业现代化概况 [M]. 上海：三联书店，1879：51.

[133] 周惠珍. 投资项目评估 [M]. 沈阳：东北财经大学出版社，1999：84 - 97.

[134] 张珩，罗剑朝，李琪. 基于多元统计方法的农村合作金融机构运营效率研究——以延安地区为例 [J]. 华中农业大学学报（社会科学版），2012 (5)：47 - 51.

[135] 张璟，沈坤荣. 地方政府干预、区域金融发展与中国经济增长方式转型——基于财政分权背景的实证研究 [J]. 南开经济研究，2008 (6)：122 - 141.

[136] 张健华. 我国商业银行效率研究的 DEA 方法及 1997—2001 年效率的实证分析 [J]. 金融研究，2003 (3)：11 - 25.

[137] 郑录军，曹廷求. 我国商业银行效率及其影响因素的实证分析 [J]. 金融研究，2005 (1)：91 - 101.

[138] 张杰. 中国农村金融制度调整的绩效：金融需求视角 [M]. 北京：中国人民大学出版社，2007：2 - 9，35.

[139] 朱守银，张照新，张海阳，汪承先. 中国农村金融市场供给和需求——以传统农区为例 [J]. 管理世界，2003 (4)：88 - 95.

[140] 张文皓等. 农村资金互助社缘何被"山寨化"——基于吉林、浙江、江苏、安徽等地的案例分析 [J]. 财经界（学术版），2010 (10)：6 - 7.

[141] 朱喜. 农户借贷的福利影响 [J]. 统计与决策，2006 (10)：41 - 43.

[142] 朱喜，马晓青，史清华. 信誉、财富与农村信贷配给——欠发达地区不同农村金融机构的供给行为研究 [J]. 财经研究，2009 (8)：4 - 14.

[143] 周小斌，耿洁，李秉龙. 影响中国农户借贷需求的因素分析 [J]. 中国农村经济，2004 (8)：26 - 30.

[144] 赵允迪，王俊芹. 农户农村信用社借贷需求的影响因素分析——基于河北省农户调查 [J]. 农业技术经济，2012 (9)：43 - 51.

[145] 曾学文，张帅. 我国农户借贷需求影响因素及差异性的实证分

析［J］. 统计研究，2009（11）：82－86.

［146］曾维忠，蔡昕. 借贷需求视角下的农户林权抵押贷款意愿分析——基于四川省宜宾市364个农户的调查［J］. 农业经济问题，2011（9）：25－30.

［147］朱玉春，唐娟莉，罗丹. 农村公共品供给效果评估：来自农户收入差距的响应［J］. 管理世界，2011（9）：74－80.

［148］周宗安. 农户信贷需求的调查与评析——以山东省为例［J］. 金融研究，2010（2）：195－206.

［149］Andrew C Worthington. The determinants of non－bank financial Institution efficiency：A stochastic cost frontier approach. Applied Financial Economics，1998（8）：279－287.

［150］Anne－Marie Baronet，Gary J Gerber. Client Satisfaction in a Community Crisis Center. Evaluation and Program Planning，1997，20（4）：443－453.

［151］Badi H. Baltagi Econometrics. New York：Springer Heidelberg Dordrech，2005：32.

［152］Ben Soltane Bassem. Efficiency of Microfinance institutions in the Mediterranean：An application of DEA. Transition Studies Review，2008（15）：343－354.

［153］Cull R，A Demirguc－Kunt，J Morduch. Financial performance and outreach：a global Analysis of leading microbanks. The Economic Journal，2007，117（2）：107－133.

［154］Coelli T，Battese G. Identification of factors which influence the technical inefficiency of India farmers. Australian Journal of Agricultural Economics，1996，40：103－128.

［155］Coelli T，Fleming E. Diversification economies and specialization efficiencies in a mixed food and coffee amalholder farming in Papua New Guinea. Agricultural Economics，2004，31：229－239.

［156］Das A，S Ghosh. Determinants of Credit Risk in Indian State－owned Banks，An Empirical Investigation. Economic Issues，2007，12（2）：48－66.

[157] Demsetz H. Industry Structure, Market Rivalry and Public Policy. Journal of Law and Economics, 1973 (16): 1 -9.

[158] Don Kanel. Land Tenure and Development: The Need for Safe Nets. Margot Bellamy and Brue Greenshields. Agriculture and Economic Instability I. A. A. E. Occasional Paper No. 4 Gower Publishing Company Limited. 1987 : 217 -220.

[159] Daniel Solis, Doris E, Bravo - Ureta, Ricardo E. Quiroga "Technical Efficiency among Peasant Farmers Participating in Natural Resource Management Programs in Central America" . Journal of Agricultural Economics, 2009, 60 (1): 202 -219.

[160] Gup B E, Walter J R. Top Performing Small Banks: Making Money the Old fashioned Way. Economic Review, 1989: 23 -35.

[161] Gilbert R A , Sierra G F. The Financial Condition of U. S. Banks: How Different are Community Banks? Federal Reserve Bank of St. Louis Review, 2003: 43 -56.

[162] Hoggarth G, Sorensen S, Zicchino L. Stress Tests of UK Banks Using a VAR Approach. Bank of England Working Paper, 2005: 282.

[163] Jacob Yaron, Mcdonald Benjamin. Developing Rural Financial Markets. Finance & Development, 1997: 40 -43.

[164] Li Guo, Scott. Rozelle, Loren Brandt. Tenure, Land Right, and Farmer Investment Incentives in China. Agricultural Economics, 1998 (19): 63 -71.

[165] Pettigrew A M. Longitudinal Field Research on Change Theory and Practice. Organization Science, 1990, 1 (3): 267 -292.

[166] Mamiza Haq, Michael Skully, Shams Pathan. Efficiency of Microfinance Institutions: A Data Envelopment Analysis. Asia - Pacific Finan Markets, 2010 (17): 63 -97.

[167] Mendes V, J Rebelo. Structure and Performance in the Portuguese Banking Industry in the early Nineties. JNICT (grant PCSH/ECO/938/95), 1999.

[168] Morduch J. The Micro Fiances Chism. World Development, 2000:

28 (4): 617 -629.

[169] Neil Esho. The determinants of cost efficiency in cooperative financial institutions: Australian evidence. Journal of Banking & Finance, 2001, 25 (5): 941 -964.

[170] Pitt M M. , Khandker S R. Credit Programmes for the Poor and Seasonality in Rural Bangladesh. Journal of Development Studies, 2002, 39 (2): 1 -24.

[171] Qayyum A, A Munir. Efficiency and Sustainability of Microfinance Institutions in South Asia. University Library of Munich, Germany, 2006.

[172] Ronald Mckinnon. Money and capital in economic development. Washington, D. C. : The Brookings Institution, 1973: 57.

[173] Shreiner, Mark. A scoring Model of the risk of Costly arrears at a microfinance lender in Bolivia, Working Paper. Center for Social Development, Washington University in St, 1999.

[174] Stiglitz J, Weiss A. Credit rationing in markets with imperfect information. American Economic Review, 1981, 71 (3): 393 -419.

[175] Scott L J, Freese J. Regression Models for Categorical Dependent Variables Using Stata. College Station, Texas: Stata Press, 2006.

[176] Wolfe R, Gould W. An approximate likelihood - ratio test for ordinal regression models , Stata Technical Bulletin. College Station, Texas: Stata Press, 1998 (42): 24 -27.

[177] Williams R A. Generalized Ordered Logit/Partial Proportional Odds Models for Ordinal Dependent Variables. The Stata Journal, 2006, 6 (1): 58 -82.

后　记

《中国农村金融前沿问题研究（1990—2014 年）》是我独立署名并编入“农村金融创新团队系列丛书”出版的。收入本专著的绝大部分论文，1990—2014 年均已在相关学术期刊、报纸上公开发表过。这些研究成果可以从一个侧面反映出农村金融的学术研究前沿与动态，也是我对这些问题的关注、思考与研究心得。出版这部专著，既是对过往科研历程的全面回顾，也算是对此前我从事农村金融研究工作的阶段性总结，是对过去时光的追忆与怀念。

本专著按照农业投资与农业发展、政府财政对农业投资、农地金融制度、农村金融市场配置效率、农村产权抵押融资模式、农村金融学科建设、其他部分七个板块，将过去 25 年间我以第一作者、通讯作者发表的学术论文经过认真梳理、挑选、编排而成，每个部分可独立成章，全书也可以独立成篇。其中，第七个板块是相关媒体对我领衔获批的教育部 2011 年度“长江学者和创新团队发展计划”创新团队项目“西部地区农村金融市场配置效率、供求均衡与产权抵押融资模式研究”（项目编号：IRT1176）研究过程、研究组织和研究业绩的宣传报道，征得原作者同意，也一并收入本书，可以作为学术部分的背景支撑，供读者参阅。附件部分以列表形式汇总了我从事农村金融教学研究工作以来公开发表学术论文、出版学术专著教材、主持国家级、省部级科研课题、科研获奖及荣誉称号等情况。

本书的基本立意、结构安排、论文挑选、顺序设计由我提出，我指导的硕士研究生武德朋、庞玺成、庸晖、徐佳璟、吕琳、武臻、孟楠、王青文、李晋阳等同学参与了论文搜集、文本格式转换、编排等具体技术性工作，他们认真细心、精益求精的敬业精神，值得赞赏与鼓励。在跟随我从事农村金融科学研究的过程中，他们在问卷设计、预调查、实地调查、数据录入、数据整理与分析、专题报告撰写、学术论文撰写与发表、学位论文研究等各个环节，都付出了辛勤的劳动，也初步提高了他们从事研究工作的品质和能力。

回顾自己求学、求教、求研的经历，颇值得回味。之所以能够在本职工作中取得一点点成绩，应归功于这个伟大的时代。中国农村金融和“三农”问题的国家战略需求，引导着专家学者能够将眼光聚焦在这个充满机遇与挑战的研究领域，冷静观察，分析比较，拿出方案，作出农村金融学人的贡献；应该感恩西北农林科技大学宽松、包容的学术氛围、80 年深厚积淀和创新团队多轮次的学术讨论，在这个大家庭中，我们思想相互激荡碰撞，观点相互交流，方法借鉴学习，可以获得学术火花和持续研究的不竭动力。

借本书以及农村金融创新团队系列丛书出版之际，衷心感谢教育部“长江学者和创新团队发展计划”创新团队项目（项目编号：IRT1176）对本书以及农村金融创新团队系列丛书提供的全额经费支持。

农村金融是一个系统问题，同时也是一个复杂问题，需要树立“问题导向”意识，从全方位、多视角、多层面、多方法开展理论研究。破解农民“贷款难、抵押难、担保难”的农村金融难题，需要从理论上澄清若干模糊认识以达成共识，从实践上突破若干“禁区”，从行动上真正树立“普惠金融”理念，采取扎扎实实的改革举措，才能逐步加以解决。未来的努力方向，除了必须加强农村金融学科建设和人才培养外，还必须关注农村金融市场配置效率、农村金融供求均衡模式、农业产业链金融、农村金融生态优化、农村“普惠金融”体系、农村金融风险管理等前沿热点问题，继续跟踪发展动态、发现问题、提出完善方案与政策建议，以充分发挥农村金融科学研究“思想库”、“智囊团”和决策参考作用。

2015 年 3 月 5 日